DE L'EFFICACITÉ DES MOTS ET CONCEPTS DANS LA DÉFINITION DES POLITIQUES ÉCONOMIQUES

Collection Etudes Eurafricaines
Dirigée par André Julien Mbem

Le Sahara et la Méditerranée, frontières entre l'Afrique et l'Europe, sont aussi des passerelles par lesquelles, depuis des siècles, au-delà des tragédies et des drames, se rapprochent et se remodèlent ces deux ensembles géographiques et leurs civilisations. La collection « Etudes Eurafricaines » encourage la diffusion d'études historiques et prospectives sur les symbioses dont cette partie du monde est l'antique théâtre.

Déjà parus

OVOUNDAGA Marcy Delsione, *La télévision publique gabonaise et la construction d'une communauté nationale (1963-2014)*, 2020.
AMADOU ADAMOU Bachirou, *Le constitutionnalisme à l'épreuve de l'intégration dans l'espace CEDEAO. Contribution à l'étude de la protection des droits fondamentaux depuis l'ouverture démocratique en Afrique*, 2020.
FOFANA Abdoulaye, *La direction du budget au Mali. Instrument stratégique de prévision et d'exécution de la Loi des finances*, 2020.
KYALO-OCHIENG Nuru Koki, *Le langage du dessin d'actualité. Approche sémiotique*, 2020.
FOFANA Ibrahima Sory, *Mali : enjeux des mutations et des recompositions du foncier à Bamako*, 2020.
HOUNZANDJI Aimé, *Une université nationale en Afrique occidentale. Dahomey-Bénin (1944-1974)*, 2020.
YAGONZELA LIAMBOMBA Didier, *L'avènement de la justice constitutionnelle en République démocratique du Congo. De la Cour suprême à la Cour constitutionnelle*, 2020.
TOUNKARA K. Mamoutou, *La migration des Maliens vers la France. Enjeux politiques, économiques et socioculturels*, 2020.
MOUVONDO Epiphanie, *La logistique de l'aval pétrolier dans les pays de la CEMAC. Révélateur et facteur des disparités socio-spatiales d'accès aux produits pétroliers*, 2020.
MBA MISSANG Frederik, *La professionnalisation de l'armée au Gabon*, 2019.
DJAME François Narcisse, *Aspects éthiques du droit public*, 2019.
OUMAR SAGARA Cheick, *Etudes de la confiance dans les transaction « M-banking » en Afrique. Le cas « Orange money » au Mali*, 2019.
BOGNI Téguia, *La cuisine camerounaise. Mots, pratiques et patrimoine*, 2019.
SOUGANE Arouna, *Migrations Internes au Mali et insertion des migrants de retour*, 2019.
AMABIAMINA Flora, NANKEU Bernard Bienvenu, *Discours et sexe dans les littératures francophones d'Afrique. Vers un changement des mentalités ?*, 2018.

Viviane BOUSSOU

DE L'EFFICACITÉ DES MOTS ET CONCEPTS DANS LA DÉFINITION DES POLITIQUES ÉCONOMIQUES

ÉTUDE DU CAS DE LA CÔTE D'IVOIRE À TRAVERS UNE ANALYSE DES DISCOURS

Préface de Jean-Luc DUBOIS

L'Harmattan

5-7, rue de l'École-Polytechnique, 75005 Paris

http://www.editions-harmattan.fr

ISBN : 978-2-343-18501-9
EAN : 9782343185019

A la mémoire de mon petit frère Boussou Yao Bomôfou, dit Bob pour les intimes.
J'espère que de là où tu es, tu es fier de moi et surtout soulagé que je sois allée jusqu'au bout de ce projet. Chose qui te tenait tant à cœur.
A jamais dans mon cœur.

Remerciements

Le parcours de thèse peut être parfois semé d'embuches, mais il permet aussi, dans bien des cas, de faire de vraies belles rencontres de vie.

Je voudrais adresser mes premiers remerciements à mon directeur de thèse, Monsieur Jean-Luc Dubois, pour la confiance qu'il m'a accordée en acceptant d'encadrer ce travail de recherche, alors que j'étais une jeune mère célibataire. Merci de m'avoir guidée, conseillée et fait participer à de nombreuses conférences internationales sur le développement aux quatre coins du monde. Je vous serai à jamais reconnaissante pour votre humanité tout au long de ce travail et pour les heures consacrées à la relecture finale.

Mes remerciements vont également à Monsieur François Régis Mahieu, pour son implication dans ces travaux et pour ses commentaires et conseils qui m'ont permis de préciser ma pensée, afin d'améliorer ce travail. Je vous dois tant.

Merci à mes collègues de thèse, les « Miss Dubois », pour les longues heures passées à travailler ensemble et votre soutien moral, qui m'ont permis de me sentir moins seule dans cette aventure.

Je tiens également à remercier Monsieur Deuro N'guessan du CIRES à Abidjan, Monsieur Honorat De Yedagne et Monsieur Ndolamb N'gokwey, de m'avoir ouvert leurs carnets d'adresses pour mes entretiens qualitatifs, ainsi que toutes les personnes qui ont bien voulu répondre à mes questions lors de mon terrain d'enquête.

Je remercie aussi tous les membres de l'UMI Résiliences et du laboratoire CEMOTEV pour tant d'échanges scientifiques novateurs et enrichissants.

Un grand merci à tous mes amis, même à ceux qui n'ont pas toujours cru en moi, parce que vos doutes m'ont fait avancer et aller jusqu'au bout de ce projet.

Ces remerciements seraient incomplets, si je ne m'adressais pas à ma famille :

Premièrement à ma fille Annahmay, pour tous les petits mots d'encouragement et d'amour qu'elle a su glisser dans mes lectures ou afficher au-dessus de mon bureau. En m'excusant d'avoir été un peu plus difficile à vivre dans les derniers moments.

Au père de ma fille, Guillaume Moner, et à ma petite cousine, Linda Sanogho, pour avoir pris soin d'Annahmay lors de mes déplacements

À mon frère Roger Aka Ehouman, pour son aide, à ma cousine, Ange Amon Caduff, pour ses encouragements et son soutien moral, à ma sœur de cœur Anne-Marie Ehouan et à mon grand frère Jean-Pierre Kouakou pour leurs prières qui m'ont été d'un grand réconfort.

J'exprime aussi toute ma gratitude à mes parents, mon père Boussou Kouassi Eugène et mes deux mamans Thérèse Boussou et Germaine Bohinin, pour leur soutien indéfectible et leurs prières qui m'ont été bien utiles tout au long de cette thèse.

Enfin, je souhaite remercier tout particulièrement mon oncle et parrain, tonton Henri, pour son soutien sans faille tout au long de mon parcours et, particulièrement, de mes études supérieures qui ont conduit à la réalisation de cette thèse.

Préface

« **De l'efficacité des mots et concepts dans la définition des politiques publiques : étude du cas de la Côte d'Ivoire à travers une analyse des discours** »

Cet ouvrage confronte, dans une vision d'économie politique, l'histoire des faits économiques de la Côte d'Ivoire au discours de certains des acteurs, agents et institutions, qui ont contribué à mettre en place ses politiques de développement. S'appuyant sur un habile croisement de l'économie, des sciences sociales, de l'histoire des idées, avec l'observation des faits économiques, Dr Viviane Boussou relit l'histoire politique de la Côte d'Ivoire en se penchant sur la complexité de ses liens avec l'évolution économique.

Toute la difficulté réside, alors, dans la formulation d'un questionnement scientifique rigoureux, propre au devenir de la Côte d'Ivoire, qui permette d'articuler la dynamique des réalisations économiques à celle des discours successifs, officiels ou non, sur son développement. Dr Viviane Boussou se réfère pour cela à sa connaissance des réalités ivoiriennes et de l'évolution politique des gouvernements successifs. Certaines opportunités professionnelles, aux Nations-Unies comme à la Francophonie, en période d'ajustement structurel, lui ont été fort utiles. De même que les travaux effectués au CEMOTEV de l'UVSQ[1] et à l'UMI Résiliences de l'IRD, sur le « développement socialement durable » et ses dimensions de vulnérabilité et de résilience[2].

En termes empiriques, cela conduit à examiner l'enchaînement des politiques publiques de Côte d'Ivoire. Un enchaînement qu'il faut confronter aux évolutions du vocabulaire des acteurs du développement.

---

[1] CEMOTEV : Centre d'Études de la Mondialisation, des Territoires et des Vulnérabilités.
UVSQ : Université de Versailles Saint Quentin en Yvelines.

[2] UMI Résiliences : Unité de recherche Mixte Internationale Résiliences.
IRD : Institut de Recherche pour le Développement.

Certains mots techniques comme "ajustement", "conjoncture", "ivoirité", etc., deviennent caractéristiques d'un contexte donné et cela peut leur conférer un sens particulièrement clivant. Surtout que les technologies actuelles de l'information et de la communication confèrent à certains mots et expressions une intensité démesurée qui leur donne allure de vérité et vont jusqu'à remettre en cause des énoncés scientifiquement validés. Dans ce cas, la référence à des techniques statistiques d'analyse textuelle et factuelle permet de réintroduire plus d'objectivité.

C'est pour étayer ce questionnement scientifique et éviter l'écueil d'un exposé trop descriptif, ou normatif, de l'enchaînement historique des faits économiques et des politiques publiques, qu'un cadre conceptuel original, constitué de quatre étapes de réflexion analytique, a été élaboré.

La première étape analytique fait référence aux travaux de Pierre Bourdieu et, plus précisément, à son ouvrage "*Ce que parler veut dire : L'économie des échanges linguistiques*" (1982), qui introduit un marché linguistique du développement au sein duquel se définissent les rapports entre acteurs. Son analyse des échanges linguistiques correspondants, ainsi que du « capital symbolique » qui en résulte, peut être confrontée au rôle des acteurs du développement qui, en fonction de leurs responsabilités et libertés de choix, arbitrent entre diverses alternatives de politique publique. L'émergence de certains mots précis, lors des échanges linguistiques, peut alors être considérée comme caractéristique des rapports de domination liés aux réalisations économiques. L'apparition de ces nouveaux mots, à un instant donné dans un contexte particulier, parfois sous forme de slogans mobilisateurs, caractérise l'enchaînement des faits économiques ivoiriens ainsi que les courants de pensée qui les sous-tendent. On peut alors relier ces mots aux rapports de pouvoir entre les différents acteurs (État ivoirien, ONG nationales et internationales, coopérations bilatérales et multilatérale, marchés et cours des produits, etc.).

De ce fait, il ressort que les mots employés représentent un capital symbolique qui permet d'intervenir en force sur le marché du développement où se croisent les offres et demandes diversifiées de développement. L'introduction, comme deuxième étape analytique, de la distinction, fréquente en linguistique, entre le « discours pouvoir » et « discours action » (Patrick Charaudeau 2005)[3] s'avère alors fort pertinente. Le discours, comme marque de pouvoir, exprime la présence

[3] Charaudeau P. (2005), *Le Discours politique. Les Masques du pouvoir*. Paris : Vuibert.

d'un « pouvoir-faire » qui, pour le philosophe Paul Ricœur (2004)[4] signifie « capabilité ». Le discours en vue de l'action retrace, quant à lui, « l'agencéité » ou capacité des agents à intervenir seuls ou collectivement, en vue d'un objectif précis ou d'une finalité partagée. C'est le cas, notamment, lorsque la politique publique vise à implanter un mode de développement qui se veut socialement durable.

Or, le fait de se référer aux notions de capabilité et d'agencéité lors de la conception de politiques publiques, conduit aux écrits du professeur Amartya Sen (1999, 2009). Ceci permet de compléter, dans une troisième étape, le cadre conceptuel, en considérant le capital symbolique comme l'une des ressources pouvant être transformée en capabilités, grâce à certains facteurs de conversion appropriés. Ces capabilités recouvrent les « capacités effectives », observables en tant que conditions de vie auprès d'individus et de groupes sociaux, et des « capacités potentielles » qui ne se révèlent que lorsque des opportunités pertinentes se présentent. Ces capacités potentielles retracent, de fait, les libertés de choix et de décision des acteurs face aux alternatives économiques et opportunités politiques disponibles. Dans ce cadre, on pense à toutes les pratiques courantes du développement, notamment celles qui concernent la lutte contre les différentes formes de pauvreté ou d'inégalités multidimensionnelles.

Enfin, la dernière étape dans le processus d'élaboration du cadre conceptuel, concerne l'analyse statistique des discours. Elle permet de repérer les fréquences d'emploi de certains mots, les concepts auxquels ils se réfèrent, les rapports de force et de domination lors de l'instauration des actions et politiques de développement. Ces techniques d'analyse lexico-métrique permettent d'estimer le poids des mots utilisés à partir de leur capacité à identifier et évaluer un phénomène donné. À travers eux, et grâce au signifiant qu'ils véhiculent, il devient possible de mettre en valeur la dimension prioritaire d'une nouvelle politique, par exemple pour la « refondation » ivoirienne. De même, on peut réduire la sensibilité à certaines conséquences en mettant plus l'accent sur la « conjoncture » que sur « l'ajustement structurel ».

Avec ce cadre conceptuel et analytique qui intègre, de manière hétérodoxe, une réflexion d'économie politique originale, marquée par les relations entre l'histoire (des faits économiques), le droit (et la décision de politique), la sociologie (retracée par les discours), on poursuit dans la recherche d'un développement qui se veut « socialement durable ». Cette vision a le mérite de souligner l'importance du discours, et du choix

---

[4] Ricœur P. (2004). *Parcours de la reconnaissance.* Paris : Stock.

correspondant des mots, lors de la conception et de l'énoncé des politiques publiques. Dans ce cadre, la liberté d'action, mais aussi la responsabilité prévisionnelle et la dimension prudentielle, notamment préventive, prennent tout leur sens. On aborde ainsi, à travers le pouvoir même des mots, certaines des dimensions importantes de la gouvernance.

Ainsi, ce travail exploratoire et pionnier, effectué dans le cadre d'une thèse académique, présente une approche originale qui montre comment analyser l'histoire économique et sociale des sociétés dans leur diversité. S'appuyant sur le discours des acteurs, il permet d'en identifier, sur une base symbolique, les différentes périodes, les réalisations marquantes, et l'émergence d'une pensée académique. Cette approche historique des politiques publiques offre de nouvelles perspectives de recherche, appliquées et comparatives, pour comprendre et évaluer des réalisations thématiques clairement définies. Elle donne surtout les clés pour voir comment répondre aux aspirations des populations et aux spécificités de leurs territoires.

Dr Viviane Boussou

Préface de Jean-Luc Dubois, directeur de recherche émérite IRD

Liste des sigles et abréviations

ACDI :	Agence Canadienne de Développement International
AFC :	Analyse Factorielle des Correspondances
ALCESTE :	Analyse des Lexèmes Co-occurrents dans un Ensemble de Segments de Textes
ANDE :	Agence Nationale de l'Environnement
AOF :	Afrique Occidentale Française
ARCC :	Autorité de Régulation du Café et du Cacao
ARSO :	Autorité pour l'Aménagement de la Région du Sud-Ouest
AVB :	Autorité pour l'Aménagement de la Vallée du Bandama
BAD :	Banque Africaine de Développement
BIRD :	Banque Internationale pour la Reconstruction et le Développement
BM :	Banque Mondiale
BOO :	Build Own Operate
BOT :	Build Own Transfer
CCCE :	Commission Consultative Constitutionnelle et Electorale
CDH	Classification Descendante Hiérarchique
CEI :	Commission Electorale Indépendante
CFAO :	Compagnie Française de l'Afrique Occidentale
CHU/CHR :	Centre Hospitalier Universitaire / Centre Hospitalier Régional
CIAPOL :	Centre Ivoirien Anti-Pollution
CNE :	Commission Nationale Electorale
CNSP :	Comité National de Salut Public

CNUCED :	Conférence des Nations Unies sur le Commerce et le Développement
CSLP :	Cadre Stratégique de Lutte Contre la Pauvreté
CSSPPA :	Caisse de Stabilisation et de Soutien des Prix des Produits Agricoles
CURDIPHE :	Cellule Universitaire de Recherche et de Diffusion des Idées et actions Politiques du président
DATAR :	Direction de l'Aménagement du Territoire et de l'Action Régionale
DENO :	Dépenses Non Ordonnancées
DFID :	Department for International Development
DREE :	Direction des Relations Extérieures
DSA :	Dimensions Sociales de l'Ajustement
DSRP :	Document Stratégique de Réduction de la Pauvreté
DTS :	Droits de Tirage Spéciaux
EECI :	Energie Electrique de Côte d'Ivoire
ENV :	Enquête sur le Niveau de Vie des Ménages
FASR :	Facilité d'Ajustement Structurel Renforcée
FCFA :	Francs de la Communauté Financière d'Afrique
FED :	Fonds Européen de Développement
FENU :	Fonds d'Equipement des Nations Unies
FESCI :	Fédération Estudiantine et Scolaire de Côte d'Ivoire
FFPSU :	Fonds de Financement des programmes de salubrité urbaine
FMI :	Fonds Monétaire International
FPI :	Front populaire ivoirien
FRAR :	Fonds Régionaux d'Aménagement Rural
FRCI :	Forces Républicaines de Côte d'Ivoire
FRPC :	Facilité pour la Réduction de la Pauvreté et pour la Croissance
HABG :	Haute Autorité pour la Bonne Gouvernance
IBW :	Institutions de Bretton Woods
IDE :	Investissements Directs Etrangers
IDH :	Indice de Développement Humain
IFI :	Institutions Financières Internationales
INS :	Institut National de la Statistique
IPH :	Indicateur de Pauvreté Humaine

IPPTE :	Initiative des Pays Pauvres et Très Endettés
IRD :	Institut de Recherche pour le Développement
LIDHO :	Ligue Ivoirienne des Droits de l'Homme
MARP :	Méthode Accélérée de Réponses Participatives
MEECI :	Mouvement des étudiants et élèves de Côte d'Ivoire
MIUNRCA :	Mission des Nations-Unies pour la République Centrafricaine
OI :	Organisations Internationales
OIPR :	Office Ivoirien des Parcs et Réserves
OMC :	Organisation Mondiale du Commerce
OMOCI :	Office de la Main d'Œuvre de Côte d'Ivoire
ONG :	Organisations non gouvernementales
ONU :	Organisation des Nations Unies
OPEP :	Organisation des Pays Exportateurs de Pétrole
PAS :	Politiques d'ajustement structurel
PDCI :	Parti Démocratique de Côte d'Ivoire
PED :	Pays En voie de Développement
PEF :	Périmètres d'Exploitations Forestières
PIB :	Produit Intérieur Brut
PIT :	Parti ivoirien des travailleurs
PMA :	Pays les moins avancés
PME-PMI	Petites et moyennes entreprises ou industries
PNAE :	Plan National d'Action pour l'Environnement
PNB :	Produit National Brut
PND :	Plan National de Développement
PNSU :	Plan national de salubrité urbaine
PNUD :	Programme des Nations Unies pour le Développement
PNUE :	Programme des Nation Unies pour l'Environnement
PPTE :	Pays Pauvres Très Endettés
PPU :	Programme présidentiel d'urgence
PRSP :	Poverty Reduction Strategy Paper
PSMAS :	Programmes de Stabilisation Monétaire et d'Ajustement Structurel
RAM :	Régime d'Assistance Médicale
RDA :	Rassemblement Démocratique Africain
RDR :	Rassemblement des Républicains

RGB :	Régime général de base
RTI :	Radio-Télévision Ivoirienne
SAA :	Syndicat Agricole Africain
SCOA :	Société Commerciale de l'Ouest Africain
SGRC :	Secrétariat national à la bonne Gouvernance et au Renforcement des Capacités
SICOGI :	Société Ivoirienne de Construction et de Gestion Immobilière
SITAF :	Société Ivoirienne des Transports Africains
SMI :	Système Monétaire International
SMP :	Staff Monitored Program
SNRC :	Secrétariat National au Renforcement des Capacités
SODE :	Société d'Etat
SODECI :	Société de Distribution d'Eau de Côte d'Ivoire
SODEFOR :	Société pour le Développement des plantations Forestières
SODESUCRE :	Société d'Etat pour le Développement du Sucre
SOGEFIHA :	Société de Gestion et de Financement de l'Habitat
SOTRA :	Société des Transports Abidjanais
SRP :	Stratégie de Réduction de la Pauvreté
SYNARES :	Syndicat National de l'Enseignement Supérieur et de la Recherche Scientifique
TOFE :	Tableau des Opérations Financières de l'Etat
TVA :	Taxe sur la Valeur Ajoutée
U.C.	Unités de Contextes
UEMOA :	Union Economique et Monétaire Ouest Africain
UICN :	Union Internationale pour la Conservation de la Nature
UNESCO :	Organisation des Nations Unies pour l'Education, la Science et la Culture
UNICEF :	United Nations International Children's Emergency Fund / Fonds des Nations Unies pour l'Enfance
URSS :	Union des Républiques Socialistes Soviétiques
VIH/SIDA :	Virus de l'Immunodéficience Humaine / Syndrome d'Immunodéficience Acquise
WWF :	World Wildlife Fund/Fonds Mondial pour la Nature

Liste des cartes

Liste des figures

Liste des graphiques

Liste des tableaux

Liste des schémas

Introduction générale

« Il n'y a pas de mots innocents »
P. BOURDIEU, *Ce que parler veut dire : L'économie des échanges linguistiques*, 1982, p. 19.

Certes, aux XVIIIe et XIXe siècles, le système économique capitaliste constituait déjà l'objet des premières théories économiques et était au centre des discussions des économistes classiques[1]. Mais, le concept d'économie du développement ne devient une préoccupation théorique, et surtout politique, qu'après la seconde guerre mondiale, avec notamment l'apparition sur la scène internationale de la notion de "sous-développement" et la volonté sous-jacente de sortir de ce sous-développement en utilisant les connaissances et techniques à disposition (planification, reconstruction etc.).

L'économie du développement constitue alors une branche des sciences économiques née dans les années 1950, de la volonté commune de certains économistes tels que P. Rosenstein-Rodan[2] de trouver des solutions aux difficultés que rencontraient les pays en développement. A l'époque, cela ne concernait que les pays occidentaux. Mais, après la deuxième guerre mondiale, avec l'accession à l'indépendance des pays d'Asie puis d'Afrique, entre 1945 et 1970, cette nouvelle branche des sciences économiques va surtout s'intéresser au développement de ces nouveaux pays qu'on va qualifier de pays du tiers-monde[3].

---

[1] On peut toutefois en trouver des fondements plus anciens dans la pensée économique avec des auteurs tels qu'Adam Smith, à travers ses écrits sur la croissance et le développement.

[2] Paul Rosenstein-Rodan est le premier à avoir utilisé ce terme en 1943 dans un article publié dans *The Economic Journal* portant sur les problèmes d'industrialisation de l'Europe de l'Est et du Sud-est, régions ravagées par la guerre et l'occupation (Rosenstein-Rodan, 1943).

[3] La notion de « tiers-monde » a été développée par A. Sauvy dans un article publié en 1952 dans l'hebdomadaire français *Nouvel Observatoire*. Il s'est inspiré en cela de

Mais comment peut-on définir ce terme d'économie du développement ? Les sciences économiques ne renvoient-elles pas elles-mêmes, de façon implicite, au développement d'un pays ?

Selon le dictionnaire Petit Larousse, le mot économie vient du mot grec *oikonomia* qui veut dire administration de la maison, ce qui renvoie donc à la gestion des biens et ressources d'une famille, d'une communauté donnée, d'un pays, d'un continent, voire du monde dans un système d'intérêt économique globalisant. Quant au développement, il peut se définir comme le résultat positif obtenu suite à cette gestion des biens et ressources.

Pour J. Brasseul, l'économie du développement peut se définir comme l'analyse économique appliquée au processus de développement et à l'étude des pays en voie de développement (Brasseul, 2008).

Nous pouvons déduire de tout ce qui précède que l'économie du développement semble être la science qui analyse le niveau d'avancement d'un pays comme étant le résultat de la gestion de ses biens et ressources par ses dirigeants. Quant aux politiques économiques du développement, elles seraient donc l'ensemble des pratiques administratives et des processus de gestion des ressources qui permettent à un pays d'obtenir des résultats positifs dans son évolution structurelle, institutionnelle et sociale.

En résumé, il faut entendre par développement économique, l'ensemble des mutations (démographiques, techniques, culturelles, sociologiques…) qui accompagnent la création de richesses et le progrès en général, réalisés dans une société en accompagnement d'une croissance économique capable d'occasionner la progression du niveau de vie des habitants d'un pays, d'une région ou d'un continent. On parle alors d'amélioration du bien-être social.

---

l'expression « tiers-état » employée par le député E. I. Sieyès en 1789 (dans une brochure intitulée : « Qu'est-ce que le tiers Etat ? »), lors de la révolution française pour désigner tous ceux qui ne faisaient pas partie de la noblesse et du clergé. En somme, tous les laissés pour compte du régime monarchique. Depuis les années 1950, la notion de tiers-monde a été largement utilisée. Il en est même résulté dans les années 1970, le courant qu'on a appelé « tiers-mondiste ». Aujourd'hui, on continue d'utiliser cette notion de tiers-monde, mais beaucoup moins fréquemment, même s'il y a eu une évolution dans le positionnement économique et international de certains des pays concernés. On peut citer, en exemple, la Chine.

L'analyse des résultats des politiques économiques du développement permet ainsi de dire si un pays est développé, en voie de développement[4] ou encore émergent.

Le niveau de développement est en effet calculé grâce à différents indicateurs statistiques dont les plus connus sont le Produit Intérieur Brut (PIB), le Produit National Brut (PNB) ou encore le revenu par tête et l'Indice de Développement Humain (IDH).

Rappel de quelques faits marquants

La Côte d'Ivoire dont l'histoire économique constitue notre cas d'étude a dès son accession à l'indépendance en 1960, été pendant longtemps un pays à forte croissance du PIB, dépassant parfois de loin celle de certains pays dit développés. On avait même, à cette époque, qualifié son développement spectaculaire de « miraculeux ».

Mais après un demi-siècle d'indépendance, précisément 57 ans, que peut-on retenir de la trajectoire de développement de ce pays considéré si prometteur à ses débuts ? Comment les différentes politiques économiques mises en œuvre ont-elles pu influer sur son développement ? Et dans quel sens ? C'est à ces quelques questions fondamentales que nous souhaitons répondre dans cette thèse.

La Côte d'Ivoire vient, en effet, de sortir d'une grave crise militaro-politique qui a duré une dizaine d'années. Depuis le coup d'Etat du 24 décembre 1999 qui mit fin au pouvoir du président Henri Konan Bédié, le pays a connu une succession de crises socio politiques (2002, 2004 et 2011), qui l'ont énormément affaibli, dont on peut se demander quelles en sont les raisons. Pour certains auteurs, elles prennent leurs racines dans les processus de réforme liés aux politiques d'ajustement structurel (Jarret & Mahieu, 2002). Mises en place par les Institutions financières internationales de Bretton Woods (IBW : Banque mondiale et Fonds monétaire international), à partir des années 1980, ces politiques dites d'ajustement structurel (PAS) vont bouleverser en Afrique l'économie des pays en développement (PED), notamment, celle de la Côte d'Ivoire.

La question qui se pose à priori est de comprendre pourquoi un pays, dont le développement a été aussi fulgurant dès l'acquisition de son indépendance, au point que l'on a même parlé de « miracle ivoirien », a

[4] Ce terme est semble-t-il, désormais, préféré à celui de « pays sous-développé » qui fut trop réducteur et peu encourageant pour les pays concernés.

pu être placé sous ajustement structurel en 1981, puis considéré comme un Pays Pauvre et Très Endetté (PPTE) en 1998. Et connaître, par la suite, un coup d'Etat suivi d'une succession de crises d'ordre politique. Ces dernières déboucheront sur une amorce de guerre civile, évitée de justesse grâce à une certaine maturité du peuple ivoirien, ce dernier étant appuyé par la communauté internationale.

Cela soulève une question clé : qu'est ce qui n'a donc pas fonctionné dans le modèle économique choisi par la Côte d'Ivoire pour arriver à un tel résultat ?

Au lendemain de son indépendance en 1960, la Côte d'Ivoire, avec à sa tête le président Félix Houphouët-Boigny, choisit un modèle économique qualifié de « libéral », à l'image de celui de la France (pays colonisateur), bien que l'on puisse dire que le libéralisme économique ivoirien avait ses propres caractéristiques (Koffi, 2008).

En effet, contrairement au libéralisme économique français, l'Etat ivoirien va jouer un rôle prédominant de régulateur du marché en mettant l'accent sur les deux cultures de rente dominantes, à savoir le café et le cacao, ainsi que d'autres cultures secondaires afin de diversifier les produits d'exportation (coton, canne à sucre, ananas, hévéa...).

Ce système a très bien fonctionné dans un premier temps et a rapporté beaucoup de devises à la Côte d'Ivoire, lui permettant d'emprunter pour la construction d'infrastructures de haut niveau (routes et autoroutes, chemin de fer, ponts...) et d'équipements urbains pour l'ensemble des villes de Côte d'Ivoire.

Avec la crise pétrolière de 1979, et l'avènement des pétrodollars, puis la montée des taux d'intérêt, dans un système financier mondial fragilisé (crise du Mexique), la Côte d'Ivoire s'est finalement retrouvée fortement endettée avec des difficultés à assurer le remboursement de sa dette.

C'est ainsi qu'à partir de 1981, le Fond Monétaire International (FMI) et la Banque Mondiale (BM), vont respectivement lui imposer des programmes de stabilisation monétaire et d'ajustement structurel visant à rééquilibrer ses comptes publics et à rétablir ses équilibres macroéconomiques, suivant en cela le principe de ce qu'on appellera par la suite le « consensus de Washington » (Williamson, 1990).

Les politiques inspirées par le consensus de Washington consistent en une application de la vision néolibérale ayant pour leitmotiv l'équilibre des marchés et le retrait de l'Etat. Cependant, les conséquences néfastes de ces politiques sur le social, dont l'augmentation du taux de pauvreté (qui est passé de 10% en 1985 à 32,3% en 1993, puis à 36,8% en 1995), et la détérioration de services sociaux de base ont conduit à une nouvelle réflexion sur les politiques économiques de développement.

En 1987, l'ouvrage *L'ajustement à visage humain* publié par le Fonds des Nations Unies pour l'Enfance (UNICEF) tire la sonnette d'alarme sur les conséquences sociales négatives des PAS, notamment concernant la santé, la nutrition et l'éducation des populations pauvres (Cornia, Jolly, & Stewart, 1987).

Cet ouvrage inspirera la mise en place, fin 1987, au sein de la Banque Mondiale, du programme « Dimensions sociales de l'ajustement » (DSA), sur financement de la Banque africaine de développement (BAD), du Programme des Nations Unies pour le Développement (PNUD), et de multiples donateurs bilatéraux. Ce programme sera, jusqu'en 1992, à l'origine de projets nationaux visant à atténuer les aspects négatifs des PAS sur les conditions de vie de la population, tout en veillant à réduire les déséquilibres structurels de l'économie.

Un changement de cap, s'appuyant sur les travaux d'A. Sen[5], s'est fait jour à partir de 1990 afin de replacer l'humain au centre du débat éthique sur le développement. Aujourd'hui, face à la crise économique mondiale apparue en 2008, la tendance est à un retour à l'intervention de l'Etat, mais de façon modérée et ponctuelle.

Ainsi, entre 1981 et 1999, la Côte d'Ivoire a connu plusieurs PAS, notamment en 1981, 1983 et 1986. D'autres mesures de politique publique, comme la dévaluation du Franc de la communauté financière d'Afrique (FCFA) en 1994, s'inscrivent aussi dans la philosophie de ces programmes.

En Côte d'Ivoire, les programmes d'ajustement, qui visaient à lutter contre les différences de niveau de vie entre les milieux urbains et ruraux, ont amené dans les villes à une contestation sociale, majoritairement estudiantine.

Cette contestation estudiantine, qui commence à la fin des années 1980, va se durcir, en 1990, avec la fermeture des établissements scolaires, entrainant ainsi une année blanche. C'est dans ce contexte que Laurent Gbagbo s'affirme comme leader de l'opposition, avec le soutien de son parti politique, le Front Populaire Ivoirien (FPI). Laurent Gbagbo

---

[5] Né en 1933, Amartya Sen est un économiste et philosophe indien. Spécialiste des problématiques de la pauvreté et du développement, il a reçu le prix Nobel d'Economie 1998 pour « sa contribution à l'économie du bien-être ». Initiateur de l'approche par les « capabilités », il enseigne actuellement à Harvard.

réclame alors l'instauration du multipartisme, refusé jusque-là par le président Houphouët-Boigny.

Finalement, sous la pression internationale, Houphouët-Boigny accepte de mettre en place le multipartisme en Côte d'Ivoire et organise, en 1990, les premières élections multipartites. Il est réélu face à Laurent Gbagbo et désigne Alassane Ouattara comme son premier ministre. Ce dernier se donnera 90 jours pour redresser l'économie ivoirienne, mais sans résultats probants.

En 1993, le président Houphouët-Boigny décède et c'est Henri Konan Bédié, alors président de l'Assemblée Nationale qui assure l'intérim, conformément à la Constitution ivoirienne.

L'une des mesures phares des politiques d'ajustement structurel, à savoir la dévaluation du FCFA, est alors appliquée en 1994, soit un an à peine après son arrivée au pouvoir. Suite à cette dévaluation, l'économie ivoirienne renoue avec la croissance. Ainsi, à la fin 1994, la croissance du PIB s'établit à 2,1%, contre -0,4% en 1993. Elle s'accélère ensuite pour s'établir autour de 6,5% en moyenne entre 1995 et 1998, permettant alors une légère baisse du taux de pauvreté monétaire qui passe de 36,8% en 1995 à 33,6% en 1998 (INS - Ministère du Plan et du Développement, 2008).

Le 22 octobre 1995, le président Bédié est élu à la tête de la Côte d'Ivoire. Il restera au pouvoir jusqu'au coup d'Etat militaire, du 24 décembre 1999, au cours duquel un régime militaire dirigé par le Général Guei, s'empare du pouvoir. Et cela jusqu'aux élections du 26 octobre 2000. C'est finalement, Laurent Gbagbo qui sera élu président de la République.

Face à cette dégradation de la situation sociopolitique en Côte d'Ivoire, la mise en œuvre des politiques économiques de développement que constituent les PAS est pointée du doigt. En effet, beaucoup d'acteurs voient dans l'application de ces politiques la source de la crise économique et la cause des difficultés politiques de la Côte d'Ivoire. Ce, malgré le fait que, depuis le début des années 1990, un nouveau courant de pensée ait émergé, mettant l'accent sur un développement qui soit plus social et humain.

Ainsi, la notion de « développement humain durable », dérivée de celle de développement durable, apparait-il dans les années 1990. Au départ, le développement durable concerne essentiellement la protection de l'environnement pour les générations futures. Du moins, c'est ce qui a été déduit de la définition de cette notion donnée par le rapport Brundtland, rédigé en 1987 à la demande de l'Organisation des Nations Unies (ONU).

Selon cette définition, le développement durable consiste à « répondre aux besoins présents sans compromettre la capacité des générations futures à satisfaire les leurs ». Aujourd'hui, le développement durable intègre d'autres dimensions telles que le politique, l'économie, le social et aussi le culturel.

C'est surtout, et toujours, sous l'influence des travaux d'A. Sen que l'approche par les « capabilités » va servir de fondement au concept de développement humain préconisé par le PNUD à partir de 1990. C'est un concept explicité par les rapports annuels sur le développement humain et qui évoluera vers la notion de développement humain durable à l'issue du Sommet de la Terre tenu à Rio en 1992.

Du côté des institutions de Bretton Woods que sont la Banque mondiale et le FMI, il va y avoir aussi un changement d'orientation en ce qui concerne les politiques de développement des pays pauvres. Elles mettent en avant la lutte contre la pauvreté, ce que nous pouvons qualifier de changement de « paradigme économique ».

Le choix du mot « paradigme » n'est pas anodin, car nous pensons que l'expression « paradigme » semble la plus appropriée pour qualifier ce changement d'orientation dans l'élaboration des politiques économiques qui s'est opéré à partir de la fin des années 1980.

Selon le dictionnaire Le petit Larousse, le mot « paradigme » peut se définir de trois manières :

— Dans une première définition, il désigne l'ensemble des formes fléchies d'un mot pris comme modèle (déclinaison ou conjugaison), ou ce mot lui-même ;

— Dans une seconde définition, il est compris comme l'ensemble des unités qui peuvent être substituées les unes aux autres dans un contexte donné ;

— Enfin, il est défini comme un modèle théorique de pensée qui oriente la recherche et la réflexion scientifique.

En général, les scientifiques se fondent sur la troisième définition dans leurs écrits. T. Kuhn rendra cette expression populaire en l'employant dans son ouvrage de 1962 intitulé *Structure des révolutions scientifiques*. Selon T. Kuhn (1962), le « paradigme » est un modèle à suivre qui, pour un temps, fait autorité, puis sera remplacé par un autre. Il constitue donc une représentation du monde, une manière de voir les choses, un modèle cohérent de vision du monde qui repose sur une base définie (matrice disciplinaire, modèle théorique ou courant de pensée). Aussi, utiliser le mot « paradigme » pour traiter du changement opéré dans le discours des

IBW est pour nous tout à fait approprié car le modèle de l'ajustement structurel et de la stabilisation (Consensus de Washington) a fait autorité pendant un temps, jusqu'à ce que l'UNICEF parle de la dimension sociale de l'ajustement. Et ceci a finalement conduit les IBW à substituer la lutte contre la pauvreté à l'ajustement. Du moins sur la forme et dans le discours, car nous verrons dans la suite de notre travail qu'en ce qui concerne le contenu de cette nouvelle politique économique de développement, le changement paraît bien moins évident.

Pour rappel, le point de départ de cette nouvelle politique fut le sommet du G8 de 1996, avec l'instauration de l'initiative PPTE, qui sera renforcée en 1999 sous l'intitulé initiative PPTE 2.

En effet, le constat a été fait par ce G8 que la pauvreté demeurait un problème préoccupant dans de nombreuses régions du monde. En fait, malgré les efforts et initiatives de toutes sortes, les progrès des PED, et surtout de l'Afrique en matière de développement économique et humain, restent insuffisants et fragiles.

Conformément à cette nouvelle stratégie, les pays à bas revenu comme la Côte d'Ivoire, désireux de bénéficier d'une aide financière, ou d'un allègement de leur dette, dans le cadre de ces initiatives, devaient préparer un programme de lutte contre la pauvreté, désigné en français sous le terme de Document stratégique de réduction de la pauvreté (DSRP) ou Cadre stratégique de lutte contre la pauvreté (CSLP), en anglais Poverty Reduction Strategy Paper (PRSP).

Il est intéressant de constater que toutes ces étapes de développement ont aussi été marquées par une évolution, dans les références théoriques en économie, qui s'accompagnait parallèlement d'un changement au niveau du discours utilisé pour désigner, ou qualifier, les maux dont souffrent les PED et les solutions qui y étaient apportées.

Reconnu comme un Pays pauvre et très endetté en mars 1998, la Côte d'Ivoire entreprend donc la rédaction d'un DSRP. Toutefois, ce processus sera interrompu le 19 septembre 2002 à la suite d'une tentative de coup d'Etat qui se transforme en rébellion militaire. Rébellion qui divisera le pays en deux parties : le Nord et le Sud. Et ce statu quo durera pendant près de 10 ans, sans qu'aucune élection démocratique présidentielle ou autre ne soit organisée pendant toute cette période.

Depuis le 11 avril 2011, date du départ forcé du président Laurent Gbagbo, l'espoir d'un nouvel envol économique est réapparu, avec la volonté pour les ivoiriens de reconstruire une Côte d'Ivoire qui, retrouvant une certaine cohésion sociale, pourrait initier un chemin de développement durable et, plus précisément, socialement durable.

Pour atteindre cette situation d'équilibre entre croissance économique et développement socialement durable, il faut néanmoins que la Côte d'Ivoire tire des leçons de son passé et reparte ainsi sur de nouvelles bases. Ceci nous impose un travail rétrospectif sur les politiques qui ont été mises en œuvre par le passé, afin de mieux comprendre leurs contributions à la crise ivoirienne.

L'évolution de l'histoire économique et politique de la Côte d'Ivoire au cours des quatre dernières décennies soulève en effet, une série de questions, notamment : quelle est l'origine profonde de la crise militaro-politique qu'a connue la Côte d'Ivoire après 1999 ? Est-elle liée ou non à l'application des PAS ou bien ne s'agit-il que d'une transition non réussie à la démocratie politique ? Sur quoi doit-on se baser pour contribuer à une reconstruction durable ? Enfin, le modèle économique ivoirien choisi par le président Houphouët-Boigny ne portait-il pas originellement en lui-même ses propres défaillances ? Les fondements du système économique mis en place étaient-ils si solides ?

Objet de la thèse

L'objet de cette thèse est donc de remonter aux origines de la crise ivoirienne, en montrant qu'elle prend sa source dans la gestion politique, et surtout économique, de la Côte d'Ivoire depuis son indépendance jusqu'à aujourd'hui.

En effet, la succession de crises (d'abord économique, puis sociale et enfin militaro-politique) que la Côte d'Ivoire a connues depuis une trentaine d'années pose la question des conséquences néfastes de l'application de certaines des politiques économiques de développement, communément qualifiées de stabilisation financière et d'ajustement structurel. Les entretiens que nous avons effectués auprès des différents acteurs du développement, dans le cadre de nos travaux de recherche, montrent que la plupart des personnes interrogées considèrent que les PAS n'ont eu qu'un effet partiel dans l'apparition de cette crise, voire même aucun impact pour certains. C'est pourquoi, après l'analyse de ces entretiens, il nous a semblé judicieux de rechercher les origines de la crise bien avant le début de l'application des PAS, en 1981.

Pour avoir une vision plus complète de la situation, il nous a paru indispensable de remonter à la base du modèle économique qui est issu de la période coloniale. En effet, la Côte d'Ivoire en tant qu'ancienne colonie française a hérité du « système économique » mis en place par le colonisateur. C'est donc, tout naturellement, que le président Houphouët-Boigny a décidé en 1960, au lendemain de l'indépendance, de poursuivre sur la base de ce « système économique » au lieu de faire « table rase » du passé. Il a ainsi adopté un modèle de type capitaliste, fondé sur l'exploitation des cultures de rente, dont les produits phares ont été introduits en Côte d'Ivoire par le colonisateur, à savoir : le café et le cacao. A y voir de plus près, nous pouvons dire qu'il s'agit d'un modèle de libéralisme classique avec une pointe de keynésianisme et d'Etat providence, fondé sur la mise en valeur de la terre (ou physiocratie). En somme, ce modèle de type hybride a relativement bien fonctionné durant les quinze à dix-huit premières années de son application, puisqu'il a permis à la Côte d'Ivoire de bâtir son fameux « miracle économique ».

Problématique de la thèse

A travers cette thèse, nous nous efforcerons de montrer comment les choix de politique économique peuvent influencer, en bien comme en mal, la trajectoire de développement d'un pays comme la Côte d'Ivoire, en le conduisant tantôt à un « miracle économique », tantôt à une crise sociopolitique très grave. De ce fait, l'histoire économique de la Côte d'Ivoire pourrait aussi bien être analysée sous l'angle de la théorie de la dépendance au sentier, au sens de D. North (1990).

La Côte d'Ivoire ayant été pendant longtemps une vitrine et un lieu d'expertise en la matière, c'est donc tout naturellement que nous avons choisi d'analyser l'impact et l'évolution des politiques économiques de développement qu'elle a subis, à travers le déroulement de son histoire économique.

Le cadre conceptuel adopté pour cette thèse s'appuie sur les travaux de P. Bourdieu (1982) qui se rapporte au pouvoir du discours et du langage et à ce qu'il a appelé le « marché linguistique ». En effet, P. Bourdieu fait référence à l'économique dans la description des interactions socioculturelles et considère que l'interaction sociale fonctionne comme un véritable marché qui impose ses règles d'intérêt et de rapport de force aux individus.

Par ailleurs, P. Bourdieu considère que « Les échanges linguistiques sont aussi des rapports de pouvoirs symboliques où s'actualisent les rapports de force entre les locuteurs ou leurs groupes respectifs »

(Bourdieu, 2001[6], p. 59-60). Par conséquent, les discours sont des signes d'autorité destinés à être crus, ou obéis, et leur valeur dépend de ce rapport de force qui, toujours selon P. Bourdieu, se réalise à travers le contrôle du « pouvoir symbolique » du langage dans la communication politique. L'enjeu étant l'acquisition du pouvoir politique ou économique.

P. Bourdieu poursuit son analyse en précisant tout de même que ce « pouvoir symbolique » est un pouvoir invisible qui ne peut s'exercer qu'avec la complicité de ceux qui ne veulent pas savoir qu'ils le subissent ou même qu'ils l'exercent (Bourdieu, 2001). Il suppose aussi une certaine reconnaissance implicite ou tacite pour pouvoir s'exercer.

En résumé, « le pouvoir symbolique » ainsi défini demeure dans le domaine du symbolisme par le fait qu'il tire sa valeur de sa simple reconnaissance sans contrainte.

Dans le cadre de cette étude, Il s'agit pour nous, d'adapter cette approche théorique de P. Bourdieu au contexte de l'élaboration et de mise en œuvre des politiques économiques de développement. En effet, de même que pour P. Bourdieu, il existe un marché scolaire (Bourdieu, 1982), nous pensons qu'il existe aussi « un marché linguistique du développement », avec une prolifération de mots et de concepts depuis quelques années. Ainsi, certains agents (appelés « experts ») créent les mots du développement et d'autres, notamment, les PED et leurs populations les reçoivent, les intègrent ou au contraire les réinterprètent en leur donnant parfois un sens différent. Tout ceci ayant pour prix l'accès aux crédits. Ce marché du développement est non seulement externe, tel que nous venons de le décrire, mais a aussi des prolongements internes, car le développement a pour destinataire final la population des PED.

Dans ce contexte, quel pouvoir les mots et concepts ont-ils réellement et quelle est leur efficacité dans la définition des politiques économiques de développement ?

Comme le dit P. Bourdieu lui-même, ce qui fait le pouvoir des mots, c'est surtout la croyance en la légitimité de ces mots et en celui qui les prononce. Dès lors peut-on affirmer que ce pouvoir tient compte des réalités, notamment des réalités sociales des populations pauvres ? D'autant plus que pour P. Bourdieu (2001), le « pouvoir symbolique », reconnu et accepté par les parties engagées dans le rapport de force, devient aussi un pouvoir de construction de la réalité. Mais, en fait de quelle réalité s'agit-il ?

---

[6] Traduction française de Bourdieu P., (1991) *Language and Symbolic Power*, Harvard *University Press,* 1991. Préface de J. B. Thompson.

Pour illustrer cette problématique, nous avons intitulé notre thèse : « De l'efficacité des mots et concepts dans la définition des politiques économiques : étude du cas de la Côte d'Ivoire à travers une analyse des discours ».

Au vu de cet intitulé, deux hypothèses s'imposent alors pour l'analyse de notre problématique.

Hypothèse 1 : l'évolution du discours sur le développement constitue-t-elle un gage d'efficacité des politiques économiques ?

Hypothèse 2 : le nouveau discours du développement retrace-t-il bien la réalité des populations des pays pauvres ?

Démarche de la recherche et choix méthodologique

L'originalité de notre démarche porte sur le fait d'adapter une approche à priori sociologique (analyse du discours) à l'économie. Un choix qui s'explique par le fait que nous sommes persuadés que les sciences humaines ne doivent plus être cloisonnées et qu'il y a une interaction naturelle entre elles. Ainsi, économie, droit, sociologie, science politique, géographie, etc., s'influencent mutuellement et s'avèrent bien souvent complémentaires. D'où la démarche transversale que nous avons adoptée. Nous sommes confortés dans cette démarche par les idées de G. Myrdal (1964)[7] qui considère que le rôle des sciences économiques est d'observer et de décrire la réalité sociale empirique, d'analyser et d'expliquer la relation causale entre les faits économiques. L'objectif scientifique étant de parvenir à une connaissance du monde dans lequel nous vivons suffisamment adéquate pour nous permettre de prévoir les événements futurs, et donc de prendre des précautions pour répondre aux souhaits et besoins des populations.

La méthodologie retenue pour répondre à nos hypothèses et développer notre argumentation, consiste à confronter le discours des différents acteurs, parties prenantes au développement d'un pays comme la Côte d'Ivoire. Nous sommes partis des faits réels ou de l'histoire des faits économiques, en nous appuyant sur une revue de littérature. Nous les avons ensuite confrontés à une analyse du discours contenu dans les documents officiels que sont les Politiques d'ajustement structurel et les

[7] Son article "*The political element in the development of economic theory*" constitue un tournant décisif dans le développement de la pensée économique. Pour lui, à travers les concepts comme des idées de valeur, de liberté, ménage, les idéologies politiques ont été introduites dans les théories économiques.

Documents stratégiques de réduction de la pauvreté. Enfin, nous avons croisé les résultats de l'analyse des textes officiels (PAS, Document Stratégique pour la Réduction de la Pauvreté/Plan National de Développement [DSRP/PND]), avec l'Enquête sur le Niveau de Vie des Ménages (ENV) de 2015 retraçant le discours des populations pauvres d'une part, et, d'autre part, les entretiens qualitatifs que nous avons effectués sur le terrain qui représentent les opinions des principaux acteurs du développement.

Afin de faciliter cette démarche, nous avons procédé à une analyse textuelle (lexicométrique) des différents supports évoqués, grâce aux logiciels Alceste et Lexico.

La question étant de savoir s'il y a une cohérence dans le discours émis par ces trois sources d'information, car les politiques économiques ne peuvent être efficaces sans cette cohérence entre ces trois niveaux d'acteurs.

Ainsi, notre approche consistera essentiellement en une présentation chronologique des faits économiques et de leurs interactions politiques, expliqués par les discours des auteurs et acteurs, qui mettent en valeur l'imbrication entre le politique et l'économique.

L'évolution des pensées et des théories économiques sera mise en exergue par l'analyse de l'évolution des mots utilisés dans les différents textes qui fondent les politiques économiques mises en œuvre en Côte d'Ivoire depuis les années 1980.

Concrètement, nous procéderons à une analyse statistique qualitative des principaux textes qui retracent les politiques publiques qui ont été appliquées lors des programmes d'ajustement structurel (notamment en 1981, 1983 et 1986) et des Documents stratégiques de réduction de la pauvreté (le DSRP itinéraire de 2002, le DSRP final de 2009 et le Plan national de développement de 2012 et 2016).

L'application d'une méthode lexicométrique aux politiques de développement permet alors d'analyser la structure théorique des PAS, du DSRP et du PND ivoirien, et de faire ressortir les fondements historiques des courants économiques qui justifient ces politiques de développement, à travers une évolution des mots utilisés et du contexte de leur apparition.

En effet, l'analyse des données textuelles permet de mettre en exergue les informations essentielles qui sont contenues dans un texte. Cette méthode peut être appliquée à des discours, à des entretiens qualificatifs, c'est le cas pour notre étude, ainsi qu'à tout texte littéraire où l'on peut traiter des séquences. Il existe plusieurs types de logiciels permettant d'effectuer de telles analyses textuelles. On en compte aujourd'hui, une vingtaine dont les plus connus sont : Modalisa, Alceste, DTM, Lexico, Sato, Prospero, NVivo, TXM, etc. Notre choix s'est porté sur deux d'entre eux, à savoir : Alceste et Lexico. Ce choix s'explique par le fait qu'il s'agit de logiciels complémentaires permettant de faire ressortir non seulement les occurrences de chaque mot et leur fréquence dans un texte donné, mais aussi l'environnement immédiat dudit mot, ainsi que le contexte dans lequel il est employé.

Pour aller plus loin dans l'illustration de nos hypothèses, une série d'entretiens qualitatifs a été effectuée sur le terrain auprès d'un certain nombre d'acteurs et de décideurs socio-économiques et politiques. Ces entretiens nous ont permis de connaître l'opinion de ces principaux acteurs face à la situation actuelle et aux politiques économiques qui ont été mises œuvre en Côte d'Ivoire.

Cette démarche d'interview a consisté en la constitution d'un guide d'entretien comportant une dizaine de questions, accompagné d'un travail de terrain, afin de rencontrer les différents interlocuteurs sélectionnés. Les entretiens audios réalisées ont ensuite été retranscrites sous Word, ce qui nous a donné un texte unique de 180 pages au total. Ce texte a ensuite été analysé grâce au logiciel Alceste, afin de comparer les mots qui ressortent avec ceux obtenus par l'analyse des textes propres aux politiques de développement (PAS et DSRP/PND), et les résultats de l'enquête ENV 2015 organisée par l'Institut national de statistique (INS) de Côte d'Ivoire, qui portent sur la perception qu'ont les pauvres de leur situation.

En résumé, il résulte de ce qui précède que la méthodologie utilisée pour répondre à notre questionnement consiste en une revue de la littérature et des rapports de politiques économiques qui explicitent les fondements du système économique ivoirien.

L'utilisation de logiciels d'analyse textuelle, particulièrement Alceste et Lexico permet de voir l'évolution des pensées économiques à travers les mots utilisés dans ces différents textes de politiques économiques (PAS et DSRP, ou encore PND de la Côte d'Ivoire).

Enfin, l'analyse des résultats de l'enquête-interview effectuée sur le terrain permettra de mettre en exergue l'opinion des décideurs économiques et politiques sur l'histoire économique de la Côte d'Ivoire. En effet, il s'agit aussi pour nous, à travers ce travail, d'effectuer une analyse de l'histoire économique de ce pays.

Il eut été, certes, plus simple de présenter un découpage théorique et une explication descriptive historique, puis une analyse statistique des discours officiels et, enfin, l'interview de différents acteurs économiques et politiques.

Mais, un tel découpage aurait détruit la cohérence historique et analytique de l'ensemble. La thèse aurait en conséquence beaucoup perdu de son intérêt comme base de réflexion pour les politiques futures. C'est pourquoi, nous avons préféré regarder la spécificité de chaque période, complétée par l'analyse du discours correspondant avec, dans certains cas, la justification par les acteurs de ces périodes lors de leurs interviews.

Par ailleurs, les trois types de méthodes utilisées (analyse historique, analyse statistique textuelle et données d'enquête et entretiens qualitatifs) conduisent à un exposé chronologique où chacune de ces méthodes joue un rôle explicatif spécifique et complémentaire des autres. Ce choix s'impose car on remarque qu'à chaque période de l'histoire économique de la Côte d'Ivoire correspond une approche théorique particulière qui peut être étayée par les analyses textuelles et les résultats des interviews. En effet, de l'Indépendance aux années 1970, la politique économique de la Côte d'Ivoire a été marquée par la théorie keynésienne (priorité de la demande et ouverture contrôlée sur l'extérieur), avec toujours une forte intervention de l'Etat. De 1981 à 1995, c'est l'application du Consensus de Washington marqué par la théorie monétariste néolibérale, refusant toute intervention de l'État. Enfin, depuis 1995, nous sommes toujours dans le processus initié par l'initiative hybride PPTE/DRSP.

Pour illustrer notre argumentation, nous avons choisi de mettre entre des guillemets un certain nombre de mots et de concepts définis dans cette thèse.

Difficultés rencontrées

Il faut toutefois noter qu'en ce qui concerne la partie analyse textuelle, il ne nous a pas été possible de remonter plus loin dans le temps que les années 1980, et ce pour des raisons techniques. En effet, il est quasiment impossible de trouver sous forme électronique les textes des premières périodes de l'indépendance ivoirienne. De plus, les premiers textes sous forme électronique portant sur les accords entre la Côte d'Ivoire et les institutions de Bretton Woods au titre des PAS, n'existent qu'en anglais. Aussi, certains des tableaux que nous présentons dans cette thèse sont-ils exprimés en anglais. Nous nous efforcerons toutefois, de traduire en français, les mots les plus importants qui émergent des résultats obtenus.

Par ailleurs, l'accès aux données statistiques et aux textes de politiques économiques a été difficile, voire parfois impossible pour certaines données. Soit parce qu'elles étaient inexistantes car détruites lors de la crise, soit pour des raisons de procédure et d'autorisation d'accès aux sources correspondantes.

En ce qui concerne les entretiens qualitatifs, nous avons aussi rencontré bien des difficultés. En effet, la période des entretiens a coïncidé avec celle des élections législatives (2011), qui étaient les premières après 10 ans ; il a donc été très difficile d'obtenir des rendez-vous auprès de certaines des personnes sélectionnées pour l'échantillon, car elles étaient fortement engagées dans la vie politique. Toutefois, l'échantillon ayant été construit par choix raisonné, les personnes sélectionnées au départ qui n'étaient pas disponibles ont pu être remplacées par d'autres, équivalentes.

Enfin, n'ayant pu atteindre le nombre retenu d'une trentaine de personnes à interroger lors du premier voyage organisé sur le terrain, il a fallu qu'un second voyage sur la Côte d'Ivoire soit programmé en 2012 pour terminer ce travail. A l'issue de ce second voyage, nous avons pu atteindre un total de 21 personnes interrogées.

Résultats attendus

La thèse cherche à montrer s'il y a ou non une cohérence entre les trois niveaux de discours qui fondent l'objet de notre étude, à savoir : le discours des IBW traduit en politique économique nationale par les gouvernements des PED, le discours des populations pauvres contenu dans l'enquête ENV 2015 et, enfin, le discours des acteurs sociaux recueilli grâce aux entretiens qualitatifs que nous avons effectués sur le terrain.

Les premiers résultats que nous avons obtenus grâce à l'utilisation des logiciels Alceste et Lexico montrent à travers des nuages de mots, des tableaux de comparaison des classes et d'analyse factorielle en coordonnées, qu'il y a un grand écart entre les trois niveaux de discours. En effet, lorsque les institutions de Bretton Woods et le gouvernement ivoirien parlent de la recherche d'une forte croissance pour réduire la pauvreté, les populations, elles, parlent de répartition équitable des ressources productives, notamment la terre, et d'un accès facilité au crédit. Quant aux autres acteurs du développement, ils mettent en avant le respect des normes et des lois comme solution à la pauvreté. Se pose alors la question de la relation entre le langage et la réalité, d'autant plus qu'on observe que le discours qui s'impose, en tant que détenteur du « pouvoir linguistique symbolique » au sens de P. Bourdieu, est celui des

Institutions de Bretton Woods. En effet, il est reconnu comme tel par toutes les parties prenantes et est repris par le gouvernement ivoirien dans sa politique de développement économique, à travers les DSRP. C'est-à-dire que si l'on veut des politiques économiques plus efficaces, il faut assurer un équilibre de pouvoir entre ces trois niveaux de langage, et donc que l'échange sur le marché linguistique du développement ne soit plus inégal.

Annonce du plan

Cette thèse s'articule autour d'un plan en deux parties, chacune comprenant deux chapitres.

Dans la première partie que nous avons intitulée : « Le pouvoir symbolique du discours dans les théories économiques et les pratiques du développement », nous nous efforcerons dans un premier chapitre, de faire une présentation du « modèle » économique ivoirien, de son originalité et de ses faiblesses qui ont conduit à la crise économique du début des années 80. Ce chapitre nous permettra en effet, d'examiner ce qu'on a appelé le « miracle ivoirien », sa construction et son essoufflement conduisant à l'application des premières politiques d'ajustement structurel en 1981. Les années 1980 marquent ainsi l'émergence de nouveaux concepts tels que politique de « stabilisation », « ajustement structurel », etc., que le Président Houphouët-Boigny désignera par finesse politique sous le vocable de « la conjoncture ».

Le chapitre II sera ensuite consacré à l'échec de ces politiques d'ajustement, qui ont conduit à l'introduction de la notion de pauvreté dans les nouvelles politiques économiques de développement à partir de 1995.

La seconde partie de la thèse examinera la transformation de cette crise économique en une crise sociale et le façonnement du discours au niveau national pour la surmonter.

Le chapitre III, qui constitue premier chapitre de cette seconde partie, nous permettra ainsi de décrire le contexte sociopolitique qui sur la base du concept « d'ivoirité » créé par le gouvernement Bédié, a conduit à la crise militaro-politique avec des conséquences dramatiques sur la cohésion sociale. Viendront ensuite, les tentatives ratées de « refondation » du gouvernement Gbagbo pour arriver à notre époque où l'on parle de « réconciliation » du peuple ivoirien.

Enfin, parce que nous portons l'espoir d'un avenir meilleur pour ce pays, nous analyserons dans le quatrième et dernier chapitre de notre thèse, les perspectives d'avenir qui se présentent à la Côte d'Ivoire depuis le retour de la stabilité politique. Pour cela, nous examinerons les potentiels dont dispose ce pays pour rebondir, et renouer avec la « croissance équitable » prônée par le président Alassane Ouattara, conduisant à un développement fondé sur une cohésion sociale durable. L'objectif final étant de faire de la Côte d'Ivoire, un pays émergent au même titre que ceux d'Asie ou d'Amérique Latine.

PREMIÈRE PARTIE :

Le pouvoir symbolique du discours dans les théories économiques et les pratiques du développement

> « L'échange linguistique est aussi un échange économique qui s'établit dans un rapport de force symbolique entre un producteur pourvu d'un certain capital linguistique et un consommateur (ou un marché) et qui est propre à procurer un certain profit matériel ou symbolique ».
> P. BOURDIEU, *Ce que parler veut dire : L'économie des échanges linguistiques*, 1982, p. 59-60.

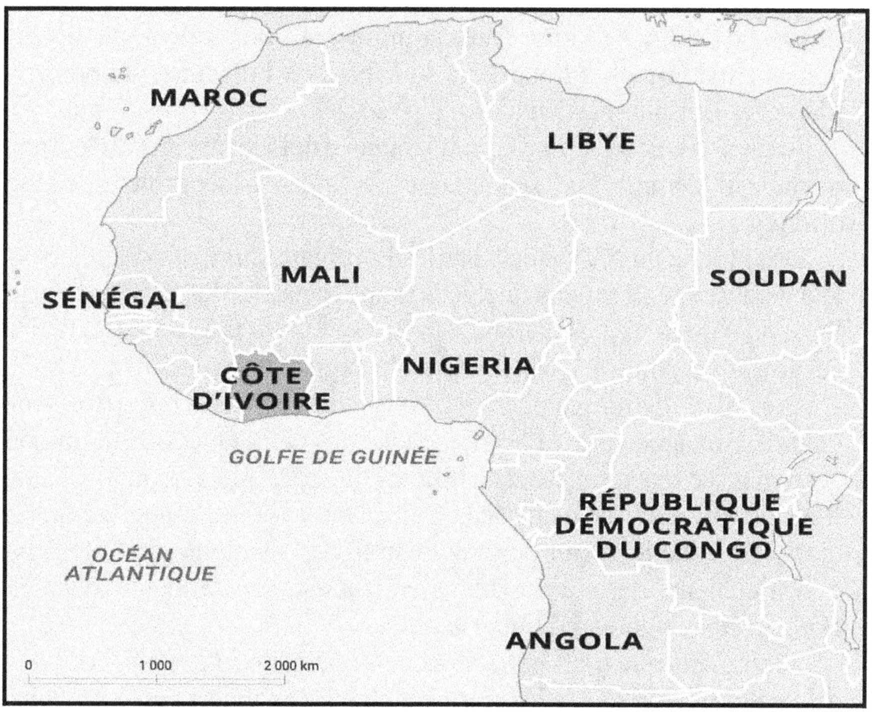

Source : Encyclopædia Universalis France

Dans cette première partie de la thèse, nous nous efforcerons de montrer comment les dirigeants de la Côte d'Ivoire ont su créer dans les années 1960 à 1970, les conditions d'un développement économique et social grâce à des actions concrètes, mais aussi à un discours de propagande très efficace. En effet, durant cette période, l'Etat ivoirien disposait d'un certain « pouvoir symbolique » dans l'échange linguistique qu'il entretenait avec les institutions monétaires internationales et les pays occidentaux. Ce pouvoir, il a su l'imposer en mettant en avant des mots, concepts et expressions tels que « capitalisme libéral », « miracle économique », « le succès de ce pays repose sur l'agriculture », « la Côte d'Ivoire au travail », investissement, développement des infrastructures, les fêtes nationales de l'Indépendance, etc. Mais avant de voir comment la Côte d'Ivoire a construit son « miracle économique », il est important de faire un rappel historique sur la création de l'État ivoirien.

Rappel historique sur la naissance économique et politique de l'Etat ivoirien

La Côte d'Ivoire, État de l'Afrique occidentale, dispose d'une superficie de 322 463 km^2. Elle est limitée au sud par le golfe de Guinée (Océan Atlantique), à l'ouest par le Libéria et la Guinée, au nord par le Mali et le Burkina-Faso et à l'est par le Ghana.

Ancienne colonie Française, la langue officielle du pays est le français, même s'il compte une soixantaine de langues, de groupes ethniques différents.

Découverte au XVIe siècle par les Portugais, qui y ont d'ailleurs laissé leurs empreintes à travers quelques noms donnés à des fleuves tels que le Sassandra ou des villes comme San Pedro, c'est à la France que revient la gestion du territoire ivoirien, lors du congrès de Berlin de 1885. Ce congrès fixe définitivement les zones d'influences respectives de la Grande-Bretagne et de la France, toutes les deux en compétition pour la gestion de ce territoire. Louis Gustave Binger est alors nommé « Résident français aux établissements de la Côte d'Ivoire ». Mais, ce n'est que le 10 mars 1893 que le décret portant création de la Colonie de Côte d'Ivoire est officiellement signé par Binger en tant que gouverneur, et que Grand-Bassam en devient la première capitale.

Soulignons que c'est pendant cette période de lutte pour l'acquisition du territoire ivoirien que les premiers plants de caféiers sont introduits. Le café deviendra par la suite, l'une des cultures qui fera la richesse de la

Côte d'Ivoire. C'est en effet, le français Arthur Verdier qui, ayant décidé de rester sur le territoire, afin de tenir tête aux anglais, introduit en 1882 le caféier dans la région d'Assinie (sud-est de la Côte d'Ivoire).

Dans ce contexte, on ne peut traiter des politiques économiques de développement de la Côte d'Ivoire, sans faire un rappel historique du système économique mis en place par l'administration coloniale, avant l'indépendance.

En effet, dès 1900, la France institue une politique d'autonomie économique pour ses colonies. Cette politique permet à chaque colonie d'assurer le financement de son administration. La Métropole n'intervenant que lorsque cela s'avère nécessaire.

En 1904, ce choix d'administration économique conduit à la création de la Fédération d'Afrique Occidentale Française (AOF), composée de territoires que l'on connaît aujourd'hui sous les noms de la Mauritanie, le Sénégal, le Mali, le Burkina-Faso, le Niger, la Guinée, le Bénin et la Côte d'Ivoire.

Sur le plan économique, la Fédération avait pour objet de permettre à toutes les colonies de mettre en commun leurs ressources mais aussi à faire en sorte que les colonies les plus riches soient mises à contribution pour soutenir les colonies plus pauvres.

Dès cette époque, les produits cultivés dans le Sud pouvaient être exportés vers la France et vers d'autres marchés étrangers. Le cacao est alors introduit à son tour, en plus du café et des plantations d'expérimentation et de recherche sont créées en vue d'améliorer les variétés de ces produits.

Les exportations de cacao commencent en 1905, avec 2 tonnes de produits expédiés. Dans la même année, 29 tonnes de café sont exportées, ainsi que 9.600 tonnes de grumes. La production de bois, de cacao et de café ne cesse dès lors d'augmenter, malgré des fluctuations imputables aux maladies et aux variations de prix sur les marchés mondiaux.

Aussi, afin de garantir le prix d'achat des matières premières agricoles telles que le café et le cacao, l'administration coloniale permet à partir de 1954[1], la création de caisses de stabilisation par produit et par territoire colonial. On entre alors dans un système où le prix n'est plus déterminé par le marché, mais administré par la métropole.

Il faut, par ailleurs, souligner que l'expansion de la production de café et de cacao entre les deux guerres, a permis l'émergence d'une classe

[1] Décret du 14 octobre 1954 ordonnant la création de caisses de stabilisation dans les territoires francophones d'Afrique.

africaine de planteurs qui vont concurrencer les planteurs européens, largement favorisés par la politique coloniale française qui appliquait un système de travail forcé.

Enfin, pour améliorer les relations commerciales avec la France, un vaste programme d'investissement est financé après la seconde guerre mondiale, avec l'assistance technique et financière de la France. Parallèlement à ce programme, l'ouverture du canal de Vridi en 1950, et l'atteinte de Ouagadougou (capitale de la Haute-Volta) par le chemin de fer Abidjan-Niger en 1954, contribuent à ouvrir le territoire sur l'extérieur.

C'est à cette époque qu'un jeune planteur du nom d'Houphouët-Boigny, va se révolter contre le fait que la colonie de Côte d'Ivoire n'ait aucun contrôle direct sur la gestion et la répartition de ses ressources propres. Indigné et révolté par les injustices, devenues insupportables, du pouvoir colonial, Houphouët-Boigny, à la tête d'une équipe de sages reconnus comme les pères fondateurs[2] de la Côte d'Ivoire, crée en 1944, le Syndicat Agricole Africain (SAA), afin de défendre les intérêts des planteurs africains et de mener le combat pour l'autonomie de la Côte d'Ivoire. Le Gouverneur d'alors, André Latrille, autorise finalement le fonctionnement dudit syndicat le 8 août de la même année.

Ce mouvement syndical fut si dynamique, qu'il aboutit à la création d'un parti politique, en l'occurrence le Parti Démocratique de Côte d'Ivoire (le PDCI), le 9 avril 1946 à l'Etoile du Sud de Treichville, à l'initiative de Félix Houphouët-Boigny.

Poursuivant son élan, le PDCI sous l'impulsion de Félix Houphouët-Boigny, conduira à la création d'un grand mouvement de rassemblement des Africains, pour la défense de leurs intérêts politiques et économiques. Ainsi naît à Bamako le 18 octobre 1946, le Rassemblement Démocratique Africain (RDA), dont Houphouët-Boigny sera le premier président. Le PDCI en devient alors la section ivoirienne et prend le sigle de PDCI-RDA. Dès lors, le PDCI-RDA, s'affiche comme l'instrument incontournable de lutte pour l'émancipation de la Côte d'Ivoire et des territoires satellites.

Mais le véritable point de départ vers l'émancipation se situe lors du discours du Général de Gaulle à Brazzaville en 1946, qui ouvre de réelles

---

[2] Pour mémoire, les pères fondateurs de la Côte d'Ivoire sont : Félix Houphouët-Boigny, Josephe Anoma, Kouamé Adingra, Fulgence Brou, Amadou Lamine Touré, Georges Kassi, Gabriel Dadié, Kouamé N'guessan et Djibril Diaby. Il y a là neuf hommes qui vont modifier le cours de l'histoire de la Côte d'Ivoire.

perspectives d'autonomie pour les colonies ayant participé à l'effort de guerre.

Ainsi, le 4 décembre 1958, grâce à la loi-cadre Deferre, qui constitue une étape importante sur la voie de l'émancipation, la Côte d'Ivoire devient une République au sein de la Communauté française avec pour Premier Ministre Félix Houphouët-Boigny.

Mais, malgré cette autonomisation, certaines activités économiques telles que l'exploitation forestière restent essentiellement sous contrôle étranger, du moins jusqu'en 1960.

En effet, le 7 août 1960, Houphouët-Boigny rompt les liens avec la France et proclame l'indépendance de la Côte d'Ivoire. La culture du café et du cacao, qui était à l'origine le fait d'Européens et de quelques Africains, devient alors une entreprise presque exclusivement africaine après 1960, faisant appel à des milliers de familles ivoiriennes, mais aussi étrangères. Car pendant la période coloniale, la France ayant d'importants besoins de main d'œuvre, avait fait venir beaucoup d'immigrés des pays voisins et surtout de la Haute-Volta (aujourd'hui connu sous le nom de Burkina-Faso). Comme nous le verrons plus loin dans le développement de cette partie, les frontières de la Côte d'Ivoire seront mêmes agrandies, à un moment de son histoire, pour y intégrer une partie de la Haute-Volta. Nous avons là déjà les prémices de ce qui conduira plus tard à une situation de raréfaction des terres et à l'émergence la crise foncière en Côte d'Ivoire.

Après la proclamation de l'indépendance, le gouvernement maintient les prix à la production à des niveaux intéressants, ce qui incite les agriculteurs à développer leur production. De nombreux ivoiriens acquièrent ainsi un pouvoir d'achat très important.

Sur le plan politique, après des années de lutte pour l'indépendance, c'est tout naturellement que le pouvoir est donné aux notables ruraux lors de la décolonisation. Les coopérants français, tels que les enseignants, experts et techniciens, sont toutefois conservés avec pour mission d'apporter leur savoir-faire aux nationaux. Les ivoiriens, étant ainsi érigés en administrateurs, vont mettre en œuvre les politiques de nationalisation imaginées par ces coopérants[3], et plus généralement par les étrangers, dès lors que ceux-ci contribuent à l'effort de développement de la Côte d'Ivoire.

Vouloir parler de l'économie ivoirienne, revient donc à s'interroger sur le mécanisme de développement de la Côte d'Ivoire depuis l'acquisition

---

[3] Les derniers coopérants ne quitteront la côte d'ivoire que dans les années 90.

de son indépendance jusqu'à nos jours. L'économie ivoirienne ayant été fondée sur l'héritage colonial, cette étude nécessitera toutefois que nous fassions de temps à autres, un petit rappel sur les structures qui ont été mises en place pendant la période coloniale et qui ont contribué au développement rapide de la Côte d'Ivoire, en tant que pays indépendant.

Dans un premier chapitre, nous procéderons à l'analyse de l'évolution économique de la Côte d'Ivoire de 1960 à 1980, ce qui correspond à la période du « miracle ivoirien » (Chapitre I). Période pendant laquelle la Côte d'Ivoire a su imposer au niveau international, et notamment, sur le marché du développement, un discours incarnant ce « miracle ». Ensuite, nous étudierons dans un second chapitre, l'intervention des institutions financières internationales pour remettre l'économie ivoirienne sur les rails, à l'issue de la crise économique du début des années 1980 et qui s'est traduite par la mise en œuvre des politiques de stabilisation monétaire et d'ajustement structurel (Chapitre II). Dès lors, avec cette crise économique et l'endettement de la Côte d'Ivoire, ce sont les institutions financières internationales qui commenceront à imposer leurs discours et s'attribuer ce « pouvoir symbolique » au sens de P. Bourdieu, qui est aussi un pouvoir réel, car détenteur du pouvoir financier.

CHAPITRE I :

Du « Miracle économique » à la « Conjoncture » (1960-1980) : l'échec d'un modèle pourtant reconnu

> « Le principe d'un pouvoir réside en réalité dans les conditions institutionnelles de sa production et de sa réception »
> P. BOURDIEU, *Ce que parler veut dire : L'économie des échanges linguistiques*, 1982, p. 111.

Une revue exhaustive de littérature économique effectuée pour la thèse, permet d'affirmer que les origines du succès économique de la Côte d'Ivoire remontent bien au-delà des années 1960 et demandent de considérer la période coloniale.

En effet, comme rappelé plus haut, la Côte d'Ivoire en tant que colonie française, avait déjà mis en place une économie que l'on a qualifiée « d'économie de traite » par le fait qu'elle soit essentiellement tournée vers l'exportation de produits primaires issus de l'agriculture. Que devons-nous vraiment entendre par économie de traite ?

R. Badouin (1967) définit ce système comme retraçant : « l'ensemble des relations économiques associées à la commercialisation de produits agricoles que les cultivateurs africains offrent à la vente en vue de leur exportation ». Cette définition s'applique parfaitement au cas de la Côte d'Ivoire.

En Côte d'Ivoire, l'économie de traite avait la particularité d'être aux mains de grandes compagnies financières, et non de petits cultivateurs africains, avec une production tournée essentiellement vers l'exportation. Le pays produisait, alors, des matières premières qui étaient principalement transformées en France.

Le second facteur du progrès économique vient de la façon dont s'est organisée la transition vers l'indépendance, sans bouleversements économiques et sociaux majeurs. Ainsi, avant comme après son indépendance, la Côte d'Ivoire s'est toujours considérée comme faisant partie d'un ensemble plus vaste. Productrice de matières premières, elle importait la plupart des produits finis dont elle avait besoin, principalement de la France. Les économies ivoiriennes et françaises étaient ainsi considérées comme "complémentaires". Par conséquent, dès 1960, la Côte d'Ivoire exportait déjà environ 50% de la production de ses trois principaux produits d'exportation, bois, café et cacao, vers la France. Dans le même temps, 70% des importations ivoiriennes provenaient de la métropole.

Les statistiques de 1959 à 1961 indiquent ainsi que l'accession à l'indépendance n'a pas désorganisé la production comme cela a été le cas dans d'autres pays. Au contraire, celle-ci a pu augmenter de façon continue (The World Bank, 1977).

Si bien que, la Côte d'Ivoire hérite en 1960 d'une économie florissante avec de bonnes perspectives de croissance (Cogneau & Mesplé-Somps, 1999).

Au vu des résultats positifs des politiques économiques mises en place par le régime colonial, le président Houphouët-Boigny fait dès le début de l'indépendance de la Côte d'Ivoire, le choix d'un modèle économique qui reprend, en grande partie, les caractéristiques du système colonial dont elle a hérité.

Dès lors, les premières projections économiques établies en 1960, donnent les tendances d'un développement rapide tourné vers l'extérieur qui va conduire à ce qu'on appellera alors le « miracle ivoirien ». Mais, cette période ne dure que vingt ans. Pouvons-nous alors considérer qu'elle s'apparente aux « Vingt glorieuses » ? (Section 1). C'est-à-dire vingt années marquées par un certain libéralisme économique, bien que compensé par un rôle fort de l'Etat et une politique keynésienne régulant les marchés et entreprenant des actions de développement planifiés au moyen de plans quinquennaux. Mais il s'est avéré que ce modèle portait en lui-même certains éléments qui vont très vite en montrer les limites et conduire à la crise économique de la fin des années 1970 (section 2).

Section 1 :
Retour sur le « miracle ivoirien » (1960-1980)

Il nous est difficile de déterminer l'origine précise de cette expression « miracle ivoirien », et même de dire quel en a été le premier auteur. Mais tout comme P. Bourdieu, nous pensons qu'il n'y a pas de mots et de concepts innocents, surtout en matière de politiques publiques. Mots et concepts sont bien souvent créés pour qualifier ou rendre compte d'une situation économique et sociale. Dans la plupart des cas, les experts des institutions internationales, ou les gouvernements, s'en servent pour faire passer un message tantôt positif, tantôt négatif auprès des populations.

En ce qui concerne l'expression « miracle ivoirien », il semblerait que, selon J. Baulin (1982), c'est autour de 1964 que cette expression apparaît. Il s'agissait, à l'époque, d'un slogan publicitaire destiné à faire connaître le succès économique du pays. L'objectif premier étant de frapper les esprits des journalistes étrangers concernant cette exception ivoirienne face à une Afrique considérée comme « mal partie » (Dumont, 1962), car n'ayant pas toujours choisi des modes de développement appropriés.

Toujours selon cet auteur, le président Houphouët-Boigny aurait lui-même employé cette expression de « miracle ivoirien » dans un discours de mars 1974, où il soulignait que : « le miracle ivoirien n'est pas un mirage comme le prétendent certains détracteurs, mais bien une réalité » (Baulin, 1982).

L'expression a ensuite été reprise par de nombreux auteurs qui ont écrit sur l'histoire économique de la Côte d'Ivoire.

Les questions qui viennent à l'esprit sont dès lors les suivantes : cette métaphore de « miracle ivoirien » est-elle vraiment pertinente ? Peut-on vraiment parler de miracle, comme l'ont si bien souligné quelques-unes des personnalités que nous avons interviewées ? Et si oui, à quelle période peut-on alors réellement le situer ?

Nous nous efforcerons de répondre à ces questions dans les pages qui suivent.

Faisant partie, au départ, d'un ensemble économique plus vaste appelé Afrique Occidentale Française (l'AOF), lui-même lié à la puissance coloniale, la Côte d'Ivoire s'est très vite spécialisée dans l'exploitation d'importantes ressources agricoles et forestières.

Dans un premier temps, ces ressources ont surtout servi à promouvoir l'expansion de la zone économique AOF dans laquelle elle est intégrée ; mais, en parallèle, elles deviennent aussi, et très vite, le moteur propre du développement économique ivoirien.

La question souvent posée se résume à savoir si le développement rapide qu'a connu la Côte d'Ivoire peut être effectivement considéré comme un « miracle économique », ou non.

La réponse à cette question est complexe. Elle tient essentiellement, d'une part, à la manière dont le potentiel économique du pays a été mis en valeur avant son indépendance. Et d'autre part, surtout aux objectifs que la Côte d'Ivoire s'est fixée à la suite de son indépendance, en considérant aussi la façon dont ont été mises en œuvre les politiques économiques visant à atteindre ces objectifs.

En effet, lorsqu'on se rapporte à la définition, ou à l'étymologie, du mot « miracle », on se rend compte qu'il s'agit de quelque chose qu'on ne peut pas expliquer et qui se produit avec une intervention divine et non pas humaine. Le dictionnaire « Petit Larousse » définit d'ailleurs ce mot comme étant l'expression : « d'une intervention divine, un fait inattendu, un résultat étonnant, extraordinaire, un hasard merveilleux ou encore exceptionnel ». Certes, le développement rapide de la Côte d'Ivoire après son indépendance, avec des taux de croissance de PIB très élevés n'ayant jamais été atteints auparavant dans un pays africain, voir même au niveau mondial, pour un pays sortant juste de la colonisation, pouvait faire penser à un « miracle ».

Mais en étudiant de près la question, on se rend compte que le développement économique et social de la Côte d'Ivoire durant les premières années suivant son indépendance est surtout le fait d'une politique économique pensée, et planifiée, qui ne peut se résumer à une « chance »[1], un hasard ou un heureux concours de circonstances.

En réalité, dès 1960, une série de projections ont été effectuées, en vue de mettre en exergue les conséquences économiques des politiques réalisées et ce, selon différents scénarii pour les dix années suivant l'indépendance. Ces projections étaient aussi faites en envisageant plusieurs schémas de croissance possibles. C'est donc consciemment que le gouvernement a choisi de fonder la croissance économique sur l'expansion des secteurs pour lesquels la Côte d'Ivoire disposait immédiatement des avantages comparatifs les plus nets (Ricardo 1817)[2], à savoir : l'agriculture, à travers ses cultures d'exportation, et l'exploitation forestière.

La stratégie ainsi adoptée visait à profiter, dans le court terme, de cet avantage comparatif pour dégager des ressources et favoriser la croissance nécessaire pour opérer ultérieurement les changements structurels désirés.

---

[1] Cette idée de chance est aussi rejetée par la Banque Mondiale dans son Rapport confidentiel de février 1977 sur le développement de la Côte d'Ivoire (The World Bank, 1977).

[2] Agent de change anglais, puis député à la chambre des commerces, Riccardo (1772-1823) est un classique partisan du libre-échange et développe dans ses *Principes de l'économie politique et de l'impôt* de 1817, une analyse des gains du commerce international. Ce raisonnement de Ricardo est qualifié de la « loi des coûts comparatifs ».

L'idée était que, par le développement agricole, le pays pouvait se doter d'un approvisionnement adéquat en matières premières, d'infrastructures, d'une main-d'œuvre qualifiée, de capitaux et d'un marché intérieur. Tous ces facteurs devaient faciliter un développement économique et social ultérieur, permettant alors une expansion des activités industrielles.

Dans la même période, une autre décision fondamentale sera prise par le gouvernement ivoirien, celle qui consiste à volontairement orienter l'économie vers le monde extérieur. Cette décision comprend deux dimensions : d'une part, fonder le développement de l'économie sur la croissance des exportations, et, d'autre part, compléter les facteurs de production nationaux par des facteurs étrangers (capitaux, main-d'œuvre et technologie).

Vu sous cet angle, le succès économique de la Côte d'Ivoire pendant les années qui ont suivi son indépendance, n'a rien d'un miracle en soi, puisqu'il existe bien des facteurs qui permettent de l'expliquer. Et, ces facteurs ont été pensés et valorisés par un homme : le président Félix Houphouët-Boigny, qu'une majorité de personnes interrogées lors de nos entretiens qualitatifs a qualifié de visionnaire, et ce, quel que soit leur appartenance institutionnelle ou politique.

Tout ce qui précède nous conduit donc à rejeter l'idée selon laquelle la réussite économique ivoirienne tiendrait du « coup de chance », ou qu'elle serait le résultat d'un "miracle", au sens propre du terme. Au contraire, il faut considérer que les responsables de ce pays ont su faire un certain nombre de bons choix pour tirer parti des moyens disponibles et de circonstances relativement favorables, et ainsi engendrer les conditions d'un développement économique rapide (The World Bank, 1977).

L'analyse de nos entretiens qualitatifs montre curieusement qu'il n'est pas aisé de mettre une date sur la fin de ce « miracle ivoirien ».

En effet, il ressort de ces entretiens que la période du « miracle » se situerait entre 1960 et 1975 pour certains, ou entre 1960 et 1978, ou encore entre 1960 et 1980, pour d'autres. Comme on peut le constater, la détermination de cette période dépend de la perception que chacun a eu de ce dit « miracle ». On constate, par ailleurs, que la délimitation de cette période dépend des situations et fonctions des interviewés à l'époque des faits. En effet, les personnes évoluant dans la sphère étatique ont été rapidement informées de la situation de crise lorsque les premiers problèmes économiques apparaissent entre 1977 et 1978. Un premier plan de redressement de l'économie est alors mis en place par le gouvernement, mais ce dernier n'aboutira pas (PNUD, 2004). En revanche, la classe intellectuelle ivoirienne ne perçoit les difficultés économiques que rencontre le pays qu'à partir de la mise en place des premières politiques d'ajustement structurel en 1981. Quant à la population ivoirienne, il semble que les effets de la crise ne commencent à être véritablement ressentis par elle qu'à partir de 1985, après l'échec du premier plan d'ajustement structurel.

Au regard de tous ces éléments et compte tenu du fait que le premier plan d'ajustement qui marque officiellement le début de la période de difficulté économique de la Côte d'Ivoire date de 1981, nous préférons ne parler de « miracle ivoirien » que pour la période 1960-1980, celle qui recouvre les vingt années suivant l'indépendance du pays. Nous qualifierons ces vingt années de « 20 glorieuses » (cf. point I), à l'image de ce qu'ont été les « 30 glorieuses » en France et en Occident. Nous étudierons ensuite les théories sur lesquelles le gouvernement ivoirien s'est basé pour construire son « miracle économique » (cf. point II).

I. Vingt années de succès économique : Les « 20 glorieuses »

Comme nous venons de le souligner, le « miracle » prend fin à l'issue des années 1970 et se situe donc entre 1960 et 1980. C'est-à-dire pendant les vingt années où la Côte d'Ivoire a connu une croissance et un développement continus. Ces vingt années sont considérées par les principaux auteurs comme des années de succès et de gloire : d'où l'appellation de « Vingt glorieuses » que nous avons choisie, à l'instar des « Trente glorieuses » de la France. C'est le professeur Jean Fourastié (1907-1990) qui utilise pour la première fois, cette expression, dans son ouvrage *Les trente glorieuses ou la révolution de 1946 à 1975*, publié en 1979. Il l'a inventée en référence aux « trois glorieuses » correspondant aux journées révolutionnaires des 27, 28, 29 juillet 1830.

Mais que renferment donc ces « Vingt glorieuses » dans le cas de la Côte d'Ivoire ? Et surtout, quels sont les facteurs explicatifs du « miracle ivoirien » ?

Certes, tous les auteurs reconnaissent que le développement de la Côte d'Ivoire est essentiellement imputable à l'expansion des produits d'exportation. Mais, il ressort de nos recherches qu'en réalité, d'autres facteurs, en dehors du binôme café-cacao, ont aussi largement contribué à ce succès (cf. point I.1). Par ailleurs, nous verrons que ce développement rapide du pays semble s'être fait en deux temps (cf. point I.2).

I.1. Les sept facteurs explicatifs du « miracle ivoirien »

Les facteurs explicatifs du « miracle économique » ivoirien peuvent être classés selon nous au nombre de sept. Il s'agit : de l'éclatement de la fédération d'Afrique Occidentale Française, de la situation géographique favorable de la Côte d'Ivoire, de la possession d'un domaine forestier important, de l'utilisation possible de main d'œuvre étrangère, de la création de la Caisse de stabilisation, de l'accent mis sur le développement des infrastructures, et de la stabilité politique.

- **L'explosion de l'ancienne fédération d'Afrique Occidentale Française (AOF)**

Le principe d'autonomie économique institué par la France pour ses colonies aboutit à la création de l'AOF, le 16 juin 1895. Conformément à cette politique d'autonomie, chaque colonie devait assurer le financement de son administration et de ses dépenses, la métropole n'intervenant que lorsque cela s'avérait nécessaire. Le territoire de l'AOF allait de la Mauritanie au Bénin et était composée de huit pays (la Mauritanie, le Sénégal, le Soudan français devenu le Mali, la Guinée, la Côte d'Ivoire, le Niger, la Haute-Volta devenue aujourd'hui le Burkina-Faso, le Togo et enfin le Dahomey, actuel Bénin). Ces territoires étaient dirigés par un gouverneur central basé à Dakar au Sénégal. Sur le plan économique, comme nous avons eu à le souligner auparavant, le but de cette fédération était de mettre en commun les ressources des diverses colonies la composant afin que les plus riches contribuent au développement des plus pauvres.

La Côte d'Ivoire, alors considérée comme l'une des colonies les plus riches potentiellement s'éleva contre le fait de n'avoir aucun contrôle sur la répartition de ses propres fonds. Avec le temps, d'autres griefs économiques sont apparus et les pays composant l'AOF décidèrent de devenir indépendants à partir de 1959. La fédération prendra ainsi fin le 1er avril de la même année.

Avec l'éclatement de l'AOF, la Côte d'Ivoire retrouve ses droits sur la gestion de ses ressources propres, comme l'a toujours revendiqué le président Houphouët-Boigny. Elle se retrouve alors, à la tête d'un budget de 210 723 millions de FCFA en 1959, alors qu'il n'était que de 402 429 milles FCFA sous l'AOF (Baulin, 1982). Grâce à cette manne financière, la Côte d'Ivoire arrive donc sereinement à l'indépendance en 1960 et a les moyens de jeter les bases de son « miracle économique ».

- **Une situation géographique et un climat favorable à l'agriculture**

Idéalement situé sur le golfe de Guinée, et donc bordé par la mer, le pays n'est pas, contrairement à certains de ses voisins tels que le Burkina et le Mali, enclavé. Il bénéficie, de plus, d'un climat tropical très propice au développement de toutes sortes de cultures agricoles. Il est aussi irrigué du Nord au Sud par quatre grands fleuves (le Cavally, le

Sassandra, la Comoé et le Bandama). La Côte d'Ivoire jouit aussi d'une abondance de terres fertiles et de ressources forestières. Par ailleurs, son sous-sol regorge de minerais dont l'or et le diamant.

Ainsi, la Côte d'Ivoire était considérée, dès le départ, comme l'une des colonies françaises les plus riches de l'époque, grâce à l'immensité de ses ressources.

Toutefois, il y a une inégalité naturelle dans la répartition originelle de ces ressources, en ce sens que le pays peut être divisé en deux grandes régions : le Nord et le Sud, comme le montre la carte ci-dessous qui présente la végétation de la Côte d'Ivoire.

Carte 1 : Le paysage de la Côte d'Ivoire

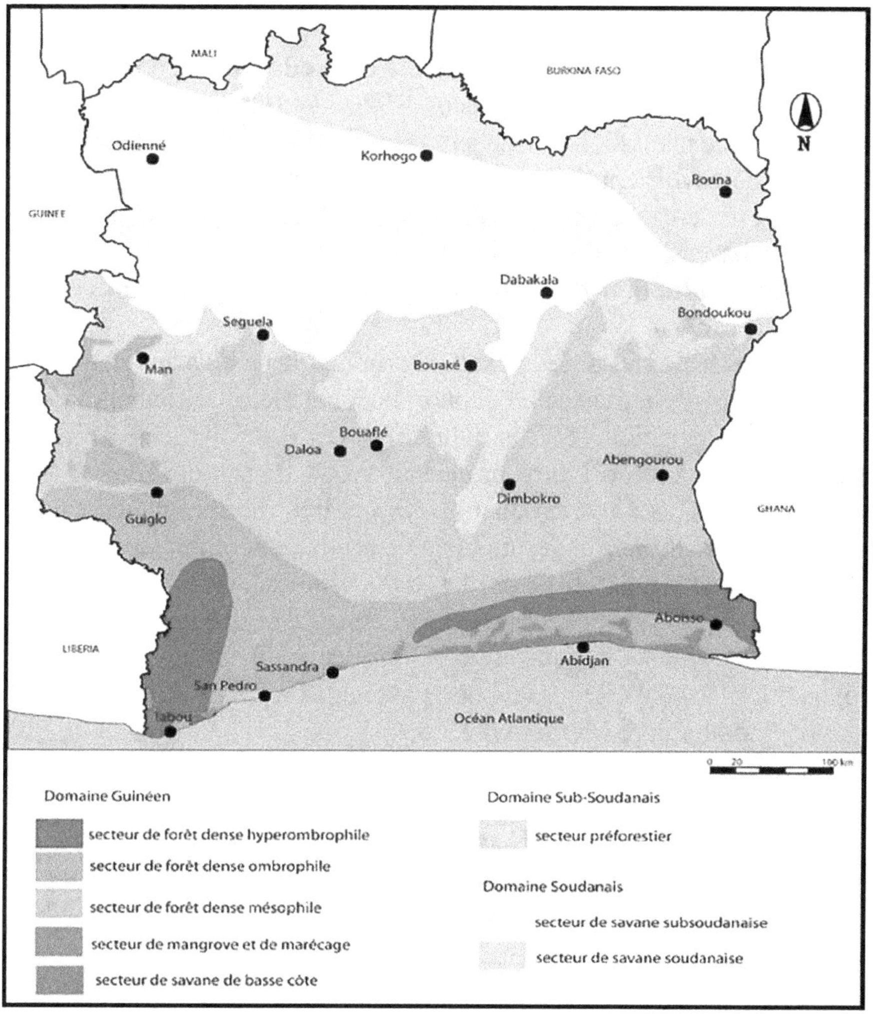

Source : Atlas de la Côte d'Ivoire

Cette carte montre effectivement que le Nord dispose d'un paysage plus aride composé essentiellement de savane herbeuse. Quant au Sud, il est plus irrigué par les quatre fleuves cités ci-dessus et bénéficie ainsi d'une forêt très fertile pour l'agriculture et surtout favorable à la culture du binôme café-cacao. Les deux cultures qui vont contribuer à la richesse du pays.

C'est donc tout naturellement qu'au lendemain de l'indépendance, les dirigeants choisissent de mettre l'accent sur l'agriculture pour le développement de la Côte d'Ivoire.

- **L'accent mis sur l'agriculture d'exportation et l'exploitation forestière**

La forêt a en effet, beaucoup contribué au développement économique de la Côte d'Ivoire, que ce soit en matière de production de bois que pour l'agriculture. Ainsi, dès les années 1920, l'exploitation de bois et l'agriculture de plantation deviennent les piliers de la mise en valeur de la zone forestière ivoirienne. Ce qui nous amène à dire qu'il faut plutôt parler de trinôme café-cacao-bois et non d'un binôme café-cacao, lorsqu'on évoque les bases du modèle de développement ivoirien.

➢ **La production de grumes : premier élément de l'ouverture sur l'extérieur**

Commencée dès les années 1885, la production de bois devint très vite une des premières activités de l'économie coloniale. Elle connaitra par la suite un développement régulier et progressif.

En 1905, la Côte d'Ivoire produisait 9.600 tonnes de grumes (The World Bank, 1977). Cette production devient très vite spectaculaire après 1950, avec l'amélioration des moyens de production et de transport. Dès 1950, la production de bois atteint 110 000 tonnes. Avec l'ouverture du port d'Abidjan en 1954, cette activité va connaitre ce que les forestiers ont appelé « La grande époque », avec le décuplement de la capacité d'expédition des bois. La production passe ainsi à 2,5 millions de tonnes en 1963 (Contamin & Memel-Fotê, 1997).

Au début des années soixante-dix, cette production est à l'origine de près d'un quart des recettes d'exportation du pays et représente la troisième source de croissance, après le café et le cacao. Ainsi, à la fin des années 1970, malgré le début de la crise économique, la production de grumes se situe toujours aux alentours de 3 millions de tonnes en 1979 et 1980.

Aujourd'hui, ce secteur joue encore un rôle très important dans le développement économique du pays en apportant les devises nécessaires à l'investissement dans les autres secteurs. Mais ce mode de développement a eu pour conséquence majeure : la déforestation. C'est pour cette raison que le discours officiel du gouvernement ivoirien s'est focalisé sur la mise en avant de l'agriculture, et notamment du binôme café-cacao.

➢ **Le développement de l'agriculture**

« *Le succès de ce pays repose sur l'agriculture* ». Ainsi se terminait un spot publicitaire télévisé diffusé par la Radiotélévision ivoirienne

(RTI) dans les années 1980 à 1990 et qui énonçait tous les progrès accomplis par la Côte d'Ivoire grâce à son agriculture.

Comme tous les écrits sur le pays le soulignent si bien, l'agriculture d'exportation constitue la base de la croissance de l'économie ivoirienne et tire ses origines de l'époque coloniale. En effet, dès 1950, les colons développent les plantations de café et de cacao, grâce à l'expansion du réseau routier dans la même année. Ainsi, de 1950 à 1964, l'agriculture croît à un taux de 10% par an, selon G. Duruflé (1988).

Parce que les dirigeants ivoiriens ont très vite compris que l'agriculture devait rester la locomotive du développement économique et parce qu'ils ont su mieux résister, à l'instar d'autres pays, à la tentation d'une industrialisation rapide, l'agriculture ivoirienne a fait des progrès remarquables contribuant fortement au succès du pays. Ainsi, de 1965 à 1973, les cultures d'exportation augmentent de 7,4% par an (Berthelemy & Bourguignon, 1996).

Le café, le cacao et le bois représentaient 82% des exportations en 1965 et 74% en 1972 (Berthelemy & Bourguignon, 1996). Comme on peut le constater, malgré une baisse de 10%, ces produits occupaient encore une place très importante dans les exportations durant les années 1970.

Par ailleurs, plusieurs actions ont été menées pour permettre la diversification de l'agriculture, ce qui a permis d'introduire d'autres cultures d'exportation telle que le palmier à huile, le coton, l'ananas, la banane…

- **L'utilisation de la main d'œuvre étrangère**

À l'époque de l'indépendance, bien que l'agriculture ait été fortement « ivoirisée », elle manque toujours cruellement de main d'œuvre. Pour remédier à ce problème, la Côte d'Ivoire a recours à de la main d'œuvre étrangère afin d'arriver à ses objectifs de production.

Cependant, il faut faire la distinction entre la main d'œuvre qualifiée et la main d'œuvre non qualifiée. Car, les sources d'importation de main d'œuvre sont différentes, selon qu'elle était qualifiée ou non.

➢ **Une main d'œuvre étrangère abondante et à moindre coût**

Il faut noter que cette politique d'utilisation de la main d'œuvre étrangère date d'avant l'indépendance de la Côte d'Ivoire. Le pays ayant été très vite soumis au milieu des affaires (1932-1947), de grosses compagnies telles que la Société commerciale de l'ouest africain (SCOA) et la Compagnie française de l'Afrique occidentale (CFAO) incitèrent le gouvernement français, dans le cadre de l'AOF, à intégrer à la colonie, des régions très peuplées du centre et du sud de la Haute-Volta (actuel Burkina-Faso).

En effet, lors des premières décennies de l'histoire économique de la Côte d'Ivoire, la main-d'œuvre étrangère non qualifiée et à bon marché provenant des pays voisins a toujours été un facteur décisif de la croissance. Cela est surtout frappant dans l'agriculture. En effet, la main-d'œuvre locale fait défaut, alors que des terres sont disponibles et que l'on peut facilement se procurer des capitaux tant étrangers qu'ivoiriens pour leur mise en valeur.

Les habitants de ces régions sont ainsi recrutés pour effectuer le travail dans les plantations. C'est le début de l'immigration burkinabé et malienne en Côte d'Ivoire et qui se poursuivra après l'indépendance des différentes colonies.

➢ **En ce qui concerne la main-d'œuvre qualifiée**

Elle concerne les cadres et les dirigeants d'entreprise. Pendant longtemps, les postes de cadres ont été aux mains des étrangers, et particulièrement des Français. Mais, dès l'indépendance, le président Houphouët-Boigny met l'accent sur l'éducation et la formation des ivoiriens. Un nombre important d'ivoiriens sortent des écoles et commencent à concurrencer les étrangers dès les années 1970. Toutefois, cet enseignement académique reçu par ces ivoiriens devait être complété par une formation plus professionnalisante, c'est ce qui explique que certains postes hiérarchiquement élevés aient été à l'époque "dédoublés" par les expatriés. Il arrivait que cette situation dure parfois pendant des années, augmentant ainsi énormément les dépenses salariales.

La Banque Mondiale dans son rapport de 1977 souligne à ce sujet que : « L'ivoirisation[3] des postes peut être très avantageuse du point de vue économique dans la mesure où les candidats locaux ont les compétences nécessaires ». Elle poursuit son analyse en notant cependant que : « Pour cette raison, le gouvernement n'a jusqu'à présent, mis en œuvre sa politique d'ivoirisation que d'une manière graduelle ».

Mais, à la fin des années 1970, la Côte d'Ivoire avait déjà formé un bon nombre de ses citoyens de façon à ce qu'ils soient capables de se substituer aux expatriés.

La mission observe d'ailleurs dans ledit rapport que : « Comme le nombre de diplômés issus du système éducatif augmente rapidement, la demande d'ivoirisation devient plus forte ». Néanmoins, les expatriés

---

[3] Terme employé dans le rapport confidentiel de la Banque Mondiale *Côte d'Ivoire – Rapport économique de base : Rapport principal* (The World Bank, 1977).

français appelés « coopérants » resteront en Côte d'Ivoire jusque dans les années 1990.

- **Le rôle primordial de la Caisse de Stabilisation**

La gestion des recettes issues de l'activité agricole est confiée à un organisme appelée la Caisse de Stabilisation et de Soutien des Prix des Produits Agricoles (CSSPPA). La Côte d'Ivoire crée la première Caisse de stabilisation en 1955 (cf. décret n° 55 1284 et 55-1285 du 30 septembre 1955)[4].

Le principe de la stabilisation des prix agricoles est repris par le président Houphouët-Boigny après l'indépendance. Il est même renforcé, avec la création d'une caisse unique en 1964, qui est transformée en une société d'Etat à partir de 1966.

Cet organisme hérité de la période coloniale va garantir un certain nombre de prix aux producteurs tout en assurant en parallèle la commercialisation des produits agricoles, particulièrement le café et le cacao.

L'écart entre les prix fixés aux producteurs et les cours internationaux des matières premières, surtout pendant la période où les cours ont été élevés, a permis à l'Etat ivoirien de financer son budget en contournant les règles de procédures budgétaires normales. Ainsi, selon J. P. Hiey (1987), cité par Cogneau et Mesple-Somps (2002), entre 1960 et 1973, les prix fixés aux producteurs de café-cacao ont représenté 52,2% du prix mondial (Cogneau & Mesple-Somps, 2002) et le prélèvement de la Caisse, environ de 2% du PIB (Berthelemy & Bourguignon, 1996). De ce fait, la Caisse a joué un rôle très important dans le prélèvement des taxes sur les matières premières, ceci afin de pouvoir financer le développement de la Côte d'Ivoire. L'Etat ivoirien contrôle ainsi le fonctionnement de toute la filière café-cacao, et ce, jusqu'à la suppression de cette caisse en décembre 2001 sous le régime du président Laurent Gbagbo (Contamin & Memel-Fotê, 1997).

Toutefois, en 2011, un nouvel organisme qui s'apparente de fait à une caisse de stabilisation et que l'on a appelé : « Conseil de régulation, de stabilisation et de développement de la filière du café-cacao » est créé. Ceci montre l'importance d'un tel organisme de régulation dans le processus de développement dès lors que l'économie nationale repose

---

[4] De 1955 à 1964, deux caisses fonctionnent séparément pour les deux produits principaux qui sont le café et le cacao. La fusion ne sera opérée qu'en 1964 avec pour nom : « Caisse de stabilisation et de soutien des prix des productions agricoles ». Mais elle devient une société d'état par le décret n°66-445 du 21 septembre 1966.

essentiellement sur les cultures d'exportation, notamment le binôme café-cacao. La majorité des personnes que nous avons interviewées sont d'ailleurs de cet avis, comme le montrent les extraits d'interviews suivants, représentant les réponses à la question sur la nécessité ou non de la privatisation de la Caisse de stabilisation.

Réponse n° 1
Directeur du Cabinet du premier ministre et Directeur du Centre de promotion de l'investissement

« La privatisation de la Caisse de stabilisation est une erreur, car la seule richesse du pays était le binôme café-cacao. La Caisse de stabilisation était une source d'épargne publique qui permettait de financer l'investissement. Il aurait donc fallu tout simplement changer la gouvernance ».

Réponse n° 2
Professeur d'Université et Maitre de conférences à la retraite

« Le fait d'avoir maintenu le prix au producteur à un certain niveau plutôt élevé pendant très longtemps était favorable et bénéfique pour le secteur agricole. Mais c'est l'utilisation des ressources générées par ce système qui a posé problème. Le gouvernement aurait dû faire des réformes pour que ce soit plus transparent et mieux géré. D'ailleurs, ce qui se passe maintenant, montre bien qu'on n'aurait pas dû démanteler la Caisse de stabilisation. On aurait tout simplement dû mieux contrôler la gestion de cette structure ».

Réponse n° 3
Président de la Chambre du commerce et de l'industrie de Côte d'Ivoire

« Non, la privatisation de la Caistab n'était pas indispensable (l'exemple du Ghana le prouve), au regard de l'attitude aujourd'hui même des pays développés dits libéraux face à la crise de la dette pour laquelle l'Etat est redevenu très interventionniste.

Une gestion plus rigoureuse était seulement nécessaire ».

Comme nous pouvons le remarquer à travers ces trois réponses représentatives du panel, les personnes interviewées sont clairement opposées à une privatisation de la Caisse de stabilisation. Il y a aussi une unanimité sur la question de la gestion de cette Caisse. Ce qui renvoie au principe de la bonne gouvernance, en tant que seul facteur capable de permettre à un pays comme la Côte d'Ivoire de conserver son niveau de pouvoir symbolique dans l'échange linguistique qu'il entretient avec les autres acteurs sur le marché du développement.

- **La priorité donnée aux infrastructures**

C'est pendant la période coloniale que la Côte d'Ivoire a procédé à la construction et à l'extension du chemin de fer reliant le Nord et le Sud du pays jusqu'à Ouagadougou, ainsi qu'à l'aménagement de ports autonomes (Abidjan et San-Pedro).

En effet, juste après la seconde guerre mondiale, un vaste programme d'investissement en matière d'infrastructures a été lancé.

Ainsi, afin de stimuler la production du « trinôme café-cacao-bois », et d'encourager le développement d'autres activités, les infrastructures de transports ont été considérablement améliorées, surtout dans le sud du pays.

Les quatre fleuves qui traversent la Côte d'Ivoire du Nord au Sud n'étant pas navigables et le pays étant difficilement accessible par la mer, le manque de moyens de communication avait pendant longtemps entravé son développement économique. Pour remédier à ce handicap, l'administration coloniale a construit en 1950 le canal de Vridi qui a doté Abidjan d'un port en eaux profondes et marquera par la même occasion, le début du développement de cette ville. Dans le même temps, d'importants investissements en infrastructures de transport terrestre ont été effectués. Le réseau routier qui ne comptait en 1948 que 10.850 km de routes et de pistes dont seulement 50 km étaient bitumées, est passé à 25.500 km en 1961, avec 700 km bitumés (PNUD, 2004).

Par ailleurs, en 1954, le chemin de fer Abidjan-Niger, commencé en 1904 atteint Ouagadougou, la capitale de l'ancienne Haute-Volta (appelée aujourd'hui Burkina-Faso).

Cette politique d'ouverture sur l'extérieur grâce à l'investissement dans les infrastructures s'est poursuivie après l'indépendance, et ceci dans le but de faciliter la circulation des biens et des personnes. Dès 1960, les stratégies d'aménagement du territoire contenues dans le plan décennal de développement de 1962, et par la suite, dans les différents plans quinquennaux de 1971-1975 et de 1976-1980 (que nous étudierons plus en détail dans le point I.2. de cette partie), mettront aussi l'accent sur les infrastructures routières, portuaires, aéroportuaires et ferroviaires. Au niveau du discours du gouvernement, la priorité est alors donnée au développement des infrastructures.

Ainsi, grâce à la croissance économique, le développement routier devient un axe majeur de l'aménagement du territoire et couvre tout le territoire ivoirien. L'effort de financement du programme routier se poursuivra jusqu'en 1980 où le pays atteint 45000 km de routes (dont 3100 sont bitumées).

Ce progrès considérable fait du réseau routier de la Côte d'Ivoire, l'un des meilleurs de la sous-région (PNUD, 2004).

La mise en place de ces infrastructures contribuera à améliorer et à faciliter considérablement les échanges commerciaux que ceux-ci soient externes ou internes.

Les progrès accomplis dans le domaine des infrastructures ont eu pour conséquence de booster la production de bois, de cacao et de café en Côte d'Ivoire, à partir de 1960. Le pays disposait ainsi, dès 1960, d'un réseau routier et maritime assez complet et de bonne qualité. Mais, la confiance des investisseurs pour investir dans ces travaux n'a été obtenue qu'au prix d'une politique de stabilité prônée et portée par le président Houphouët-Boigny.

- **La stabilité politique**

La stabilité politique instituée par le président Houphouët-Boigny dès l'indépendance de la Côte d'Ivoire trouve aussi son origine dans la politique coloniale de la France qui appliquait à la population de ses colonies, un principe d'assimilation. Ce principe est fondé sur l'idée reprise constitutionnellement que « *Tous les hommes naissent libres et égaux en droit* ». Ils doivent, par conséquent, être traités de manière égale. La politique d'assimilation impliquait donc l'extension à toutes les colonies des lois, des institutions et des us et coutumes françaises, y compris l'utilisation de langue française.

La conservation de ces acquis par le président Houphouët-Boigny, à l'issue de l'indépendance, a permis de fusionner et de garder unis une soixantaine d'ethnies ayant des identités et des intérêts divergents. Pour ce faire, le président Houphouët-Boigny prônera, tout au long de son règne, une politique basée sur le dialogue, la conciliation et la paix, et qui donnera au pays une longue période de stabilité politique, favorable aux investissements étrangers et au développement économique. D'ailleurs, pour bien marquer dans l'esprit des Ivoiriens cette importance de conserver la paix, une citation était énoncée quotidiennement au début de chaque journal télévisé. L'une d'entre elles, parmi les plus importantes pour le président, stipulait que : « la paix n'est pas un vain mot, c'est un comportement ».

La combinaison des sept facteurs que nous venons de décrire a permis à la Côte d'Ivoire de connaître une croissance forte et régulière durant les vingt années qui ont suivi l'indépendance.

Cette croissance a permis un développement du pays qui s'est déroulée en deux temps.

I.2. Un développement en deux temps

La première période qui se déroule de 1960 à 1970 correspond à une décennie marquée par une balance des paiements généralement excédentaire. Cette performance économique a permis le passage d'une société traditionnelle à une société et une économie modernes (Koffi, 2008). Elle peut être qualifiée de phase de démarrage (cf. point I.2.1.) car elle commence en 1960, juste après l'Indépendance. La deuxième période, de 1970 à 1980, correspond à la phase de « décollage », qui est marquée par un enchaînement de plans quinquennaux (cf. point I.2.2.).

I.2.1. Une première phase de démarrage : 1960-1970

Cette phase commence dès l'Indépendance et consiste à consolider les bases du « miracle » initiées pendant la période coloniale. Elle est marquée par des indicateurs de croissance très élevés, et ce à deux niveaux :

- Au niveau commercial, par l'importation de biens d'équipement et l'exportation de produits agricoles.
- Au niveau productif, par un accroissement notable des moyens de production. Ils concernent le capital humain, l'investissement massif, et le recours à l'immigration, afin de disposer d'une main d'œuvre abondante et bon marché.

Il nous faut toutefois, signaler qu'à cette époque, la Côte d'Ivoire ne publiait pas de Comptes de la Nation en termes constants. Aussi, nous sommes-nous basés sur les données de la mission de la Banque mondiale de 1977 pour illustrer ce chapitre. Cette mission rassemble en effet toutes les informations quantitatives fournies par les rares statistiques ivoiriennes de l'époque. Par ailleurs, pour des raisons de cohérence, elle a harmonisé ces estimations de la comptabilité nationale avec les statistiques sur la balance des paiements.

Initié en réalité dès 1950, « le miracle ivoirien » est marqué, comme l'affirment tous les documents et ouvrages sur ce thème par un phénomène majeur : le fort taux de croissance du PIB. Il est demeuré élevé de façon permanente sur toute la période, autour de 7 à 8% par an de 1950 à 1960, selon les estimations de l'époque, puis de 11 à 12% de 1960 à 1965 (Amin, 1967). Ce sont là des taux exceptionnellement élevés pour un pays africain qui sortait juste du sous-développement. Ces résultats, plaçaient la Côte d'Ivoire selon les dires de certaines des personnes que nous avons interrogées, au même rang que des pays tels que la Corée du Sud.

Afin de jeter les bases du développement de la Côte d'Ivoire, l'agriculture, qui est le fondement même de l'économie ivoirienne, et sa principale source de croissance, a été élargie et diversifiée. La politique dans ce domaine a combiné trois séries de mesures :

- La création d'une structure organisationnelle effective et efficace,
- Le paiement de prix rémunérateurs aux producteurs,
- Le maintien des salaires agricoles à un niveau relativement bas.

À partir du milieu des années soixante, lorsqu'il est apparu que l'initiative privée dans l'agriculture serait insuffisante, l'Etat a augmenté ses propres investissements dans ce secteur. La part de ceux-ci, dans l'investissement public total, a ainsi presque doublé, passant de 19 % entre 1960 et 1966, à 36 % entre 1967 et 1970. Des sociétés publiques de développement ont été créées pour s'occuper exclusivement de certaines cultures, en coopération avec des services spécialisés concernant la recherche agronomique, le crédit agricole, le développement de coopératives, le développement régional et la stabilisation des prix. L'assistance étrangère en matière de main d'œuvre qualifiée a été précisément canalisée par ces organisations.

Trois évolutions majeures caractérisent cette politique d'après l'Indépendance et marquent une véritable rupture avec l'époque coloniale :

- La diversification de la production et des marchés : on se tourne vers d'autres cultures telles que la canne à sucre, le coton etc., pour viser d'autres marchés que la France.
- Une meilleure répartition des revenus : le « miracle » profite à tous les ivoiriens, ce qui permet non seulement l'émergence de riches planteurs, mais aussi d'une large classe moyenne.
- L' « ivoirisation » de l'économie : comme souligné plus haut, ce terme est utilisé par la Banque Mondiale en 1977 dans son rapport confidentiel sur le développement de la Côte d'Ivoire. La Banque recommande fortement au gouvernement de procéder à une ivoirisation des postes de responsabilité et généralement de l'activité économique

dans son ensemble. L'ivoirisation étant alors entendue comme le remplacement progressif des étrangers par des nationaux dans les différents secteurs de l'économie. Ceci, afin d'éviter que sur le long terme n'apparaissent frustrations, mécontentements et revendications, de la part des Ivoiriens.

Enfin, il nous faut souligner que cette croissance en termes réels des années soixante, bien que très élevée, était aussi assez irrégulière. Les taux correspondants ont connu des sommets de 16,9% et 17,9 % respectivement en 1963 et 1964, s'alternant à des creux de moins 2,2% à plus 1,4 % en 1965 et en 1967. Ces fluctuations s'expliquent par la variation annuelle des exportations, et plus précisément des exportations agricoles, auxquelles la croissance de l'économie est directement liée.

C'est dans ce contexte qu'intervient la seconde phase du développement de la Côte d'Ivoire, celle d'un décollage économique en demi-teinte.

I.2.2. Une phase de « décollage » en demi-teinte

Ce « décollage » n'a été qu'en demi-teinte parce qu'il n'a finalement débouché que sur l'application des politiques de stabilisation et d'ajustement structurel.

Cette phase correspond à la période qui va de 1970 à 1980 et est marquée par la mise en œuvre de plans de développement. Nous aurions souhaité pouvoir faire une analyse textuelle du contenu de ces plans de développement quinquennaux, mais il nous a été matériellement impossible d'en obtenir une version électronique. Ces plans ont mis en œuvre des politiques macroéconomiques essentiellement tournées vers la recherche d'une croissance forte. Ils représentent bien le caractère interventionniste de l'État ivoirien, qui est conforme au modèle de développement choisi.

Bien que ces plans soient connus sous la dénomination de plans quinquennaux, le premier d'entre eux, préparé dès 1962, se trouve être, en réalité, à perspective décennale.

Pour mettre en œuvre ce processus de développement, il est créé en 1966 un Ministère du Plan avec à sa tête Mr. Mohamed Diawara, considéré comme l'un des grands planificateurs du pays.

La planification devient dès lors, un aspect important du processus de développement en Côte d'Ivoire. On parle ainsi de Perspectives décennales de 1960 à 1970, qui consistent en une étude prospective définissant les grandes orientations de développement du pays pour les dix premières années suivant l'indépendance.

Il convient, avant toute chose, d'opérer une distinction entre planification et programmation.

La programmation considère chaque projet comme une "unité de compte", alors que la planification, permet de formuler des objectifs généraux, qu'on articule dans un même ensemble pour s'assurer de leur compatibilité. Ensuite, on définit les ordres de priorité. Ce travail exige par ailleurs, la préparation d'un cadre macroéconomique adéquat.

L'approche en deux temps de la planification lui donne une grande souplesse, qui s'avère nécessaire dans un processus de prévision. Ainsi, grâce à la planification, la Côte d'Ivoire qui disposait de beaucoup de possibilités de développement, a mis en place toute une série de propositions d'investissement. Cependant, l'inconvénient majeur de la planification par objectif, c'est que l'ordre des priorités n'est pas clairement défini à l'avance. Ce qui fait que lorsqu'il a fallu réduire le montant total des investissements initialement prévus, pour des raisons d'équilibre budgétaire, il s'est avéré difficile d'arbitrer parmi ces investissements.

Plus concrètement, de 1960 à 1970, les perspectives décennales de planification ont été articulées autour de trois objectifs globaux et de quatre objectifs spécifiques qui ont servi à tracer le plan de développement futur de la Côte d'Ivoire.

Les objectifs globaux portaient essentiellement sur :

- Le décollage économique, en définissant les grandes lignes de la croissance et d'une répartition équitable des ressources disponibles,
- La transformation des structures de production,
- Le financement de la croissance.

En ce qui concerne les objectifs spécifiques qui sont d'ordre sectoriel, il était prévu :

- Le développement des infrastructures économiques,
- La promotion des infrastructures culturelles, sociales et administratives,
- Le développement agricole,
- L'expansion industrielle.

Comme on peut le constater, les perspectives décennales ont permis aux autorités ivoiriennes de formuler leur propre vision du développement et aussi de lui « donner ce contenu objectif qui était de faire de l'agriculture le moteur du développement économique du pays » (MEMPD, 2006).

Ces perspectives décennales se déclineront en plusieurs Plans de développement. De 1967 à 1980, la Côte d'Ivoire mettra en œuvre trois Plans, dont le premier est en fait un Plan Quadriennal, à la différence des deux suivants qui seront des Plans quinquennaux. Un quatrième Plan de 1981 à 1985, sera conçu, mais ne sera jamais appliqué car il coïncidera avec la mise en place du premier programme d'ajustement structurel.

- **Le Plan quadriennal de 1967-1970**

Il a été élaboré par le ministère du Plan, approuvé par le Conseil économique et social et ensuite voté par le parlement. Ce Plan qui se déroule sur quatre ans est alors définit comme « le cadre des programmes d'investissements publics et l'instrument de la croissance économique et du progrès social du pays ». Mais, en réalité, il prévoit surtout une augmentation de l'investissement public dans la construction d'infrastructures telles que le réseau routier, les ports, le réseau électrique, etc.

Par ailleurs, il met l'accent sur la croissance via le maintien d'un taux réel de 4% par an du PIB par tête.

Il marque, enfin, le début de la diversification de l'agriculture pour que l'économie ne soit pas uniquement tributaire du binôme café-cacao. C'est sur la base de ce Plan, que sont introduites d'autres cultures telles que le palmier à huile, l'ananas, l'hévéa dans le Sud. Le riz et le coton dans le nord du pays. Ces nouvelles cultures permettent d'opérer une diversification agricole de l'économie ivoirienne.

- **Le premier Plan quinquennal de 1971-1975**[5]

Ce second plan reconnait l'importance des problèmes d'inégalités régionales et définit clairement les investissements qu'il convient de faire tant sur le plan régional que sectoriel. Cette orientation politique vient du fait qu'après dix ans d'indépendance, on constate que la Côte d'Ivoire se trouve confrontée à de graves disparités régionales dues en partie à la mauvaise répartition des investissements entre les régions et les campagnes, mais aussi aux handicaps intrinsèques de certaines régions marquées par l'insuffisante fertilité des terres comme dans le Nord.

La préparation des aspects régionaux du Plan est alors entreprise sous l'égide d'un office central de planification à vocation nationale avec pour rôle de contrôler l'affectation des fonds.

Ce Plan inscrit aussi l'aménagement du territoire comme un axe fondamental de la réflexion politique du gouvernement sur le développement économique et social de la Côte d'Ivoire.

Dans ce contexte, il est créé en 1973, une Direction de l'aménagement du territoire et de l'action régionale (DATAR)[6], au Ministère du Plan, pour coordonner les aspects régionaux du Plan et mettre au point des programmes spécifiques aux régions. L'action principale de la DATAR porte sur la classification régionale du programme d'investissement de l'Etat, l'identification des problèmes régionaux, et sur le rééquilibrage du territoire national.

C'est ainsi que suite à une sécheresse sévère en 1973 qui touche gravement le nord du pays, un exceptionnel "Programme du Nord" est mis en place. Ce programme, improvisé en raison de l'urgence de l'intervention, fait suite à la visite du président Houphouët-Boigny dans le Nord en 1974. Il visait à combattre les effets de cette sécheresse et à répondre aux sentiments de mécontentement exprimés par les populations de cette région à propos de leur situation socio-économique. Le

---

[5] Ce plan élaboré par six commissions composées de fonctionnaires et de professionnels est accompagné de deux documents qui fixent d'une part les buts assignés à la décennie 1970-1980, et d'autre part, les perspectives de croissance pour la période 1971-1975. Par ailleurs, la loi-plan votée le 31 juillet 1971 prévoit un taux de croissance de 7,7 % par an et organise aussi le financement des investissements par secteurs économiques (Bourgoin & Guilhaume, 1979). Cette loi-plan crée par la même occasion, les Fonds régionaux d'aménagement du territoire rural (FRAR), destinés à promouvoir l'amélioration des conditions de vie en milieu rural, en accordant notamment aux programmes villageois une aide financière proportionnelle au niveau des ressources locales.

[6] Cette structure a été créée par le Décret du 13 juillet 1973.

"Programme du Nord" a ainsi permis l'affectation de plus de 20 milliards de FCFA à des chantiers d'investissement dans les régions du Nord et du Centre.

Ce Plan a permis, par ailleurs, la création de trois grandes zones de développement :

- Une première zone dans le Sud-Ouest, autour du port de San-Pedro.
- Une zone au Centre du pays, dans la vallée du Bandama, où il est proposé un développement agro-pastoral autour du lac de Kossou.

La construction de ces deux zones avait en fait été programmée à la fin des années 1960, lors de la création de l'Autorité de l'aménagement de la région du Sud-Ouest (ARSO) et de l'Autorité pour l'aménagement de la vallée du Bandama (AVB), en 1969. Toutes les deux placées sous la tutelle de la DATAR en 1973.

- Enfin une zone spéciale est aussi créée au Nord pour accueillir des unités agro-industrielles, autour de cultures telles que le coton, la canne à sucre et le riz.

En ce qui concerne l'organisation spatiale, on met en place un réseau de villes qui est constitué aussi autour de trois pôles régionaux, à savoir : Abidjan, Bouaké et San-Pedro.

En résumé, la politique d'aménagement du territoire proposée par ce Plan met l'accent sur le développement régional. Et cela grâce à la création de pôles nationaux de développement et la répartition spatiale des activités économiques afin de ventiler, de manière équitable, les investissements publics pour réduire les inégalités régionales.

- **Le deuxième Plan quinquennal de 1976-1980**

Ce troisième plan pose de façon claire, le problème de la prise en compte de l'aménagement du territoire dans le processus de développement de la Côte d'Ivoire. En effet, à travers ce Plan, cinq problèmes majeurs de la Côte d'Ivoire sont mis en exergue :

- La concentration des hommes et des activités économiques dans le Sud forestier ;
- La persistance des disparités régionales entre la zone de savane et la zone forestière ;
- La non-maitrise de la croissance urbaine à Abidjan ;
- La très grande ampleur des mouvements migratoires du Nord vers le Sud ;
- Le renforcement des déséquilibres par la dynamique globale de développement.

Face à ces constats et pour apporter des réponses à ces problèmes, le gouvernement ivoirien préconise, à travers sa politique d'aménagement du territoire, de renverser les tendances à la concentration et d'atténuer les disparités régionales. Le Plan de 1976-1980 élabore une stratégie d'aménagement du territoire en quatre axes :

- Le renforcement de l'unité nationale ;
- La mise en valeur de l'ensemble du territoire ;
- La participation des populations au processus de développement ;
- Une meilleure réponse aux aspirations des populations.

Pour atteindre ces objectifs, des FRAR sont mis en place pour financer la réalisation d'équipements de proximité en milieu rural. Il est aussi instauré un Programme de Fêtes annuelles de l'indépendance qui permet à chaque ville organisatrice de se doter d'équipements et d'infrastructures publics importants.

Enfin, des actions très importantes sont aussi menées par l'Autorité de l'Aménagement de la Région du Sud-Ouest (ARSO) et l'Autorité pour l'AVB jusqu'à leur dissolution en 1979.

L'Etat devient ainsi un acteur économique majeur du développement, grâce à des objectifs d'investissements publics représentant plus de 50% du PIB. On y affirme aussi la poursuite des grands travaux. Ce, malgré le fait que ce Plan intervienne après le premier choc pétrolier qui a freiné les objectifs de croissance prévu en 1975 (Koffi, 2008). On poursuit par ailleurs, la politique de diversification de l'agriculture, on encourage l'agro-industrie et on met l'accent sur l'exportation des produits agricoles. Tout ceci avec un objectif de croissance fixé à 7% du PIB réel et un taux d'investissement effectif devant représenter plus de 26% du PIB.

Enfin, la fin des années 1970 est marquée par une politique de décentralisation, entreprise par l'Etat ivoirien, qui va permettre l'apparition de nouveaux acteurs du développement territorial, tels que la commune. Si bien que de 1980 à 1985, la Côte d'Ivoire disposait de 135 communes de plein exercice, reparties sur l'ensemble du territoire.

- **Le troisième Plan quinquennal de 1981-1985**

C'est le dernier de la série des Plans de développement qui se sont succédés en Côte d'Ivoire de 1967 à 1985.

La nouvelle politique d'aménagement du territoire qui est mise en place dans ce dernier Plan, ne remet pas en cause celle de la décennie précédente. Bien au contraire, elle vise à maintenir les objectifs généraux du Plan de 1976-1980 mais consacre une approche plus participative du développement, avec la volonté de réduire les inégalités régionales.

Il met aussi l'accent sur la modernisation de l'agriculture et sur une industrialisation plus tournée vers les PME-PMI (Petites et moyennes entreprises ou industries). Le financement des investissements devient moins étatique et se tourne plus vers l'extérieur. Ce financement extérieur augmente jusqu'à atteindre le taux de 58% dans les prévisions d'investissement.

La régionalisation n'est pas en reste, car le Plan prévoit que la proportion des investissements pour le Nord et le Sud-Ouest reste élevée. Il en résulte un programme ambitieux pour la production sucrière dans le Nord.

Enfin, il recommande la poursuite du développement des infrastructures et des innovations dans l'agriculture.

Toutefois, il est important de noter que compte tenu des difficultés économiques qui commençaient à émerger dès cette époque, les objectifs de croissance de ce dernier Plan sont moins ambitieux que ceux des précédents Plans. En effet, il est fait état d'un taux de croissance prévisionnel de seulement 5,7% du PIB par an, au lieu des 7% prévus du plan précédent. De même, le taux d'investissement public est réduit à 23% du PIB, contre 26% en 1975.

Contrairement aux autres plans quinquennaux, ce dernier Plan ne sera jamais mis en œuvre en raison de la crise économique que traversera le pays à la suite du second choc pétrolier de 1979 et de l'avènement des PAS en 1981. Ces dernières ont obligé l'Etat à se désengager de certaines activités ayant un faible impact social.

Il ressort clairement de tout ce qui précède que les deux derniers Plans de développement ivoiriens ont surtout mis l'accent sur la régionalisation et donc la lutte contre les inégalités à travers ce qu'on a appelé le Programme d'investissements régionalisés. En tant que politiques économiques, elles ont visé à réduire les disparités régionales en termes de revenus comme de résultats du développement. Il est important de le souligner, car l'accent sera mis quelques années plus tard sur la présence de ces inégalités et disparités régionales comme l'une des causes explicatives de la crise sociale, puis sociopolitique, qui succédera à la crise économique. En effet, malgré tous ces efforts, la Côte d'Ivoire ne réussira pas à réduire ces formes d'inégalités qui vont perdurer en dépit d'une planification efficace de l'économie.

En guise de conclusion pour cette partie, nous nous devons de reconnaître que le développement de la Côte d'Ivoire est pour beaucoup dû à un concours de circonstances favorables. Des circonstances qui ont en effet, permis de combiner des atouts écologiques, un système d'administration coloniale qui avait fait ses preuves quant à son efficacité économique, et des choix de politiques économiques faits par des hommes politiques de grande valeur tels que le président Houphouët-Boigny.

En effet, au cours des premières années qui ont suivi l'indépendance, la politique d'ouverture sur l'extérieur a concentré les investissements dans les secteurs qui étaient déjà naturellement favorisés et productifs. C'est à dire principalement dans la zone d'Abidjan et dans celle connue sous le nom de "Boucle du Cacao"[7].

Le gouvernement faisait bien valoir à l'époque que cette orientation est celle qui permettrait la croissance la plus rapide avec le moins d'efforts. Ce fut le cas, puisque le développement de la Côte d'Ivoire a été fulgurant dès les premières années de son indépendance.

Par la suite, le jeu combiné des migrations massives vers le Sud, particulièrement vers Abidjan, et de la pression démographique dans les régions les plus développées, avec les changements technologiques et le besoin d'accroître la production alimentaire, ainsi que les pressions politiques émanant des régions déshéritées, ont amené les pouvoirs publics à accorder une attention plus forte aux autres régions lors de la conception des plans quinquennaux. L'utilisation des programmes d'investissement public, accompagnée d'encouragements spéciaux au secteur privé, ont visé à réduire ces disparités, constituant une étape importante de la stratégie ivoirienne de développement.

C'est ainsi qu'à la fin des années soixante, un programme ambitieux a été mis au point pour développer le Sud-ouest dont le potentiel était riche mais la population faible, tandis que dans le Centre, le projet hydro-électrique de Kossou avait été jumelé à un programme de développement rural afin de transformer les systèmes de production agricole de cette région.

De ce fait, la planification, combinée à la mise en place d'un réseau de transports routiers très important, a joué un rôle crucial dans la transformation et le développement rapide de la Côte d'Ivoire.

Le développement économique qu'a ainsi connu la Côte d'Ivoire, grâce aux choix de politiques économiques fait par le gouvernement a alors permis de parler d'un « modèle ivoirien de développement ».

---

[7] La Boucle du Cacao est selon C. Benveniste (1974), la localité située au Centre-Est de la Côte d'Ivoire et comprend les sous – préfectures d'Arrah, de Bocanda, de Bongouanou, de Daoukro, de Dimbokro, de M'Bahiakro, de M'Batto, de Ouéllé et de Prikro. Cet espace correspond aujourd'hui, à quelques modifications près, à l'actuelle région du N'Zi Comoé, conformément à la loi n° 2001- 476 du 9 août 2001.

Se pose alors la question de savoir quelle est, ou plutôt quelles sont les théories économiques sous-jacentes à ce modèle, si modèle il y a ? C'est à cette question que nous allons répondre dans la seconde partie de cette section.

II. Les théories sous-jacentes à la croissance et au développement à l'ivoirienne

Avant d'aborder les théories économiques qui ont inspiré le président Houphouët-Boigny dans la mise en place du « modèle » particulier de développement de la Côte d'Ivoire au lendemain de l'indépendance (cf. point II.2.), il nous semble nécessaire de rappeler les grands traits du contexte politique et économique mondial à cette époque (cf. point II.1.).

II.1. « guerre froide » et l'affrontement linguistique entre deux idéologies

La Côte d'Ivoire accède à l'indépendance en 1960. A cette époque, le monde est divisé en deux camps dont les modèles idéologiques s'affrontent. Il y a, d'un côté, des régimes démocratiques s'appuyant sur le capitalisme libéral et incarné par les États-Unis et leurs alliés, et de l'autre, le socialisme marxiste-léniniste s'appuyant sur le prolétariat (centralisme démocratique) comme promesse d'un monde sans classe sociale, et incarné par l'URSS et ses alliés. Le conflit entre ces deux blocs est à l'origine de ce qu'on a appelé la « guerre froide »[8] . Un nouveau terme qui traduit non seulement la présence d'un conflit idéologique, mais aussi, l'opposition entre deux modèles de développement économique : le capitalisme et le communisme.

Cette division du monde en deux blocs est représentée par la carte ci-dessous.

[8] Le terme « Guerre froide » désigne le conflit idéologique et de puissance entre deux blocs : les Etats Unis et leurs alliés et l'Union des Républiques Socialistes Soviétiques (URSS). Commencée en 1947, à la fin de la seconde guerre mondiale, elle ne prendra fin qu'en 1989 avec la chute du mur de Berlin.

Carte 2 : Le monde bipolaire d'après-guerre

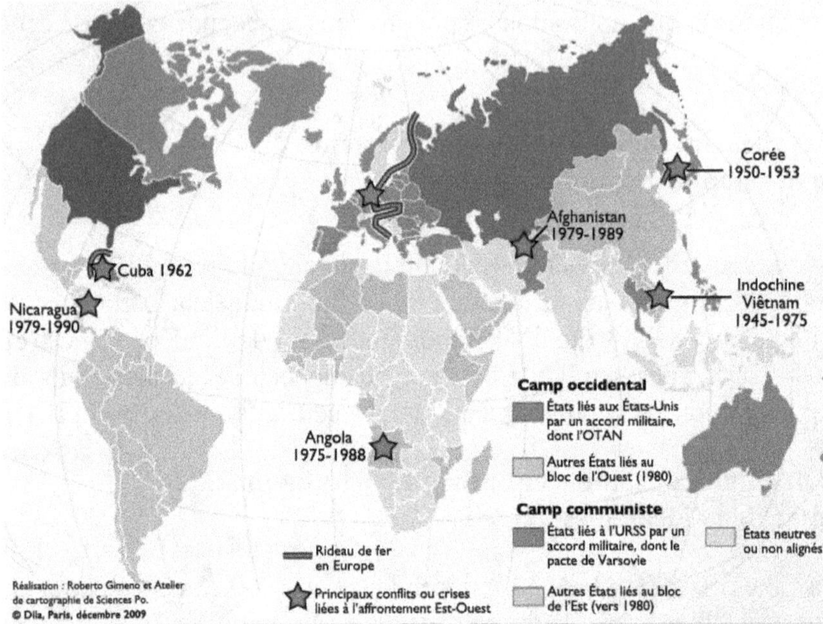

Source : « L'Occident en débat », *Questions internationales, n°41,2010.*

L'étude de cette carte montre que face à un monde devenu bipolaire, les pays du Sud nouvellement indépendants se retrouvent au milieu des deux camps et qu'ils sont alors quasiment obligés de choisir l'un d'entre eux. Ce qui semble être un choix difficile pour la plupart, car ils aspirent, plus que jamais, à une pleine autonomie, après des décennies, voire des siècles de colonisation pour certains d'entre eux.

D'autant plus que beaucoup d'entre eux ont conquis leur liberté au prix de coûteux et difficiles combats. Si bien que les populations, et surtout leurs dirigeants, n'aspirent qu'à une chose : rompre les liens avec l'ancien colonisateur. Ce qui explique que certains d'entre eux aient opté pour des formes d'autarcie économique.

Quant aux autres, il leur a fallu choisir soit l'un des deux blocs, soit au contraire, affirmer leur indépendance vis-à-vis d'eux. Dans ce dernier groupe, composé au départ essentiellement de pays d'Asie et d'Afrique, ce fut l'occasion de proclamer tout à la fois leur émancipation et la fin du colonialisme. Ils vont donc très vite œuvrer dans ce sens et affirmer leur refus des deux blocs.

Cela commence avec la conférence dite des « pays non alignés », qui s'est tenue du 18 au 24 Avril 1955 à Bandung, en Indonésie. Sont présents à cette conférence, 29 pays, pour la plupart récemment décolonisés ou depuis une dizaine d'années. Ils ont en commun d'être du « Sud », soit asiatiques (23 d'entre eux dont la Chine et l'Inde), soit africains (6 pays d'Afrique dont le Ghana et l'Egypte). Ces pays posent ainsi les bases de ce que l'on a considéré comme l'affirmation d'une troisième voie face à un monde bipolaire. Cette conférence marque le début de l'existence politique des pays dits du « Tiers-monde ».

Dans ce monde devenu tripolaire, les rapports de force entre les divers groupes pour la détention du pouvoir symbolique, au sens de P. Bourdieu (1982, 2001) se passent aussi au niveau des échanges linguistiques. Le terme même de « non-alignés » en est la preuve et traduit bien l'existence de ces rapports de force sur le marché linguistique du développement.

C'est à Bandung que sont définis les critères fondamentaux du non-alignement qui peuvent être classés comme suit :

- La condamnation du colonialisme et l'encouragement à l'émancipation des pays ;
- Le respect des droits humains fondamentaux en conformité avec les buts et les principes de la Charte des Nations Unies ;
- Le respect de la souveraineté et de l'intégrité territoriale de toutes les Nations ;
- La non-ingérence dans les affaires intérieures des Etats, notamment de la part des grandes puissances ;
- Un règlement de tous les conflits internationaux par des moyens pacifiques ;
- Une solidarité afro-asiatique pour l'ensemble des Nations membres du Mouvement ;
- La reconnaissance de l'égalité de toutes les races et de toutes les Nations, petites et grandes ;
- Le désarmement et l'interdiction des armes nucléaires ;
- Le respect du droit de chaque Nation de se défendre individuellement ou collectivement conformément à la Charte des Nations Unies.

La carte ci-dessous montre les 29 pays présents à la conférence de Bandung.

Carte 3 : Les 29 pays présents à la conférence de Bandung

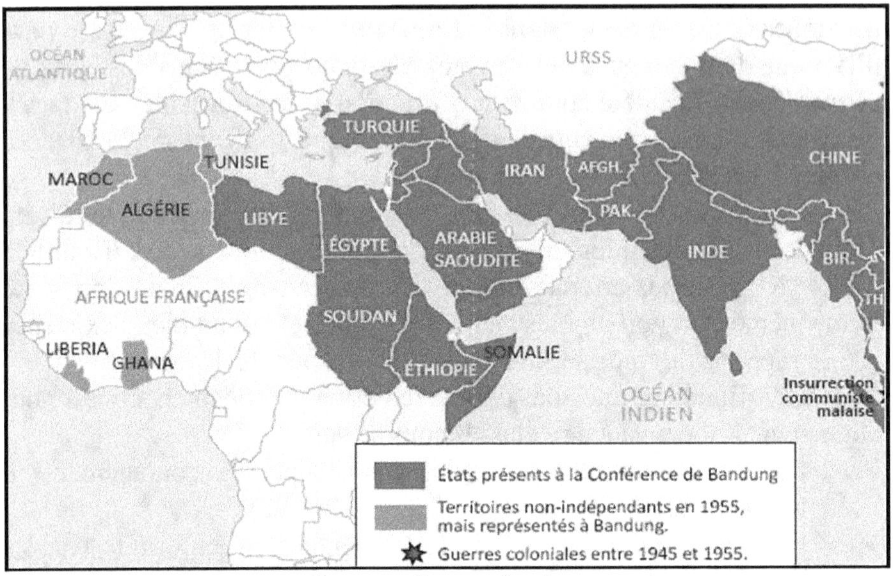

Source : Sauser Jessica

Six ans plus tard, à la conférence de Belgrade en 1961, les participants réaffirment leur refus de l'affrontement entre deux blocs ainsi que leur attachement à l'autodétermination. Ils créent alors officiellement le « Mouvement des non-alignés ».

Ce mouvement à caractère plus politique qu'économique a pour principe de base que les pays membres ne fassent partie d'aucun des deux blocs. L'objectif principal est de s'affranchir tant du capitalisme que du communisme, afin de trouver un mode de développement propre à eux, où l'économie, le social et la politique constituent un tout cohérent et harmonieux.

Les années 1960 à 1970 vont marquer l'apogée du Mouvement des non-alignés, particulièrement en 1973 lors de la conférence d'Alger où est affirmé l'établissement d'un nouvel ordre économique mondial. Ce dernier sera par la suite défendu aux Nations Unies par le groupe des 77[9].

Mais, des différences apparaissent très vite au sein du Mouvement quant aux orientations politiques que peuvent suivre les pays membres.

[9] Le groupe est créé le 15 juin 1964 par la *Déclaration commune de 77 pays* à la Conférence des Nations unies sur le commerce et le développement (CNUCED). Le but étant de s'unir pour peser dans la prise des décisions au niveau international.

Bien que se proclamant tous « non-alignés », on pouvait déjà en 1961 distinguer trois orientations :

- Un bloc, dit « de l'Est », à tendance communiste qui incluait la Chine, le Nord-Viet Nam… ;
- Un bloc Occidental représenté par le Sud-Viet Nam, le Laos, le Cambodge, la Thaïlande, les Philippines, le Japon, la Turquie, l'Irak, l'Iran, le Pakistan, le Liban, l'Ethiopie, la Libye, le Liberia ;
- Un certain nombre de pays refusant de choisir entre les deux blocs précédents, notamment, l'Inde, l'Indonésie, la Birmanie, l'Afghanistan, l'Egypte, la Syrie, la Jordanie, l'Arabie saoudite, le Yémen, le Soudan, le Ghana.

Si bien que, très rapidement, face aux crises régionales qui surgiront au fur et à mesure, par exemple entre l'Inde et le Pakistan, la Somalie et l'Ethiopie, l'Iran et l'Irak etc., les pays « non-alignés » vont tous devoir choisir l'un ou l'autre des camps. Par ailleurs, les différences de richesses entre les pays détenteurs de matières premières indispensables, comme le pétrole, et ceux n'ayant aucune ressource naturelle majeure, contribueront aussi à creuser un fossé à l'intérieur du Mouvement et à le vider de son sens initial.

En Afrique, on assiste aussi à un partage d'influence entre les deux blocs, comme le montre la carte ci-dessous.

Carte 4 : Influence des deux blocs sur l'Afrique non-alignée de 1960 à 1970

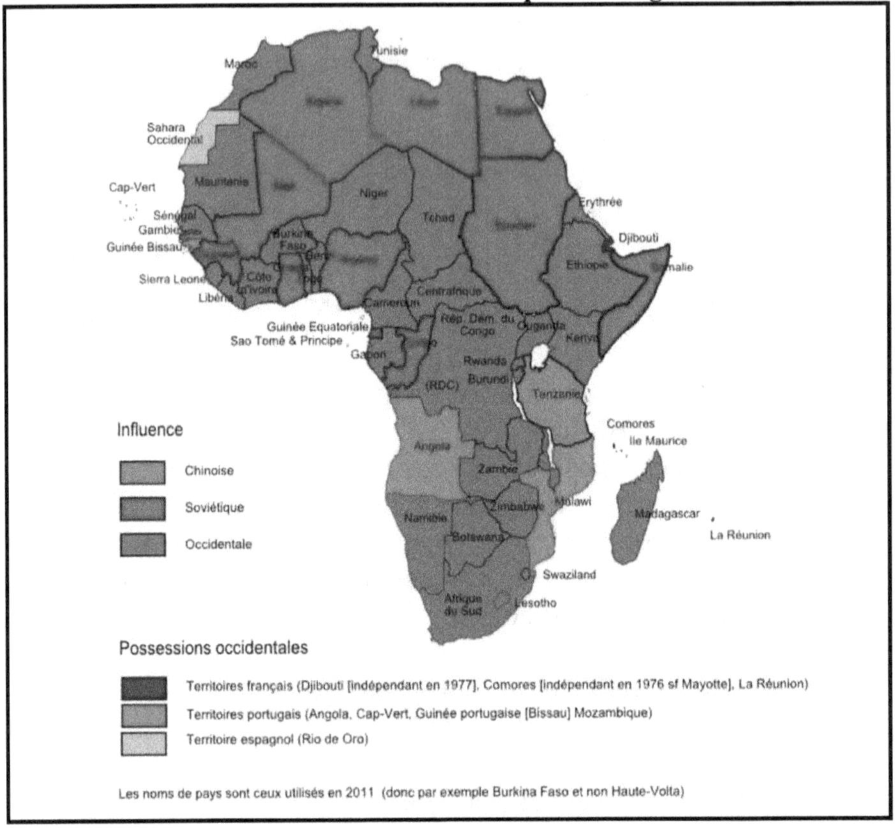

Source : Dévérin, 2011

Il ressort en effet, de cette carte que les soviétiques, et surtout les occidentaux, conservaient toujours de fortes influences sur le continent africain, et ce en dépit des mouvements d'indépendance. La Chine quant à elle n'était présente qu'en Tanzanie.

En définitive, malgré cette affirmation d'un non-alignement, il semble qu'aucun pays n'ait été réellement neutre, chacun demeurant plus ou moins attaché à l'un des deux blocs.

La guerre froide prend fin avec la dislocation de l'URSS et la chute du mur de Berlin à la fin des années 1980. En 1989, la réunification des deux Allemagnes marque officiellement et symboliquement la fin de la guerre froide. Cette nouvelle configuration politique et économique mondiale met aussi fin à la pertinence même du Mouvement des non-alignés.

Toutefois, même s'il n'a plus son rayonnement de départ, le Mouvement dit des non-alignés réussit à survivre à l'arrêt de la guerre froide. Il conserve toujours une certaine importance politique face à l'Occident. Il comptait encore 120 membres à la dernière conférence de Téhéran en août 2012.

Mais qu'en est-il été de la position de la Côte d'Ivoire vis-à-vis de ces deux blocs et du Mouvement des non-alignés à cette époque ?

II.2. Les choix politiques et économiques de la Côte d'Ivoire

A la fin des années 1950, contrairement à de nombreux dirigeants africains qui réclament une indépendance immédiate, Houphouët-Boigny souhaite plutôt une transition en douceur car, pour lui, l'indépendance politique sans indépendance économique n'est pas envisageable.

Aussi, le 7 avril 1957, lorsque le chef de gouvernement du Ghana, Kwame Nkrumah, en déplacement en Côte d'Ivoire, appelle toutes les colonies d'Afrique à prendre leur indépendance, Houphouët-Boigny préfère, quant à lui, militer pour une communauté franco-africaine fondée sur l'égalité et la fraternité.

C'est donc conformément à cette position, qu'il fait campagne pour le « oui » lors du référendum pour l'appartenance à une telle Communauté proposée par le général de Gaulle le 28 septembre 1958. En effet, de Gaulle, qui veut achever sereinement la décolonisation, propose l'instauration d'une Communauté française[10], et organise à cet effet, l'autonomie interne des colonies par référendum. En 1960, tous les Etats africains acceptent d'y participer, à l'exception de la Guinée de Sékou Touré qui dit « non », préférant selon lui, et à l'inverse d'Houphouët-Boigny, « la liberté dans la pauvreté, à la richesse dans l'esclavage ».

Ainsi, ces nouveaux Etats peuvent-ils conserver des relations privilégiées avec la France.

Pour comprendre la position d'Houphouët-Boigny, il faut se rappeler qu'à l'époque il était membre du gouvernement français et, qu'à ce titre, il a été l'un des signataires de la constitution de la Vème République. Le dernier poste qu'il a occupé fut celui de ministre conseiller du gouvernement Michel Debré, de 1959 à 1961, alors qu'entre temps, la Côte d'Ivoire était devenue un pays indépendant.

En dépit du succès du référendum, cette Communauté franco-africaine n'a eu qu'une durée de vie très limitée, car la Fédération du Mali a réclamé très vite son indépendance et d'autres territoires lui ont emboité le pas. Si

[10] Ensemble créé par la Constitution française de 1958 et qui remplace l'Union française. Cette Communauté associe la République française et ses territoires extra-métropolitains en leur reconnaissant le droit à l'indépendance.

bien que le 7 août 1960, Houphouët-Boigny proclamait à son tour, l'indépendance de la Côte d'Ivoire.

Cependant, n'ayant pas totalement coupé les liens avec l'ancien colonisateur, contrairement à d'autres pays, c'est donc tout naturellement que la Côte d'Ivoire d'Houphouët-Boigny a fait le choix du système capitaliste libéral, tout comme la France, elle-même alliée du camp Américain dans le conflit idéologique qui les opposait à l'URSS. En cela, elle marque sa différence par rapport à un pays comme l'Algérie de Boumediene qui, optant pour un socialisme modéré dans le climat de guerre froide qui prévalait a ainsi affirmé son appartenance au Mouvement des non-alignés, dont elle était déjà membre, contrairement à la Côte d'Ivoire.

Mais, le système capitaliste ivoirien fera beaucoup parler de lui car il ne ressemble pas vraiment au capitalisme pratiqué dans les pays occidentaux, que ce soit les Etats-Unis ou même la France dont la Côte d'Ivoire s'est fortement inspirée.

Beaucoup d'auteurs qualifieront d'ailleurs le capitalisme ivoirien de « libéral » car fortement tourné vers l'extérieur. De plus, ce capitalisme ivoirien présente la particularité d'être uniquement fondé sur la recherche d'un profit issu de la mise en valeur des terres, et ce, grâce à la forte intervention de l'Etat.

Ce capitalisme ivoirien a permis un développement fulgurant de la Côte d'Ivoire. Ce qui a suscité l'intérêt de nombreux auteurs. Ainsi, Samir Amin fut le premier à parler du développement du capitalisme en Côte d'Ivoire dans une thèse soutenue en 1966 à la Faculté de droit et des sciences économiques de Paris. Il publiera par la suite un ouvrage, sur le même sujet (Amin, 1967). Dans cet ouvrage, S. Amin fait un état des lieux de l'économie ivoirienne et montre la fragilité du capitalisme ivoirien qui a certes conduit au « miracle », mais dont le modèle présentait de sérieuses limites.

Avant d'aborder plus en détail les caractéristiques du modèle économique ivoirien, il nous semble important de revenir sur les notions de libéralisme économique et de capitalisme, car même si elles sont compatibles, elles n'en demeurent pas moins très différentes de par leur conception.

II.2.1. Le libéralisme n'est pas le capitalisme

Ces deux notions font partie du discours des politiques publiques de développement depuis des siècles.

Le terme capitalisme, apparaît semble-t-il pour la première fois dans le domaine de l'économie au XVIIIe siècle. Ensuite, il est utilisé de façon péjorative par K. Marx (1867)[11] au milieu du XIXe siècle. Dans la terminologie marxiste, le capitalisme est un régime politique, économique et social dont la loi fondamentale est la recherche systématique de la plus-value. Ce, grâce à l'exploitation des travailleurs, par les détenteurs des moyens de production, en vue de la transformation d'une fraction importante de cette plus-value en capital additionnel, source de nouvelle plus-value.

Selon le petit Larousse, le mot capital vient du latin *"capitalis"*, de *"caput"*, c'est-à-dire la tête au sens de la possession d'animaux ("cheptel"). Est ainsi considéré comme capital, tout bien qui n'a pas été consommé immédiatement par son détenteur, mais réservé à un usage futur, soit directement (simple stockage), soit indirectement (conversion en un bien de production, capable par combinaison avec le facteur travail de générer ou non de nouveaux biens).

En économie, le capitalisme se définit comme un système économique fondé sur la propriété privée des moyens de production et d'échange, qui consiste à accumuler du capital de manière continue et régulière. L'investissement est donc le maître mot du capitalisme, puisqu'il permet d'augmenter et de renouveler le capital.

Le capitalisme ainsi défini désigne donc un système qui repose sur certains critères principaux : la rémunération du travail par un salaire, la propriété privée des moyens de production, et un modèle de régulation décentralisée par le marché ou par les prix. Le régime capitaliste est gouverné par la recherche de profit et la liberté de circulation des capitaux.

En résumé, nous pouvons dire que le capitalisme est fondé sur cinq éléments constitutifs :

- l'entreprise privée (bien qu'il puisse exister un capitalisme d'Etat, comme cela semble avoir été le cas en Côte d'Ivoire, notamment avec la création des sociétés d'Etat) ;
- la liberté des échanges ;
- le pouvoir des actionnaires ;

[11] K. Marx (1818-1884), a écrit *Le Capital*, dont le premier volume a été publié en 1867. Dans cet ouvrage, il explique le mode de production capitaliste et analyse la relation entre capital et travail. Il voit dans le capitalisme un système social fondé sur l'exploitation du travail des uns au profit de ceux qui possèdent les moyens de production.

- la recherche de profit considéré comme une contrepartie au risque encouru ;
- l'accumulation du capital.

Dans la pratique, chacune de ces caractéristiques peut être plus ou moins accentuée, donnant à la notion de capitalisme une grande diversité des formes.

En effet, la propriété privée des moyens de production peut en réalité coexister avec divers degrés d'interventionnisme de la part des Etats, comme par exemple la fixation des prix de tels ou tels biens ou services, ou encore la définition des conditions d'échange dans un secteur d'activité donné.

Il résulte de ceci, qu'on peut distinguer plusieurs sortes de capitalisme. On a ainsi parlé du « capitalisme foncier », qui serait le capitalisme basé sur l'exploitation des rentes obtenues de l'agriculture (dont la Côte d'Ivoire s'est semble-t-il inspirée) ou encore du « capitalisme industriel ».

Sur le plan politique, le capitalisme peut être considéré comme une idéologie selon laquelle la réussite d'un système repose sur le principe de la libre entreprise.

Depuis la disparition du bloc soviétique et la chute du système communiste, on peut dire que le monde est dominé par l'idéologie capitaliste.

En ce qui concerne le libéralisme, c'est un terme à connotation juridique centrée sur le principe de la liberté individuelle qui s'est construit en réaction aux pouvoirs monarchiques ou tyranniques. Il pose comme principe, la primauté de l'Homme sur la Société et se veut le garant des libertés individuelles contre toutes formes de pouvoirs.

Sur le plan économique, le libéralisme considère que le marché est la forme naturelle et la plus efficace de coordination des échanges. Il prône la liberté d'entreprendre et le libre-échange (le « laisser-faire » ou le « laisser-aller »).

Mais des différences existent entre les libéraux : les uns sont favorables à des mécanismes de protection sociale tels que le libéralisme social et les autres prônent un Etat minimal réduit à des fonctions régaliennes. A. Smith (1723-1790) par exemple, privilégie le marché. Selon lui, la recherche par chacun de son intérêt individuel permet, en situation de concurrence, d'atteindre l'optimum général. La main invisible du marché permettant de concilier intérêt individuel et intérêt général. Il en est ainsi pour la concurrence et le libre-échange.

Quelle a donc été l'influence de ces théories économiques sur les politiques économiques de développement mises en œuvre en Côte d'Ivoire depuis son accession à l'indépendance ? Concrètement, la question ici est de savoir sur quelles théories le président Houphouët s'est basé pour créer le « miracle économique » ivoirien. Question à laquelle nous allons essayer de répondre ci-dessous.

II.2.2. Le capitalisme libéral à l'ivoirienne ou le choix d'un « modèle hybride »

L'accès à l'indépendance dans la plupart des anciennes colonies a été très mal préparé. Les nouveaux États manquent de cadres politiques et les populations, laissées dans l'ignorance par le colonisateur, n'ont pas été éduquées à la démocratie. Quant à l'économie, elle a été entièrement conçue pour servir les intérêts de la métropole et doit être en grande partie restructurée.

La Côte d'Ivoire nouvellement indépendante ne déroge pas à ces critères. Mais un constat unanime peut être fait : dans chacun de ces pays, un immense espoir règne, à savoir que l'indépendance ne peut qu'apporter la prospérité et une certaine équité.

Houphouët-Boigny conscient des réalités du marché opte pour le libéralisme économique afin de bénéficier de la confiance de nombreux investisseurs étrangers, notamment français. Ainsi, les avantages fiscaux accordés par son code des investissements de 1959, permettaient aux entreprises étrangères de pouvoir rapatrier jusqu'à 90% de leurs bénéfices dans leur pays d'origine, les 10% restant devant être réinvestis sur place. Par ces différentes actions, le gouvernement ivoirien a créé les conditions favorables lui permettant d'acquérir un certain pouvoir symbolique dans ces échanges linguistiques avec ses partenaires économiques, notamment la France, sur le marché du développement.

En raison de cette ouverture sur l'extérieur, le modèle de développement choisi par les autorités ivoiriennes, sera qualifié de capitalisme libéral par la majorité des auteurs qui ont écrit sur l'histoire économique de la Côte d'Ivoire. Mais de quel capitalisme libéral s'agit-il ?

Comme nous l'avons vu ci-dessus, le capitalisme se définit comme un système de production dont les fondements sont l'entreprise privée et la liberté du marché. Toutefois, le capitalisme qui fonde le modèle économique ivoirien présente, quant à lui, plusieurs caractéristiques qui font sa particularité.

Tout d'abord, il s'inspire de théories issues du courant de pensée libérale, d'où sa qualification de capitalisme libéral.

Le président Houphouët-Boigny s'est inspiré des physiocrates et a choisi comme socle du développement économique et social de son pays, les ressources tirées de la terre. Comme F. Quesnay, Houphouët-Boigny considère que la terre est seule créatrice de richesses (Quesnay, 1965)[12]. Par conséquent, dès l'indépendance, le gouvernement ivoirien met l'accent sur le trinôme gagnant (café-cacao-bois) qui permettra le « miracle ivoirien ». Le slogan publicitaire qui stipule que : « le succès de la Côte d'Ivoire repose sur l'agriculture » en est bien la preuve.

La seconde théorie appliquée par la Côte d'Ivoire est celle des avantages comparatifs de Ricardo. Le gouvernement ivoirien utilise les ressources tirées de la terre comme avantages comparatifs dans ses échanges commerciaux avec l'extérieur, appliquant ainsi une autre théorie libérale. En effet, selon la loi des avantages comparatifs de Ricardo, la valeur des biens est liée à la quantité de travail incorporée dans les produits. Cette théorie constitue donc le justificatif du libre-échange et de la concurrence. Pour Ricardo (Ricardo, 2012, première édition en 1817), la rente se distingue du profit, parce qu'elle est le revenu d'un facteur indestructible (la terre) et non reproductible. Le président Houphouët-Boigny appliquera cette théorie, en ouvrant l'économie ivoirienne sur l'extérieur et en faisant appel au travail des étrangers pour la mise en valeur de la terre, bien majeur de la Côte d'Ivoire.

L'ouverture de l'économie ivoirienne sur l'extérieur se fait ainsi à deux niveaux :

➢ Au niveau des capitaux, car pour financer son développement et encourager la croissance, le gouvernement ivoirien met en place dès les années 1960, des dispositifs favorables à l'investissement de capitaux étrangers et surtout français[13].

➢ Au niveau de la main d'œuvre, la Côte d'Ivoire de 1960 dispose de très peu d'atouts en matière de main d'œuvre qualifiée, car la population n'avait pas été formée à l'époque coloniale pour assurer la relève des colons. Par ailleurs, la population étant peu nombreuse, le pays a besoin d'ouvrir ses frontières à ses voisins pour disposer de la main d'œuvre nécessaire pour le développement d'une agriculture intensive.

---

[12] Dans son ouvrage « *Tableau économique* » publié la première fois en 1758, il donne une place très importante à l'agriculture comme seule créatrice de richesses. Quesnay pense que toute la richesse vient de la terre. Aussi, pour lui, l'industrie est stérile et donc l'impôt ne doit frapper que l'agriculture puisqu'elle est la seule qui produise de la valeur.

[13] Code d'investissement de 1959.

En ce qui concerne la main d'œuvre qualifiée, pour procéder à l'ivoirisation des postes préconisée par la Banque mondiale dans son rapport de 1977, le gouvernement du président Houphouët-Boigny met l'accent sur l'éducation et la formation des ivoiriens. Cette politique d'investissement dans la formation des ivoiriens pour qu'ils remplacent les expatriés à des postes de cadres, va dans le sens de la théorie du capital humain développée par G. Becker (1964)[14].

Cette théorie est aussi connue sous le nom de « croissance endogène. » Ainsi, un gouvernement qui investit dans la formation, la recherche technologique et l'innovation, s'inspire de cette théorie. Mais, la croissance endogène ne fonctionne que dans un système d'interconnexion entre les différents acteurs économiques, dont l'État. L'intervention de ce dernier influe directement sur la croissance grâce à un partage des connaissances et des compétences. Il s'agit donc d'un cercle vertueux où la croissance se nourrit d'elle-même. On parle alors de « croissance auto-entretenue ».

L'un des enjeux de cette théorie du développement, concerne le rôle de l'État qui prend une place importante, alors que son rôle était quasiment inexistant dans les théories néoclassiques de la croissance des années 1920.

En effet, en l'absence de toute initiative privée, c'est l'État qui peut investir dans l'éducation, la santé, la recherche et les infrastructures. C'est le rôle qu'a joué le gouvernement ivoirien pour permettre le développement (d'une Côte d'Ivoire partie de presque rien dans tous les domaines) et une meilleure intégration sociale de ses citoyens.

Cette idée de l'intervention de l'Etat pour réguler l'économie rejoint celle de J. M. Keynes, dont Houphouët-Boigny s'est fortement s'inspiré. Tout comme J. M. Keynes, il pense que l'intervention de l'Etat est

---

[14] G. Becker, prix Nobel d'économie en 1992, analyse l'apport de la formation à la croissance. Il propose une analyse économique "rationnelle" des choix individuels en matière d'éducation. Cette théorie, d'inspiration libérale, conduit à s'interroger sur la fonction du système scolaire. On parle alors de croissance endogène, qui est une théorie évoquée pour la première fois par l'économiste P. Romer (1986) et qui complète celle de la croissance exogène de R. Solow (1956).

La théorie du capital humain, même si elle fait l'objet de critiques, a contribué à renouveler l'analyse du rôle de l'éducation ou de la formation continue dans la croissance.

Ainsi, le fait que l'on observe aujourd'hui, avec J. Stiglitz, que le capital humain représente entre 2/3 et 3/4 du capital total, et que les dépenses en éducation se sont accrues de façon exceptionnelle sur ces 50 dernières années met la question du capital humain au cœur de l'analyse économique contemporaine

nécessaire pour réguler l'activité économique et notamment stimuler la demande par des mesures sur ses différentes composantes. L'Etat dispose pour cela, de plusieurs moyens d'intervention tels que : la création d'emplois publics pour améliorer le bien-être des populations, la baisse des taux d'intérêts pour stimuler l'investissement privé, la promotion de la demande de biens de consommation et du financement des investissements publics.

Dans son ouvrage *Théorie générale de l'emploi, de l'intérêt et de la monnaie* (Keynes, 1936), J. M. Keynes étudie les mécanismes qui sont à l'origine du sous-emploi et les politiques à court terme susceptibles d'éviter le chômage dans le cadre d'une société capitaliste.

Les travaux de J. M. Keynes vont marquer la pensée économique et aussi les politiques économiques mises en œuvre dans le monde après la seconde guerre mondiale.

Ces politiques d'inspiration keynésienne ont été appliquées au cours des « Trente glorieuses » (1945-1975), dans la plupart des pays occidentaux et surtout en France.

En Côte d'Ivoire, l'application de politiques d'inspiration keynésiennes ira bien au-delà de la pensée de Keynes en matière d'intervention de l'Etat. En effet, la Côte d'Ivoire, au lendemain de l'indépendance, ne dispose pas d'une bourgeoisie capable de jouer le rôle d'entrepreneurs privés. Aussi, l'État se substitue-t-il au secteur privé en créant des entreprises publiques sous la forme de sociétés d'Etat. Une intervention de l'Etat dans l'économie qui sera exprimée par le président Houphouët-Boigny dans un message adressé à l'Assemblée Nationale ivoirienne, le 3 janvier 1961 où il déclare : « le programme économique de la Côte d'Ivoire requiert pour sa réalisation, à côté de l'effort privé, un effort prépondérant de l'Etat » (Bourgoin & Guilhaume, 1979).

L'idée d'instaurer des sociétés d'Etat correspond à la stratégie de développement d'Houphouët-Boigny qui consiste à reprendre pour le compte de son pays, certaines des institutions coloniales existantes pour en faire des instruments de développement renforcés. En effet, les premières sociétés d'Etat sont nées de la loi du 30 avril 1946[15], donc bien avant l'indépendance de la Côte d'Ivoire. Sur la base de cette loi, est ainsi créé par exemple, le Crédit de Côte d'Ivoire en 1955, ainsi que la Société d'assistance technique pour la modernisation agricole, en 1958, et la Caisse nationale de Crédit agricole en 1959. Les années qui suivent

---

[15] La loi du 30 avril 1946 autorise le ministre de la France d'Outre-mer à instaurer des entreprises publiques destinées à financer et à réaliser les plans d'équipement.

l'Indépendance sont marquées par une prolifération de ces sociétés d'Etat, ce qui nécessitera la mise en place d'autres textes de loi pour les réglementer.

La première loi dans ce sens est promulguée le 22 mars 1962 et sera complétée par un décret du 12 juin 1963. Mais, ces dispositions étant insuffisantes pour permettre le bon fonctionnement de ces sociétés, une autre loi est votée le 5 novembre 1970, pour fixer le régime de toutes les sociétés à participation financière publique. Elle sera complétée en 1972 par trois décrets[16] d'application.

Ces sociétés d'Etat ont un statut très particulier, en ce sens qu'elles sont considérées comme des établissements publics à cause de leur régime qui comporte des aspects de droit public. L'initiative de leur création appartient, par exemple, exclusivement à l'Etat et la composition des organes dirigeants est aussi fixée par l'Etat. Elles ont la possibilité de recourir à l'expropriation pour cause d'utilité publique et sont soumises au contrôle de l'Etat. Elles relèvent à la fois du droit privé par le caractère industriel et du droit commercial de par leurs activités. Enfin, leurs biens et personnels sont soumis au régime des entreprises industrielles et commerciales.

C'est surtout dans le domaine agricole que vont s'illustrer la plupart de ces sociétés d'Etat ivoirien, communément appelées « Sociétés d'Etat » (SODE).

Jusqu'à la fin des années 1960, la Côte d'Ivoire en comptait une trentaine dont la plus célèbre était la CSSPA. D'autres SODE seront aussi créées dans le domaine de l'habitat (SOGEFIHA) et du transport en commun (SOTRA). Toutes ces SODE vont constituer de redoutables instruments aux mains du gouvernement pour le développement économique et social du pays.

La Côte d'Ivoire adopte ainsi une économie planifiée par des plans quinquennaux et fortement dominée par les sociétés d'Etat. Ce qui permettra à certains auteurs d'affirmer que le capitalisme en Côte d'Ivoire est un capitalisme d'Etat (Koffi, 2008). Mais, s'agit-il vraiment d'un capitalisme d'Etat ?

Le capitalisme d'État se définit comme un régime où la propriété n'est pas individuelle, mais collective : la richesse est alors concentrée entre les mains de responsables politiques censés ne pas s'en servir pour eux, mais

[16] Les décrets n°72-07 et 72-08 du 11 janvier 1972, ainsi que le décret n°72-86 du 28 janvier 1972.

pour le compte de tous. Le capitalisme d'Etat consiste ainsi à maximiser le contrôle politique de l'Etat sur la société et sur l'économie.

A la lumière de cette définition, il semblerait bien que le capitalisme ivoirien soit un capitalisme d'Etat, puisque l'Etat était omniprésent dans la gestion de l'économie du pays. Toutefois, A. Rand (1957), donne une autre définition du capitalisme qui est très différent de ce qui précède. Selon elle, le capitalisme est « un système social fondé sur la reconnaissance des droits individuels, droits de propriété inclus, dans lequel toute forme de propriété est privée ». Or, une telle définition ne peut s'appliquer au capitalisme d'Etat, mais plutôt au capitalisme libéral. Pour A. Rand, le capitalisme ne peut être à la fois d'Etat et libéral. Que peut-on alors dire du capitalisme de Côte d'Ivoire qui est pourtant qualifié de libéral et d'Etat ?

Il nous semble que dans la réalité, les choses ne sont pas aussi tranchées et que le capitalisme d'Etat, peut quand même évoluer dans un contexte libéral, comme cela est le cas en France.

En Côte d'Ivoire, le capitalisme d'Etat conduira toutefois à des dérapages dans la gestion des SODE, particulièrement, en ce qui concerne la redistribution des ressources qu'elles vont engendrer.

L'économie ivoirienne s'est ainsi développée dans une atmosphère de capitalisme d'Etat doublé d'un libéralisme contrôlé. Ce modèle de développement que nous pouvons qualifier « d'hybride » est caractérisé, d'une part, par un esprit de libre entreprise, avec peu de contrôles matériels et une attitude favorable envers le capital, la main-d'œuvre et les compétences techniques d'origine étrangère ; d'autre part, par une forte intervention de l'Etat dans les différents secteurs de l'économie. Intervention qui prend la forme de réglementation de prix à la production et à la consommation, de fixation de salaires minimaux, de créations institutionnelles et de maintien d'une série d'incitations dans plusieurs secteurs de l'économie, et surtout, de définition des objectifs généraux. Le tout, s'opère dans le cadre d'une planification incitative du développement, qui est mise en œuvre dès 1962 à travers la succession des différents plans.

Toutes ces initiatives sont accompagnées par l'application d'importants programmes d'investissements publics qui représentaient à l'époque environ 60 % de l'investissement total, soit près de 13 % du PIB de la Côte d'Ivoire.

Avec l'instauration de ce modèle « hybride » de développement, le gouvernement ivoirien a cherché à obtenir la plus forte croissance économique possible, dans le respect de l'équilibre budgétaire et de la balance des paiements. L'orientation de l'économie vers l'extérieur est apparue dès le départ, comme le meilleur moyen d'obtenir un taux de croissance élevé, sans laquelle aucun développement n'aurait pu être possible. L'objectif majeur de ce modèle était d'assurer une bonne redistribution des fruits de la croissance, de stimuler l'effort individuel pour renforcer l'unité nationale, et d'augmenter progressivement l'emprise des ivoiriens sur le développement économique de leur pays.

En créant, de cette manière, son propre « miracle économique », la Côte d'Ivoire a pu asseoir son pouvoir symbolique dans l'échange linguistique sur le marché du développement, imposant une certaine vision de ce que devait être le « développement à l'ivoirienne ».

Pourtant, cet effort de « développement à l'ivoirienne » a trouvé ses limites après une vingtaine d'années d'embellie économique à tel point qu'il se terminera finalement par un terrible échec. Pourquoi cet échec ? Est-il dû à la conjoncture internationale ou plutôt à des failles intrinsèques au modèle ? C'est une question clé que l'on peut se poser. Nous allons l'examiner dans la deuxième section de ce chapitre.

SECTION 2 :
La fin du « miracle ivoirien » ou l'échec prévisible du modèle de développement

Si nous parlons d'un échec prévisible, c'est parce que dès le début des années 1970, une mission économique de la Banque Mondiale a attiré l'attention des autorités ivoiriennes sur les failles de son modèle de développement dans un rapport intitulé Ivory Coast – *Current economic situation and prospects of the Ivory Coast* (The World Bank, 1972).

Par la suite, une seconde mission effectuée en 1975 a eu pour rôle de préparer le rapport économique de base de 1977 que nous avons précédemment cité. L'objectif dudit rapport était non seulement de mettre en évidence les problèmes de développement à long terme que la Côte d'Ivoire risquait de rencontrer, mais aussi de proposer au gouvernement des alternatives de choix possibles. La principale question soulevée par ce rapport était de savoir s'il était souhaitable que la Côte d'Ivoire poursuive la stratégie et les politiques de développement adoptées durant les quinze premières années qui ont suivi son Indépendance ou s'il devenait nécessaire d'introduire des changements dans les objectifs du gouvernement.

La mission de 1975, faisait le constat que le gouvernement ne se rendait pas bien compte, à l'époque, que la croissance n'avait pas fait disparaître tous les problèmes initiaux, mais, qu'elle avait, par contre, fait apparaître de nouveaux problèmes. Ainsi par exemple, la Côte d'Ivoire en tant que troisième producteur mondial de café et premier producteur de cacao à l'époque, se trouvait dans l'obligation de soutenir les prix mondiaux en maintenant les productions dans les limites de la demande. En ce qui concerne le bois (troisième élément du trinôme), sa production avait atteint un niveau qui ne pouvait se maintenir pour les années à venir, surtout avec l'inéluctable limitation de l'offre résultant d'une exploitation abusive de la forêt. Cette dernière ayant imposée de mettre en place dès 1966 un programme de reboisement.

En ce qui concerne les produits de l'agriculture, la diversification initiée par le gouvernement portait sur des cultures dont l'avantage comparatif s'est avéré nettement moindre que pour le café-cacao-bois. Enfin, la tentative d'industrialisation, qui portait principalement sur le remplacement des produits d'importation, avait peine à décoller pour constituer un nouveau pilier solide de l'économie. La mission souligne aussi, l'augmentation des disparités régionales, et la forte dépendance du pays par rapport aux facteurs d'origine extérieure.

Malgré ce rapport, et les recommandations faites par les missions de 1972 puis de 1975, les solutions apportées par le gouvernement ivoirien n'ont pas réussi à corriger les déséquilibres engendrés par le modèle de développement retenu.

C'est ainsi qu'après des années de croissance, et de boom économique frénétique, les premiers signes d'essoufflement ont commencé à apparaître à la fin des années 1970. Le modèle ivoirien cachait en réalité une contradiction entre le social et le sociétal. Ainsi, l'évolution des indicateurs sociaux en matière de revenus, de santé, d'alimentation etc. ne tenait pas compte de la détérioration de la société. Autrement dit, tout le monde était content du niveau des conditions de vie des ménages et personne n'a remarqué que les conditions sociétales se dégradaient.

Le capitalisme libéral, choisi par le gouvernement ivoirien, connaît alors ses premières difficultés, comme l'avait prédit la Banque mondiale quelques années plus tôt. On peut donc se demander si le discours de la Banque mondiale n'aurait pas dû s'imposer à la Côte d'Ivoire dès le rapport de la mission de 1972. Cela aurait donné plus d'efficacité aux actions menées par le gouvernement ivoirien pour corriger certaines des faiblesses de sa politique économique. En fait, le discours contenu dans ces différents rapports de la Banque mondiale n'a pas su s'imposer de façon stricte au gouvernement ivoirien. Sans doute parce que le discours ne reçoit sa valeur qu'à l'issue des interrelations sur un marché particulier (Bourdieu, 1982), et surtout lorsque les rapports de force sur ce marché sont déséquilibrés. Comme le dit si bien P. Bourdieu (1982), la valeur du discours dépend du rapport de force entre les compétences linguistiques des acteurs en présence, surtout lorsque le marché est défavorable à l'un d'entre eux. Or, à l'époque, les relations entre la Banque mondiale et la Côte d'Ivoire sur le marché du développement demeuraient encore relativement équilibrées parce que cette dernière n'était pas encore endettée et dans l'impossibilité de payer sa dette. Elle disposait donc d'une certaine marge de manœuvre dans l'application de ces recommandations de la Banque.

Beaucoup d'auteurs ont écrit sur l'échec du modèle ivoirien en mettant en avant les déséquilibres intrinsèques ou la dépendance de l'économie vis-à-vis du binôme café-cacao. Certes, il y a sans doute eu des erreurs de choix dans la gestion économique du pays, mais ne peut-on pas aussi penser que la trajectoire de développement économique ivoirienne a tout simplement suivi celle de l'économie mondiale ?

Lorsque nous étudions l'histoire économique de la Côte d'Ivoire, nous constatons que « le miracle économique » a bien eu lieu et ce au même moment que les « Trente glorieuses » en Occident. Expression qui a été utilisée pour désigner les trente années de croissance et de développement économique qui ont suivi la fin de la seconde guerre mondiale. Une croissance économique qui a été rendue possible grâce à la mise en place du plan Marshall par les Etats-Unis.

En effet, en 1945, après la capitulation de l'Allemagne hitlérienne, l'économie européenne était en grande détresse. Pour permettre son redémarrage, le président Harry Truman a adopté le plan de reconstruction proposé par son secrétaire d'Etat, le Général Georges C. Marshall (1880-1956). L'objectif de ce Plan était de relever, le plus rapidement possible, l'économie des pays européens et, par cette occasion, le niveau de vie de leurs populations. Bien que le rapport de force fût alors défavorable à l'Europe, les Etats Unis ne vont pas pour autant user de leur pouvoir symbolique pour imposer ce Plan Marshall. Les pays d'Europe ont donc eu clairement le choix d'accepter ou de refuser l'aide correspondante.

Elaboré en 1947, le Plan Marshall a été adopté par une loi de 1948. Il consistait en une aide financière à la reconstruction de l'Europe. Refusé par les pays du bloc de l'Est[17], il sera mis en œuvre sur une période de 4 ans, de 1948 à 1951, dans les pays du bloc occidental. Cette liberté de choix dont ont disposé les pays a joué en faveur de la réussite de Plan.

Il y a eu, dès la mise en œuvre, des effets très bénéfiques, en particulier sur des économies de pays, comme celle de la France qui disposaient déjà d'une solide structure sociale et d'une population qualifiée. Cela a permis la relance de l'investissement et de la consommation avec même un effet de ruissellement sur l'économie américaine, en favorisant les exportations de celle-ci vers l'Europe.

Il va en résulter trente années de croissance économique qui s'étendront de 1948 à 1975 en s'appuyant sur un cadre de pensée économique marqué par l'approche keynésienne du développement.

Aussi, lorsque la Côte d'Ivoire accède à l'indépendance en 1960, elle se trouve être dans un contexte de pleine croissance économique mondiale. Ceci implique une forte disponibilité de capitaux dans le circuit économique, et la Côte d'Ivoire en bénéficiera largement grâce à l'ouverture de son économie sur l'extérieur.

Cependant, au milieu des années 1970, la croissance mondiale a commencé à ralentir suite au premier choc pétrolier de 1973. Un second choc pétrolier en 1979 a mis fin aux « Trente glorieuses » entrainant un ralentissement de la croissance et marquant le début d'une nouvelle crise économique mondiale.

Nous allons donc tenter de montrer que cet échec du « modèle ivoirien » est certes dû à certaines faiblesses qui lui sont intrinsèques (cf. point II.), mais aussi à la conjoncture économique mondiale défavorable (cf. point I.).

I. L'apparition du mot « conjoncture » dans le contexte économique de la fin des années 1970

Au début des années 1971, l'économie mondiale est soumise à deux évènements graves qui vont créer un environnement conjoncturel défavorable aux échanges internationaux (cf. point I.1.). Ce retournement de situation conduit au ralentissement de la croissance qui avait

[17] Staline (en Union des Républiques Socialistes Soviétiques [URSS]) est à l'origine du refus des pays de l'Est, car nous sommes au début de la guerre froide et il considère ce plan venu des Etats-Unis comme une menace.

commencé sous les « Trente glorieuses » engendrant une récession économique qui va s'avérer finalement durable (cf. point I.2.).

I.1. Une conjoncture économique défavorable

Selon le dictionnaire Larousse, le mot « conjoncture » désigne un concours de circonstances, c'est-à-dire un ensemble d'éléments qui déterminent une situation économique, sociale, politique et démographique à un moment donné. La conjoncture, ainsi définie peut s'avérer favorable ou défavorable selon que ces circonstances sont considérées comme positives ou négatives. C'est ainsi qu'en Côte d'Ivoire, le mot « conjoncture » sera perçu avec une connotation négative car essentiellement associé à la situation de crise économique des années 1980 à 1990[18].

En ce qui concerne l'Occident, la conjoncture économique est devenue défavorable au début des années 1970 en raison de la survenance de deux évènements graves, à savoir la crise du système monétaire international de 1971 (cf. point I.1.1.), et les chocs pétroliers de 1973 et de 1979 (cf. point I.1.2.).

I.1.1. La crise du système monétaire international de 1971

Au lendemain de la seconde guerre mondiale qui a principalement touché l'Europe et le Japon, les Etats-Unis acquièrent une position hégémonique dans le monde, en détenant 70 % des réserves d'or mondiales. Ils ont été moins touchés par la guerre et leur économie a continué de prospérer pendant cette période. De plus, en 1944, les Américains venus combattre aux côtés des occidentaux découvrent en Allemagne, un trésor composé de lingots d'or et d'autres biens précieux, dont des tableaux, qu'ils rapatrient aux Etats-Unis. Une partie de ce trésor servira à refinancer la construction de l'Europe via le plan Marshall, après la fin de la guerre[19].

Enfin, les Etats-Unis se retrouvent aussi, finalement, les seuls à disposer d'une monnaie indexée sur l'or.

Entre le 1er juillet et le 22 juillet 1944, une conférence financière internationale des Nations unies se réunit à Bretton Woods (New Hampshire), pour entériner cette hégémonie américaine. Lors de cette

[18] Cette question sera détaillée dans le chapitre II.

[19] Information révélée dans le documentaire de 2011 « Apocalypse Hitler », en deux parties « la menace » et le « Führer » diffusé sur France 2, le 8 mai 2016.

conférence, des accords signés le 20 juillet sous le nom d'accords de Bretton Woods instituent un nouveau système monétaire basé sur le dollar comme monnaie de réserve, ce qui confirme le monopole des Etats-Unis en matière de parité fixe par rapport à l'or.

Conformément à ce nouveau système monétaire international (SMI), chaque Etat doit assurer la convertibilité de sa monnaie sur la base d'une parité fixe, en or ou en dollars américains, avec une marge de fluctuation de 1%. Le dollar devient de ce fait, la seule monnaie indexée sur l'or et toutes les autres monnaies se retrouvent à leur tour, indexées sur le dollar. Ceci, sur la base de 35 dollars pour une once d'or.

Les accords de Bretton Woods entérinent aussi la création du FMI et de la Banque internationale pour la reconstruction et le développement (BIRD), ancêtre de la Banque mondiale. Ces deux institutions règneront par la suite sur le marché du développement. Grâce à leur poids économique, elles vont acquérir un pouvoir d'ordre symbolique qui leur permettra d'imposer leur discours dans l'échange linguistique avec les autres acteurs du développement, notamment les pays en développement.

Le nouveau système monétaire international a eu pour rôle d'assurer la fluidité des échanges du commerce international, car il garantissait une relative stabilité monétaire, et ceci accompagnera la croissance mondiale pendant les « Trente Glorieuses ». Cependant, aucun système de contrôle n'a véritablement été institué et les pays participants au SMI accumuleront les prêts en dollars nécessaires à leur croissance. Si bien que le montant des devises étrangères, surtout européennes, basé sur la contrepartie dollar explose dans les années 1960. En 1963, un rapport officiel de la Réserve fédérale américaine tire la sonnette d'alarme sur le risque d'un déséquilibre de la balance des paiements américaine. Une situation qui était susceptible de mettre en danger l'équilibre financier international et, surtout, la convertibilité du dollar en or.

Or depuis 1957, le système s'est désagrégé peu à peu du fait de poussées inflationnistes qui, aux Etats-Unis, ont entraîné une perte de confiance dans le dollar. A la fin des années 60, le dollar se met à fluctuer énormément et les banques centrales ne parvenaient plus à arrêter ces fluctuations. Si bien que, le 3 octobre 1969, un amendement est apporté aux accords de Bretton Woods, pour permettre la création de Droits de tirage spéciaux (DTS), panier de devises[20] fortes qui constitue la nouvelle

[20] Le panier de monnaies qui compose les DTS est actuellement la livre sterling, le dollar, l'euro et le yen.

unité de compte du FMI, et un nouvel instrument de paiement visant à remplacer l'or.

Mais, le danger d'un déséquilibre financier demeurait toujours présent aux États-Unis, car ces derniers avaient beaucoup puisé dans leurs réserves pour financer la guerre au Vietnam[21].

Afin de ne pas perdre leur hégémonie financière dans le monde et se voir ainsi dépossédés de leur pouvoir symbolique dans les échanges linguistiques, mais aussi et surtout, économique face à leurs partenaires, les États Unies prendront dès lors des décisions assez radicales.

Le 15 août 1971, le président américain Richard Nixon craignant que les demandes de remboursement en dollars redeviennent excédentaires, en raison principalement de l'augmentation des importations et de l'affaissement de la balance commerciale américaine, décide de la fin de la convertibilité du dollar en or. Le président Nixon annonce, par ailleurs, l'imposition d'une taxe sur les importations, ainsi que le blocage des prix et des salaires. Par cette démarche, les États-Unis pouvaient imposer leur vision au reste du monde, en utilisant tout leur pouvoir symbolique, afin de préserver leurs intérêts économiques. Ceci corrobore l'idée de P. Bourdieu (1982) que « le rapport de force linguistique n'est jamais défini par la seule relation entre les compétences linguistiques en présence ». D'autres facteurs tels que les intérêts économiques rentrent aussi en ligne de compte.

Cette décision de rendre le dollar non convertible sera entérinée par les accords du Smithsonian Institute du 18 décembre 1971. Des accords qui prévoient l'inconvertibilité du dollar en or et la dévaluation de la monnaie américaine de 7,89%, faisant ainsi passer l'once d'or de 35 à 38 dollars. Ils procèdent aussi à la réévaluation de plusieurs monnaies étrangères par rapport au dollar, dont le yen (+16,88%), le deutsche mark (+13,57%) et le franc belge (+11,57%) [Martin, 2011].

Cependant, en 1975, la quantité de monnaie en circulation dans le système économique vient à dépasser le montant des réserves mondiales en devises. Ceci s'explique par le fait que les pays qui exportent le plus vers les Etats-Unis accumulent des dollars qui engendrent à leur tour encore plus de devises en monnaie nationale. On assiste alors à un

[21] La guerre du Vietnam a duré de 1955 à 1975. Elle a opposé, d'un côté la République (ou Nord-Viêt Nam) soutenue matériellement par le bloc de l'Est et la Chine et le Front national de libération du Sud Viêt Nam (dit *Viet Cong*), et de l'autre côte la République du Viêt Nam (ou Sud-Viêt Nam), militairement soutenue par l'armée des États-Unis appuyée par plusieurs alliés (Australie, Corée du Sud, Thaïlande, Philippines).

accroissement gigantesque de la masse monétaire en circulation, ce qui devient un facteur majeur d'inflation. Craignant le déclenchement d'une crise inflationniste, la République Fédérale d'Allemagne sera le premier pays à se désengager des dispositions de Bretton Woods.

Pour résoudre le problème, sont alors négociés les accords de Jamaïque entre le 7 et le 8 janvier 1976. Ces accords mettent en place un système de taux de change flottants : c'est la démonétisation de l'or comme moyen de règlement international des échanges commerciaux.

La fin de la convertibilité du dollar en or a pour conséquence principale non seulement l'arrêt du SMI, mais aussi l'avènement d'un système monétaire à taux de changes flottants. Ceci encouragera également la Communauté Economique Européenne à relancer ses projets de monnaie unique.

Bien que la décision du président Nixon ait semé la panique sur le marché des changes, elle a cependant obligé tous les grands pays à laisser la parité de leur monnaie flotter pour ralentir l'entrée massive de dollars dans leur économie. Par cette réaction, les grands pays européens pouvant être considérés ici comme les dominés au sens de P. Bourdieu (1982), ont été aptes à opérer la révolution symbolique qui est la condition de la réappropriation de leur identité économique et sociale.

C'est dans ce nouveau contexte d'insécurité monétaire qu'intervient le premier choc pétrolier de 1973. Il sera suivi, six ans plus tard, d'un deuxième choc, celui de 1979. L'émergence de la notion de « choc pétrolier » marque l'apparition d'autres acteurs sur le marché du développement. Ces nouveaux acteurs que sont les pays pétroliers, essayeront aussi d'imposer leur discours au reste du monde, car ils sont aussi devenus détenteurs d'un pouvoir symbolique qui peut s'affirmer dans l'échange linguistique. Leur pouvoir symbolique est alors fondé sur la possession d'une marchandise énergétique rare et précieuse : le pétrole.

I.1.2. Les chocs pétroliers de 1973 et de 1979

En un peu plus d'un siècle, le pétrole est devenu l'un des facteurs indispensables pour la croissance économique mondiale, d'où son surnom « d'or noir » pour décrire le niveau de richesse de ceux qui possèdent cette ressource naturelle. Il est utilisé, directement ou indirectement, comme source d'énergie dans un grand nombre de processus de production industriel et dans les transports. Dès lors, toute variation de son prix peut avoir un impact considérable sur l'évolution de la conjoncture économique. Ceci est d'autant plus vrai qu'il n'existe que peu de « biens de substitution », pouvant répondre rapidement aux mêmes besoins et à moindre coût.

Pourquoi parle-t-on de « choc pétrolier » ?

Deux « chocs pétroliers" ont marqué l'histoire du XXe siècle selon les économistes : en 1973 puis en 1979, tous deux étant provoqués par l'Organisation des Pays Exportateurs de Pétrole (OPEP).

En effet, en 1960, cinq parmi les principaux producteurs d'hydrocarbures (l'Iran, l'Irak, le Koweït, l'Arabie Saoudite et le Venezuela) s'unissent pour contrer ce qu'ils considèrent être un « échange inégal » sur le marché du pétrole en créant l'OPEP. L'objectif de cette organisation, est de contrebalancer le pouvoir des grandes compagnies pétrolières internationales afin de revaloriser le prix du pétrole brut, ceci toujours dans un contexte d'émancipation des pays du Sud.

L'OPEP nait ainsi en réaction contre la tendance à la baisse des prix du pétrole ; ce dernier valant à l'époque, moins de deux dollars le baril de brut sur le marché mondial, ce qui avait des conséquences néfastes sur les recettes des pays producteurs. L'OPEP décide alors de hausser le prix du pétrole considéré comme injustement sous-évalué. A partir de 1973, elle obtient gain de cause et réussit à imposer un nouveau prix du baril de pétrole, bien plus élevé. Ceci a certes pour conséquence d'accroitre les recettes des pays producteurs et de baisser le profit des compagnies, mais aussi d'augmenter le coût global de l'énergie. On définit alors le « choc pétrolier » comme un phénomène de hausse brutale du prix du pétrole qui, en renchérissant le prix de l'énergie, a une incidence négative sur la croissance économique mondiale.

En réalité, le choc pétrolier nait de la conjonction de deux variables qui sont à l'origine des fluctuations du prix du pétrole : d'une part, un déséquilibre entre l'offre et de la demande de ce produit et, d'autre part, la présence de fortes tensions géopolitiques.

En fait, le premier « choc pétrolier » fait suite à un évènement géopolitique majeur au Moyen Orient : la guerre israélo-arabe de 1967 dite « Guerre des 6 jours » qui provoque la fermeture du canal de Suez, obligeant les navires à faire le tour de l'Afrique. Ceci a pour effet de provoquer une pénurie de pétrole et en conséquence une hausse du prix sur le marché mondial. Ceci montre aussi la dépendance des pays industrialisés vis-à-vis du pétrole et le fait que pour maintenir leur approvisionnement, ils soient prêts à payer le prix fort. Ce qui veut dire qu'en matière de pétrole, l'échange linguistique sur le marché du développement est devenu défavorable aux pays industrialisés, et que le discours qui s'impose est bien celui de l'OPEP.

Devenus conscients du nouveau pouvoir dont ils disposent, tant au niveau économique que symbolique, les pays de l'OPEP se réunissent en février 1971, c'est-à-dire en pleine crise monétaire internationale, et décident de fixer eux-mêmes le prix du baril de pétrole brut de façon à accroître leur part de bénéfice à l'extraction qu'ils jugeaient être trop bas. Cette révolution des pays de l'OPEP considérés au départ comme des dominés dans l'échange économique et linguistique, avec les pays industrialisés (dominants), est devenu possible grâce au produit « pétrole » pour lequel ils disposent d'un monopole. La rareté du produit sur le marché mondial et l'importance de la demande ont permis cette inversion du pouvoir symbolique dans les rapports de force.

En 1973, une seconde guerre appelée « Guerre du Kippour » oppose à nouveau Israël aux pays arabes. L'OPEP, majoritairement composée de pays arabes, décide alors de multiplier par quatre le prix du pétrole qui passe de 3 à 12$. Elle décide aussi de réduire sa production de 25% envers les pays soutenant Israël, ce qui crée une pénurie, accompagnée de panique chez les consommateurs. D'autant que la conjonction entre cette limitation de la production de pétrole brut et l'augmentation soudaine de son prix engendre aussi une inflation au niveau mondial. Cette victoire de l'OPEP contribue à déclencher une crise économique mondiale dans la même année. C'est ce qu'on a appelé le premier « choc pétrolier » dont les effets sur l'économie mondiale apparaissent dès 1974. Cette crise pétrolière amplifie la récession déjà présente, sous forme latente, à la suite de la crise monétaire de 1971.

A la fin des années 1970, la situation politique au Moyen-Orient s'enflamme de nouveau, du fait des agitations révolutionnaires en Iran. En effet, une révolution islamique iranienne éclate à la fin de l'année 1978 et aboutit, le 11 janvier 1979, à la chute du Shah d'Iran pourtant soutenu par les Etats-Unis. C'est le point de départ du second « choc pétrolier ».

La dégradation des relations entre l'Iran et l'Irak suite à cette révolution islamique et l'arrivée au pouvoir en Iran de l'Ayatollah Khomeiny débouche sur une guerre qui va durer de 1980 à 1988. La déstabilisation de ces deux grands pays producteurs de pétrole engendra alors des tensions sur le marché pétrolier au début des années 80.

Afin de se prémunir contre d'éventuels troubles, les compagnies pétrolières des pays consommateurs accroissent leur demande auprès des pays producteurs dans le but de constituer des stocks. Concomitamment à cette hausse de la demande, l'Arabie Saoudite, l'un des pays créateurs de l'OPEP, décide de diminuer sa production de 1 million de barils par jour afin de réduire l'offre. Le baril de brut atteint alors les 32 dollars au plus haut de son prix.

A la fin de l'année 1978, les pays de l'OPEP s'engagent toutefois à pratiquer une hausse dite modérée du prix du pétrole pour 1979. Mais en réalité, le cours du baril atteint 43,80 dollars à la fin de l'année 1980, son record historique.

L'OPEP regroupe de nos jours 12 pays qui assurent 43 % de la production mondiale de pétrole et concentrent les 3/4 des réserves pétrolières. Il conserve donc toujours un pouvoir d'action sur les quantités de pétrole mises sur le marché, contribuant de ce fait aux variations du prix mondial du baril. Ses interventions, en surenchérissant le prix du pétrole, contribuent à freiner la croissance au niveau mondial et à accroitre les déséquilibres internes dans les pays non producteurs de pétrole. Par effet de ricochet, les prix des autres matières premières se trouvent être aussi sujets à fluctuation. Ainsi, suite à la crise pétrolière de 1979, la demande globale du prix du cacao et de café entrainera une baisse des prix de 30%, alors qu'on assistera, dans la même période, à une augmentation rapide du prix des produits importés, ce qui contribuera à une détérioration des termes de l'échange de 37% entre 1977 et 1980.

Par ailleurs, les énormes disponibilités ou liquidités financières issues de cette hausse du prix du pétrole (sous la forme de pétro dollars) encourageront certains pays du Sud, comme la Côte d'Ivoire, à s'endetter en empruntant massivement pour financer leur développement ; au point de ne plus, pouvoir rembourser leur dette, comme ce fut le cas pour le Mexique en 1982.

Par conséquent, avec la création de l'OPEP, on assiste dans une certaine mesure, à une forme de redistribution des rôles et un changement dans les détenteurs du pouvoir linguistique symbolique en matière d'économie du développement.

La crise financière et les chocs pétroliers auront, notamment, pour conséquence un ralentissement de la croissance qui entraînera l'économie mondiale dans une récession de longue durée.

I.2. Ralentissement de la croissance et installation de la récession économique

La croissance économique observée au cours des années 1950 à 1970, dans la plupart des pays industrialisés reposait, entre autres, sur un accès à un pétrole abondant et bon marché. Si bien que, la conséquence économique majeure d'un « choc pétrolier » est un ralentissement de cette croissance, voire le démarrage d'une récession.

La crise pétrolière a, en effet, pour conséquence, une hausse du niveau général des prix du fait de l'omniprésence des produits pétroliers dans l'économie des pays (carburants des véhicules particuliers, des véhicules de transport, des machines agricoles et industrielles, pétrochimie, etc.). Les ménages se mettent alors à moins consommer, ce qui entraîne une diminution de la production des entreprises. Ce ralentissement est source d'augmentation du chômage et donc, par effet d'enchainement, d'une baisse accrue du pouvoir d'achat et, plus généralement du bien-être.

On assiste dans le même temps à une forte inflation. Les périodes de crise pétrolière peuvent ainsi engendrer des périodes de récession durant lesquelles le PIB diminue.

Cette coïncidence entre stagnation de la croissance et augmentation de l'inflation (hausse générale des prix) est appelée stagflation (cf. point I.2.1.). Les politiques menées par les pays comme les Etats-Unis pour venir à bout de cette situation, se sont soldées par un échec, permettant à la crise de gagner les pays du Sud. C'est le cas, notamment de la Côte d'Ivoire dont l'économie est fortement dépendante des capitaux étrangers (cf. point I.2.2.).

I.2.1. La « Stagflation » ou pérennisation de la récession

Comme nous venons de le souligner, la stagflation désigne une situation où l'économie est soumise simultanément à une croissance faible ou nulle et à une forte inflation. C'est surtout un mot technique qui reste cantonné au langage des experts.

Le mot de « stagflation » est employé pour la première fois par le Chancelier Lain Macleod en 1955 pour décrire la situation économique du Royaume Uni à l'époque des « Trente glorieuses ». En effet, alors que les autres pays développés étaient encore dans la période de forte croissance caractéristique des « Trente glorieuses », l'économie du Royaume-Uni, connaissait quant à elle un ralentissement de sa croissance accompagné d'une montée de l'inflation. D'où le mot de stagflation qui résulte de la contraction entre « stagnation » et « inflation ».

Toutefois, à l'issue de la crise monétaire de 1971, et de la première crise pétrolière de 1973, le mot se vulgarise, et devient couramment employé lors de la dernière crise pétrolière de 1979 qui met fin aux « Trente glorieuses ».

Or, une économie en stagflation s'accompagne en général d'une forte augmentation du chômage.

Deux raisons expliquent cette stagflation. Tout d'abord, celle-ci peut être causée par la hausse du prix d'un produit importé en grandes quantités, comme ce fut le cas du pétrole à la suite de la guerre du Kippour en 1973. Ensuite, elle peut résulter d'une offre excessive de monnaie, par exemple par l'utilisation de la planche à billets, ce qui a pour effet d'alimenter l'inflation.

Cette situation inédite qu'a connue l'économie mondiale depuis plus de trois décennies contredit la courbe de Phillips selon laquelle inflation et chômage ne peuvent pas coexister. En 1958, l'économiste néo-zélandais A. W. Phillips, publiait un article dans le *Journal of Economics* intitulé « The relationship between unemployment and the rate of change of money wages in the United-Kingdom, 1861-1957 » (Phillips, 1958). La particularité de la courbe de Phillips, c'est qu'elle ne dépend d'aucune école de pensée. Elle est uniquement basée sur l'observation de l'économie anglaise de 1861 à 1913, puis de 1867 à 1957. Dans cet article, il met en évidence une relation entre le taux d'évolution des salaires nominaux et le taux de chômage. Phillips démontre ainsi que plus le taux de chômage est élevé, plus les salaires sont faibles. Il explique cela par le fait que lorsque le chômage est élevé, les agents sont prêts à accepter des emplois moins bien rémunérés, par peur d'être au chômage et surtout d'en subir les conséquences.

Toutefois, cette relation entre taux de chômage et inflation ne sera effectivement établie que plus tard, en 1960 par un autre économiste du nom de R. Lipsey. Ce dernier fait une réinterprétation de la courbe de Phillips. Il part du même constat que Phillips concernant le lien entre inflation et chômage. Pour lui, lorsque le niveau des salaires augmente, les entreprises augmentent parallèlement le prix des biens ou services qu'elles offrent sur le marché. Cette manœuvre leur permet de conserver leur marge de bénéfices, mais cela crée encore de l'inflation.

Cette interprétation de la courbe de Phillips met bien en évidence l'idée que chômage et inflation s'excluent mutuellement et ne peuvent coexister.

Enfin, les taux de croissance de la productivité, très bas dans les années 1970-1980 (en moyenne inférieurs à 1 % au lieu de 3 % dans les années 1960), montrent que le système avait atteint ses limites en termes de productivité.

Schématiquement, la crise se déroule en plusieurs phases. La première phase dure jusqu'en 1981[22]. Pendant cette période, les créances sur l'économie se dévalorisent parce que la crise se développe. L'inflation est alors très forte et le chômage augmente. Mais un grand nombre d'entreprises, bien qu'endettées, ne sont pas encore en faillite. Au cours de la seconde période, c'est-à-dire après 1981, l'inflation régresse du fait de l'élimination d'une grande partie des créances dévalorisées (faillite des entreprises), mais le chômage continue de s'accroitre. Il atteint entre 1982 et 1983, ses plus hauts niveaux avec plus de 10 % en moyenne de la population en âge de travailler aux États-Unis et en Europe.

Les gouvernements occidentaux décident alors de réagir en mettant en place des politiques dites de « relance économique » pour tenter de réduire le chômage en accroissant les dépenses publiques, conformément à la théorie économique dominante de l'époque, à savoir le keynésianisme.

Mais, au lieu de réduire le chômage, elles vont favoriser l'envol de l'inflation qui devient dès lors très importante dans l'économie mondiale.

I.2.2.Echec des « politiques de relance » et mondialisation de la crise

Face à l'inflation galopante et à la diminution de l'activité économique consécutive aux transferts monétaires massifs des pays importateurs de pétrole vers les pays exportateurs dus à la hausse des prix du baril de pétrole, les Etats occidentaux vont mettre en œuvre des politiques dites de « relance de l'économie ».

Ces politiques de relance correspondent à l'application de la théorie keynésienne selon laquelle le gouvernement peut efficacement relancer l'économie par des dépenses publiques supplémentaires. L'objectif était de passer d'un équilibre sous-optimal : faible demande, faible offre, chômage et sous-utilisassions du capital etc., conduisant à des anticipations négatives, à un équilibre plus satisfaisant, favorisant le plein emploi, une demande et une offre plus élevée, avec des anticipations positives permettant de restaurer la croissance.

Concrètement, une politique de relance, ou un plan de relance, consiste en un ensemble de mesures de politique économique, qui se traduit par des dépenses publiques supplémentaires et par la réduction de certains impôts. Elle a pour conséquence de provoquer une augmentation de

[22] Période pendant laquelle les premières politiques d'ajustement structurel sont appliquées en Afrique et, notamment, en Côte d'Ivoire.

l'activité économique et par la même occasion, une réduction du chômage. C'est cette reprise de l'activité économique qu'on qualifie de « relance économique ».

Toutefois, l'efficacité de ces politiques de relance a été très controversée, en particulier, celles qui ont été appliquées dans les pays développés au cours des années 1970 et 1980, car elles ont plutôt aggravé la situation de stagflation contre laquelle elles étaient censées lutter. De plus, elles ont contribué à creuser le déficit et la dette publique, obligeant alors les Etats à adopter des politiques de rigueur, afin de ramener le déficit à des niveaux raisonnables et permettre une diminution de l'inflation. Tout comme la Côte d'Ivoire, l'Europe échoue dans sa tentative de « relance économique ».

C'est ainsi qu'à partir du milieu des années 1970, la théorie néo-keynésienne selon laquelle le chômage et l'inflation évoluent dans des sens opposés (« Courbe de Phillips ») fut clairement infirmée par l'expérience de la « stagflation ».

Ce phénomène de « stagflation » des années 1970 met donc en exergue les limites d'une pensée qui considérait la politique budgétaire comme le seul outil efficace de la politique économique.

En résumé, cette décennie met en lumière l'inefficacité des mesures de relance keynésienne, et leur incapacité à lutter à la fois contre le chômage et l'inflation.

Ce désaveu du keynésianisme laisse le champ libre à un nouveau courant de pensée économique : le monétarisme, qui replace la politique monétaire parmi les instruments essentiels de l'économie en mettant l'accent sur l'offre plutôt que sur la demande.

La solution au problème de la « stagflation » viendra des théories monétaristes, particulièrement celle de l'Ecole de Chicago[23]. Sous l'impulsion de Milton Friedman, les économistes monétaristes vont imposer leur vision aux différents acteurs de l'économie (gouvernements et banques centrales). Pour Friedman, l'arbitrage entre chômage et inflation que prévoit la courbe de Phillips n'est valable qu'à court terme, en ce sens que les salariés qui voient leur salaire augmenter, vont consommer plus, et ainsi stimuler la croissance. Et ce, jusqu'à ce qu'ils se

[23] L'école de Chicago est d'inspiration classique et néoclassique. Ses principaux fondateurs sont M. Friedman (monétariste) et G. Becker. Cette école du nom de la ville où s'est déroulée toute la carrière de Friedman, désigne un ensemble de chercheurs et d'enseignants en sciences sociales, ayant en commun la croyance d'un marché autorégulateur.

rendent compte que les prix ont aussi augmenté. Toutefois, sur le long terme, il n'y a plus d'arbitrage possible, car l'augmentation des salaires n'a aucun effet sur le chômage, étant donné que les entreprises récupèrent une partie de cette augmentation en augmentant le prix des biens et services.

Les théories monétaristes préconisent donc de lutter contre l'inflation, en appliquant, par exemple, de forts taux d'intérêts et, parallèlement, de mettre en place des politiques d'austérité accouplées à une politique de l'offre. Ce qui permet de résoudre les déséquilibres.

Aux Etats-Unis, par exemple, la politique de hausse continue des taux d'intérêts menée par le gouverneur de la Réserve Fédérale, Paul Volcker, a permis une baisse rapide de l'inflation. De même, au Royaume-Uni, la politique d'austérité (des dépenses publiques) menée par Mme Thatcher, à partir de 1979, provoque d'abord une dégradation supplémentaire de l'activité, puis une décrue progressive de l'inflation et du chômage.

L'idée dominante est qu'il faut, tout à la fois, réaliser la rigueur monétaire et la libéralisation des marchés pour avoir une croissance sans inflation.

Au début des années 1980, même si ces méthodes mettent fin à une inflation jusque-là galopante, elles mettent également en péril une croissance déjà très faible à l'époque. Au final, cette période de « stagflation » mondiale a surtout eu pour conséquence la prise en compte de la lutte contre l'inflation comme élément prioritaire des politiques économiques des Etats et des grandes banques centrales.

De tout ce qui précède, nous pouvons tirer le constat suivant : c'est qu'à chaque crise économique, correspond un changement de théorie économique et donc du discours au niveau mondial. De plus, au niveau des rapports de force, le pouvoir symbolique qui s'exprime dans l'échange linguistique, sur le marché du développement, change de main, selon que l'on détient ou non un certain pouvoir économique sur ce marché.

En résumé, comme nous l'avons déjà souligné, avant la grande dépression des années 1930, la théorie économique dominante favorisait le « laissez-faire ». Le libéralisme économique faisait valoir à cette époque que le système d'économie de marché et le capitalisme s'autorégulaient. Conformément à cette théorie, l'État ne devait pas intervenir dans l'économie car le système des marchés, fondement du capitalisme, était intrinsèquement efficace. L'Etat ne devait pas, en particulier, se préoccuper de la répartition des richesses et ce, malgré les inégalités très fortes qui pourraient en résulter. Ce courant de pensée était alors défendu dans le discours de la plupart des pays industrialisés et notamment des Etats Unis et les pays d'Europe qui seront plus tard leurs alliés lors de la « guerre froide ».

A partir de 1929[24], la grande dépression qui commença aux Etats-Unis, suite à un krach boursier, va changer la donne et favoriser l'arrivée d'une nouvelle théorie économique : le Keynésianisme, du nom de l'économiste qui en fut le précurseur, à savoir Keynes.

Cette nouvelle théorie, favorisée par la situation de dépression économique qui s'est étendue au monde entier, prend rapidement le dessus. Elle soutient que l'État se doit de jouer un rôle central dans l'économie. Pour J. M. Keynes (1903-1983), l'Etat doit notamment assurer une répartition plus équitable des richesses, ce qui a pour effet de favoriser la relance économique en stimulant la consommation et l'investissement. Cette théorie a été appliquée dans les pays développés et même dans certains PED, comme la Côte d'Ivoire, jusqu'à la fin des années 1970.

Mais, au cours de cette nouvelle décennie, les chocs pétroliers de 1973 et de 1979, combinés à certains facteurs conjoncturels comme la crise monétaire, ont engendré d'importants problèmes économiques, à savoir des taux de chômage et d'inflation simultanément élevés, mettant à mal la théorie keynésienne.

On assiste alors à un retour en force du libéralisme économique d'antan, à savoir l'idéologie du laissez-faire et du libre marché, toutefois repensé sous une forme plus extrême, avec le rééquilibrage automatique du marché, la réduction du rôle de l'Etat... C'est ce qu'on va qualifier de néolibéralisme. Au sens étymologique, le mot « néolibéralisme » signifie tout simplement « nouveau libéralisme ». C'est dans ce courant de pensée que s'inscrivent les monétaristes.

Ainsi, au cours de ces différentes périodes, les échanges linguistiques, et particulièrement le discours officiel des États, seront-ils influencés, voire dominés par ces théories économiques, qui s'imposeront aux pays nouvellement indépendants comme la Côte d'Ivoire.

La plupart de ces pays ayant subi les aléas de la conjoncture internationale, auront du mal à résister aux crises et récessions économiques qui suivront.

---

[24] La grande crise économique s'est déclenchée aux États-Unis le 24 octobre 1929 ("jeudi noir") par le krach boursier de Wall Street et elle se propagea rapidement au reste du monde, le plongea dans une récession qui durera toutes les années 1930.

Or l'économie ivoirienne, qui comportait, comme nous l'avons souligné, un certain nombre de fragilités intrinsèques propre à son « modèle hybride » de développement subira, elle aussi ces chocs externes et aura du mal à leur résister.

II. La perte du « pouvoir symbolique » de la Côte d'Ivoire face à une conjoncture économique défavorable

Pendant une vingtaine d'années, le « miracle économique » a permis à la Côte d'Ivoire de disposer d'un certain « pouvoir symbolique » dans ses échanges linguistiques sur le marché du développement. Ce « pouvoir symbolique » se traduisait par une liberté de choix dans ses politiques économiques. Mais ce pouvoir va perdre de sa force au début des années 1980, lorsque la Côte d'Ivoire se retrouvera face à des difficultés économiques. Or, ce cas de figure avait été envisagé, voire prévu, par la Banque mondiale (1977) et certains auteurs comme S. Amin (1967).

En 1967, S. Amin dans son ouvrage *Le développement du capitalisme en Côte d'Ivoire*, qualifiait la croissance ivoirienne de « fragile » (Amin, 1967). Cette affirmation va malheureusement se confirmer une dizaine d'années plus tard.

En effet, malgré les importantes mesures mises en place par les deux premiers Plans de développement, le Plan quadriennal 1967-1970 et le Plan quinquennal 1971-1975, la tendance à la baisse du taux de croissance se confirme, particulièrement durant les deux dernières années de la période quinquennale. Cette baisse est liée au comportement des produits d'exportation sur le marché mondial. Pour y remédier, le gouvernement se lance alors dans une politique de diversification de son économie, et du secteur agricole en particulier, tout en accordant une importance accrue aux autres secteurs.

Cette politique de diversification commence à porter ses fruits à partir de 1975. En premier lieu, la proportion de cacao, de café et de bois non transformée dans les exportations totales est tombée de 90 %, dans les années cinquante, à environ 60 % dans la première moitié des années soixante-dix. En second lieu, la part de l'industrie dans le PIB, qui était de 4 % en 1960, se trouve être trois fois plus grande en 1975 (The World Bank, 1977).

Cependant, l'activité agricole reste et demeure toujours le principal moteur du développement de la Côte d'Ivoire.

Ainsi, la structure de cette économie uniquement basée sur les produits agricoles d'exportation constituera-t-elle au final un « handicap » pour la poursuite de la croissance et du développement du pays, en exacerbant l'effet des chocs, externes[25] comme internes (cf. point II.1.). Paradoxalement, cette nouvelle donne conduira le gouvernement à se surendetter pour poursuivre le financement des investissements initiés pendant les années « miraculeuses » (cf. point II.2.).

II.1. Les déséquilibres intrinsèques au « modèle ivoirien » de développement

Ces fragilités et les déséquilibres économiques qui peuvent en résulter feront en effet, perdre à la Côte d'Ivoire ce « pouvoir symbolique » qu'elle aurait acquis dans l'échange linguistique et économique sur le marché du développement.

Les deux sources majeures de déséquilibre économique sont, d'une part, le fait que le développement soit uniquement axé sur l'agriculture (cf. point II.1.1.) et, d'autre part, qu'il soit trop dépendant de facteurs externes (cf. point II.1.2.).

II.1.1. Dépendance des « cultures de rente » à la volatilités des cours mondiaux.

Le « miracle économique » ivoirien repose essentiellement sur un trinôme : l'exploitation du café, du cacao et du bois, qui sont toutes des cultures d'exportation. Aussi, lorsque la conjoncture internationale devient-elle défavorable à partir des années 1979, suite aux chocs pétroliers, les cours de ces matières premières chutent brutalement et provoquent une baisse considérable des recettes de l'État ivoirien. Or, ce dernier s'était lancé au début des années 1970 dans de grands chantiers de développement des infrastructures dont il fallait continuer à assurer le financement. Ce qui contribuera à creuser le déficit courant de l'État qui atteint plus de 60 % de la valeur des exportations en 1979. Cette situation crée un déséquilibre budgétaire auquel le gouvernement doit faire face en faisant appel à un programme de stabilisation financé par les institutions de Bretton Woods (Cogneau & Mesple-Somps, 2002). On assiste dès lors, à une inversion du pouvoir symbolique qui passe aux mains de ces institutions.

---

[25] Ces chocs externes ont été soulignés dans le point I de cette section.

Se pose alors la question de savoir comment expliquer cette chute aussi brutale d'une économie qui deux ans auparavant, entre 1975 et 1977, jouissait d'une manne financière abondante grâce à la flambée exceptionnelle des prix du café-cacao.

En effet, durant cette période, les prix du café-cacao ont fortement augmenté et ont été multipliés respectivement par 3,6 et 3. Ce qui a eu pour effet d'améliorer les termes de l'échange. De ce fait, la Côte d'Ivoire a réalisé un gain de recettes d'exportation supplémentaire de près de 50 % (Cogneau & Mesple-Somps, 2002).

Le tableau ci-dessous montre que les prix à la production en kg du café et du cacao n'ont effectivement fait que s'accroître entre 1973 et 1976.

Tableau 1 : Prix à la production du cacao et du café (en FCFA/Kg)

Année*	Cacao	Café
1958	90	115
1959	95	105
1960	70	95
1961/62	70	80
1963/64	70	90
1965	55	75
1966-68	70	90
1969	80	95
1970-72	85	105
1973	110	120
1974-76	175	150

*L'année se rapporte à la campagne passée donc ; 1958 désigne la campagne 1958/59.

Source : Caisse de stabilisation (CSSPPA) In The World Bank, 1977.

On remarque ainsi que le prix du cacao a plus que doublé de 1970 à 1976, passant de 85 à 175 FCFA et que celui du café a augmenté de 105 FCFA en 1972 à 150 FCFA en 1976. Ce qui constitue un niveau de prix jamais atteint auparavant.

Par ailleurs, parallèlement à cette augmentation importante des recettes, le gouvernement a fait le choix de maintenir les prix garantis aux producteurs à un niveau relativement bas, qui restera fixe jusqu'à la fin de l'année 1976. Ce n'est qu'en 1977 qu'une légère augmentation du prix garanti aux producteurs, soit 20 % pour le café et seulement 3 % pour le cacao, est accordée par le gouvernement. Toutefois, un an plus tard, c'est-à-dire en 1978, cette augmentation sera plafonnée à 40 % pour les deux produits (Cogneau & Mesple-Somps, 2002). Ce qui montre qu'à ce moment-là, la Côte d'Ivoire disposait encore d'assez de ressources pour procéder à une telle augmentation.

De plus, toujours, selon D. Cogneau et S. Mesple-Somps, entre 1974 et 1980, les prix réels fixés aux producteurs ne représentaient que 44,7 % du prix des exportations (Cogneau & Mesple-Somps, 2002). Ceci permettait au gouvernement de conserver une grande partie des recettes de ces exportations agricoles.

Si bien que la flambée des cours mondiaux de ces matières premières bénéficiait essentiellement à la Caisse de stabilisation dont les ressources en 1977 représentaient 16 % du PIB. Or la Caisse de stabilisation fait partie des sociétés d'Etat et, à ce titre, est entièrement gérée par l'Etat.

Aussi, lorsque les termes de l'échange se sont détériorés à partir de 1979, l'Etat ivoirien aurait dû disposer d'assez de ressources financières pour faire face à la crise économique mondiale, en puisant dans ses réserves pour équilibrer ses comptes.

Mais paradoxalement, le gouvernement a décidé d'augmenter ses dépenses d'investissement courantes qui atteindront 25,2 % du PIB en 1981 (Berthelemy & Bourguignon, 1996).

Dans le même temps, l'Etat met en place une politique de recrutement massif de fonctionnaires dans les SODE créées quelques années plus tôt. Des recrutements, qui sont par ailleurs, accompagnés d'augmentations de salaires.

De son côté, le secteur privé, selon Berthélemy et Bourguignon (1996), contrairement à l'Etat, réagit rapidement face au retournement de la conjoncture internationale et réduit ses dépenses à 11 % du PIB dès 1979.

Le solde commercial se détériore alors rapidement et passe d'un solde excédentaire de 5 % du PIB jusqu'en 1977 à -3 et -6 % en 1979 et 1980, ce qui constitue une chute brutale pour la croissance économique du pays et un exemple de non la durabilité du « modèle ivoirien ».

Il résulte de ce qui précède que la défaillance du « modèle économique » ivoirien est non seulement due aux effets d'une conjoncture internationale défavorable, mais aussi à une gestion inadéquate des ressources et, surtout, à certains choix économiques qui se sont avérés peu productifs. Par ailleurs, cet échec se révèle être surtout d'ordre structurel, car il s'agit essentiellement d'une économie de plantation qui comporte, à ce titre, nécessairement des fragilités qui lui sont propres.

- **Les limites de « l'économie de plantation »**

De l'indépendance au début des années 1970, cette croissance rapide de l'économie ivoirienne n'a été possible que grâce à une accélération de la mise en valeur des terres agricoles par divers moyens, notamment l'immigration de main d'œuvre étrangère massive.

Une telle politique économique était réalisable car la Côte d'Ivoire, située en zone tropicale, jouissait, de ce fait, d'une rente forestière importante. Selon D. Cogneau et S. Mesplé-Somps (2002), la forêt cultivable en 1960 ne couvrait pas moins de 12 millions d'hectares. Elle offrait donc d'importantes ressources pour la poursuite d'un développement agricole extensif, c'est-à-dire sans investissement majeur, avec l'ouverture de l'extrême Ouest forestier. C'est d'ailleurs dans cette direction que s'est orienté le gouvernement ivoirien au milieu des années 1970 avec la création du port de San Pedro. On a alors assisté à un déplacement de populations rurales de l'Est[26] à l'Ouest (Centre-ouest et Sud-ouest) de la Côte d'Ivoire. De fait, « l'économie de plantation » obéit à une logique extensive qui repose sur la disponibilité permanente de terres obtenues par déclassement de la forêt. Elle se caractérise par une succession de phases de développement et de récession, qui suivent le cycle de vie de la production du cacao, occasionnant une diminution en terres fertiles, obligeant les populations à rechercher en permanence de nouvelles terres cultivables. C'est par ce mécanisme extensif de production que le pays est devenu en l'espace de 15 ans le premier producteur mondial de cacao, avec une production du cacao qui a cru à un rythme de l'ordre de 7,5% par an entre 1970 et 1995 (Cogneau & Mesple-Somps, 2002).

Mais, ce résultat de premier producteur mondial de cacao n'a pas que des aspects positifs, car il a conduit à une raréfaction des terres disponibles. Cet aspect des conséquences néfastes de l'accroissement de la production ivoirienne a été selon Duruflé (1988) souligné dans un rapport de la BIRD sur l'économie de la Côte d'Ivoire en 1978 *The challenge of success*. Dans ce rapport, la BIRD mentionne la vulnérabilité et la responsabilité accrue de la Côte d'Ivoire vis-à-vis des prix du café et du cacao, du fait de l'accroissement de la part de sa production dans l'offre mondiale.

En effet, ce type de croissance facile atteint bien souvent assez rapidement le plafond des possibilités qu'il peut offrir. Aussi, la seule solution dans ce cas est de passer à l'intensification qui exige des investissements fonciers importants (Amin, 1967) et l'introduction de

---

[26] Jusqu'en 1960, la région du Sud-est constituait les premiers fronts pionniers de la culture du Café et du Cacao (Cogneau & Mesple-Somps, 2002).

technologies modernes d'exploitation agricole. Et cela, la Côte d'Ivoire n'a pas vraiment su le faire.

On remarque encore une fois que la Banque Internationale pour la Reconstruction et le Développement (BIRD) n'a fait que donner son avis et qu'elle n'a rien imposé au gouvernement ivoirien pour qu'il change sa politique. Ce qui confirme le fait que la Côte d'Ivoire disposait encore d'un pouvoir symbolique sur le marché de l'échange linguistique.

Dans les années 1980, de nouveaux pays producteurs de cacao tels que l'Indonésie entrent sur le marché international du cacao. Bien que la Côte d'Ivoire ait réussi à conserver sa place de premier producteur mondial, cette nouvelle concurrence réduira tout de même sa marge de manœuvre quant à la vente de sa production à l'export, et surtout, contribuera à lui faire perdre définitivement son pouvoir symbolique sur le marché du développement.

C'est ainsi qu'en 1988, le président Houphouët-Boigny se retrouve avec un stock de cacao invendu lorsqu'il refuse de vendre sa production à un prix qu'il considérait trop bas pour le producteur[27].

Toutefois, en dépit de ces limites propres à l'économie de plantation extensive, la Côte d'Ivoire aurait pu poursuivre son miracle économique si elle avait réussi à mettre en place une véritable industrie de base, créatrice de richesses supplémentaires. Malheureusement, la révolution industrielle n'a pas eu lieu et la légère tentative d'industrialisation se soldera finalement par un échec.

- **L'échec de l'industrialisation**

En ce qui concerne l'industrialisation, les dirigeants de Côte d'Ivoire étaient conscients dès 1960 que pour atteindre de tels objectifs, il leur était nécessaire de développer des ressources de production qui soient propres au pays, tant au niveau des matières premières qu'en matière de formation des hommes. Il faut aussi créer un marché interne capable de constituer une demande suffisante qui permette de réduire la dépendance vis-à-vis de l'extérieur.

Mais malgré ces bonnes intentions, on constate, quelques années plus tard, que les efforts entrepris[28] dans ce sens n'ont pas permis l'industrialisation, la plupart des industries créées dans les années 1960 à

[27] Cet épisode de l'histoire économique de la Côte d'Ivoire sera traité plus loin dans le chapitre III de cette étude.

[28] Bourgoin et Guilhaume, souligne dans leur ouvrage précité, que le chiffre d'affaire de l'industrie est passé de 40 milliards de FCFA en 1960 à 483 milliards de FCFA en 1976, ce qui constitue un effort remarquable.

1970 n'ayant pas pu survivre. Plusieurs facteurs expliquent cet échec de l'industrialisation.

D'une part, la Côte d'Ivoire s'est engagée dans cette voie dans des conditions locales très défavorables. Il y avait un manque réel de main d'œuvre, de capitaux et de ressources énergétiques indispensables au développement industriel. D'autre part, la faiblesse du marché local et régional constituait aussi un véritable handicap.

Pour surmonter ces handicaps, le gouvernement a fait le choix de fonder le développement industriel sur des capitaux et de la main d'œuvre étrangère. Il se lance alors dans une industrie d'import-substitution durant la première décennie suivant l'indépendance, afin de répondre à la demande locale et au marché régional. Cette première option ne permet toutefois pas l'industrialisation, faute d'une demande à la hauteur des espérances, car le marché s'avère trop exigu (Amin, 1967).

Après une dizaine d'années de pratique, cette politique de substitution aux importations montre ses limites et ne peut plus être considérée comme la seule option pour industrialiser l'économie.

Au début des années 1970, le gouvernement décide de changer d'orientation. Sa politique d'industrialisation se tourne alors vers la transformation et la valorisation des matières premières, afin d'exporter à moindre coût sur le marché étranger et notamment occidental.

Il devient aussi plus sélectif dans ses incitations à la substitution des importations et met en place des accords de protection pour certaines entreprises qui ne pourraient survivre sans de telles protections. Or, on constate malheureusement que les dernières entreprises créées ont besoin d'une protection encore plus élevée, et que les raisons qui ont conduit à cette politique de protection (marché exigu, coût élevé des moyens de production, manque de main d'œuvre qualifiée…) n'ont pas beaucoup changé. L'Etat doit donc compenser lui-même les coûts élevés de la main-d'œuvre locale et étrangère.

Aussi, le gouvernement change l'orientation des avantages qu'il accorde aux entreprises et en promouvant une subvention à l'exportation, uniquement allouée à celles qui transformeraient des matières premières produites localement.

Finalement, la Côte d'Ivoire a mis en place une industrie légère s'appuyant soit sur la valorisation de produits d'exportation telles que les scieries, le café soluble, les conserveries de thon et d'ananas, soit axée sur des produits de consommation locale courante du type textiles, savonneries, etc. On constate de plus, que le développement industriel s'est fait de façon inégale sur le territoire ivoirien, Abidjan réalisant à elle seule 65% du chiffre d'affaire, contre 10% pour Bouaké, et seulement 25% pour tout le reste du pays (Bourgoin & Guilhaume, 1979).

Comme le dit S. Amin (1967), les possibilités d'une telle industrie restaient relativement limitées. Pour lui, l'étape suivante aurait dû être la mise en place d'une industrie de base, sans laquelle la croissance ne pouvait se poursuivre. Toutefois, il indique bien, dans le même temps, que la mise en place d'une telle industrie de base exigerait des investissements beaucoup plus importants (Amin, 1967).

Dans les années 1970, le gouvernement effectue pourtant d'importants investissements d'ordre industriel, afin de diversifier l'économie et de poser les jalons de cette future industrie de base. Dans ce but, il fait appel aux capitaux privés étrangers, plutôt qu'à ses propres ressources. Mais, ces investissements ont souvent un rendement trop bas, voire négatif, pour l'économie ivoirienne en raison de la faible efficacité des facteurs de production locaux. Et ceci contribuera finalement à l'endettement du pays (Berthelemy & Bourguignon, 1996).

Force est donc de constater à la fin des années 1970, que malgré tous ses efforts, le gouvernement ivoirien a échoué dans sa mise en place d'une industrie d'exportation, même basée sur la substitution aux importations.

L'économie demeure donc toujours fortement dépendante de l'agriculture et d'un certain nombre de facteurs extérieurs.

II.1.2. Une économie fortement dépendante de facteurs extérieurs

L'économie ivoirienne s'est construite en se basant sur deux éléments externes essentiels, à savoir la main d'œuvre et les capitaux étrangers. A cela s'ajoute un troisième élément qui, bien qu'ayant un caractère endogène, a des conséquences exogènes, c'est l'étroitesse voire la quasi-inexistence d'un marché local. C'est la raison pour laquelle, l'extérieur va jouer un rôle primordial dans la construction du « miracle économique », en tant que débouché majeur du pays.

Au milieu des années 1970, on constate que l'évolution de la balance des paiements montre une augmentation considérable du coût des capitaux étrangers et, d'une manière générale, un accroissement du coût des facteurs de production en provenance de l'extérieur. Dans le même temps, le paiement des capitaux et des services des travailleurs a tellement augmenté que le solde du compte courant a aussi commencé à baisser, en valeur absolue, comme en proportion des recettes d'exportation.

L'augmentation est encore plus marquée concernant le recours à la main d'œuvre qualifiée (The World Bank, 1977), alors que celle-ci est primordiale pour le développement du pays.

- **Le recours nécessaire à la main d'œuvre étrangère**

La main d'œuvre étrangère, qu'elle soit qualifiée ou non, a en effet joué un rôle majeur dans le développement économique de la Côte d'Ivoire. Ce facteur considéré au départ comme un facteur de richesse va s'avérer être, sur le long terme, un des éléments perturbateurs du modèle ivoirien de développement, car le coût très élevé de la main d'œuvre qualifiée, va contribuer à creuser le déficit des comptes nationaux.

C'est au moment de l'indépendance, que la pénurie de main d'œuvre qualifiée s'est surtout faite sentir au niveau de l'industrialisation et de l'administration.

En effet, avant 1960, les rares industries présentes en Côte d'Ivoire concernent seulement quelques unités de transformation des produits locaux avant leur exportation. Ainsi, lorsque le pays accède à l'indépendance, le chiffre d'affaire total de l'industrie dépasse à peine les 10 milliards de FCFA (Bourgoin & Guilhaume, 1979).

L'industrie ayant ainsi été très peu mise en avant par les colons, les autorités ivoiriennes ont voulu rattraper le retard dans ce domaine en mettant l'accent, dans un premier temps, sur les industries de substitution aux importations et, ensuite, sur les industries de première transformation de certaines matières premières (bois, textiles et alimentation). Or cela nécessitait une main d'œuvre hautement qualifiée dont ne disposait guère le pays, tout fraîchement sorti de la colonisation.

Le gouvernement aura donc recours aux expatriés d'origine européenne et cela à un coût trois fois plus élevé qu'en Europe.

Il faut souligner qu'avant 1960, la main d'œuvre de cadres et de travailleurs qualifiés provenait essentiellement de la France. La Banque Mondiale, dans son rapport économique de 1977, estimait que la Côte d'Ivoire comptait à l'époque 50 000 expatriés. Un chiffre composé essentiellement de Français. A cela s'ajoutait environ 100 000 Syriens et Libanais. Ce qui illustre bien la dépendance du pays vis-à-vis du capital humain étranger.

Les deux tableaux ci-dessous montrent cette importance de la main d'œuvre étrangère et le coût que cela représentait pour l'économie ivoirienne.

Tableau 2 : Assistance technique française (1960-74) *

	1960-65	1966	1967	1968	1969	1970	1971	1972	1973	1974
Nombre d'assistants techniques	1.346	1.579	1.715	2.102	2.252	2.476	3.034	3.115	3.250	3.390
Coût total (Milliards FCFA)	3,5	3,5	4,8	5,6	6,0	7,9	9,6	10,8	12,8	14,8
Contributions da la France	2,2	2,1	2,1	2,1	2,1	2,1	2,4	2,6	2,8	2,8
Contributions de la Côte d'Ivoire	1,3	1,4	2,7	3,5	3,9	5,8	7,2	8,2	10,0	12,0

*Chiffres préliminaires.

Source : Mission d'Aide et de Coopération, Abidjan.

Tableau 3 : Coût de l'assistance technique de 1960 à 1973 (en milliards de FCFA)

Pays fournisseurs	1960-65	1966	1970	1972	1973
Contribution de la France	2,2	2,1	2,1	2,6	2,8
Contribution forfaitaire	0,0	2,1	2,1	2,4	2,6
Autre	0,0	0,0	0,0	0,2	0,2
Contribution de la Côte d'Ivoire	1,3	1,4	5,8	8,2	10,0
Paiement au Trésor Français	1,3	1,4	3,5	5,5	6,6
Logement	0,0	0,0	2,1	2,5	3,2
Autre	0,0	0,0	0,2	0,2	0,2
Total	3,5	3,5	7,9	10,8	12,8

Source : Mission d'aide et de coopération, Abidjan.

Le premier tableau montre que le nombre d'assistants techniques n'a fait qu'augmenter depuis 1960, passant de 1346 à 3390 en 1974.

Quant au coût de cette main d'œuvre d'experts, il a été multiplié par 4 pour la Côte d'Ivoire de 1960 à 1974 (passant de 1,3 à 10 milliards de FCFA). On remarque dans le même temps, que la contribution de la France pour l'emploi de ces expatriés qui était de 2,2 milliards de 1960 à

1965, donc au départ, supérieur à celle de la Côte d'Ivoire reste assez stable dans sa progression jusqu'en 1973.

Il faut par ailleurs noter que la Côte d'Ivoire a hérité et conservé de l'époque coloniale, une réglementation en matière de salaire minimal et de conditions de travail qui, pour les travailleurs africains, était de standard plus élevé que ceux d'autres pays ayant le même niveau de développement.

Cette situation rendait les activités industrielles d'exportation vers l'Europe moins rémunératrices et moins compétitives au niveau des coûts, même si elles étaient importantes pour le développement économique. C'est ce qui a conduit le gouvernement, à concentrer dans un premier temps, ses efforts sur l'industrie de remplacement des importations. Mais il se trouve que l'industrie instaurée dans le cadre de cette politique était entièrement enregistrée sous le régime de la propriété étrangère, donc appliquant des normes et techniques de production essentiellement étrangères (The World Bank, 1977).

De plus, le volume très élevé de cette main d'œuvre étrangère contribuerait aussi à créer des tensions sociales qui, selon la mission de la Banque Mondiale de 1977, indiquerait que : « ces apports de main d'œuvre avaient atteint leur seuil de tolérance et donc d'efficacité » (The World Bank, 1977).

Les résultats du premier recensement de la population effectué en 1975, estimaient que 2 millions d'habitants sur les 6,7 que comptait la Côte d'Ivoire étaient originaires d'autres pays.

Aussi, la mission de la Banque mondiale de 1977, suggérait-elle à la Cote d'Ivoire de décider de l'importance qu'elle souhaitait accorder aux considérations régionales (à savoir ses relations avec ses voisins) et nationales dans la définition de sa politique d'emploi.

La mission poursuivait son analyse en indiquant que : « bien que le terme d'« ivoirisation » soit plus directement appliqué aux non Africains, il serait de plus en plus nécessaire de définir une politique générale à l'égard des Africains non ivoiriens car ceux-ci sont aussi en très grand nombre ». Elle ajoutait par ailleurs que : « le problème est compliqué par le fait que de nombreux ivoiriens ne sont que peu intéressés au travail agricole, surtout pour être salariés, à défaut d'être petits propriétaires ». Il faut en effet noter que la plupart des immigrés sont employés dans l'agriculture où ils ont accepté de bas salaires complétés par les revenus du métayage et quelques autres avantages en nature. De ce fait, certains Ivoiriens étaient chômeurs dans les villes alors que, dans de nombreuses zones, l'agriculture manquait de bras. Malgré ces recommandations de la

Banque mondiale, le gouvernement ivoirien a fait le choix de ne pas procéder à une ivoirisation totale de l'économie. Elle prônera au contraire l'hospitalité en procédant à une ouverture de ses frontières pour les raisons économiques que nous avons évoquées précédemment. Trente-cinq ans plus tard, lorsque le gouvernement Bédié décidera d'« ivoiriser », il sera trop tard, et comme l'avait prédit la Banque en 1977, cela conduira inéluctablement la Côte d'Ivoire dans une crise sociopolitique sans précédent.

Le second facteur externe dont dépendra l'économie ivoirienne est le recours aux capitaux étrangers.

- **L'importance du capital étranger**

Face à la baisse des cours des matières premières, qui réduit ses recettes, le gouvernement décide de recourir aux capitaux étrangers pour soutenir le financement de ses dépenses publiques d'investissement, et ainsi de maintenir la croissance économique. Ce recours aux capitaux étrangers sera possible grâce au climat de confiance que le pays a pu instaurer depuis son indépendance (stabilité politique et économique, croissance, politique libérale à l'égard des investisseurs étrangers...).

Ainsi, la Côte d'Ivoire est le premier pays d'Afrique subsaharienne à obtenir un emprunt en eurodollars en 1968 de la part de la Banque mondiale.

Mais, ce prêt qui était d'un montant de 5,8 millions de dollars en 1968 passe à 76,9 millions de dollars en 1975. A la fin de l'exercice 1975, le groupe de la Banque mondiale avait accordé à lui seul 22 prêts à la Côte d'Ivoire, représentant un montant total de 253,7 millions de dollars (The World Bank, 1977). Ce qui constitue déjà une somme très importante et contribuera pour la Côte d'Ivoire à la perte de son pouvoir d'ordre symbolique.

Les capitaux privés étrangers ont néanmoins joué un rôle important dans le développement économique de la Cote d'Ivoire. Leurs entrées nettes sont cependant passées de 16 % de l'investissement total entre 1960 et 1963 à environ 1 % de 1971 à 1974. Cette baisse est d'abord due à la participation accrue de l'Etat dans les entreprises privées afin d'ivoiriser le capital, ensuite au transfert à l'étranger d'un plus grand volume de bénéfices par rapport à un stock de capital privé étranger qui ne croit que lentement, et enfin au fait que les possibilités d'investir dans la substitution des importations devenaient de plus en plus rares.

L'autre difficulté qu'a rencontrée la Côte d'Ivoire a été de ne pas être en mesure de constituer une épargne nationale capable de prendre le relais du capital étranger (Bourgoin & Guilhaume, 1979).

De plus, dans le secteur public, la demande de capitaux étrangers dépasse de loin les montants que les bailleurs de fonds ont alloués à la Cote d'Ivoire à des conditions favorables. C'est pourquoi, au début des années soixante, elle commence, parallèlement à la diversification de ses échanges commerciaux, à diversifier aussi les origines des capitaux étrangers dont elle a besoin. Elle fait, par exemple, appel au Fonds européen de développement (FED), à l'aide canadienne (ACDI) et à quelques fonds de moindre importance en provenance des Pays-Bas et des Etats-Unis. Mais les coûts de ces capitaux ayant aussi augmenté, cette situation va contribuer au surendettement de l'Etat. Il nous faut donc examiner les facteurs explicatifs de ce surendettement qui a conduit la Côte d'Ivoire à la crise économique.

II.2. Un surendettement de l'État initiateur de la crise économique

C'est dans le courant des années 1970, que le gouvernement ivoirien plonge la Côte d'Ivoire dans le surendettement en raison d'un excès de confiance dans ses capacités économiques et financières (cf. point II.2.1.). A partir de 1978, conscient des dérapages dans la gestion financière de son économie, il réagit afin d'assainir la situation macroéconomique. Cette tentative arrive toutefois un peu tardivement et la crise économique s'installe durablement (cf. point II.2.2.). Dès lors, la Côte d'Ivoire ne disposera plus de son pouvoir symbolique pour tout échange d'ordre linguistique comme économique sur le marché du développement, car, elle se retrouvera dans l'impossibilité de rembourser sa dette.

II.2.1. Un excès de confiance du gouvernement dans les capacités économiques de Côte d'Ivoire

Après des années de prospérité, la Côte d'Ivoire se retrouve en difficulté financière à partir de la fin des années 1970.

Comment ce pays qui avait réussi à supporter les conséquences du 1er choc pétrolier de 1973 grâce à ses propres ressources a-t-il pu succomber au second choc pétrolier de 1979, alors que le prix de ses matières premières principales avait été au plus haut jusqu'en 1977 ? Cela demande réflexion.

Comme nous venons de le voir, l'un des facteurs du surendettement de la Côte d'Ivoire est dû aux coûts élevés de main d'œuvre étrangère et de rémunération des capitaux étrangers. Cependant, un autre facteur va aussi jouer un rôle dans ce surendettement : ce sont les trop nombreux investissements improductifs qui ont contribué à l'augmentation constante du service de la dette. Ainsi, de 1975 à 1980, le déficit public passe de 2,2% à 11,8% du PIB. Quant aux intérêts sur la dette, ils passent de 3,2%, en 1980, à 8,3% du PIB en 1983 (PNUD, 2004).

En effet, tout au long de la décennie 70, ce sont les dépenses publiques en termes d'investissement, qui ont maintenu le taux de croissance global de l'économie. Or, ces dépenses publiques étaient financées par l'endettement extérieur. Le problème vient du fait que le rythme de croissance de ces dépenses publiques se révélera structurellement plus rapide que celui des ressources. Ainsi, par exemple, les dépenses courantes de l'Etat en matière d'éducation passent de 6,2% en 1965 à 32% du budget annuel en 1975.

Il faut aussi rappeler qu'au milieu des années 1970, afin de réduire les inégalités régionales, le président Houphouët-Boigny, s'est lancé dans un large programme d'investissement dans le Nord du pays. Ce Programme connu sous le nom de Programme du Nord coûtera environ 40 milliards de FCFA (représentant à l'époque 4% du PIB) et consistera en l'installation d'usines de sucre, pour la SODESUCRE, avec toutes les infrastructures que cela nécessitait (plantation de sucre de canne, routes...). Malheureusement, ce projet se révélera être un gouffre financier car 100 milliards de FCFA seront investis, soit 10% du PIB en 1974, avec une rentabilité à court terme qui ne pourra être assurée (Cogneau & Mesplé-Somps, 1999).

Par ailleurs, selon Barthélemy et Bourguignon (1996), ce programme se situe dans une période d'investissements publics massifs où la part de l'investissement dans le PIB passe de 7% entre 1960-1965 à 13% en 1973-1974, soit quasiment le double. C'est en effet, à cette période que le gouvernement se lance dans la construction de la nouvelle capitale, Yamoussokro, ainsi que la ville de San Pedro avec son port.

Le volume des investissements publics effectués par le gouvernement ivoirien, en terme nominal triple entre 1974 et 1978, faisant augmenter leur part dans le PIB de 11,4% à 21% sur la même période. Les bénéfices accumulés par la caisse de stabilisation ne seront alors plus suffisants pour couvrir de telles dépenses d'investissement.

Aussi, pour continuer à financer ses projets gigantesques, le gouvernement se tourne vers les capitaux étrangers dont le montant passe de 2% du PIB en 1974 à 9% en 1977.

Pendant cette période, la dette publique extérieure va doubler de volume et passer de 200 milliards de FCFA en 1975 à 435 milliards en 1977 et à 972 milliards en 1980 (Berthelemy & Bourguignon, 1996).

Or, au milieu des années 1970, les capitaux étrangers deviennent plus rares et plus chers, si bien que la proportion des emprunts, à des conditions rigoureuses dans le total de l'endettement public, double entre 1970 et 1975, passant de 35 % à environ 65 %. Quant à l'élément don, il tombe de 25 % à environ 14 % durant cette même période et le rapport du service de la dette publique atteint près de 11 % en 1975. La Côte d'Ivoire a par ailleurs de plus en plus recours au marché des eurodollars et aux crédits des fournisseurs dont le coût indirect est souvent fort élevé (The World Bank, 1977).

De plus, le coût de nombreux produits dépasse de beaucoup les prévisions et cela pour un certain nombre de raisons :

- la sous-estimation des investissements publics en bâtiments, routes et infrastructures sociales nécessaires pour atteindre les objectifs de développement ;
- le contrôle insuffisant des frais généraux et des programmes de dépense des sociétés d'Etat;
- le choix d'un procédé technique de production trop compliqué dans le cas du sucre;
- les retards dans l'exécution des projets et une préparation insuffisante de ceux-ci.

En matière d'infrastructures, d'urbanisation et de transports, on retient aussi des normes élevées. Les normes étrangères prenant souvent le pas sur les normes locales, plus appropriées et moins coûteuses. On surdimensionne les projets et on les « étend » au lieu de les « densifier », alors que souvent, la densification aurait été la meilleure solution d'un point de vue économique.

Pour Duruflé, tous ces éléments constituent : « les racines du déséquilibre des finances publiques et des finances extérieures, et de l'épuisement de la croissance ». Eléments qui, toujours selon lui, étaient déjà « bien en place avant le retournement de conjoncture de 1978 » (Duruflé, 1988). Ainsi, bien que la conjoncture internationale soit devenue défavorable à la fin des années 1970 et que cela ait aussi eu un impact négatif sur l'économie ivoirienne, les effets auraient pu être moindres, si les bases du déséquilibre financier n'étaient pas déjà présentes lors du retournement de la conjoncture économique mondiale.

Le gouvernement ivoirien, conscient de la gravité de la situation, a tenté de réagir dès 1978 en mettant en place un premier programme de stabilisation financière.

II.2.2. Échec du premier programme de redressement financier et installation de la crise économique

A la fin des années 1970, la Côte d'Ivoire se retrouve dans une situation financière critique. Le boom des cours des matières premières de 1975 à 1977, n'a pas permis de financer, dans sa totalité, le programme ambitieux d'investissements lancé par le gouvernement. Ce dernier a alors été obligé de faire appel à l'endettement extérieur pour poursuivre le financement de ses chantiers. La dette publique du pays se retrouve ainsi multipliée par 4 entre 1975 et 1979 (Banque Mondiale, 1997 cité dans Cogneau & Mesplé-Somps, 1999). Dans la même période, le rapport du service de la dette par rapport aux exportations atteint 20%. Quant à l'épargne privée disponible, elle chute de 50%[29] (Cogneau & Mesplé-Somps, 1999).

Face à cette baisse continue de l'épargne nationale, et devant la dégradation rapide du solde des finances publiques, le gouvernement réagit au début de l'année 1978, afin de corriger ces déséquilibres naissants. Il adopte un premier programme financier pour la période couvrant le mois d'avril 1978 au mois de mars 1979 (Duruflé, 1988).

Mais, ce programme arrive trop tard et la combinaison des différents facteurs que nous venons d'évoquer ci-dessus (Investissements improductifs, emprunts extérieurs massifs, baisse de l'épargne publique et privée...) va précipiter la Côte d'Ivoire dans une crise des paiements extérieurs qui survient en 1980. Force est alors, pour le gouvernement, de constater que le déficit de la balance courante est de l'ordre de 18% du PIB (Banque mondiale, 1997, cité dans (Cogneau & Mesplé-Somps, 1999) et que le déficit budgétaire global atteint les 8,5% du PIB (BNEDT 1997, cité dans Cogneau & Mesplé-Somps, 1999). Le compte des opérations de la Côte d'Ivoire auprès du Trésor français devient alors déficitaire pour la première fois (Cogneau & Mesplé-Somps, 1999).

---

[29] Cette baisse de l'épargne s'explique en partie par le rapatriement de profits réalisés par les entreprises étrangères et notamment françaises implantées en Côte d'Ivoire, mais aussi de revenus des différentes communautés telles que les expatriés français, la population libanaise, et les travailleurs immigrés du Burkina et du Mali (Duruflé, 1988).

En définitive, le taux de croissance de 15,9% du secteur manufacturier d'exportation, prévu par le plan quinquennal 1976-1980, n'est que de 7,4%, si bien qu'en 1978, le déficit de la balance des paiements courants dépassait les 10% du PIB (Duruflé, 1988). Par ailleurs, on assiste à une importante sortie de devises sous forme de transferts privés des travailleurs étrangers, mais aussi ivoiriens. Ces transferts privés qui étaient déjà de l'ordre de 3% en 1963, atteignent les 7% du PIB, c'est-à-dire environ 150 milliards de FCFA dès 1976.

Le gouvernement reconnait alors que l'ajustement nécessaire au rééquilibrage de la balance des paiements ne peut se faire de manière efficiente qu'à moyen terme. Il décide donc de faire appel au FMI, afin de poursuivre cette politique d'ajustement. Un accord de facilité élargie est donc signé en janvier 1981 (Duruflé, 1988) ; accord qui marque le début de l'application des politiques d'ajustement structurel des IBW en Côte d'Ivoire. Cette dernière ayant déjà perdu son « pouvoir symbolique », n'aura dorénavant que peu de poids dans les échanges linguistiques avec les IBW. En conséquence, elle se verra imposer de lourdes conditionnalités associées à cet accord et elle n'aura d'autres choix que de s'y soumettre.

Conclusion du chapitre I

Il ressort de ce premier chapitre de la thèse, que pendant la période économique de l'après-guerre jusqu'aux années 1980, de nombreux mots et concepts ont fait leur apparition dans le discours du développement. Au niveau international, il a surtout été question de guerre froide, de communisme, de capitalisme, de conjoncture, de récession, de chômage, d'inflation, de stagflation et de politique de relance. En Côte d'Ivoire, ces mots sont essentiellement axés sur la valorisation du « miracle économique ». C'est ainsi que le gouvernement ivoirien a choisi de mettre en avant des mots tels que : libéralisme, infrastructure, croissance endogène ou autocentrée, planification, et croissance.

En effet, la vision d'un capitalisme d'Etat, a permis à l'Etat ivoirien d'investir dans tous les secteurs de l'activité économique, en attendant l'émergence d'entrepreneurs privés. Toutefois, le manque d'une politique réelle, en matière d'appropriation technologique n'a pas permis à la Côte d'Ivoire de s'industrialiser. Le choix d'une industrialisation rapide sans appropriation technologique a créé un déséquilibre entre le secteur agricole et le secteur industriel. Cette situation a entrainé un coût important pour l'ensemble de l'économie, car pour bénéficier des technologies nécessaires à son développement, le pays a eu recours aux compétences étrangères (PNUD, 2004).

En conclusion de ce premier chapitre de notre travail, nous pouvons dire qu'afin de parvenir à un schéma de croissance durable, il aurait été nécessaire que le gouvernement ivoirien procède beaucoup plus tôt à un ajustement majeur de ses politiques économiques, y compris la réduction de ses investissements ou le retardement de certains projets. De plus, il aurait dû inciter à une augmentation de l'épargne dans le secteur public, comme dans le secteur privé qui est le grand absent de ce modèle économique. Par ailleurs, l'incorporation des bénéfices de la Caisse de stabilisation dans le cadre de la procédure budgétaire ordinaire et, surtout l'amélioration du contrôle des dépenses courantes de l'Etat, auraient été des mesures judicieuses pour préserver l'équilibre économique et financier du pays.

De tels ajustements auraient permis une plus grande participation du secteur privé au processus de développement économique et à une création, plus importante, d'emplois locaux lors des investissements.

Enfin, le gouvernement ivoirien aurait pu prêter plus d'attention aux petites entreprises, ainsi qu'au secteur dit informel, ce dernier créant souvent beaucoup d'emplois lorsqu'il utilise des facteurs de production correspondant aux ressources du pays. C'est en outre, un secteur qui a un dynamisme spontané et qui fait appel à des éléments d'esprit d'entreprise qui sont cruciaux pour la croissance et la modernisation d'une économie. Au lieu de cela, le gouvernement ivoirien a continué de faire de l'agriculture le moteur principal de sa croissance économique et à se tourner vers les capitaux étrangers lorsque les ressources tirées de l'agriculture se sont avérées insuffisantes.

Au final, les choix économiques de la Côte d'Ivoire combinés à une conjoncture internationale défavorable, ne lui ont pas permis de garder son « pouvoir symbolique » sur le marché du développement. Ce qui montre bien qu'un discours positif et de propagande n'est pas forcément un gage d'efficacité réelle des politiques de développement, même si dans le cas de la Côte d'Ivoire, ce discours traduisait une certaine réalité sociale. Du moins jusqu'à la fin des années 1970.

Ayant ainsi échoué à mettre en place une politique économiquement et socialement durable, la Côte d'Ivoire aborde la décennie 1980 endettée et contrainte de se soumettre à l'ajustement structurel. On peut alors se demander si le discours des Institutions de Bretton Woods, auquel se soumettra le gouvernement ivoirien, sera plus efficace dans la définition de politiques économiques adaptées aux réalités des populations d'un pays en développement comme la Côte d'Ivoire.

C'est à cette question que nous répondrons dans le second chapitre de cette première partie.

Chapitre II :

De 1980 à 1999 : Ajustement structurel et appropriation du « pouvoir symbolique » par les Institutions de Bretton Woods. Détérioration de la situation économique et évolution vers une crise sociale

> « Le langage d'autorité ne gouverne jamais qu'avec la collaboration de ceux qu'il gouverne »
> P. BOURDIEU, *Ce que parler veut dire : L'économie des échanges linguistiques, 1982, p. 113.*

Les années 1960 à 1970 correspondent à la période d'accession à l'indépendance de la plupart des pays d'Afrique subsaharienne. Elles sont marquées par un véritable effort de développement. De sorte que, pour certains pays comme la Côte d'Ivoire, on parlera même de « miracle économique ». Ce miracle lui a permis d'acquérir un certain pouvoir d'ordre symbolique dans ses échanges sur le marché du développement.

Il faut rappeler qu'avant 1970, l'économie des PED était caractérisée par cette vision de l'Etat providence, comme seule entité capable de faire des investissements sur le long terme. Il n'existait guère, dans ces pays, de bourgeoisie industrieuse ou de classe d'entrepreneurs capables d'assumer les risques d'investissements. C'est ce qui a caractérisé le libéralisme d'Etat. La Côte d'Ivoire qui présentait ces mêmes caractéristiques a choisi de suivre au début de son histoire économique ce modèle qui lui sera très bénéfique.

Mais, la disparition du système international de régulation des échanges, à travers la modification de la convertibilité du dollar, au début des années 1970, va changer la donne. A cela, s'ajoute l'inflation croissante et la hausse du prix du pétrole qui créé une situation de "surliquidité" avec l'émission de "pétrodollars". Une situation qui encourage certains PED comme la Côte d'Ivoire à contracter des emprunts auprès des banques commerciales des pays développés et, surtout, des organisations financières internationales. Comme de plus, ces prêts sont souvent accordés à des taux très inférieurs à ceux du marché, la Côte d'Ivoire tout comme d'autres pays en développement empruntera de façon excessive, au point de ne pas pouvoir rembourser sa dette dans les délais requis.

L'accroissement progressif de la dette qui en a résulté a alors provoqué une crise internationale connue sous la dénomination de « crise de la dette ». Et cette crise a pris une ampleur considérable lorsqu'en 1982, le Mexique a menacé de ne plus rembourser sa dette. De ce fait, au fur et à mesure que les pays empruntaient, ils cédaient volontairement une partie du « pouvoir symbolique » qu'ils possédaient sur le marché du développement.

De leur côté, les institutions de Bretton Woods, d'un commun accord avec ces pays créanciers ont finalement décidé de mettre en place un processus de gestion internationale de la dette. Ce qui confirme cette idée de P. Bourdieu (1982, p. 113) selon laquelle : « le langage d'autorité ne gouverne jamais qu'avec la collaboration de ceux qu'il gouverne ».

Une nouvelle politique économique de développement composée de ce qu'on a appelé des PAS est alors promue par les IBW qui regroupent la BM et le FMI. Elle se fonde sur un consensus : le « consensus de Washington », du nom de la ville où il a été institué. Il définit les principales mesures à instaurer pour réduire la dette.

C'est dans ce contexte que la Côte d'Ivoire, qui connaît sa première crise économique à la fin des années 1970, fait appel, comme de nombreux autres pays en développement, aux IBW, afin de retrouver sa croissance. Elle se soumet alors aux programmes d'ajustement structurel, cédant de ce fait, le pouvoir d'ordre « symbolique » dont elle avait disposé jusqu'alors grâce à son « miracle économique ».

Contrairement à P. Bourdieu (2001), nous pensons qu'en matière d'économie du développement, le pouvoir n'est pas seulement « symbolique », c'est-à-dire exprimant reconnaissance, sans contrainte, du pouvoir des IBW, mais il est aussi effectif car d'ordre économique, à travers l'octroi de crédits aux pays en développement, sous certaines conditions. Nous avons néanmoins, décidé de retenir ce concept de P. Bourdieu dans le cadre de notre travail, parce qu'un certain nombre de pays en développement à l'exemple de la Côte d'Ivoire, ont librement choisi de se soumettre à l'ajustement structurel.

Dans une première section, nous présenterons une analyse du changement radical qui a été opéré au début des années 1980 dans les politiques et stratégies de développement, à travers un rappel de l'historique des PAS. Ces politiques ont permis aux institutions financières internationales dont les IBW, d'imposer une forme de « pouvoir symbolique », permettant de valider en compétences économiques, sur ce que nous avons appelé le marché du développement, leurs idées et orientations de politiques (cf. section 1). Ensuite, nous montrerons dans une seconde section, les critiques dont ont fait l'objet ces nouvelles politiques à la fin des années 1980 (cf. section 2).

SECTION 1 :
Imposition du « pouvoir symbolique » des IBW sur le marché du développement

Rappel historique sur les PAS

Suite aux conséquences néfastes des deux crises pétrolières des années 1970 (1973 et 1979) sur l'économie des PED qui, comme la Côte d'Ivoire, avaient beaucoup emprunté pendant la période faste, les IBW instituent de nouvelles politiques. Celles-ci prennent la forme d'un ensemble de mesures de libéralisation des échanges et d'intégration des économies du Sud dans le marché mondial. L'objectif premier et sous-jacent étant d'obtenir le remboursement de leurs dettes. Ce sera la période des PAS qui, assortie de lourdes conditionnalités, contribuera malheureusement à accroître certaines formes de pauvretés et d'inégalités.

La Banque mondiale reconnaît elle-même fort timidement, que ces politiques d'ajustement présentent des "effets indésirables" en lançant, à partir de 1987, le projet "Dimensions Sociales de l'Ajustement".

C'est ainsi que de 1987 à 1992, il sera en permanence question dans les négociations, de la dimension sociale de l'ajustement. Cela donnera naissance à de nouveaux programmes spécifiques. Elaborés au sein de la Banque mondiale sur financement du PNUD, de la BAD et de coopérations bilatérales, ces programmes visaient à atténuer les conséquences négatives des PAS sur les populations.

Dès lors, les institutions de Bretton Woods modifient l'orientation de leurs politiques de développement en mettant en avant la lutte contre la pauvreté.

Afin de mieux appréhender cette évolution dans la conception des politiques économiques de développement et sur la base de l'appropriation d'un certain pouvoir symbolique par les IBW, il convient d'analyser en premier lieu, ce changement radical qui s'est opéré au début des années 1980 (cf. point I.), pour ensuite examiner les effets de la mise en œuvre de ces politiques en Côte d'Ivoire (cf. point II.).

I. Un changement radical dans les politiques et les stratégies de développement

À la fin des années 1970, le néolibéralisme apparaît comme la nouvelle idéologie dominante. D'abord appliqué aux Etats-Unis en réaction aux politiques d'inspiration keynésienne, il est ensuite mis en œuvre en Grande-Bretagne avec l'arrivée au pouvoir de Margaret Thatcher, avant de se propager au reste du monde et surtout dans les PED, via les politiques d'ajustement structurel.

Pour les néolibéraux, l'Etat doit se contenter d'assumer les missions régaliennes qui lui sont propres, à savoir le fonctionnement des institutions et la préservation de l'ordre public. Il ne saurait donc jouer de rôle économique particulier.

Ce courant de pensée est porté par Friedrich von Hayek qui publie en 1945 *La Route de la servitude.* Dans cet ouvrage, il soutient que toute forme de dirigisme économique porte en lui le germe de la fin de la liberté individuelle. Ainsi, pour les libéraux comme Hayek, la liberté individuelle est-elle supérieure à la solidarité. Le socialisme ne peut donc que mettre en danger cette liberté individuelle.

À partir de 1980, il devient donc quasi obligatoire pour les pays en développement de passer par les institutions financières internationales pour le financement de leur développement. Celles-ci imposent alors aux PED, la mise en œuvre de politiques néolibérales faisant référence à un nouveau dogme : « le tout marché » ou capacité du marché à s'autoréguler.

Ce modèle devient dominant et impose un certain nombre de mesures dites d'ajustement structurel à tout pays désireux d'emprunter sur le marché mondial du développement.

Il s'appuie sur le postulat que pour emprunter à nouveau, les pays doivent réduire les déséquilibres structurels qui ont été engendrés par les politiques du passé. Il est certain que les politiques keynésiennes et de relance traditionnelle ont montré leurs limites en Occident. De même, les différents modèles de développement dits « autocentrés », car basés sur des politiques de substitution aux importations, n'ont pas produit les effets escomptés dans les PED. Les partisans de ce nouveau dogme critiquent les modèles appliqués à l'issue des indépendances nationales et prétendent pouvoir apporter de meilleures solutions aux causes des déséquilibres qu'il a créés. C'est ainsi que, par exemple, les privatisations sont opposées aux nationalisations et l'ouverture aux marchés internationaux est préférée au protectionnisme. On est donc dans un contexte de retour à une nouvelle forme de libéralisme économique, qui, de plus, est persuadé que le marché peut s'autoréguler et donc revenir de lui-même à l'équilibre sans intervention extérieure.

Ce changement radical est caractéristique du nouveau paradigme dans la vision des politiques économiques de développement qui se réfère au « Consensus de Washington » (cf. point I.1.). Les stratégies qui fondent ce consensus portent sur la libéralisation de l'économie, en référence au marché et sur la réduction du rôle de l'Etat, à travers une baisse drastique des dépenses publiques (cf. point I.2.).

I.1. La primauté donnée au discours des IBW dans l'échange linguistique et économique : « le consensus de Washington »

L'expression « consensus de Washington » a été utilisée pour la première fois en 1989 par l'économiste J. Williamson (Williamson, 1990). Il qualifie ainsi les mesures de libéralisation économique proposées par les IBW qui ont leur siège dans cette ville. Williamson distingue en effet, le « *Washington politique du Congrès, et des hauts fonctionnaires de l'administration* » *et* « *le Washington technocratique des institutions financières internationales, des agences économiques du gouvernement, de la Federal Reserve Board, et des groupes de réflexion* » (Williamson, 1990).

Sous ce vocable, les pays du Nord et plus particulièrement les institutions financières internationales (IFI) désignent une série de mesures économiques qui permettraient aux PED endettés de sortir de la dette et de s'intégrer au marché mondial, source de débouchés pour leurs exportations et donc de recettes pour les équilibres budgétaires. La Côte d'Ivoire, très endettée à la fin des années 1970, n'a pas échappé à ce traitement de choc.

Toutefois, il est important de souligner que cette idée d'un consensus particulier n'a pris forme qu'à partir de l'analyse de Williamson, qui n'apparait, qu'en 1990, soit dix ans après l'application de ces politiques dans un nombre de pays (en 1981 en Afrique).

Ainsi, les IBW installent leur « pouvoir », tant linguistique qu'économique sur le marché du développement, à travers l'imposition d'un langage particulier, expression d'un système commun de perception et d'appréciation, s'appuyant sur une vision unifiée du monde social.

La BM et le FMI, initiateurs de ces politiques, adoptent dès le début des approches fort différentes pour résoudre « la crise de la dette », tout en donnant tous deux, priorité au marché.

La BM choisit de régler le problème de l'endettement des PED en mettant en place des politiques d'ajustement structurel, qui favorisent l'offre globale, pendant que le FMI opte pour des programmes de stabilisation monétaire, visant à réduire la demande globale.

L'ajustement qui regroupe un certain nombre de mesures permettant d'agir sur l'offre, s'appuie sur un modèle dualiste où le développement et le financement doivent être associés. L'objectif principal est de changer les structures de l'offre globale par des politiques de prix, de salaires et de restructuration sectorielle.

Quant à la stabilisation, il s'agit plutôt de mesures à court terme visant à contrôler la demande globale soit par l'octroi de crédits spécifiques (Facilités d'Ajustement Structurel Renforcées - FASR) soit par des dépenses publiques permettant de réguler des circuits financiers. Il s'agit donc d'une gestion de l'endettement par action sur la demande globale, avec pour objectif de stabiliser les structures d'actifs.

Sur le terrain, les experts de chacune de ces deux organisations, appliquent leurs préceptes, sans forcément se concerter.

Mais, comme le souligne P. Bourdieu (2001, p. 64) : « le recours à un langage neutralisé s'impose toutes les fois qu'il s'agit d'établir un consensus ». Par conséquent, le « Consensus de Washington » s'installe petit à petit en mettant l'accent sur la promotion de politiques strictement macroéconomiques visant une ouverture croissante des économies à la libre concurrence. La priorité est donnée à la libéralisation des échanges, aux privatisations, à la réduction des dépenses publiques considérées comme improductives. Cela se traduit notamment par la réduction des budgets de la santé et de l'éducation, la dévaluation de la monnaie, etc. Par ailleurs, il ressort de la revue de littérature que nous avons consultée, que les principes fondamentaux de ce nouveau modèle de développement s'articulent grosso modo autour de trois équilibres : la balance des paiements, la balance commerciale, et le budget de l'Etat.

Dans son ouvrage de 1990, J. Williamson, donne sa propre interprétation de ce qu'est le "consensus de Washington" en considérant "dix commandements" qui sont un mix de mesures de stabilisation et de mesures structurelles (Berr & Combarnous, 2004). Lorsqu'on examine ces "dix commandements" de près, on remarque que six mesures peuvent être classées au titre des mesures structurelles de la BM (cf. point I.1.1.), et, seulement quatre au titre de la stabilisation du FMI (cf. point I.1.2.).

I.1.1. Les six mesures structurelles de la Banque mondiale

Pour atteindre ces trois équilibres de la balance des paiements, de la balance commerciale et du budget de l'Etat, la BM recommande aux pays de suivre les six principes suivants :

- **La libéralisation**

Au départ, cette mesure avait pour but de libérer les échanges commerciaux, par la promotion des exportations. En fait, il s'agissait de supprimer les barrières tarifaires et non tarifaires (droits de douane etc.) pour donner une totale liberté de circulation aux mouvements de capitaux. Il faut toutefois souligner que l'impact de la libéralisation financière sur la croissance s'est avéré bien plus incertain que pour toutes les autres mesures. Par ailleurs, bien que Williamson ait pris le soin de préciser que la libéralisation des mouvements de capitaux ne soit pas une priorité (Williamson, 1990 et 2000), cette mesure sera largement imposée par les IFI aux PED, dans les années 1990, sans que sa mise en œuvre ne soit ni progressive, ni accompagnée d'un quelconque suivi-évaluation des résultats.

- **La compétitivité**

Afin d'attirer les investissements directs étrangers (IDE), pour financer le développement des PED, le consensus préconise l'élimination de toute barrière à ces investissements. Ce qui revient donc à supprimer toute mesure protectionniste car elle ne garantirait pas les mêmes droits aux IDE.

- **La privatisation**

Elle consiste à vendre les actifs de l'Etat détenus dans les entreprises publiques pour assainir les finances publiques et développer des entreprises privées, supposées être mieux gérées. Ces mesures officiellement adoptées par le plan Baker en 1985, visent en outre à restaurer l'équilibre budgétaire et à réduire l'investissement public, donc le poids de l'Etat. Bien qu'ayant fait l'objet d'un large consensus, Williamson considère que dans certains cas, la privatisation peut être inappropriée, surtout en matière de transports publics et de gestion de l'eau.

- **La déréglementation**

Elle vise à éliminer toutes les règles qui freinent les initiatives économiques et la libre concurrence. L'objectif étant de réduire, voire de supprimer toutes les barrières à l'entrée et à la sortie des marchés.

- **La réforme fiscale**

L'objectif de cette réforme est d'augmenter le nombre de contribuables, en élargissant l'assiette fiscale par le biais d'une généralisation de la TVA. Par ailleurs, cette mesure préconise aussi la baisse des taux d'imposition jugés trop élevés dans les PED. En effet, les fiscalistes s'accordent à penser que les bons impôts se caractérisent par des bases larges et des taux faibles. Or dans les PED, c'est bien souvent l'inverse.

- **La garantie des droits de propriété**

Ceci est une des conditions de l'Etat de droit (cf. article 17 de la Déclaration des droits de l'homme et du citoyen de 1789). Par ailleurs, selon le consensus de Washington, le renforcement des droits de propriété permettrait de promouvoir la création privée de richesses.

A ces mesures d'ordre structurel s'ajoutent d'autres mesures ayant pour but de stabiliser l'économie des PED.

I.1.2. Les quatre mesures relatives à la stabilisation

Pour le FMI, quatre mesures sont nécessaires pour que l'économie des pays en développement puisse être stabilisée et ainsi retrouver le chemin de la croissance.

- **L'austérité budgétaire**

Les déficits budgétaires trop importants étant source d'inflation, il faut imposer une discipline budgétaire aux PED en limitant les dépenses publiques, afin de revenir à l'équilibre. Williamson ajoute toutefois qu'un déficit budgétaire peut être acceptable à court terme s'il ne se traduit pas par un accroissement du poids de la dette (mesuré par le ratio dette/PNB).

- **L'action sur les dépenses publiques**

Pour Williamson, il convient de réduire les subventions afin de réorienter les dépenses publiques vers des investissements plus productifs. Il précise surtout qu'il ne s'agit pas forcément de réduire la taille des dépenses, mais de mieux dépenser.

En effet, la dépense publique dans les PED, est souvent consacrée à des projets ne visant ni la croissance, ni les missions d'intérêt général (ex. les dépenses militaires et/ou improductives, projets d'investissement surdimensionnés offrant une très faible utilité sociale, multiplication des rentes au profit d'intérêts particuliers, etc.).

- **L'adoption d'un taux de change unique et compétitif**

Il s'agit de dévaluer la monnaie (dans un régime de taux de change fixe comme cela est très souvent le cas pour les PED), ou de la laisser se déprécier (dans un régime de change flexible), afin de favoriser les exportations en les rendant plus attrayantes. Mais, l'utilisation de ce système doit être faite de façon modérée pour ne pas engendrer de pressions inflationnistes qui freineraient l'investissement.

- **La politique monétaire orthodoxe**

Cela passe par une action sur les taux d'intérêts qui doivent être en principe déterminés par le marché. Le consensus voudrait toutefois que les taux d'intérêts réels soient positifs et modérés pour attirer les capitaux internationaux qui sont nécessaires au financement du développement, sans mettre pour autant, en péril l'investissement et le remboursement de la dette publique.

Ces dix préceptes synthétisés par Williamson constituent le fondement, non officiel, de la "première génération" des PAS, celles qui se sont déroulées entre le début des années 1980 et jusqu'au milieu des années 1990.

Dans les faits, l'application concrète de ces principes va se traduire par une réduction drastique du rôle de l'Etat dans l'économie des PED. Et cela, conformément aux courants de pensée économiques qui sous-tendent ce consensus de Washington.

I.2. Les théories économiques qui fondent le consensus

Quand on considère les dix commandements du « consensus de Washington », énumérés ci-dessus, on voit bien que l'orientation des nouvelles politiques de développement est clairement imprégnée par les écoles de pensée néolibérale. Le modèle part du constat qu'il faut réduire les déséquilibres structurels créés par le modèle précédent influencé par le keynésianisme. Le but est alors de s'attaquer aux causes de ces déséquilibres, c'est à dire aux préceptes sur lesquels se fondait le modèle précédent, dit des indépendances nationales. C'est ainsi que, les privatisations sont préférées aux nationalisations, l'ouverture au marché remplace le protectionnisme, et le marché se substitue à la planification.

En effet, pour les IBW, il s'agit surtout de proclamer la suprématie du marché (cf. point I.2.2.) dans le processus d'allocation des ressources, et de favoriser les échanges privés (considérés comme seuls créateurs de richesses) en supprimant toute intervention de l'Etat (Berr, 2003).

Dans les faits, cette politique est portée par deux courants de pensée qui vont se développer au sein des IBW et fonder leur discours (cf. point I.2.1.).

I.2.1. Les courants de pensée développés au sein des IBW

Rappelons que les années 1970 sont marquées au niveau mondial, par un essoufflement de la croissance qualifiée des « Trente glorieuses » et par une montée de l'inflation.

Pour faire face à cette situation, les gouvernements de l'époque ont adopté soit des « politiques de relance », soit des « politiques d'austérité ». C'est ce qu'on appellera le « stop and go », et qui de fait, sera bien souvent une alternance entre les deux modèles économiques. Mais à partir des années 1980, seule la politique du « stop » va prévaloir, ce qui constitue un changement radical dans la pensée économique. Dès cette période, les politiques keynésiennes n'ont plus lieu d'être et les critiques les plus virulentes à leur encontre viennent des deux courants de pensées qui sont alors développés au sein des IBW.

La référence à la théorie néoclassique qui ressurgit sous forme néolibérale est menée par les monétaristes dont le principal représentant est Milton Friedman (école de Chicago). Ce courant de pensée s'est développé dans les années 1950. Il prône le contrôle rigoureux de la masse monétaire en circulation afin d'atteindre un certain équilibre, dans le but d'éviter l'inflation, la hausse des taux d'intérêt, et surtout pour garder une masse de monnaie équivalente au volume de production. Selon Friedman, il existe un taux de chômage naturel fixe, qui ne nuit pas à l'économie. Les politiques monétaires n'ont donc aucune incidence sur le taux de chômage.

Ils contestent d'abord la courbe de Philips concernant l'arbitrage de l'Etat entre inflation et chômage. Ensuite, ils dénoncent l'inefficacité de l'intervention publique, ainsi que de la politique économique à long terme, et prônent la nécessité d'un retour au libre jeu du marché. Friedman et ses amis affirment ainsi, qu'il est possible d'éviter les politiques de relance et de rigueur, car le contrôle de la masse monétaire permet de réguler la croissance économique et, par la même occasion, la hausse des taux d'intérêts ou l'inflation.

D'un autre côté, il y a aussi le courant des « anticipations rationnelles »[1] développé par Robert Lucas et qui fait référence aux comportements des agents face aux différentes incitations étatiques. Cette théorie avait connu un premier développement avec Friedman, sous le nom « d'anticipations adaptatives ».

Les « anticipations adaptatives » de Friedman supposaient une adaptation progressive des agents, en fonction de la variation des prix et des salaires. Mais Lucas va plus loin. Pour lui, les agents sont totalement rationnels dans leurs comportements. Ils disposent d'une capacité illimitée de traitement des informations et cette capacité leur assure un comportement rationnel qui permet d'annuler l'incertitude dans le futur. Au regard de la théorie des « anticipations rationnelles », la mise en œuvre de politiques économiques perd de son intérêt car les agents anticipent instantanément les variations de prix et de salaires liées à une politique économique donnée. Les effets de cette dernière s'annulent donc automatiquement. Cette hypothèse du comportement rationnel des agents renforce ainsi celle de l'inefficacité des politiques économiques, puisque les agents sont parfaitement capables d'anticiper telle ou telle mesure que l'Etat pourrait prendre, les rendant ainsi totalement inefficaces.

La différence entre les monétaristes et la nouvelle économie classique des « anticipations rationnelles », c'est que pour les monétaristes il y a toujours une possibilité d'action de l'Etat par le biais de la politique monétaire. Ce qu'ils contestent, c'est le rôle central de la politique budgétaire. Ils préfèrent une action sur l'économie par le biais du taux d'intérêt. Si bien que pour la nouvelle économie classique des « anticipations rationnelles », c'est la totalité des interventions de politique économique qui est jugée inefficace. Ils récusent ainsi toute intervention de l'Etat, que celle-ci soit monétaire ou budgétaire.

Ces deux théories se rejoignent donc sur un point : celui de la contestation du rôle de l'Etat.

Ces théories vont fonder le cadre macroéconomique et le discours sur les ajustements structurels qui seront mis en œuvre dans les PED par les IBW.

---

[1]La théorie des anticipations rationnelles a été développée en économie dans les années 1960, et plus particulièrement en macroéconomie. Bien que le principe d'un comportement rationnel des agents économiques soit plus ancien ; il est introduit en ce qui concerne les anticipations des agents par John Muth en 1961 et sera par la suite surtout développé par Robert E. Lucas. Ceci constitue le principe fondateur de la Nouvelle économie classique. En 1995, Lucas reçoit le « prix Nobel » d'économie pour ses travaux.

I.2.2. Le moins d'État ou le tout marché dans les PAS

La plupart des PED comme la Côte d'Ivoire, abordent les années 1980 endettés avec une balance des paiements déséquilibrée. Dès lors, l'objectif des IBW est d'assainir les économies de ces PED, afin de permettre le remboursement de leurs dettes à travers une meilleure intégration au marché mondial. Cette intégration n'est possible que grâce à l'exploitation de leurs « avantages comparatifs » qui permet de développer des activités exportatrices génératrices de revenus. Les pays en difficulté économique comme la Côte d'Ivoire n'ont guère d'autres choix pour obtenir les crédits souhaités que de se soumettre aux conditions des IBW, mettant d'une certaine manière, leur économie sous tutelle.

Les IBW partent du principe de base que pour retrouver l'équilibre au trois niveaux de déficits (public, budgétaire et financier), il ne faut surtout pas que l'Etat intervienne dans l'économie car il est à l'origine de ces déséquilibres. En effet, conformément à la nouvelle approche des IBW, le marché est à même de s'équilibrer automatiquement si aucune interférence (sous-entendue de l'Etat) ne vient perturber ce processus. La régularisation de l'économie par le marché devient ainsi une condition du développement. Quant à l'Etat, il doit se cantonner à ses fonctions régaliennes (justice, police, défense nationale…)[2]. Le principe du moins d'Etat devient alors l'élément central des PAS, surtout que pour la théorie néolibérale, si le marché ne fonctionne pas parfaitement, c'est bien à cause de l'intervention de l'Etat.

Ainsi, cette vision des politiques économiques va totalement à l'encontre de ce qui prévalait dans la période précédente où le rôle de l'Etat était privilégié. En effet, avant les années 1970, on partait de l'idée que les marchés étaient imparfaits, surtout dans les pays en développement et qu'il était donc nécessaire de corriger ces imperfections par des interventions de l'Etat. Cette intervention se devait d'orienter l'activité économique vers le développement des PED. C'est d'ailleurs ce qui se retrouve dans certaines stratégies de développement telles que l'industrialisation par substitution aux importations adoptées par de nombreux pays, notamment la Côte d'Ivoire. L'Etat se devait donc toujours de coordonner l'activité des agents économiques. Quant à l'effort

---

[2]La fonction du pouvoir régalien désigne les pouvoirs exclusifs du seigneur que personne d'autre n'a le droit d'exercer sur son territoire. En économie, les fonctions régaliennes désignent des tâches que l'État ne doit pas ou ne peut pas déléguer à des sociétés privées. La liste des droits ou fonctions régaliennes dépend du système politique et de l'opinion de chacun.

d'investissement, il devait s'effectuer sur plusieurs secteurs d'activités appelés à converger pour corriger le marché et favoriser le développement. C'est ce qu'on a appelé la théorie du « *big push* » ou de la « croissance équilibrée » (Rosenstein-Rodan, 1943)[3].

Les années 1980 marquent donc un tournant important dans l'application des théories économiques de développement, car on y assiste à un renversement historique de la situation et à un changement radical du discours. Désormais, on met l'accent sur les imperfections de l'Etat et non plus sur celles du marché. L'Etat n'est plus le coordonnateur, mais devient l'obstacle principal au développement.

De manière concrète, les programmes correspondants, sous forme de PAS, encouragent la privatisation des entreprises publiques, les entreprises privées étant supposées être mieux gérées et donc plus rentables. Malheureusement, ces PAS sont mis en œuvre sans prendre en considération leurs effets négatifs en matière de transports publics, d'accès à l'électricité, à l'eau, pour ne citer que quelques-uns des services sociaux de base. Dans les faits, la déréglementation du marché, avec la suppression des barrières à l'entrée et à la sortie des produits, aggrave les problèmes des PED en favorisant excessivement l'ouverture économique de ces pays face à la concurrence internationale. Si bien que, les entreprises multinationales peuvent inonder le marché des PED avec des produits subventionnés dont les prix sont très bas. Le fait que les pays développés vendent ainsi leur production sur le marché mondial à un prix inférieur à leur coût de production, crée un sérieux déséquilibre dans les échanges avec les pays en développement. Connue sous le nom de « dumping social», cette façon de procéder viole délibérément les règles de l'Organisation Mondiale du Commerce (OMC).

Cette situation défavorable dans les termes de l'échange, rend les pays en développement à économie agricole comme la Côte d'Ivoire plus vulnérables, face aux fluctuations des cours mondiaux.

Ainsi, cette option retenue et encouragée du tout libéral susceptible de permettre un retour à l'équilibre sera par la suite très critiquée, en raison de ses effets néfastes sur l'économie des PED.

Il nous faut maintenant étudier dans la partie suivante, les effets de ces politiques préconisées par les Institutions de Bretton Woods, l'ajustement

[3] Il est connu pour sa théorie de la croissance équilibrée (également développée par R. Nurkse) et s'oppose, sur ce point, à A. O. Hirschman qui est partisan d'une croissance déséquilibrée.

structurel de 1981 à 1993, sur l'économie et la société ivoirienne en général.

II. Les effets de la mise en œuvre des PAS sur la société ivoirienne

La première partie de notre chapitre a montré que les programmes mis en œuvre à partir des années 1980 par la Banque mondiale et le FMI, regroupent les conditions posées par ces deux organismes, au rééchelonnement de la dette des pays en développement. Ainsi, pour obtenir le rétablissement des balances commerciales et financières intérieures et extérieures de ces pays, ces deux institutions financières, préconisent-elles le plus souvent une réforme de l'Etat ainsi que des mesures structurelles. Ces réformes structurelles portant sur la privatisation des sociétés d'Etat, la libre circulation des capitaux, la réduction des quotas et tarifs douaniers, le renforcement de la concurrence et une instauration plus affirmée des droits de propriété. On a beaucoup reproché aux PAS une vision bien trop rigoureuse de la conditionnalité. Et ceci nous conduit à nous demander si les IBW n'ont pas en quelque sorte abusé de ce nouveau « pouvoir d'ordre symbolique » que leur conféraient leurs échanges avec les PED sur le marché du développement.

Dans les faits, nous verrons avec le cas de la Côte d'Ivoire que même s'il y a de gros montants de prêts, cela n'a, en réalité, conduit qu'à très peu d'ajustements en raison de la lourdeur excessive de ces conditionnalités.

II.1. De 1981 à 1993 : la Côte d'Ivoire sous ajustement structurel

Au début des années 1980, afin de réduire l'endettement des pays en difficultés comme la Côte d'Ivoire, les IBW orientent leurs actions autour de la recherche de trois équilibres fondamentaux : la balance des paiements, la balance commerciale, et le budget de l'Etat. C'est toutefois, l'action sur la balance des paiements qui sera la plus déterminante, car c'est de son déséquilibre que nait l'insolvabilité de ces pays. Mais les choix économiques effectués par les IBW pour atteindre cet équilibre vont se révéler beaucoup moins efficaces qu'initialement prévu.

Pour la Côte d'Ivoire, les 12 années d'ajustement qu'elle a subi ne lui ont pas permis de connaître un retour à la croissance, bien au contraire. En effet, en dehors d'une légère amélioration de son environnement économique entre 1985 et 1986, la situation continuera à se détériorer, aboutissant à de nombreux mouvements sociaux au cours des années 1990. Ainsi, de 1981 à 1993, le PIB de la Côte d'Ivoire sous ajustement n'a t-il cessé de décroitre (au taux moyen de -0,1%), sauf entre 1985 et 1986 où il est redevenu positif et a atteint un taux moyen de +1,6%. Mais avec le PAS de 1990-1993, il est redevenu négatif avec un taux moyen de -0,5% (Koffi, 2008). Par conséquent, l'ajustement structurel n'a pas permis à la Côte d'Ivoire de retrouver sa réputation de « miracle économique » et par la même occasion, tout son « pouvoir symbolique » pour négocier à travers les échanges linguistiques et économiques sur le marché du développement.

Il nous paraît donc nécessaire d'examiner dans les détails les conséquences de ces politiques d'ajustement en Côte d'Ivoire.

II.1.1. Les différents programmes d'ajustement appliqués à la Côte d'Ivoire

Il faut rappeler que la situation macroéconomique de la Côte d'Ivoire était au plus mal au début de l'année 1981. Selon D. Cogneau et S. Mesplé-Somps (1999), le déficit courant a atteint 16,7% du PIB et le déficit budgétaire global était alors de 12,1%. Quant à la dette publique, elle a connu une augmentation régulière pour atteindre 56% du PIB cette même année.

Le dos au mur, le gouvernement ivoirien signe en janvier 1981 un premier programme avec le FMI pour une durée de trois ans (de 1981 à 1983). Il s'agit en fait, plus d'un programme de stabilisation monétaire que d'ajustement structurel, l'objectif principal étant d'assainir les finances publiques ivoiriennes. Pour cela, l'accent est mis sur la pression fiscale accompagnée d'une restructuration des sociétés d'Etat devenues de véritables gouffres financiers. Le programme prévoit une très grande réduction des investissements publics et une politique monétaire plus restrictive.

La Côte d'Ivoire en tant que bonne élève, procède à l'application rigoureuse de toutes ces mesures.

Ainsi, en est-il de la réduction des dépenses publiques ; la Côte d'Ivoire diminuant de façon drastique ses dépenses en personnel et en matériel afin de respecter ses engagements auprès des IBW. Elle gèle notamment les salaires nominaux et restreint la politique d'embauche dans la fonction publique. Dans les faits, on ne recrute plus les jeunes diplômés de façon systématique dans la fonction publique. Ce qui contribue aussi à la création de chômeurs, même si le pays a mis l'accent sur la formation afin de pouvoir procéder à une ivoirisation des postes[4].

Dans le même temps, on augmente le prix de certains des services publics, ainsi que le montant des taxes indirectes (Taxe sur la valeur ajoutée – TVA).

C'est au niveau des dépenses d'investissement public que les efforts fournis par l'Etat ivoirien sont les plus visibles avec une diminution de plus de 9,4 points, ce qui baisse le montant à 6,2% du PIB entre 1981 et 1983.

Les sociétés d'Etat connaissent aussi de fortes restructurations. Le gouvernement en privatise quatre ; onze sont placées sous surveillance de l'Etat et dix d'entre elles sont tout simplement démantelées.

Mais toutes ces mesures se sont avérées inefficaces ou insuffisantes pour redresser les comptes publics et rétablir l'équilibre budgétaire recherché.

Un second programme d'austérité est adopté en 1984 pour une durée de trois ans, de 1984 à 1986. Il met en place un certain nombre de restrictions budgétaires, bien plus sévères, tout en veillant à poursuivre les mêmes objectifs que le premier programme, à savoir :

- La poursuite de la restructuration des entreprises publiques, de la diminution des dépenses publiques d'investissement et du gel des emplois publics ;
- La mise en place d'une politique industrielle ;
- La réduction des subventions ;
- L'alignement des salaires des entreprises sur ceux de la fonction publique ;
- L'augmentation de plusieurs des taxes déjà existantes comme, par exemple
- les droits de douanes.

La Côte d'Ivoire en bonne élève et n'ayant guère d'autres choix possibles, continuera d'appliquer consciencieusement ce second plan comme, elle s'en était engagée auprès des IBW.

Elle procèdera ainsi à d'importantes réductions des dépenses publiques, particulièrement en matière de dépenses d'investissement. Celles-ci passent de 9,5 % du PIB en 1980 à 2,8% en 1985 (Ministère de l'économie et des finances, 1987).

[4] Politique préconisée quelques années plutôt par la Banque mondiale (The World Bank, 1977).

Par ailleurs, un ensemble de mesures sera mis en œuvre concernant l'amélioration de la gestion des finances publiques et l'accroissement de l'efficacité du secteur parapublic. En matière de fiscalité, on limitera la tendance à la baisse des recettes fiscales en francs constants. En ce qui concerne les entreprises publiques, les principales mesures porteront sur leur contrôle financier et sur l'amélioration de leur fonctionnement par le biais d'une certaine autonomie de gestion. On procèdera aussi à la privatisation des activités dont le caractère public ne se justifie plus et à la cessation de celles qui s'avèrent non rentables.

A côté de ces mesures qui se rapportent au domaine d'intervention direct de l'Etat, s'ajoute un contrôle plus rigoureux des conditions d'octroi des crédits, sources d'endettement pour le pays.

En réduisant le rôle moteur de l'Etat et donc l'importance de la masse salariale de la fonction publique, et l'action d'entraînement économique que procurent les investissements publics, toutes ces mesures auront un impact fortement dépressif sur l'environnement économique. Le revenu et la consommation des ménages diminuent fortement et la demande de crédits ordinaires par le secteur privé ralenti également (Ministère de l'économie et des finances, 1987).

Cependant, cette politique d'austérité apporte des résultats visibles en 1985 et 1986 où le déficit global de l'ensemble du secteur public (avant amortissement de la dette) se réduit pour atteindre 3,8% du PIB en 1985, au lieu des 12,2% de 1980. On assiste aussi à un quasi retour à l'équilibre de la balance des paiements qui passe de 17,1% du PIB en 1980 à 0,2% en 1985 (Ministère de l'économie et des finances, 1987).

Au vu de ces résultats, on peut dire qu'a priori, ce second accord d'ajustement a permis au gouvernement ivoirien d'atteindre les objectifs fixés par les IBW, du moins au niveau macroéconomique. Des objectifs qui visaient essentiellement au rééquilibrage des finances de l'Etat. Toutefois, il ne faut pas perdre de vue que ces résultats n'ont été possibles qu'au prix de trois facteurs contraignants : la stagnation du PIB, la diminution de la consommation des ménages et, surtout, celle des dépenses d'investissements publics. Il faut aussi noter que le secteur le plus touché pendant cette période d'austérité a été celui du bâtiment et des travaux publics, car dépendant des investissements publics. Or, il s'avère que c'est l'un des secteurs qui embauchait le plus, puisque l'emploi dans ce secteur est tombé de 15% en 1980 à 3,5% en 1985 (Roe, Schneider, Pyatt, Organisation for Economic Co-operation and Development, & Development Centre, 1992).

Cette amélioration du cadre macroéconomique doit cependant être nuancée par le fait qu'une récolte exceptionnelle de cacao a eu lieu entre 1984 et 1986, accompagnée d'une embellie du cours des matières premières sur le marché international. Cette conjoncture, favorable au niveau mondial, a aussi contribué à ce que la Côte d'Ivoire renoue avec la croissance en termes réels.

Cependant, la hausse des cours mondiaux concernant les matières premières et notamment le cacao et le café a été finalement de courte durée, si bien que la Côte d'Ivoire s'est trouvée en fin 1986, dans l'obligation d'adopter un nouveau programme d'ajustement structurel, le troisième depuis 1981.

Cette situation montre la dépendance de la Côte d'Ivoire vis-à-vis de l'agriculture d'exportation qui reste néanmoins, plus que jamais, le moteur de sa croissance.

Ce retournement de situation met aussi en évidence, l'inefficacité des PAS à créer à eux seuls une croissance qui soit durable.

Dans le cas de la Côte d'Ivoire, il apparait, conformément à ce qui précède, que ce sont les cours des matières premières agricoles au niveau mondial qui font et défont la croissance économique, bien plus que les politiques économiques mises en œuvre. Que celles-ci soient d'orientation libérale, keynésienne ou autre.

Par conséquent, nous sommes en droit de nous demander quel a été l'apport réel des PAS pour la Côte d'Ivoire ? Ont-ils, oui ou non, atteint leurs objectifs ou, au contraire, ont-ils contribué à la détérioration des déséquilibres existants et conduit le pays à la crise sociale qu'elle connaît depuis les années 1990 ?

Une chose est certaine, c'est que pour la majorité de nos interviewés, les PAS n'ont pas atteint les objectifs macroéconomiques qu'ils s'étaient fixés. Toutefois, est-ce pour autant que nous devons penser qu'ils sont responsables de la crise sociale et ensuite politico-militaire que la Côte d'Ivoire a connue ? C'est une question à laquelle nous allons essayer de fournir des éléments de réponse à partir des informations dont nous disposons.

II.1.2. Relation entre l'application des PAS et la détérioration du climat social

Les résultats des entretiens que nous avons effectués montrent que les avis des différents acteurs de la société ivoirienne sont assez divergents sur cette question. En effet, certaines des personnes interrogées estiment que les PAS sont à l'origine de l'augmentation de la pauvreté, alors que d'autres pensent au contraire qu'ils ont atteint leurs objectifs en permettant le rééquilibrage des finances publiques. Un rééquilibrage sans lequel, selon eux, la situation serait pire. A défaut de disposer d'une étude sur les conséquences réelles des PAS sur la société ivoirienne, nous allons nous attacher aux faits et aux chiffres macroéconomiques qui ont marqué les 12 années d'ajustement structurel en Côte d'Ivoire.

Au niveau macroéconomique, nous pouvons dire, conformément aux chiffres, que les déséquilibres existants n'ont fait que s'aggraver pendant toute cette période. La situation aurait-elle pu être pire sans les PAS ? Rien ne nous permet de l'affirmer.

En ce qui concerne la situation sociale et les conditions de vie des ivoiriens, nous pouvons déduire au vu des différents mouvements de contestation qui sont apparus à partir de l'année 1990, que l'ajustement a contribué à leur détérioration.

- **Aggravation des déséquilibres macroéconomiques existants**

Au milieu des années 1980, suite à l'application des deux premiers PAS, on constate que la situation économique, et surtout sociale, de la Côte d'Ivoire n'a pas vraiment évoluée, pire elle s'est aggravée. En effet, l'encours de la dette passe de 32,4% du PIB (697,5 milliards de FCFA) en 1980 à 46,2% du PIB soit 1444,8 milliards de FCFA en 1985 (Koffi, 2008).

L'Etat ivoirien en ressort très affaibli, sans aucun « pouvoir symbolique », ni économique, ni linguistique. Le secteur privé pourtant considéré comme plus efficace, n'arrive pas non plus à prendre le relais, même si beaucoup d'entreprises nationales telles que l'EECI (Société d'électricité de Côte d'Ivoire) et la SODECI (Société de distribution d'eau de Côte d'Ivoire) ont été privatisées. Il n'est plus question de « miracle », mais plutôt de « conjoncture ». En effet, pour arriver à faire comprendre aux ivoiriens les difficultés économiques que traversait le pays, Houphouët-Boigny utilise le mot « conjoncture », pris de façon négative, dans la plupart de ses interventions télévisées et demande au peuple ivoirien d'accepter les sacrifices que cela implique. Dès lors, ce mot entrera dans le jargon populaire. Il est même fortement galvaudé en devenant en quelque sorte un « mot refuge » pour le peuple ivoirien qui se l'approprie en le réinterprétant à sa manière. Ainsi, on dira fréquemment : « je suis dans la conjoncture » pour signaler qu'on rencontre des difficultés financières.

On assiste, par exemple, à l'arrivée sur le marché ivoirien de nouveaux formats de bières appelés « bières conjoncture », à cause de leur taille réduite et de leur coût inférieur à celui des bières de format standard. Ces « bières conjoncture », ou bières de crise, sont ainsi destinées à des consommateurs ayant un plus faible pouvoir d'achat.

Les PAS ont surtout imposé une réduction des dépenses publiques, notamment celles relatives à la fonction publique. Ce qui a conduit à une réduction de la masse salariale et des effectifs. Cette situation a été parfaitement illustrée par le vocabulaire ivoirien qui à l'époque parlait de « déflaté »[5] de la fonction publique ; le mot "déflaté" définissant les agents de la fonction publique et du secteur parapublic, notamment les non titulaires (ou vacataires) qui ont été licenciés selon la politique officielle de réduction des effectifs de l'Etat liée aux restrictions budgétaires drastiques imposées par les PAS.

Or, la Côte d'Ivoire dans les années 1980, recrutait une majorité de ces jeunes diplômés pour la fonction publique et pour les entreprises d'Etat. Le fait que cette situation change a eu pour conséquence un accroissement du chômage et l'avènement d'un nouveau phénomène : la pauvreté, avec ses différentes manifestations telles que l'apparition des enfants de la rue, la mendicité aux abords des routes, notamment aux carrefours routiers, et le développement de bidonvilles, avec des baraquements communément appelés « sicobois »[6].

En 1985, le ratio de pauvreté au niveau national est alors estimé à 10% (Ministère de la Planification du développement, 2002). Mais à partir de cette date, ce ratio ne cessera d'augmenter. Ce phénomène est amplifié en Côte d'Ivoire, par la présence de cercles de solidarité, notamment, au sein de la notion de famille élargie[7], qui sont très forts. Ainsi, tout chef de famille qui dispose d'un salaire est le support financier de nombreuses personnes. Si bien que, lorsque ce dernier perd son emploi, par effet de ricochet, ce sont plusieurs personnes qui se retrouvent aussi en difficultés financières et sont susceptibles de tomber sous le seuil de pauvreté.

---

[5] De façon générale, la déflation en économie désigne une période de ralentissement de l'activité et d'augmentation du chômage, avec le risque d'instauration d'un cercle vicieux de déflation (spirale déflationniste).

[6] Du fait que les maisons de ces bidonvilles étaient construites en bois et non en brique comme l'étaient les maisons sociales de la Société ivoirienne de construction et de gestion immobilière (SICOGI).

[7] La famille élargie va au-delà de la famille dite nucléaire et englobe en plus du couple et des enfants, les frères et sœurs, ainsi que les neveux et nièces etc.

Il résulte de ceci que les PAS et le discours qu'ils promeuvent n'a, à aucun moment, pris en compte les réalités profondes d'une Afrique qui, dans les années 1980, avait surtout besoin de création d'emplois, d'amélioration des structures de santé et d'éducation, plus que de la recherche d'un équilibre structurel purement macroéconomique.

A l'issue de l'application rigoureuse des deux premiers PAS, et face à la dégradation continue des finances publiques et des conditions sociales, le gouvernement ivoirien décida en 1987, d'arrêter de payer les intérêts de sa dette et de suspendre la mise en œuvre du troisième PAS prévu pour 1987-1989. Ceci marque le début d'un bras de fer avec les IBW qui durera jusqu'en avril 1989. Pendant cette période, la Côte d'Ivoire, forte de sa position de leader sur le marché mondial, en matière de production de cacao, refusa de le vendre en stockant la récolte, espérant ainsi faire remonter les cours mondiaux.

Mais, cette stratégie isolée de pression sur les cours visant à la reprise du contrôle du pouvoir symbolique, se soldera par un échec, les prix du cacao ne remontant pas, car les acheteurs se sont tournés vers d'autres pays producteurs comme le Ghana (pays voisin) ou la Malaisie et l'Indonésie en Asie. Le rapport de force entre les IBW et l'Etat ivoirien a donc tourné à l'avantage des premiers.

En 1989, la Côte d'Ivoire se retrouve alors avec des stocks de cacao par centaine de tonnes, obligée de payer le prix convenu aux producteurs, afin de permettre aux paysans de vivre. Ceci contribuera à accroître le déficit budgétaire, conduisant à l'asphyxie financière. Elle se voit alors dans l'obligation de renouer le dialogue avec les IBW en avril 1989, et de rembourser 40 millions de dollars à la Banque mondiale, tout en acceptant de baisser, pour la première fois depuis 25 ans, le prix aux producteurs, de 450 à 250 FCFA. Un accord est finalement signé avec le FMI, avec à la clé, un rééchelonnement de la dette publique (Cogneau & Mesplé-Somps, 1999).

Cette situation économique catastrophique, avec de nouvelles mesures d'austérité imposées par ce troisième PAS, sont très mal accueillies par la population ivoirienne qui commence à manifester son mécontentement face à la dégradation de ses conditions de vie, à l'augmentation du chômage et à de nouvelles mesures de restrictions des salaires. Les tentatives du président Houphouët-Boigny pour calmer les esprits et prôner la paix par le dialogue n'y changeront rien. Cette « conjoncture » n'a que trop duré et les Ivoiriens ne veulent plus d'efforts supplémentaires.

C'est dans un tel contexte socioéconomique tendu que la Côte d'Ivoire aborde l'année 1990 qui constituera l'un des tournants décisifs de son histoire.

- **Année 1990 : premières grèves, manifestations sociales et troubles en milieu étudiant**

La Côte d'Ivoire aborde l'année 1990, avec de graves difficultés économiques, suite à ses décisions pour faire pression sur les cours du cacao. En ce début 1990, la crise économique n'épargne donc aucun secteur d'activité et toute l'économie fonctionne au ralenti. Le rôle de l'Etat est réduit au strict minimum, conformément à l'approche des PAS. Or, ni l'épargne privée (quasi-inexistante), ni le secteur privé ne sont en mesure de suppléer l'Etat pour financer l'investissement, et aussi soutenir la croissance. Quant aux conditions de vie des ménages, elles ne sont plus ce qu'elles étaient et le « panier de la ménagère s'avère de plus en plus vide » (Journal Fraternité Matin, 1990).

Malgré la reprise du dialogue avec les IBW en avril 1989, la mise en œuvre de politiques d'austérité conformes au troisième PAS, notamment à travers la réduction des salaires, entraîne des agitations sociales et politiques. Pour la première fois, on assiste à des manifestations de rue. Les étudiants et les syndicats de travailleurs des secteurs publics et privés organisent des marches en opposition aux mesures de diminution des salaires et pour revendiquer de meilleures conditions sociales. Ces formes de résistance expriment le caractère impopulaire de ces mesures et les limites des politiques d'ajustement.

Aux mois de mars et d'avril 1990, le mouvement de revendication entre dans une phase de durcissement. L'école devient alors le théâtre des évènements avec des milliers de jeunes qui descendent dans la rue, guidés par la Fédération estudiantine et scolaire de Côte d'Ivoire (FESCI)[8] et le Syndicat national de l'enseignement supérieur et de la recherche scientifique (SYNARES).

Lors de ces revendications populaires, la FESCI s'affirme comme l'alliée des partis politiques de l'opposition tels que le FPI de Laurent Gbagbo, le Parti ivoirien des travailleurs (PIT) de Francis Wodié, et l'Union des sociaux-démocrates de Bernard Zadi, pour ne citer que les

[8] L'Assemblée constitutive de la FESCI s'est tenue le 21 avril 1990 à l'église Sainte-famille de Cocody Riviera. Deux ans plus tard, il remplacera le mouvement des étudiants et élèves de Côte d'Ivoire (MEECI) crée en 1968 et qui était considéré comme une section du PDCI-RDA (Rassemblement Démocratique Africain), parti unique qui lui apportait le soutien institutionnel de l'Etat.

trois principaux partis. En effet, selon Y. Konaté (Konaté, 2003), sur les quarante partis officiellement reconnus en 1990, une trentaine est dirigée par des enseignants, les quatre partis les plus engagés étant la création de professeurs militants au sein du SYNARES. Ceci montre le rôle majeur de ce syndicat dans le courant des contestations.

La crise économique et sociale se transforme très vite en crise politique, influencée par la vision démocratique qui soufflait alors sur le monde, suite à la chute du mur de Berlin en novembre 1989.

La Côte d'Ivoire subit à nouveau les effets d'éléments exogènes, à savoir la fin de la guerre froide et l'arrêt de la division du monde entre deux idéologies politiques. De plus, lors du sommet franco-africain de juin 1990, le président français, François Mitterrand, prononça son « discours de la Baule » où il exhortait les pays à parti unique, comme la Côte d'Ivoire, à s'ouvrir à la « démocratie » et, surtout, au « multipartisme » (Hofnung, 2011). Deux concepts qui dès lors s'imposeront en Côte d'Ivoire.

En effet, renforcés par cette dynamique démocratique internationale, la FESCI et le SYNARES se sont engagés dans une lutte démocratique, en réclamant l'instauration du multipartisme.

On assiste alors à des confrontations de plus en plus violentes entre les manifestants et les forces de l'ordre. Les jeunes manifestants s'adonnent à des casses et l'école devient paralysée par les mots d'ordre et l'action des militants de la FESCI. Les manifestants scandent dans les rues des slogans comme « Houphouët voleur » ou « démissionne ». Pour la première fois de l'histoire économique et politique de la Côte d'Ivoire indépendante, le « pouvoir symbolique » du gouvernement est mis à mal jusqu'au niveau du marché interne du développement.

Face à ce désordre général, le gouvernement se retrouve contraint de fermer les établissements scolaires. Toutefois, pour éviter une année blanche, les portes de l'école seront de nouveau ouvertes en septembre 1990, après cinq mois de fermeture.

Ainsi, le président Houphouët-Boigny, longtemps opposé au multipartisme qu'il jugeait inadapté à la culture de dialogue ivoirienne, se voit-il finalement dans l'obligation de l'accepter, et sous l'action directe de la rue.

- **La persistance de la crise politique malgré le passage au multipartisme**

Ces mouvements sociaux, nés de la contestation des effets impopulaires des PAS, marquent comme le dit si bien K. S. Kouassi (2014) : « le début d'une longue période de tension sociale ».

En raison de l'acceptation du multipartisme par le président Houphouët-Boigny en avril 1990, les premières élections multipartites sont organisées en Côte d'Ivoire le 28 octobre 1990. Laurent Gbagbo, leader du FPI, et aussi principal leader de l'opposition, en ressort avec 18% des suffrages, contre 82% pour Houphouët-Boigny. Le FPI remporte ainsi 9 sièges au Parlement contre 163 pour le PDCI (McGovern, 2011). Toutefois, cette ouverture à la démocratie et la nomination, pour la première fois dans l'histoire politique de la Côte d'Ivoire, d'un premier ministre le 7 novembre 1990, en la personne d'Alassane Dramane Ouattara ne contribuent pas pour autant à apaiser les tensions sociales.

De 1990 à 1993, la FESCI et le SYNARES associés au FPI de Laurent Gbagbo vont ainsi s'opposer systématiquement au pouvoir en place et au gouvernement Ouattara, et ce, en conservant une logique de violence. Dans ce climat de tension, un détachement militaire fait en mai 1991, une descente sanglante dans la cité universitaire de Yopougon (quartier populaire d'Abidjan), sous la conduite du Chef d'état-major, le Général Gueï[9]. Une commission d'enquête est alors créée, qui le désignera comme responsable de cette action (Hofnung, 2011). Il ne sera cependant pas puni, mais éloigné quelques temps de Côte d'Ivoire.

Au mois de juin de cette même année, la situation s'aggrave, lorsque les étudiants commencent à se battre entre eux ; des confrontations qui conduiront malheureusement, à la mort d'un étudiant Thierry Zébié, membre de la FESCI, le 16 juin 1991. Accusé de pactiser avec le pouvoir en place, il est tué à coup de pierres par une foule d'étudiants à la cité Mermoz de Cocody (Konaté, 2003), et ce meurtre marque le début de violences meurtrières entre étudiants qui iront jusqu'à des attaques à la machette sur les campus quelques années plus tard.

Suite à cet évènement tragique, la FESCI est dissoute le 21 juin 1991 et huit de ses membres dont son secrétaire général sont arrêtés et emprisonnés. Elle rentre dès lors dans la clandestinité et devient un mouvement illicite.

---

[9] Le Général Gueï deviendra par la suite le troisième président de la Côte d'Ivoire, suite au coup d'Etat du 24 décembre 1999.

Malgré cette interdiction, la situation dégénère à nouveau le 18 février 1992. Suite à un appel de Laurent Gbagbo, plusieurs partis d'opposition descendent dans les rues d'Abidjan pour une marche qui constituera le point final de ces manifestations. Réprimée par l'armée, elle se termine dans la violence. Cette marche marque aussi le début de l'application de la loi anticasseurs, votée au début de l'année 1992. Sur la base de cette loi, plusieurs leaders de l'opposition, dont Laurent Gbagbo et son épouse Simone Gbagbo, sont arrêtés et emprisonnés. Condamnés à deux ans de prison, ils seront finalement graciés et libérés au bout de 6 mois.

En définitive, au vu de ces évènements malheureux qui ont marqué le passage de la Côte d'Ivoire au multipartisme, nous sommes en droit de nous demander si le président Houphouët-Boigny n'avait pas raison de dire que le peuple ivoirien n'était pas prêt pour la démocratie. N'aurait-il pas été plus judicieux de procéder à un passage en douceur au processus démocratique ? D'autant plus qu'un premier pas dans ce sens avait déjà été franchi par le président Houphouët-Boigny en 1980. Année où ont eu lieu les premières élections législatives et municipales au suffrage universel direct[10].

L'année 1992 est aussi celle où le président Houphouët-Boigny, vieillissant et malade est de plus en plus absent de la Côte d'Ivoire. C'est donc son premier ministre Alassane Ouattara qui dirige le gouvernement et les affaires du pays. Le 7 décembre 1993, les ivoiriens apprennent le décès de celui que tout le monde appelait communément « le vieux ».

Le président de l'Assemblée Nationale, Henri Konan Bédié devient alors conformément à l'article 11 de la constitution, le nouveau président de la Côte d'Ivoire. Cet article très important de la constitution ivoirienne, plusieurs fois[11] amendé depuis l'Indépendance stipule en effet, qu'en cas de vacance du pouvoir, c'est le président de l'Assemblée Nationale qui assure l'intérim jusqu'à l'organisation d'élections présidentielles. Son arrivée au pouvoir marque aussi le début de nouveaux rapports dans les échanges linguistiques et économiques de la Côte d'Ivoire avec les Institutions de Bretton Woods.

Au niveau économique, à la fin de l'année 1993, les problèmes de la Côte d'Ivoire demeurent toujours aussi présents malgré les nombreuses réformes entreprises. Le taux de pauvreté, qui était de 10% en 1985, a

---

[10] Les députés et maires étant auparavant désignés par le chef de l'Etat.

[11] L'article 11 de la constitution ivoirienne a été amendé pour la 5ième fois de l'Histoire de la Côte d'Ivoire par le projet de loi n° 90-1529 du 7 novembre 1990. Les autres amendements ont eu lieu en 1975, 1980, 1985 et 1986.

atteint les 32%. Il faut trouver les moyens pour que le pays reprenne un nouveau souffle au niveau économique. Le président Houphouët-Boigny ayant toujours été opposé à la dévaluation du FCFA, sa disparition fournit l'occasion aux IBW d'imposer au gouvernement ivoirien l'ultime mesure qui devait lui permettre d'être plus compétitive au niveau mondial, à savoir l'ajustement monétaire avec la dévaluation du FCFA. Et ce, malgré le fort climat de tensions politiques et sociales qui régnait à ce moment-là.

II.2. 1994 : la dévaluation du franc CFA ou le passage à l'ajustement monétaire

Dévaluer une monnaie signifie diminuer sa valeur par rapport à un étalon de référence et aux monnaies étrangères. Cette définition montre que la dévaluation n'est pas a priori qu'une mesure positive. Elle peut être la conséquence de difficultés économiques et est alors subie par les Etats et non voulue. En fait, la dévaluation est une mesure de politique économique prise par les autorités monétaires et qui consiste à modifier la parité de la monnaie nationale en diminuant sa valeur relative.

A l'issue de toute dévaluation, le pays concerné est obligé de procéder à une restructuration profonde de son économie, car la dévaluation n'apporte pas de remèdes structurels aux difficultés économiques qui perdurent, il faut que d'autres mesures spécifiques soient prises pour les contenir.

Ainsi, en Côte d'Ivoire, les difficultés économiques proviennent non seulement de la conjoncture internationale qui peut être défavorable, mais surtout du montant des dépenses publiques qui est beaucoup trop élevé par rapport aux rentrées d'argent, en raison de la diminution des recettes tirées de la vente des produits d'exportation, due à la baisse de leurs cours au niveau mondial. Il fallait que l'Etat ivoirien emprunte pour continuer à financer ses investissements, si bien qu'à la fin des années 1970 il s'est retrouvé très endetté, rendant de nouveaux emprunts difficiles. Ce problème ne disparait pas avec une dévaluation. Ceci explique la durée des politiques de rigueur imposées par les institutions internationales. Sans une action forte pour résoudre le problème en amont, la dévaluation peut n'avoir aucun effet.

Or, la dévaluation du franc CFA a souvent été présentée par les IBW, comme le moyen de relancer l'économie des pays de la zone franc, notamment la Côte d'Ivoire, en les rendant plus compétitifs. Mais la dévaluation pouvait-elle vraiment engendrer un rebond des exportations ivoiriennes, capable de relancer économiquement la Côte d'Ivoire ? Pour essayer de répondre à cette question, il nous a semblé indispensable d'examiner les effets de la dévaluation de 1994 sur l'économie ivoirienne.

II.2.1. Une amélioration passagère du climat économique de 1995 à 1998

Le 12 janvier 1994, le FCFA subit une dévaluation imposée par les Institutions de Bretton Woods. Cette dévaluation nominale du FCFA réduit sa valeur à 50% par rapport au Franc Français.

Dès lors, la Côte d'Ivoire, comme tous les pays membres de la zone Franc, est entrée dans une phase d'ajustement monétaire, qui complète celle des PAS qualifiés d'ajustement réel. Ce changement dans la parité de la monnaie se traduit dans un premier temps, par une nouvelle période de croissance pour le pays.

Comme nous venons de le voir, la dévaluation ne permet de rétablir les équilibres macroéconomiques, intérieurs et extérieurs, que si elle est combinée à des mesures d'austérité complémentaires. Un premier accord est donc signé en 1994, sous la dénomination de Facilité d'ajustement structurel renforcée (FASR).

Afin de respecter ces nouvelles mesures d'ajustement, le gouvernement augmente le contrôle de ses dépenses et de ses recettes, limitant d'un côté la hausse des salaires, et en améliorant le recouvrement des recettes de l'autre (Cogneau & Mesplé-Somps, 1999). Ces mesures accompagnées de la taxation des exportations agricoles et de l'augmentation modérée des prix aux producteurs durant les deux premières années qui suivent la dévaluation, permettent d'obtenir « des résultats rapides et spectaculaires » en termes budgétaires. Ainsi, par exemple, le taux du déficit global passe de 13,5% du PIB en 1993 à 6,8% en 1995, puis à 2,1% en 1996 (Cogneau & Mesplé-Somps, 1999).

Le processus de privatisation reprend en 1994 et permet la privatisation partielle ou totale d'une trentaine d'entreprises. Le gouvernement procède aussi à la suppression de nombreuses barrières tarifaires.

Toutes ces mesures permettent le rétablissement des comptes publics, et surtout, le retour de l'aide publique au développement dont le rapport au Produit national brut (PNB) passe de 8% en 1990 à 23% en 1994 et à 13% en 1995 (Cogneau & Mesplé-Somps, 1999).

Ainsi, le changement de parité de la monnaie a permis à la Côte d'Ivoire de retrouver un dynamisme interne et externe. Au niveau interne, la reprise des activités est fondée sur deux facteurs principaux :

— La relance des investissements, particulièrement des investissements publics, dans le cadre de ce que le président Bédié a appelé les « 12 travaux de l'éléphant d'Afrique ». Ces investissements concernaient essentiellement la réalisation de projets d'infrastructures à l'image de ceux des années « du miracle ivoirien ». Toutefois, cette fois-ci, ces projets sont concédés au secteur privé sous les formes de « *Build own operate* » (BOO) ou de « *Build own transfer* » (BOT). Ce qui signifie que, la réalisation de ces projets est confiée à des opérateurs privés qui ont le droit de les exploiter pour une certaine durée de 15 à 30 ans, sous la forme de concession, avant de les rétrocéder à l'Etat ivoirien. Ces douze travaux concernent :

- ➢ La rénovation de l'aéroport Félix Houphouët-Boigny d'Abidjan, chantier confié à Aéria pour décembre 1999 ;
- ➢ La construction de la centrale thermique d'Azito ;
- ➢ La construction du troisième pont d'Abidjan, ou pont de Marcory[12], dont le financement devait être finalisé pour le mois de décembre 1999 ;
- ➢ La construction du pont à péage du Sud Banco ;
- ➢ La prolongation de l'autoroute du Nord jusqu'à Yamoussokro (financement également bouclé pour décembre 1999) ;
- ➢ La construction de l'autoroute de Grand-Bassam ;
- ➢ La construction et la mise en circulation d'un train urbain à Abidjan ;
- ➢ La construction d'un parc d'expositions ;
- ➢ L'établissement d'une gare routière à Abidjan ;
- ➢ La rénovation de l'abattoir de Port Bouët ;
- ➢ La construction d'un stade olympique ;
- ➢ La construction du pont de Jacqueville.

A ces 12 travaux, il faut aussi ajouter le projet d'extension du port autonome d'Abidjan, et la construction d'un palais de la culture.

Tous ces grands travaux permettent, certes de dynamiser le secteur des bâtiments et travaux publics (Koffi, 2008), mais ils n'ont pas permis pour autant, à la Côte d'Ivoire de retrouver son « pouvoir symbolique initial »

[12] Ce pont dont la construction a été achevée par le président Alassane Ouattara s'appelle aujourd'hui le pont Henri Konan Bédié en hommage à son initiateur.

dans ses échanges linguistiques et économiques avec les IBW sur le marché du développement.

— Le second facteur de reprise des activités économiques vient du rôle moteur des exportations dont les cours ont connu, parallèlement, une hausse au niveau mondial. Selon P. K. Koffi (2008), les exportations de produits primaires sont passées de 24% du PIB à 40% entre 1993 et 1998, enregistrant ainsi une progression de 16% sur les 4 années qui ont suivi la dévaluation.

Ainsi, quatre ans après la dévaluation, tous ces éléments conjoncturels se sont avérés être favorables, permettant à la Côte d'Ivoire d'obtenir une forte progression de son activité économique et de retrouver son niveau de compétitivité. La croissance du PIB s'établit à 2,1% en 1994 contre -0,4% en 1993 ; elle va se poursuivre, et même s'accélérer pour atteindre les 6,5% en moyenne entre 1995 et 1998 (INS - Ministère du Plan et du Développement, 2008). Cependant, elle n'arrivera pas à avoir l'effet de ruissèlement espéré sur la population qui aurait permis de résoudre les problèmes sociaux engendrés par les premiers PAS.

En début d'année 1999, on constate que malgré les améliorations enregistrées sur cinq ans, la dévaluation n'a pas réussi à redresser de manière durable l'économie ivoirienne. L'état des finances publiques se détériore à nouveau, en lien avec une baisse du cours des matières premières. Une fois de plus, l'économie ivoirienne montre sa vulnérabilité vis-à-vis de facteurs exogènes. Mais surtout, la crise sociopolitique sous-jacente reprend le dessus et se cristallise violemment.

II.2.2. Un contexte politique et social difficile malgré l'amélioration des équilibres économiques

Les revendications politiques et sociales ne prennent malheureusement pas fin avec la disparition du président Houphouët-Boigny et l'arrivée au pouvoir du président Bédié. Bien au contraire, la situation s'aggrave sur le plan politique en raison de l'enracinement des troubles estudiantins et de la nouvelle détérioration des relations entre le gouvernement et les institutions financières internationales.

- **L'enracinement des troubles estudiantins sur fond de revendications politiques et sociales**

Comme, le montre si bien le PNUD dans son rapport sur la cohésion sociale en Côte d'Ivoire de 2004, la crise ivoirienne est aussi une crise de l'école. Ce qui est a priori assez paradoxal puisque l'école a toujours bénéficié d'un effort budgétaire important. Depuis le début des années

1970, la Côte d'Ivoire a consacré au moins 40% de son budget au secteur de l'éducation et de la formation en général. Alors comment la Côte d'Ivoire a-t-elle pu arriver à une telle situation ?

En fait, l'application des PAS n'a malheureusement pas été bénéfique au secteur de l'éducation, car c'est bien là un des domaines où il y a eu une importante réduction de budget. Ainsi, par exemple, lors de la rentrée 1991-1992, les frais d'inscription et de transport ont été désormais mis à la charge des parents d'élèves, au même titre que d'autres frais de scolarités. Or, ces derniers voyaient aussi leur pouvoir d'achat se réduire, avec la baisse des salaires et les licenciements imposés par les PAS. La précarité et la pauvreté sont dès lors devenues un frein à l'éducation.

En définitive, après 10 années de politiques d'ajustement structurel, l'école ivoirienne rime pour beaucoup avec les risques de chômage, les frustrations, inadaptations, revendications et, surtout, la violence. Elle pouvait être alors, selon M. Etty (2011), facilement récupérée par des politiques qui vont en faire un instrument de combat politique pour la conquête du pouvoir et ceci commence à apparaître dès 1990.

En 1991, à la suite de la dissolution de la FESCI et après le décès du président Houphouët-Boigny, les mouvements de revendication dans la rue se sont atténués jusqu'en 1995, date à laquelle Soro Guillaume succède à Blé Guirao en tant que Secrétaire général de la FESCI. Pour Y. Konaté (2003), cette arrivée à la tête de l'organisation estudiantine est marquée par des « opérations coups de points ». La FESCI se politise encore plus et devient le bras armé de l'opposition, notamment du FPI. Elle va ainsi combattre le pouvoir du président Bédié de 1997 jusqu'au coup d'Etat de 1999, avec le soutien du FPI et du RDR, unis dans un même front républicain. Le remplacement de Soro Guillaume par Charles Blé Goudé à la tête du mouvement en 1998 ne changera rien. En effet, Charles Blé Goudé va à son tour, mener une lutte sans merci contre le pouvoir en place, toujours avec le soutien du FPI. C'est d'ailleurs sous le règne de Blé Goudé que l'Université ivoirienne connaît sa première année blanche en 1999, pour cause de violences. La même année, Blé Goudé est arrêté et déféré à la maison d'arrêt et de correction d'Abidjan, connue sous le nom de la « Maca ». Il sera relaxé tout comme le fut son prédécesseur Soro Guillaume quelques années plus tôt.

Ainsi, de 1995 à 1999, la FESCI devient en quelque sorte, une véritable milice radicalisée, faisant régner la terreur sur le campus universitaire, avec des slogans tel que : « cabri mort n'a pas peur de couteau » ce qui signifie qu'il n'y a plus rien à perdre et qu'on n'a peur de rien.

Les revendications de ces « enfants gâtés » du système (PNUD, 2004) vont au-delà de la défense de leurs privilèges et deviennent de plus en plus politiques. A tel point que, comme le souligne M. Etty (2011), la FESCI prendra une « part active dans la crise politico-militaire » qui verra le jour quelques années plus tard et débouchera sur le régime de la refondation.

C'est dans ce contexte de crise et de revendications politico-sociales que les IBW interrompent leurs relations avec le gouvernement ivoirien.

- **Détérioration des relations entre la Côte d'Ivoire et les bailleurs de fonds au début de l'année 1999**

En février 1998, un second accord FASR est signé, pour la période couvrant 1998 à 2000. Ce second programme a toujours pour objectif de rétablir les équilibres budgétaires qui commencent à se détériorer à nouveau. Mais contrairement à celui de 1994, le nouveau FASR met l'accent sur l'augmentation des dépenses en direction de secteurs sociaux comme l'éducation et la santé, compte tenu des effets dévastateurs des précédents PAS sur ces secteurs. Il encourage toujours les réformes structurelles et introduit, pour la première fois, la notion de « bonne gouvernance ». Avec cet accord FASR, il est prévu que la Côte d'Ivoire reçoive un prêt de 384 millions de dollars sur trois ans. Dès la signature, une première tranche de 167 millions de dollars est versée ; la deuxième tranche devant être décaissée pour février 1999. Mais, au début février 1999, le FMI relève de nombreuses irrégularités dans les finances publiques ivoiriennes, mettant en doute le tableau des opérations financières de l'Etat (TOFE) pour l'année 1998. Il soupçonne l'Etat ivoirien d'avoir effectué d'importantes dépenses hors budget, qualifiées de dépenses non ordonnancées (DENO). Le FMI dénonce également le retard pris dans le programme de privatisation et un phénomène de fraude fiscale. Il décide donc de suspendre la seconde tranche de décaissements.

Par ailleurs, il s'avère que les inquiétudes du FMI sur la fraude fiscale seront confirmées par l'affaire des 18 milliards de l'Union Européenne. Un audit effectué par l'Union Européenne en avril-mai 1999, montre qu'une partie des fonds d'appui à l'ajustement structurel versée à la Côte d'Ivoire, en matière de santé avait été détournée. Pour l'Union Européenne, ce détournement n'a été possible que grâce à la surfacturation, ou à une facturation de biens et services non délivrés. Elle cite en exemple certains centres de santé où il manquait de l'eau, de l'électricité etc., alors qu'ils sont supposés avoir été équipés. De plus, d'autres irrégularités telles que la passation de marchés sans appels d'offre sont aussi mis en exergue. Au final, l'Union Européenne chiffre le préjudice à 18 milliards de FCFA, soit 38% des fonds qu'elle a alloués. Elle suspend alors le versement de sa dernière tranche d'appui au programme d'ajustement structurel.

Après plusieurs mois d'enquête, le ministre de la santé est limogé en août 1999 et la Côte d'Ivoire s'engage à rembourser la somme de 18 milliards de FCFA, au plus tard au mois de janvier 2000.

Cependant, ces interruptions dans les flux financiers à l'attention de la Côte d'Ivoire, met à mal les finances publiques, si bien que le gouvernement reconnait la nécessité de conserver des relations de confiance avec les bailleurs de fonds internationaux. D'autant que la signature du programme FASR de février 1998 conditionne le plan d'allègement de la dette ivoirienne, prévu au titre de l'initiative des pays pauvres et très endettés (IPPTE). Reconnue éligible à l'IPPTE au mois de mars 1998, la Côte d'Ivoire devait atteindre les objectifs d'ajustement macroéconomique fixés par le FASR, pour avoir droit à la réduction de sa dette dont le service représente à elle seul 40% des recettes de l'Etat et 35% de ses dépenses en 1999.

Aussi, les relations entre la Côte d'Ivoire et les IBW reprennent-elles au troisième trimestre 1999. Mais, le déboursement de la dernière tranche du FASR sera encore interrompu par le coup d'Etat du 24 décembre de la même année.

Conclusion partielle

L'analyse que nous venons d'effectuer ci-dessus montre que les politiques d'austérité budgétaire imposées par les IBW, se sont surtout traduites en Côte d'Ivoire, par une réduction des dépenses sociales en matière d'éducation, de santé, de logement et d'infrastructures[13]. La dimension sociale du développement a été reléguée au second plan. C'est ce qui explique que la majorité des personnes que nous avons interrogées parlent d'un bilan mitigé, voire d'un échec, en ce qui concerne la mise en œuvre de ces politiques.

Pour certains auteurs comme M. F. Jarret et F. R. Mahieu (2002), les PAS ont été inefficaces, puisque les déséquilibres macroéconomiques qu'ils devaient corriger se sont plutôt aggravés. Les mesures censées réduire le déficit public (privatisation, fermeture d'entreprises publiques,

---

[13] E. Berr et F. Combarnous, l'impact du consensus de Washington sur les pays en développement: une évaluation empirique, 2004.

gel des recrutements et des salaires dans la fonction publique), ont été appliquées au détriment du social. Si bien que sur le plan social, les résultats seront catastrophiques. Le manque de bases de données dont nous avons fait état dans notre introduction générale, ne nous permet pas d'évaluer correctement les conséquences sociales des politiques d'ajustement structurel. Toutefois, selon le GIDIS-CI et l'ORSTOM (1992) en ce qui concerne la santé, un rapport de la Banque mondiale de 1988 mentionne que la part de la santé dans le budget général de fonctionnement de l'Etat ivoirien était de l'ordre de 10% en 1970 puis de 8 à 9% entre 1974 et 1978. Même si cette baisse a été amorcée avant l'application des PAS, le remède s'avère en définitive, plus toxique que le mal, puisque ce pourcentage passera à 7,5% dans la première moitié des années 1980 (ce qui correspond à l'application du premier PAS en Côte d'Ivoire), pour atteindre seulement 7% de 1985 à 1988.

Les nombreuses manifestations sociales et estudiantines qui ont eu lieu en Côte d'Ivoire, peuvent être considérées comme la conséquence de ces politiques d'austérité qui ont nui à la stabilité du pays, en affaiblissant le pouvoir étatique.

Sur le plan macroéconomique, le déficit public se situe autour de 11,7% en 1990, c'est-à-dire presqu'au même niveau de ce qu'il était en 1980 (PNUD, 2004). Les exportations sont passées de 45% du PIB en 1985 à 32% en 1990. Quant aux intérêts de la dette, ils sont passés de 3,2% du PIB en 1980 à 8,3% dès 1983 et ils ne cesseront de s'accroitre, au point d'atteindre la moitié du service de la dette en 1990 (PNUD, 2004). Pour l'ensemble de la dette publique, le poids total atteint environ 140% du PIB en 1990 (Koffi, 2008)). Toujours selon P. K. Koffi, la croissance globale du PIB qui était en moyenne en dessous de 1% (- 0,1%) entre 1981 et 1993 a connu toutefois une petite amélioration en 1985 et 1986 (+ 1,6%).

Par conséquent, on peut se demander si en imposant toutes ces mesures à la Côte d'Ivoire, les IBW n'ont pas d'une certaine façon abusé de leur « pouvoir symbolique », qu'elles auraient acquis, car au final, près de vingt années n'ont pas permis l'établissement d'une croissance économique durable. On a observé plutôt un accroissement de la pauvreté ainsi qu'une augmentation de la dette et de son encours. Le pays ne dispose plus d'aucun « pouvoir d'ordre symbolique » sur le marché du développement et les IBW ont acquis un contrôle total sur l'économie ivoirienne en bénéficiant d'un rapport de force qui leur était favorable.

Cependant, les mauvais résultats engendrés par ces interventions susciteront de nombreuses critiques à l'égard des PAS, particulièrement concernant leurs conséquences sociales.

SECTION 2 :
Dénonciation des conséquences de l'ajustement et changement de « paradigme économique »

De nombreux économistes considèrent aujourd'hui que le séquençage des réformes importe énormément et que le point n°4 du consensus à savoir la déréglementation, doit en principe venir en dernier, après que l'Etat ait constitué une épargne nationale forte et renforcé les institutions de contrôle. De plus, le point n°3, concernant les privatisations, a posé problème, non pas sur le fond mais dans la façon de procéder. En effet, comme nous l'avons précédemment souligné, de nombreuses entreprises ont été bradées ou démantelées dans un climat peu transparent. Au total, l'enthousiasme initial est largement retombé et le "consensus de Washington" apparaît aujourd'hui comme daté. L'économiste J. Stiglitz[14], ancien économiste en chef de la Banque mondiale, établit dans le livre très critique (Stiglitz, 2003) un sombre bilan des politiques imposées par le "consensus de Washington". Il souligne notamment que : « *dans tous les pays où elles ont été appliquées, le développement a été lent, et, là où il y a eu croissance, ses bénéfices n'ont pas été également partagés ; les crises ont été mal gérées. [...] Ceux qui ont suivi les prescriptions et subi l'austérité se demandent : quand en verrons-nous les fruits ?* » (Stiglitz, 2003).

Mais d'autres économistes, comme K. Rogoff (ancien économistes chef du FMI), ont aussi fortement critiqué les positions de J. Stiglitz. Pour K. Rogoff, le problème de fond des PED et des pays émergents demeure la "mal gouvernance" (volet institutionnel) et la conduite de politiques économiques inadaptées (volet macroéconomique). Ce ne sont donc pas les conseils des organisations internationales, par ailleurs peu appliqués, qui sont en cause dans les crises financières et les retards du développement que connaissent certains pays. Ceux qui ont adopté tout ou partie des « dix commandements » listés plus haut ont, selon lui,

---

[14] J. Stiglitz est un économiste américain né le 9 février 1943. Il a reçu en 2001 le « prix Nobel » d'économie, pour un travail en commun avec George Akerlof et Michael Spence.

enregistré de bonnes performances et une certaine stabilité (Taiwan, Chili…), alors qu'on ne connaît pas d'exemple de « miracle économique » réalisé à partir de politiques économiques aux antipodes de ces 10 principes (Rogoff, 2002)[15].

Or, comme nous l'avons souligné dans la section 1 de ce chapitre, l'application des PAS en Côte d'Ivoire a contribué à aggraver les déséquilibres existants et leurs effets sociaux ont été catastrophiques. De plus, il s'avère que ce résultat a aussi été constaté dans d'autres pays sous ajustement structurel, surtout parmi les pays d'Afrique subsaharienne. Ce constat abonde donc plutôt dans le sens des critiques formulées par Stiglitz. En effet, jusque dans les années 1990, le développement était essentiellement conçu comme étant uniquement économique. Mais, l'économie ne peut être séparée du social, d'où le passage de l'idée d'un développement économique à celle d'un développement qui soit aussi social. Ce qui nous fait penser que ces politiques de stabilisation macro-économique et d'ajustement structurel (PAS) n'avaient finalement pour but que de permettre aux pays pauvres de rembourser leur dette, et non pas de mettre en place une économie de marché saine et capable d'engendrer de la croissance.

C'est à partir de 1998 qu'il est apparu évident que le « consensus de Washington » soulevait bien plus de problèmes qu'il n'en réglait. Il s'est alors dégagé une sorte de « post-consensus » autour du rôle central que doivent jouer les institutions. Dans son rapport annuel de 1997, la Banque mondiale elle-même assouplit sa position en affirmant que la "bonne gouvernance" est indispensable au bon fonctionnement du marché.

Mais ce changement dans la réflexion des IBW ne s'est fait qu'à la suite d'un long processus.

En effet, suite aux critiques sur les conséquences sociales négatives des PAS, de nouvelles démarches sont apparues, avec pour objectif majeur d'aider les PED à élaborer et à mettre en œuvre leurs propres stratégies de développement. L'effet recherché étant à priori, plus d'efficacité dans les actions et plus particulièrement, en ce qui concerne la réduction de la pauvreté et de certaines inégalités.

C'est ainsi que depuis la fin des années 1990, l'ensemble des bailleurs de fonds mobilisent des moyens humains et financiers considérables pour mettre en œuvre une nouvelle initiative et en assurer le succès. Par

---

[15] Lettre ouverte, par K. Rogoff, Conseiller économique et directeur de la recherche, Fonds monétaire international à P. Stiglitz, auteur de *La Grande désillusion.*

conséquent, les programmes d'aide des différentes institutions financières internationales ont été modifiés et rebaptisés pour inclure explicitement la lutte contre la pauvreté parmi leurs objectifs.

Nous allons donc examiner dans une première partie, tout le processus qui a conduit au changement dans la conception du développement par les IBW que nous avons appelé la période de transition (cf. point I.). La deuxième partie, sera quant à elle consacrée au mode d'élaboration et de mise en œuvre de ces nouvelles politiques des IBW, afin de mettre en exergue leurs différences avec les PAS (cf. point II.).

I. La période de transition

C'est en 1972, que la Banque mondiale à travers le discours de son président McNamara[16], a mis l'accent sur la lutte contre la pauvreté comme la finalité de ses politiques économiques. Mais, la pauvreté demeurera toujours en toile de fond de son approche, même avec la vision néolibérale économique qui va, par la suite s'exprimer à travers le "consensus de Washington".

Pour la Banque mondiale, être un pays pauvre signifie être insuffisamment développé. Autrement dit, c'est seulement le développement qui permet de remédier à la pauvreté. Pour arriver à ce constat, le développement se mesure en termes de croissance du revenu par habitant. Les pauvres sont alors définis comme des personnes ne disposant pas de plus de deux dollars par jour et les pays sont qualifiés de pauvres lorsque leur revenu par habitant est inférieur à cent dollars par an. Mais il a fallu du temps aux IBW pour mettre effectivement la pauvreté au centre de leurs préoccupations. En effet, c'est seulement après les premiers constats d'échecs des PAS que des critiques vont s'élever contre

---

[16] Robert S. McNamara, 1972. Discours prononcé devant la conférence des Nations Unies sur l'environnement. Dans ce discours, il déclare en substance ce qui suit : « *Quand les privilégiés sont peu nombreux et les désespérément pauvres très nombreux, et quand la brèche entre les deux groupes s'élargit au lieu de rétrécir, il reste bien peu de temps avant de devoir choisir entre les coûts politiques d'une réforme et les coûts politiques d'une rébellion. Pour cette raison, l'application de politiques spécifiquement destinées à réduire la misère des 40% les plus pauvres de la population des pays en voie de développement est à conseiller non seulement au nom d'un principe mais aussi au nom de la prudence. La justice sociale n'est pas un simple impératif moral, c'est aussi un impératif politique. Montrer de l'indifférence face à cette frustration sociale revient à exacerber celle-ci.* ». Robert S. McNamara a été président de la Banque mondiale de 1968 à 1981.

la vision des IBW en matière de politiques économiques de développement et les conduire à une réflexion plus explicite et plus poussée sur les questions liées à la pauvreté (cf. point I.1.). Ainsi, depuis une quinzaine d'années, il semble qu'il y ait un abandon, du moins en apparence des PAS, en faveur des nouvelles stratégies de réduction de la pauvreté (cf. point I.2.).

I.1. De l'ajustement macroéconomique à la lutte contre la pauvreté

Cette évolution s'est faite de manière progressive. Pour les IBW, tout commence en en 1986 lorsque la Banque mondiale fait sa première évaluation des effets de la première génération des PAS sur les performances économiques des PED. Bien que cette étude n'ait pas permis de formuler de conclusion définitive sur l'efficacité de ces programmes, elle va toutefois, constituer un déclencheur pour des critiques plus poussées qui vont conduire à un changement de paradigme en matière de politiques économiques de développement.

En effet, c'est suite à cette évaluation, que l'UNICEF va établir son rapport sur les conséquences sociales de l'ajustement intitulé « l'ajustement à visage humain » (cf. point I.1.1.).

Dans la même période, le développement macroéconomique n'est plus la seule préoccupation des institutions internationales. C'est ainsi qu'en 1990, le Programme des Nations-unies pour le développement (PNUD) met en place son Indice de développement humain (IDH) (cf. point I.1.2.).

I.1.1. L'ajustement à visage humain et la création de la Dimension Sociale de l'Ajustement

A la fin des années 1980, les conséquences sociales des politiques d'ajustement dans les pays d'Afrique subsahariennes sont telles que l'UNICEF va s'intéresser à ces politiques de la Banque mondiale et du FMI. Dans ce contexte il publie en 1987 un rapport intitulé : « L'ajustement à visage humain ». C'est un titre qui signifie bien que les politiques d'ajustement de première génération, ont négligé le côté humain. C'est d'ailleurs ce qui transparait de l'analyse que nous avons effectué sur la Côte d'Ivoire sous ajustement, dans la section 1 de ce chapitre. En effet, l'analyse textuelle des différents PAS appliqués en Côte d'Ivoire de 1981 à 1986, montre clairement le caractère macroéconomique de ces mesures. C'est ce qui ressort des trois figures suivantes qui représentent le nuage des fréquences de mots représentant le corpus de chacun des trois textes d'ajustement qui ont été produits et appliqués durant cette période.

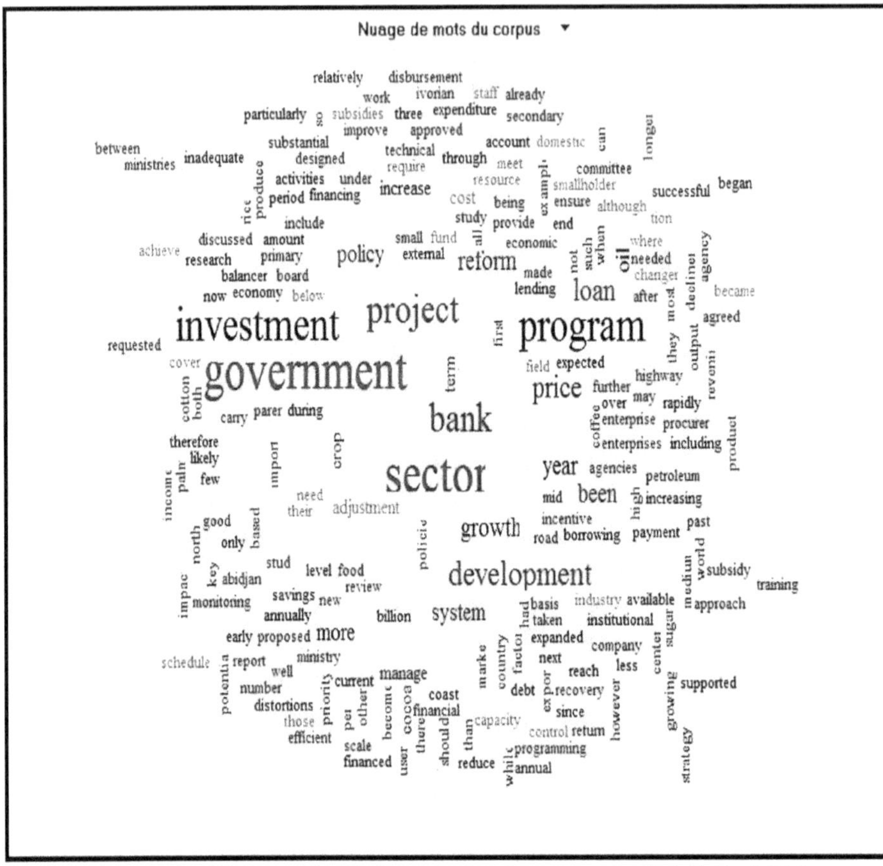

Figure 1 : Nuage des fréquences de mots du PAS de 1981

Source : auteur.

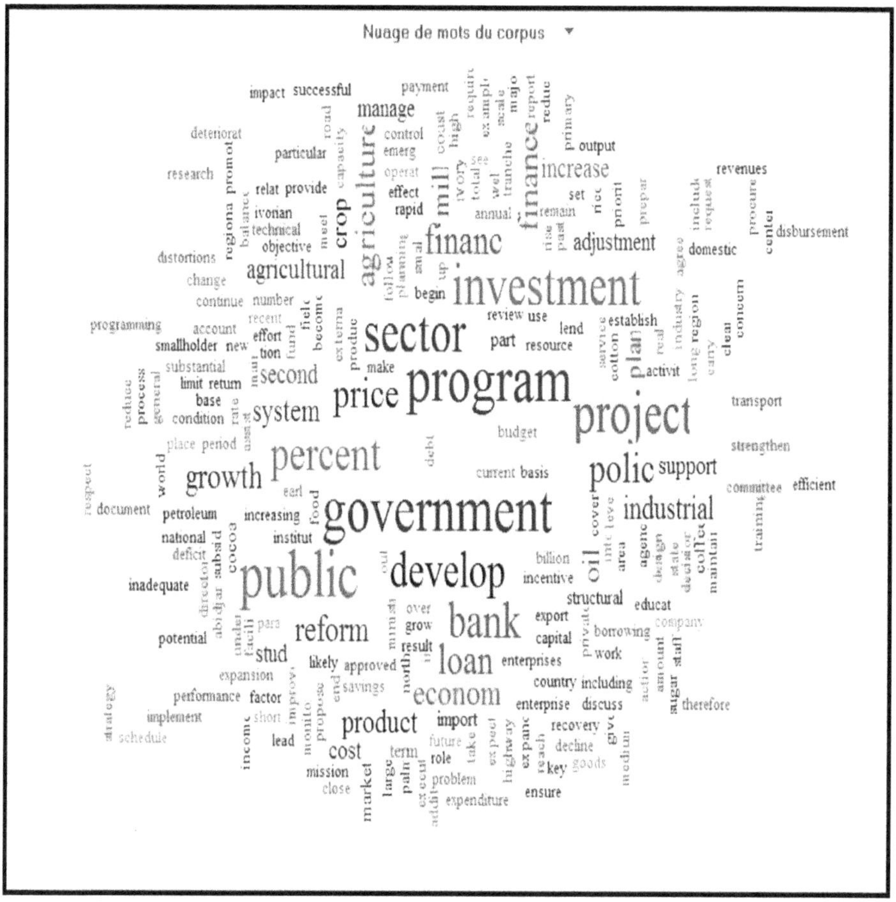

Figure 2 : Nuage des fréquences de mots du PAS de 1983

Source : auteur.

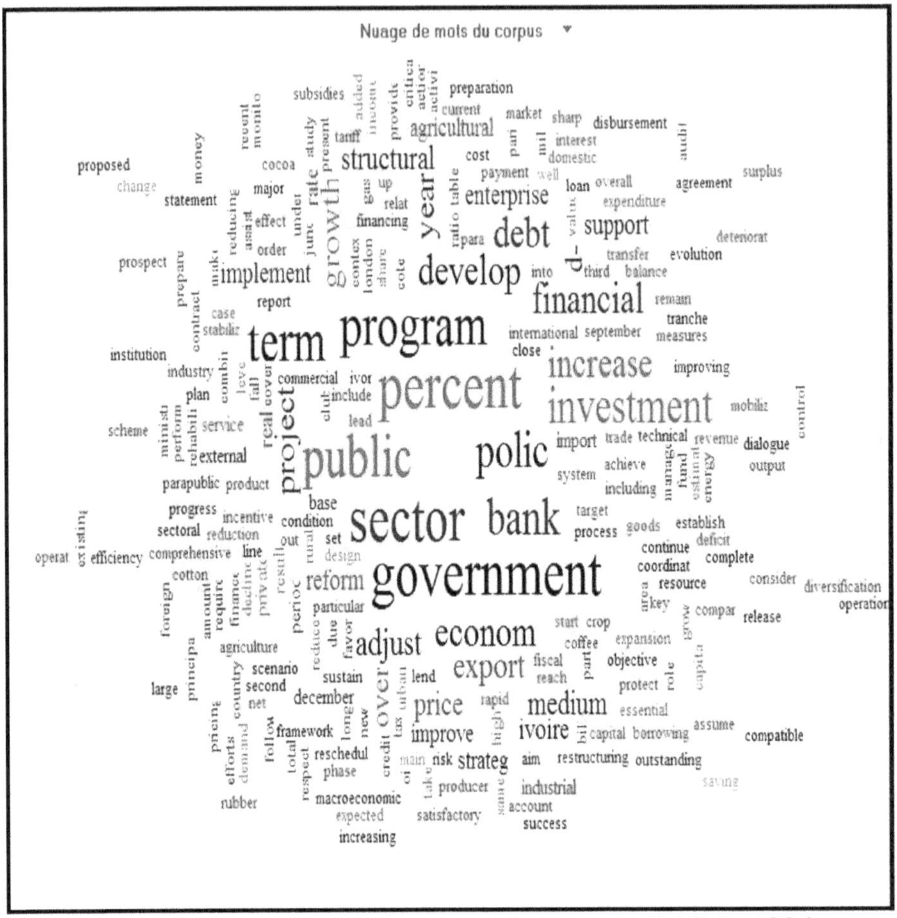

Figure 3 : Nuage des fréquences de mots du PAS de 1986
Source : auteur.

Comme on peut le constater sur ces trois figures, ce sont les mêmes mots qui se répètent dans les trois textes analysés. Ces mots sont essentiellement « programme », « projet », « investissement », « secteur public », « banque » et « gouvernement ». On retrouve ensuite en arrière-plan le mot « *growth* », qui signifie « croissance » en français. Ainsi, la mise en place de ces projets et programmes, a-t-elle eu pour finalité de favoriser la croissance, afin de permettre à la Côte d'Ivoire de redevenir solvable.

Cette analyse nous permet aussi de constater que durant les 12 années d'ajustement en Côte d'Ivoire, il a uniquement été question de politiques économiques d'austérité. Même si celles-ci ont entrainé une diminution des salaires, une augmentation du chômage et plus généralement de la pauvreté. Il fallait donc réagir rapidement, ce qu'à fait l'UNICEF avec ses critiques formulées dans son rapport de 1987.

Ce rapport arrive à point nommé pour tirer la sonnette d'alarme. Toutefois, il ne remet pas en cause le principe même des politiques d'ajustement. Ce qui est critiqué, ce sont surtout les conséquences sociales néfastes. L'UNICEF propose la mise en œuvre de politiques d'ajustement alternatives qui prennent mieux en compte le côté social afin de permettre une croissance durable et équitable (Conte, 2003). C'est ce qui explique le titre donné au rapport, à savoir « L'ajustement à visage humain ». Mais en quoi consiste réellement cet « ajustement à visage humain » ?

Pour l'UNICEF, les PAS devaient, entre autres[17], repenser ou, du moins, restructurer les secteurs de la santé, de l'éducation, et tous les services sociaux de base, pour plus d'efficacité et ce, à moindre coût (Cornia et al., 1987). A travers ce document, l'UNICEF, organisme à vocation humanitaire, vient bousculer les organismes financiers que sont les IBW dans l'exercice de leur pouvoir sur le marché du développement, en les contraignant à changer leur discours.

En effet, suite à ce rapport de l'UNICEF, les IBW décident d'ajouter une dimension sociale aux politiques d'ajustement, appelée « la dimension sociale de l'ajustement » (DSA), visant des objectifs sociaux comme ceux définis dans ce rapport.

Ainsi, à partir de 1987, en guise de réponse aux critiques de l'UNICEF, une seconde génération des PAS est instaurée intégrant la dimension sociale, avec un accent mis sur l'accès aux services sociaux de base, notamment l'éducation et la santé.

Selon Dubois (1996), le premier projet conçu pour intégrer les DSA date de juillet 1987, et il sera mis en œuvre en Gambie, le programme DSA n'étant officiellement lancé qu'en mai 1988 sur la base d'un accord entre le PNUD, la BAD et la Banque mondiale.

Par la suite, on remplacera la Facilité d'ajustement structurel renforcée (FASR) du FMI par une Facilité pour la réduction de la pauvreté et pour la croissance (FRPC). Ce qui fut appliqué au cas de la Côte d'Ivoire. En fait, ces nouvelles mesures font partie d'une seconde génération des PAS qui seront mis en œuvre après 1988.

---

[17] En effet, d'autres aspects tels que, l'austérité en matière de politiques fiscales, monétaires et salariales, ainsi que la création de revenus et d'emplois productifs pour les plus pauvres et la préservation d'un niveau alimentaire minimal sont aussi pointés du doigt par le rapport de l'Unicef.

Le fait même que les IBW fassent mention d'une dimension sociale de l'ajustement, montre bien, que les politiques passées étaient dans un certain sens « inhumaines », c'est à dire ayant un coût social excessif (Reed, 1999). Dorénavant, les DSA auront à prendre en compte les conséquences négatives des PAS sur les groupes de populations pauvres afin de viser à une meilleure articulation entre l'économique et le social. Ainsi, certains programmes d'action sociale seront conçus pour avoir un impact direct sur les pauvres en offrant la possibilité d'exercer des activités génératrices de revenus. Les IBW mettent alors en place ce qu'on a appelé des « filets sociaux[18] », c'est-à-dire un ensemble de programmes qui sont censés avoir un impact immédiat en termes de réduction de la pauvreté car stimulent directement ou remplacent par le biais de substitution, la consommation en produits de base et en services essentiels pour les ménages. Mais, ces « filets sociaux » se sont révélés, en définitive, insuffisants pour subvenir aux besoins des plus pauvres.

En effet, malgré ces bouées de sauvetage pour les pauvres, l'esprit du « Consensus de Washington » plane toujours sur les programmes DSA. En définitive, on assiste toujours à la mise en place de programmes économiques de court terme qui ne doivent surtout pas porter préjudice aux efforts de réforme macroéconomique engagés auparavant par les pays.

Le seul point positif, c'est que le programme DSA a permis de porter les préoccupations relatives à la lutte contre la pauvreté au niveau international et à encourager des débats portant sur les orientations politiques de la Banque mondiale, du FMI et des autres donateurs, bilatéraux ou multilatéraux.

C'est ce qui explique que, dans la même période, d'autres voix se soient élevées pour condamner le côté inhumain des politiques d'ajustement et surtout demander de remettre l'individu au centre des politiques de développement. Ainsi, en 1990, le Programme de développement des Nations Unies élabore de nouveaux indicateurs de pauvreté, notamment « l'indice de développement humain » (IDH) qui est devenu une référence en matière de niveau et qualité du développement.

---

[18] Les filets sociaux sont des programmes de transferts non contributifs, en espèce ou en nature, axés sur les populations pauvres ou vulnérables (Grosh, del Ninno, Tesliuo, & Ouerghi, 2008).

I.1.2. L'Indice de Développement Humain (IDH)

L'IDH a été créé par le PNUD en 1990, afin d'évaluer le niveau de développement humain des pays. A travers cet indice de développement, on met l'accent sur le fait que les capacités des personnes sont l'un des critères primordiaux qui permettent d'évaluer le niveau de développement d'un pays. Cette démarche du PNUD montre que, désormais, ce n'est plus seulement la croissance économique, mesurée par le niveau du PIB, qui doit être prise en compte pour évaluer le développement des pays dans le monde. Autrement dit avec l'IDH, c'est un nouveau discours qui est introduit dans le monde du développement.

Le calcul de l'IDH se présente sous la forme d'un nombre compris entre 0 et 1. Le principe est que plus le nombre se rapproche de 1, plus le niveau de développement du pays peut être considéré comme élevé.

Depuis 1990, l'IDH est calculé et présenté dans le Rapport mondial sur le développement humain du PNUD. Il permet d'établir annuellement un bilan du niveau de développement humain dans le monde en y classant les 187 pays actuels.

Grâce à l'IDH, le PNUD a mis en place une mesure statistique originale qui allie à la fois des indicateurs de performance économique, et de performance sociale pour décrire le bien-être des populations. C'est un instrument qui non seulement reflète les réalités économiques d'un pays, mais y inclue des éléments liés à la justice sociale et au bien-être de sa population. Il comprend trois composantes, à savoir :

- Le niveau de santé et de longévité (appréciées par l'espérance de vie à la naissance) ;
- Le niveau d'éducation (en mettant en relation le taux d'alphabétisation des adultes et le taux de scolarisation combiné entre l'école primaire et secondaire) ;
- Le niveau de vie (calculée à partir du produit intérieur brut par habitant en parité de pouvoir d'achat en dollars américains).

En 1997, le PNUD a complété l'IDH par un indicateur spécifique de la pauvreté, connu sous le nom « d'indice de pauvreté humaine » ou IPH, qui est aussi basé sur trois composantes variables :

- le risque de mourir avant l'âge de 40 ans ;
- le taux d'alphabétisation des adultes, la mesure des conditions de vie basée sur l'accès aux services de santé et de l'eau potable ;
- la malnutrition chez les enfants de moins de cinq ans.

En 2006, le PNUD a montré, sur la base de ces mesures, que sur 178 pays évalués à l'époque, 63 connaissaient un développement humain élevé, 83 étaient dans la gamme moyenne et 32 avaient un faible niveau de développement humain.

La Côte d'Ivoire, longtemps considérée comme un modèle de réussite économique, de stabilité et de prospérité sociale en Afrique occidentale (d'où l'expression du «miracle ivoirien») se classe aujourd'hui au 172e[19] rang de l'IDH sur 187 pays évalués (PNUD, 2015). Ce qui la place dans la moitié inférieure c'est à dire dans le groupe des pays souffrant d'un développement humain faible. De fait, l'IDH n'a cessé de baisser depuis le milieu des années 1980.

Par ailleurs, avec un indice de 0,45 sur 1, elle se classe, en Afrique, à la 37e place sur les 54 pays, alors qu'elle connait un taux de croissance du PIB d'environ 8%, depuis 2012.

Une question nous vient alors à l'esprit : pourquoi la croissance n'arrive-t-elle pas à mieux atteindre les pauvres ? Quel lien y-a-t-il entre la croissance et la réduction de la pauvreté ?

Selon le PNUD, « il n'y a aucune garantie que les pauvres se retrouvent dans les bénéfices de la croissance du PIB par habitant », car « l'ampleur de la pauvreté absolue dans un pays dépend tout à la fois du revenu par habitant et de la distribution des revenus dans ce pays ». Ainsi, plus la répartition est inégale, et moins les bénéfices de la croissance profitent aux pauvres. Un tel rappel est utile, et honnête, parce que, la comparaison entre le niveau du PIB et celui de l'IDH met clairement en évidence les inégalités dans l'accès à la richesse dans un pays. C'est aujourd'hui, le cas en Côte d'Ivoire où presque la moitié de la population est considérée comme pauvre, le taux de pauvreté monétaire étant estimé à 48,9% en 2008 (Ministère du Plan et du Développement, 2012). La Banque mondiale estime cependant que ce taux a diminué passant à 46,3% en 2015.

Ces nouvelles réflexions sur les politiques de développement économique et humain ont conduit les IBW à revoir leur position et à adopter de nouvelles stratégies qui constituent, du moins en apparence, une certaine rupture avec les politiques du passé.

[19] La Côte d'Ivoire a perdu un point dans le classement IDH, car elle était à la 171e place en 2014.

I.2. Rupture avec les PAS et avènement d'un nouveau discours centré sur la pauvreté

Le constat d'échec des PAS dans de nombreux pays d'Afrique subsaharienne, ont poussé les IBW à revoir la conception de leurs politiques économiques de développement et en même temps le discours qui les a fondés.

Comme nous l'avons souligné plus haut, le déclic est venu du rapport de l'UNICEF de 1987. Il marque le début d'un long processus de transformation dans l'élaboration et la mise en œuvre des politiques économiques de développement. La DSA constitue le point de départ de ce processus de transformation en permettant aux pays en voie de développement d'intégrer les préoccupations sociales, et la pauvreté, dans l'élaboration de leurs programmes d'ajustement, afin d'en limiter les conséquences négatives sur les plus pauvres. On peut d'ailleurs remarquer que ce changement dans le discours des IBW est impulsé par les institutions des Nations Unies.

La DSA est mise en œuvre de 1988 à 1992 et débouchera en 1996, à l'Initiative des pays pauvres et très endettés (IPPTE), qui suscitera les CSLP et les DSRP (cf. point 2.1.). Mais, l'apport principal de cette nouvelle orientation, c'est que, désormais, on raisonne aussi au niveau microéconomique, en plaçant l'individu au centre des préoccupations du développement (cf. point 2.2.).

I.2.1. L'Initiative PPTE assortie des DRSP/CSLP

Lors de sa mise en place, l'initiative PPTE a été perçue comme un changement radical dans la conception des politiques économiques de développement. En fait, la réalité est tout autre, puisqu'on s'aperçoit que le but ultime demeure toujours la volonté des IBW de faire en sorte que les pays pauvres puissent redevenir solvables, afin de rembourser leurs dettes. En effet, après une décennie d'ajustement structurel, on constate que le problème de la dette subsiste pour de nombreux pays, surtout en Afrique subsaharienne. Ces pays restent largement dépendants de l'aide internationale, c'est pourquoi la question de l'allègement de la dette devient de plus en plus importante et même souvent prioritaire.

L'Initiative PPTE est l'aboutissement d'une démarche d'amélioration continue dans le traitement de la dette publique pour les pays les plus pauvres et surtout de son rééchelonnement. L'objectif est de ramener l'endettement des pays concernés à un niveau considéré comme soutenable, les IBW n'ayant pas réussi à le faire à travers l'imposition des PAS.

Afin d'y arriver, un groupe de pays, considérés parmi les plus riches et les plus industrialisés du monde, s'est constitué en G7/G8[20] à l'issue de réunions internationales pour apporter des solutions au problème de la dette des pays pauvres.

De fait, l'Initiative PPTE est, en réalité, le résultat de plusieurs de ces réunions, au début informelles comme le montre le tableau ci-dessous, si bien que l'on situe l'année de référence de sa création à la réunion G7 de 1996 à Lyon.

---

[20] A l'origine, il s'agissait d'un groupe de cinq pays (Etats Unies, Japon, France, Allemagne de l'Ouest et Royaume Uni) qui a été crée de façon informelle, à Washington, juste après le premier choc pétrolier. Le groupe était qualifié de « Library Group », parce que les réunions avaient lieu dans la bibliothèque de la Maison blanche. Ces réunions informelles ont eu lieu jusqu'en 1975 où le groupe a officiellement été crée lors d'un premier sommet au Château de Rambouillet du 15 au 17 novembre de la même année, sous l'impulsion du président français Valery Giscard d'Estaing. Le groupe prend alors le nom de G6 avec l'adhésion de l'Italie. Avec l'entrée du Canada en 1976, il devient le G7. Dès 1977, l'Union Européenne participe aux réunions, mais il ne le fera qu'en tant qu'invité et le groupe restera G7 jusqu'à ce qu'il soit officiellement rejoint par la Russie en 1997. Désormais, il sera question du G8.
En réalité, ces rencontres annuelles sont un moyen pour le groupe de « discuter des affaires du monde en toute franchise et sans protocole, dans une ambiance décontractée » (selon le site officiel du G8 organisé à Evian en 2003).
A partir de 1999, face aux difficultés économiques mondiales, des réunions de discussion entre pays industrialisés et les pays émergents ont lieu. On évoque alors une transformation du G8 en G20, par intégration de quelques pays du Sud, tels que l'Afrique du sud, l'Indonésie, le Mexique, la Turquie, etc.

Tableau 4 : Evolution historique de la mise en œuvre de l'Initiative PPTE

Villes de réunion du G7/G8	Année de rencontre	Allègement de la dette accordé
Toronto	Octobre 1988	Montant de la dette pouvant être réduit d'un tiers en Valeur actuelle nette (VAN)
Londres	Décembre 1991	Réduction pouvant aller jusqu'à 50% de la dette éligible
Naples	Décembre 1994	Niveau de réduction pouvant monter jusqu'à 67%, avec un minimum de 50%
Lyon	Décembre 1996	Réduction de la dette pouvant atteindre 80% pour les PPTE
Cologne	Novembre 1999	Niveau de réduction s'élevant à 90% ou plus si nécessaire, pour atteindre le niveau de « soutenabilité »

Source : auteur.

Comme nous pouvons le constater dans ce tableau, tout commence en réalité avec la conférence de Toronto en 1988. C'est-à-dire, juste un an après le constat officiel que les PAS n'ont pas réussi à atteindre leur objectif (UNICEF, 1987). A savoir, permettre aux pays en développement de redevenir solvables grâce à des politiques macroéconomiques censées stimuler la croissance. Il va s'en suivre comme le montre le tableau, un long processus de traitement et, surtout d'allègement progressif de la dette tout en visant des objectifs de réduction de la pauvreté.

On a tendance à fixer le point de départ de ce nouveau « paradigme du développement » à la réunion du G7 de Lyon en 1996, car c'est à cette réunion qu'on assistera pour la première fois, à une action au niveau international, intégrant non seulement les pays du G7, mais aussi les Institutions financières internationales (avec entre autres, le FMI, BM et la BAD). À travers l'adoption d'un langage commun comme, système de perception et d'appréciation capable de fonder une vision unitaire du monde social, les pays industrialisés en appui aux organismes financiers, imposeront alors leur discours au monde du développement.

C'est aussi la première fois qu'on évoque la possibilité d'un allègement total de la dette pour les pays les plus pauvres. Cette idée sera entérinée trois ans plus tard par la réunion du G8 à Cologne en 1999 qui mettra en place l'Initiative PPTE renforcée.

La création de ces nouvelles initiatives marque un tournant décisif dans la politique des IBW. Elles vont dès lors essayer de changer l'orientation de leurs politiques, en y intégrant la lutte contre la pauvreté.

En effet, l'objectif principal affiché est désormais d'obtenir une réduction du taux de pauvreté dans les PED tout en continuant de rechercher la croissance économique pour rendre les pays solvables.

De nouvelles procédures sont alors adoptés et des instruments ajustés au cadre générique de ce nouveau dispositif. Parmi ces nouvelles procédures figure l'élaboration de DSRP par les PED éligibles à l'Initiative PPTE.

Dans le même temps, une intense réflexion est engagée au sein des IBW afin de préciser les orientations permettant de guider l'élaboration de ces DSRP. Des recommandations qui sont suivies par l'ensemble de la communauté internationale. Autrement, selon P. Bourdieu (1982), le recours à un langage neutralisé s'impose ici afin d'établir un consensus pratique entre des agents, ou groupes d'agents, dotés d'intérêts partiellement ou totalement différents. Le but étant de mettre fin à la crise d'un certain discours occasionnée par l'échec des PAS. Cependant, le « pouvoir symbolique » né de la maîtrise du discours continue de demeurer aux mains des IBW, malgré la présence des pays industrialisés et les interventions des organismes des Nations Unies comme le PNUD et l'UNICEF.

Ainsi, les politiques d'aide au développement, seront désormais placées sous l'égide des DSRP/IPPTE[21], accordant une place centrale à la lutte contre la pauvreté. Ceci constitue implicitement un aveu de l'échec des politiques antérieures. Même si leur mise en œuvre s'effectue sous le contrôle des Institutions de Bretton Woods.

---

[21] Les IBW font des DSRP/CSLP, une des conditionnalités imposées aux pays déclarés éligibles pour bénéficier de l'IPPTE.

Il faut noter que, dans le cadre de ce nouveau paradigme de lutte contre la pauvreté, les IBW vont encore plus loin que les dispositions déjà contenues dans les DSA, par le fait de relier les DSRP à l'initiative PPTE.

Cependant, pour bénéficier de l'initiative PPTE, les pays doivent en principe remplir trois conditions ou, du moins, franchir trois étapes :

- faire face à une charge de la dette qui est considérée comme insupportable. Ce qui consiste à effectuer une analyse de la viabilité de ladite dette pour déterminer les besoins d'allègement. Si après application des mécanismes classiques d'allègement le ratio de la dette extérieure par rapport aux exportations ou aux recettes budgétaires dépasse un seuil donné, le pays peut être admis à recevoir une aide ;
- donner la preuve qu'il a engagé des réformes et mené une politique économique conformément aux critères retenus pour la mise en œuvre des programmes appuyés par le FMI (Facilité pour la réduction de le pauvreté et pour la croissance) et de la Banque mondiale. C'est seulement à ce moment-là que les conseils d'administration des deux organismes décident officiellement de l'admissibilité du pays et que la communauté internationale s'engage à ramener la dette au seuil de "viabilité", c'est **le point de décision** qui permet au pays de recevoir un allègement intérimaire sur le service de la dette exigible ;
- enfin, le pays doit procéder à une exécution satisfaisante des réformes fondamentales convenues au point de décision, avec le maintien de la stabilité macroéconomique et surtout adopter et exécuter pendant au moins un an un DSRP intérimaire basé sur un vaste processus de participation.

Ce n'est que lorsqu'ils ont rempli ces trois conditions que les pays éligibles à l'Initiative peuvent atteindre le **« point d'achèvement ».**

A l'heure actuelle, plus d'une quarantaine de pays pauvres, dont la Côte d'Ivoire, sont engagés dans ce processus, comme le montre le tableau suivant.

Tableau 5 : Liste des pays qui ont rempli les conditions requises pour bénéficier de l'aide au titre de l'initiative PPTE, de ceux qui y sont admissibles ou potentiellement admissibles, et ceux qui souhaiteraient recevoir cette aide (en mars 2014)

Pays ayant dépassé le point d'achèvement (35)		
Afghanistan Bénin Bolivie Burkina Faso Burundi Cameroun République centrafricaine République du Congo République démocratique du Congo Comores Côte d'Ivoire Éthiopie Gambie	Ghana Guinée Guinée-Bissau Guyana Haïti Honduras Libéria Madagascar Malawi Mali Mauritanie	Mozambique Nicaragua Niger Ouganda Rwanda São Tomé-et-Principe Sénégal Sierra Leone Tanzanie Togo Zambie
Pays en phase intérimaire (entre les points de décision et d'achèvement) (1)		
Tchad		
Pays n'ayant pas atteint le point de décision (3)		
Érythrée	Somalie	Soudan

Source : FMI, 2014.

Ce tableau montre que sur 39 pays engagés dans le processus DSRP/CSLP, les 35 mentionnés dans les trois colonnes ont dépassé le point d'achèvement. Ensuite, dans les lignes en-dessous des colonnes, on remarque qu'un pays, à savoir le Tchad, est en phase intérimaire. Enfin, la dernière ligne montre que trois pays (l'Érythrée, la Somalie et le Soudan) n'ont pas encore atteint le point de décision.

Il résulte de ce qui précède que, le pays qui postule à l'initiative PPTE doit se doter d'un DSRP au stade de la prise de décision. Mais, cette exigence pouvant parfois retarder l'étape de la prise de décision, la Banque mondiale et le FMI acceptent, à titre transitoire, que le pays franchisse ce palier, sans avoir au préalable adopté un DSRP. Ce, à condition qu'il manifeste sa volonté de lutter contre la pauvreté et élabore à brève échéance un DSRP intérimaire, en raison de son caractère provisoire.

Ces différentes étapes dans la mise en œuvre de l'Initiative PPTE peuvent être schématisées comme suit :

Schéma 1 : Le processus de mise en œuvre de l'initiative PPTE

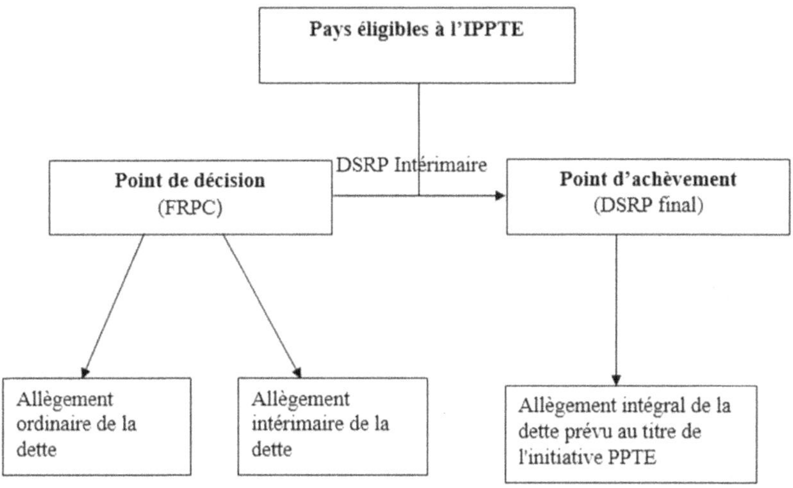

Source : auteur.

L'élaboration d'un DSRP intérimaire est donc une étape très importante car celui-ci doit comprendre une analyse complète de la nature de la pauvreté dans le pays et de son incidence géographique. Il doit par ailleurs effectuer des comparaisons avec les indicateurs sociaux d'autres pays admissibles à l 'initiative PPTE et présenter un état des progrès réalisés pour faire reculer la pauvreté à travers la conception d'une politique globale de lutte contre la pauvreté. Tout ceci constitue, d'évidence, une approche plus dynamique et plus efficace pour lutter contre la pauvreté, tout en tenant compte des spécificités de chaque pays.

On part aussi du principe que tous les pays adopteront un DSRP en suivant une démarche participative et auront réalisé des progrès à la fin du processus, ce qui ouvre leur droit à un allègement sans condition, de la dette au titre de l'Initiative PPTE.

Ces nouvelles politiques peuvent avoir un coût relativement important pour les PED, aussi les IBW ont-elles décidé que celui-ci sera financé en grande partie par l'allègement de la dette. Pour bénéficier de ce mode de financement, le pays doit cependant établir au minimum, un rapport satisfaisant dès la première année d'application du DSRP. Ce qui montre bien que les DSRP constituent, en quelque sorte, un sésame qui ouvre le droit à la réduction de la dette prévue au titre de l'initiative PPTE.

On peut alors se demander en quoi les DSRP sont-ils innovants par rapport aux politiques d'ajustement structurels ? Pour répondre à cette question, nous allons voir comment les IBW sont passées d'un cadre strictement macroéconomique propre aux PAS au raisonnement plus microéconomique de la lutte contre la pauvreté.

I.2.2. La lutte contre la pauvreté : un raisonnement microéconomique

Les DSRP ont été créés pour répondre au débat sur la réduction de la pauvreté et l'efficacité de l'aide. Ils se veulent initialement conçus comme un outil au profit des populations, et particulièrement des populations pauvres.

Il est intéressant de voir qu'à travers les DSRP, les IBW sont passées d'une conception macroéconomique du développement à une vision plus microéconomique, avec l'individu qui est placé au centre des préoccupations. Les politiques macroéconomiques de croissance même si elles restent bien présentes dans les DSRP, cohabitent désormais avec des mesures concrètes liées à la lutte contre la pauvreté à travers l'amélioration de programmes sociaux, en particulier de santé et d'éducation.

Le fait de placer la lutte contre la pauvreté au centre des politiques de développement, constitue donc une évolution majeure et, en ce sens, les DSRP permettent de donner un visage plus humain à l'ajustement structurel et de réfléchir sur le développement à long terme. Néanmoins, malgré ces nouvelles dispositions, il reste une référence aux théories néolibérales qui dominaient du temps des PAS.

Pour que cette nouvelle approche du développement soit plus efficace, les IBW décident d'agir avec plus de cohérence dans l'octroi de l'aide aux pays qui en ont humainement le plus besoin.

Ce changement d'orientation trouve son origine dans le discours d'A. Sen[22] qui met l'accent sur les capacités humaines ou plutôt les « capabilités » (« *capabilities* » en anglais), plaçant ainsi les populations et leur bien-être au centre du raisonnement économique.

Jusqu'à une période récente, la pauvreté était essentiellement définie par rapport au revenu monétaire. Aujourd'hui, en dehors de cette dimension économique, il est unanimement admis que la pauvreté s'exprime aussi sous diverses formes socioéconomiques regroupées sous le terme de « pauvreté humaine ». Cela concerne surtout des dimensions sociale, culturelle, politique, etc. de la pauvreté. C'est d'ailleurs dans ce sens que le PNUD a instauré ses deux indicateurs de pauvreté : l'IPH-1 et l'IPH-2 (indicateurs de pauvreté humaine), inspirées par les travaux de Sen.

Avant les travaux de Sen, quand il était question de développement et de réduction de la pauvreté, c'était surtout l'approche monétaire qui était dominante, avec un accent mis sur la définition de la pauvreté absolue (avec un seuil de pauvreté à moins de 1 dollar par jour) ou la pauvreté relative (moins de 2 dollars par jour).

A. Sen s'est d'abord intéressé au choix social en 1964. Ces travaux sur le choix social le conduiront ensuite à des recherches sur l'économie du bien-être et au problème de la mesure de la pauvreté et des inégalités (Dubois & Mahieu, 2009). Toutefois, toujours selon J.-L. Dubois et F. R. Mahieu (Dubois & Mahieu, 2009), c'est seulement à la fin des années 1970 qu'il s'intéresse aux problématiques du développement en parlant des inégalités sexuées dans l'accès des plus pauvres à la nourriture dans une situation de famine généralisée (A. Sen, 1976). Aussi, il propose, à la suite de ces travaux, un modèle d'analyse microéconomique de la famine dans son ouvrage *Poverty and Famine : an Essay on Entitlement and Deprivation* (Sen, 1981). Mais, c'est l'introduction de l'approche par les « capabilités » dans son raisonnement qui marque un tournant décisif dans la pensée d'A. Sen.

En effet, avec l'approche par les « capabilités », Sen repense la pauvreté autrement qu'en termes monétaires, comme c'est le cas lorsqu'on se réfère à la théorie économique utilitariste. Ainsi, à travers les concepts de « capabilités », « d'agencéité » et de « potentialité », il considère les aspects de « liberté de faire et d'être » et de

[22] A. Sen, prix Nobel de l'économie en 1998, pour ses travaux sur la famine, la théorie du développement humain, l'économie du bien-être, les mécanismes fondamentaux de la pauvreté, et sur le libéralisme politique.

« fonctionnements » realisés ou réalisables. Pour A. Sen, l'analyse de la pauvreté doit être axée sur la capacité potentielle ou « potentialité » de l'individu à fonctionner, plutôt que sur les résultats qu'il obtient de son fonctionnement. En ce sens, certains fonctionnements ne sont possibles qu'à partir de structures sociales et économiques connexes déjà établies. Ce qui implique que les pauvres doivent avoir accès à ces structures. Vu sous cet angle, la pauvreté peut être considérée comme un manque de « capacités » pour atteindre le fonctionnement requis par une personne pour pouvoir vivre la vie qu'elle souhaite vivre. Ainsi pour A. Sen, plus l'individu a la liberté de choisir entre des fonctionnements différents, plus il développe sa « capacité » à s'échapper de la pauvreté en faisant des choix correspondant à sa conception d'une vie meilleure.

Il résulte de ceci que la pauvreté est un phénomène complexe, aux multiples facettes qui nécessite une démarche d'analyse multidimensionnelle. Ainsi, être pauvre ne signifie-t-elle pas uniquement vivre sous un seuil de pauvreté fictif, comme le fait d'avoir un revenu inférieur à un ou deux dollars par jour. La pauvreté signifie que le revenu que l'on perçoit ne permet pas de faire face à certains besoins essentiels compte tenu des circonstances et exigences de l'environnement social.

Dans ce cadre, un certain nombre de facteurs interagissent et doivent être pris en compte. Par exemple, des facteurs géographiques, des processus biologiques et sociaux qui amplifient ou atténuent l'impact du revenu.

En effet, conformément aux travaux de Sen, l'analyse de la pauvreté nécessite une évaluation non seulement en termes monétaires, c'est à dire à partir du niveau de revenu ou des dépenses des ménages, mais aussi en termes de conditions de vie liées à la qualité de vie (logement, accès aux services publics, à l'éducation, à la santé, etc.), d'où l'idée d'une pauvreté multidimensionnelle.

La contribution majeure de Sen à la définition de la pauvreté, c'est qu'il introduit la question des « capabilités ». Ce qui contribue à donner une dimension éthique et sociale au débat sur le développement, particulièrement, concernant les nations pauvres. Il montre en particulier qu'au-delà du formalisme mathématique, l'économie peut être examinée sous un nouvel angle plus social, plus humain et donc plus proche de la réalité des individus. Ainsi, l'approche de Sen s'appuie sur des notions spécifiques telles que les « fonctionnements réalisés » et « les libertés de choix, toutes deux composant celle de « capabilités ».

Cette approche par les « capabilités » peut être représentée par le schéma suivant.

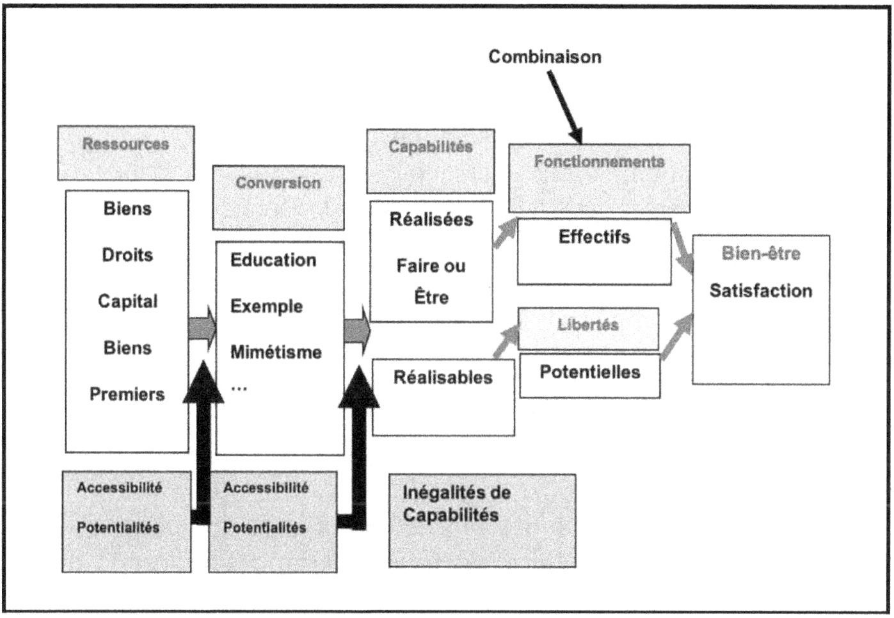

Schéma 2 : Représentation de la théorie des capabilités de Sen
Source : auteur.

Ce schéma montre qu'au départ, il y a les ressources accessibles qui sont transformées en « capabilités » suivant les facteurs de conversion (opportunités économiques et sociales, caractéristiques des personnes etc.). Ces « capabilités » sont soit effectives donc mesurables par les fonctionnements, soit potentielles ou réalisables en fonction des opportunités. Ces dernières déterminent les alternatives de choix (ou liberté de choix des individus). La combinaison des fonctionnements et des libertés permet ainsi d'atteindre un niveau de bien-être correspondant à la vie que la personne souhaite vivre de façon rationnelle (*reason to value*).

Cette évolution dans l'analyse de la pauvreté marque le début de la prise en compte de la dimension éthique du développement (Mahieu, 2001) qui va aboutir à une reconnaissance unanime du caractère multidimensionnel de la pauvreté. Elle permet surtout de faire le lien entre la pauvreté et d'autres concepts comme la vulnérabilité, l'exclusion, la dignité et les inégalités. La notion de développement socialement soutenable (Dubois, Mahieu, & Ballet, 2005) prendra aussi racine dans cette nouvelle approche du développement.

En résumé, la pauvreté peut être définie, conformément aux travaux d'A. Sen, comme une privation de « capabilités ». Désormais, ce n'est plus uniquement la croissance qui compte, ce qui est recherché, c'est une amélioration du bien-être des populations.

Mais, la question est alors de savoir si ces nouvelles stratégies sont réellement différentes des PAS. Pour essayer de répondre à cette question, nous allons procéder à une analyse des principes de bases régissant les DSRP, afin de mettre en exergue ce qu'elles apportent de plus par rapport à la stratégie développée par les PAS.

II. Le passage aux DSRP/CSLP ou l'harmonisation au niveau du discours du développement

Rappelons que du début des années 1960 à la fin des années 1970, la politique de développement a été fortement influencée par la théorie keynésienne selon laquelle l'impulsion économique initiale, puis la régulation du système économique revenaient à l'Etat. Selon cette conception dominante à l'époque, l'Etat devait jouer un rôle prééminent dans le développement en corrigeant les échecs ou les imperfections du marché afin d'orienter l'économie vers des objectifs du développement fixés. C'est ce qu'on a appelé la théorie de la croissance équilibrée et du "*Big Push*" (Rosenstein-Rodan, 1943)[23]. Mais, l'Etat n'arrivant plus à assurer la tutelle de ses entreprises, ni à gérer la dette publique, trois déficits sont apparus au niveau public, budgétaire et financier. Pour les Institutions de Bretton Woods, de tels déficits sont dus aux distorsions entre les politiques économiques domestiques et l'environnement économique international.

En effet, pour les IBW ces déséquilibres reposent sur un excès de la demande sur l'offre, en raison de la mise en œuvre de politiques inadaptées tant au niveau interne (prix administrés, subvention...) qu'au niveau externe (taux de change surévalué, protectionnisme...). La BM et le FMI, sous l'influence du courant néolibéral ont donc rapidement condamné ces interventions de l'Etat qui se traduisent selon eux par un dysfonctionnement des termes de l'échange intersectoriel et une réduction

[23] Rosenstein-Rodan (1902 - 1985), est un économiste né en Pologne. Il est partisan du *big push* qui consiste à donner une aide massive pour booster tous les secteurs de l'économie afin de favoriser le développement. C'est dans un article intitulé : « *Problems of Industrialisation of Eastern and South-Eastern Europe* » de 1943 qu'il crée la théorie du « Big Push ».

dans les incitations à la production de biens destinés à l'exportation. C'est la condamnation des politiques de subvention et le retour aux mécanismes du marché comme unique mode d'allocation des ressources. Cette conception néolibérale, devenue dominante à la fin des années 1970, préconise la libéralisation des échanges et, surtout, la réduction du rôle de l'Etat dans l'activité économique. L'objectif affiché étant de permettre la croissance des revenus à l'exportation, l'amélioration de la situation de la balance des paiements pour le remboursement de la dette et le renforcement des capacités domestiques. Pour atteindre ces objectifs, les IBW, à travers le « Consensus de Washington », vont opter pour la théorie de l'équilibre général. Cette théorie consiste en une fixation de prix d'équilibre résultant de la confrontation des offres et des demandes sur l'ensemble des marchés. Elle s'appuie aussi sur une autre théorie, celle des avantages comparatifs qui prône la spécialisation des Etats selon leurs avantages comparatifs, à savoir, dans le cas des PED, leurs matières premières. Le but étant de produire des biens susceptibles d'être échangés au niveau international. Ces théories ont constitué les fondements des PAS mises en place au cours des années 1980.

Toutefois, malgré une relative réussite de ce processus d'intégration des PED au marché mondial, une partie d'entre eux se retrouvent toujours marginalisés et endettés, ne tirant que de faibles bénéfices de cette dynamique. D'où les critiques et une volonté de revenir à une politique moins néolibérale et à une reconsidération du rôle de l'Etat dans le processus de développement des pays les plus pauvres. Dans le cadre de la lutte contre la pauvreté de nouvelles formes d'interaction entre l'Etat et marché vont contribuer à l'élaboration et la mise en œuvre des politiques publiques. La nouveauté est que, désormais, les PED seront intégrés au processus de leur propre développement. Certes, ils ne disposent pas de la totalité du pouvoir symbolique conféré par les DSRP, cependant, ils obtiennent une certaine part de marge de manœuvre dans leur élaboration.

II.1. Une stratégie globale de développement à laquelle participent les PED

Face à l'échec relatif des politiques d'ajustement structurel, un nouveau consensus s'établit concernant le contenu des politiques économiques, mais également la manière dont elles doivent être mises en œuvre. Aussi, de nouveaux concepts comme la « gouvernance », « l'adhésion et la participation » des populations à l'élaboration de ces politiques, sont dorénavant placés au cœur des programmes de développement.

Les DSRP cherchent à trouver un compromis qui implique les gouvernements et populations des PED dans la définition de leurs besoins ; Ils doivent donc être élaborés de manière transparente et avec une large participation de tous les intéressés au choix des objectifs, à l'élaboration de ces politiques et au suivi de leur mise en œuvre. Ceci concerne l'appropriation des DSRP par les PED (cf. point II.1.1.), dans le but de faire émerger un meilleur équilibre Etat/Marché (cf. point II.2.2.).

II.1.1. Le principe d'appropriation des DSRP par les PED

Afin de rompre avec les pratiques antérieures qui conduisaient à déresponsabiliser les pays bénéficiaires de l'aide au développement dans le cadre de l'ajustement structurel, les DSRP affirment la responsabilité des pays dans leur propre développement. La Banque mondiale, faisant par là même son *mea culpa*, l'écrit dans le rapport préparé pour la conférence des Nations Unies sur le financement du développement, organisée à Monterrey début 2002 : *« Une leçon tirée de l'expérience passée est que la réforme ne réussit généralement pas sans une forte appropriation locale et une approche large, qui inclut la prise en compte des institutions, la gouvernance et la participation des acteurs - une leçon qui constitue le moteur du processus des Documents Stratégiques de Réduction de la Pauvreté (DSRP) ».*

Les IBW préconisent ainsi d'établir une nouvelle relation entre les bailleurs de fonds et les PED, pour mieux responsabiliser ces derniers, non seulement dans la définition des politiques, mais aussi dans leur mise en œuvre. On n'est donc plus à priori dans des rapports de force. On recherche au contraire un certain « équilibre » entre les divers pouvoirs effectifs et symboliques, en présence.

Dans ce contexte, les « conditionnalités » qui étaient imposées dans le cadre des PAS et s'avéraient très contraignantes pour les gouvernements des PED semblent être mises de côté. En effet, même si le DSRP constitue en lui-même une forme de condition imposée par la BM et le FMI pour l'obtention de l'aide, il faut reconnaître que cette conditionnalité laisse, du moins en apparence, une plus grande marge de manœuvre aux PED. Ces derniers sont désormais censés définir pour eux-mêmes une stratégie de politique économique viable, qui sera ensuite seulement validée par les IBW. Il n'y a donc plus, en principe, de politiques définies par l'extérieur, qu'ils seraient simplement chargés d'appliquer (sans grande conviction de leur part).

Le DSRP, dans le cadre de la priorité donnée à la lutte contre la pauvreté, consacre donc en quelque sorte, la réhabilitation (du moins partielle) du rôle de l'Etat, étant donné qu'il ne s'agit pas, pour les IBW, de revenir sur les politiques de libéralisation menées dans le cadre des PAS et sur la théorie du « moins d'Etat », qui fut pendant longtemps le mot d'ordre.

Cependant, les IBW considèrent que la réussite de l'appropriation par les pays de cette nouvelle stratégie passe par cinq principes qui permettent aux DSRP de mieux servir les pauvres :

- une stratégie qui est axée sur les résultats : les pays doivent cerner la nature de la pauvreté et déterminer les interventions qui auront le plus d'impact sur elle ;
- des stratégies différenciées pour lutter plus efficacement contre une pauvreté qui est multidimensionnelle ;
- des stratégies qui sont adaptées à la situation propre à chaque pays ;
- des résultats qui doivent être vérifiables ;
- un engagement à long terme, afin que les résultats soient tangibles.

Enfin, cette stratégie de développement élaborée localement permet de créer à priori un certain équilibre entre l'Etat et le marché.

Il ressort de tout ceci que, par le biais des DSRP, les pays doivent pouvoir redevenir les maîtres de leur propre développement. Ce qui confère, en principe, un rôle-pivot à l'Etat, en tant que pilote du processus participatif et responsable de la conduite des politiques de lutte contre la pauvreté. Toutefois, l'Etat et ses institutions ne doivent jouer qu'un rôle instrumental au profit de leurs populations.

II.1.2. La volonté de créer un meilleur équilibre entre Etat et le Marché

On est ainsi passé d'une suppression totale du rôle de l'Etat dans l'activité économique avec notamment la condamnation des politiques de subvention aux importations qui avaient conduit à la faible compétitivité des entreprises protégées, à la possibilité pour les pays, et donc leurs gouvernements, de rédiger eux-mêmes ces DSRP.

Ainsi, on n'est plus, désormais, dans un système de programmes décidés par les institutions internationales et imposés aux pays. Ces derniers retrouvent donc une légitimité, tout au moins formelle, la volonté des acteurs du développement étant de trouver le meilleur équilibre entre l'Etat et le Marché.

La lutte contre la pauvreté entend ainsi s'effectuer non seulement au niveau national, mais aussi au niveau international, avec une collaboration plus étroite entre ces deux niveaux pour arriver à définir des politiques plus cohérentes, et donc plus efficaces.

Cette collaboration entre les pays et les Institutions internationales apparaît clairement dans la constitution des DSRP (Cling, Razafindrakoto, & Roubaud, 2012) déjà effectués.

En règle générale, ces documents doivent :

- ➢ décrire les objectifs de réduction à long terme des différentes dimensions de la pauvreté, ainsi que le cadre macroéconomique, structurel et institutionnel pour les atteindre. Ces objectifs peuvent prendre alors la forme de buts annuels avec, par exemple, un horizon de trois ans ;
- ➢ être le produit d'un consensus entre les acteurs locaux sur les stratégies de développement à adopter. En cela les DSRP sont des instruments qui relèvent de la compétence des institutions locales. Ce qui signifie que les bailleurs de fonds doivent très peu intervenir dans leur élaboration ;
- ➢ permettre d'intervenir dans des pays présentant déjà des politiques acceptables d'un point de vue social et économique sur la base d'une mesure des résultats obtenus et en les comparant à des objectifs communément fixés. Ils ne doivent donc pas donner lieu à une conditionnalité trop contraignante comme cela était le cas pour les PAS ;
- ➢ déboucher sur des programmes de dépenses publiques financés conjointement par plusieurs sources permettant un renforcement du budget de l'Etat, ainsi que sa réhabilitation comme premier instrument de développement.

La volonté des IBW d'accorder plus d'importance à l'action des gouvernements des PED se traduit en fait par le passage d'une aide projet à de l'aide budgétaire. Cette évolution de l'aide au développement vers de l'aide budgétaire, c'est-à-dire affectée globalement au budget de l'Etat sans répartition sectorielle à priori est plus conforme à la dynamique de la nouvelle approche.

En effet, alors que l'aide projet se caractérise par un contrôle strict de l'ensemble de la chaîne des dépenses, l'aide budgétaire consiste, au contraire, à accorder des financements qui sont seulement suivis d'un contrôle à posteriori, et ceci accroît la responsabilité des pays en développement dans la mise en œuvre de leurs DSRP.

Cette confiance accrue a néanmoins pour contrepartie la mise en œuvre d'une plus grande sélectivité dans les programmes afin d'éviter la dilapidation de l'aide. Normalement, l'aide octroyée au titre de l'allègement de la dette est transférée en priorité aux pays où les conditions de gestion sont les meilleures pour son efficacité. Ceci afin de répondre aux critiques de plus en plus vives qui sont adressées, concernant le manque d'efficacité de l'aide au développement. On améliore aussi les dispositifs de suivi/évaluation de ces programmes, afin de mieux en apprécier l'impact, mais aussi de mesurer la qualité de l'affectation des financements extérieurs ainsi que leur efficacité.

Les travaux effectués par la Banque mondiale[24], mettent en évidence l'efficacité accrue de l'aide lorsqu'elle est dirigée vers des pays bien gérés et engagés dans des réformes. Cela vient aussi du fait que la Banque mondiale, comme toutes les institutions financières multilatérales, ne peut statutairement accorder de ressources qu'aux Etats.

Enfin, pour réaliser une plus grande transparence (« *accountability* »), l'accès aux documents correspondant est facilité pour les citoyens et acteurs sociaux.

Une autre originalité des DSRP, réside dans le fait qu'ils intègrent le concept de "bonne gouvernance"[25]. Ils doivent être rédigés non plus par les experts du FMI et de la Banque mondiale, mais par les gouvernements des pays, en collaboration avec la "société civile", à charge pour les experts de Washington de donner ensuite leur aval. La notion de "bonne gouvernance" reconnaît désormais la responsabilité des Etats dans le choix et l'efficacité des programmes financés. Cette reconnaissance du rôle de l'Etat dans la gestion économique se traduit par la propulsion du concept de "bonne gouvernance" au premier rang des objectifs des institutions de Bretton Woods. Ceci renvoie à la problématique de

---

[24] Rapport de la Banque mondiale sur le développement consacré à la pauvreté qui tend à montrer que les solutions sont à rechercher dans la réforme des modes de gouvernance et de gestion des politiques des pays concernés, 2000/2001.

[25] Le concept de la « bonne gouvernance » est apparu à la fin des années 1990 dans les conditionnalités liées aux financements octroyés aux pays en développement par les institutions financières internationales et les autres bailleurs de fonds. Bien qu'étant très flou, il semble qu'il englobe des questions comme celles de la bonne gestion, la corruption, le droit et la démocratie. En fait, la "bonne gouvernance vise en principe à améliorer l'efficacité et la transparence des institutions, notamment publiques, en décentralisant les centres de décision pour les rapprocher des populations et les rendre plus démocratiques.

l'*empowerment* (« potentialisation ») qui suppose une réflexion sur la capacité des institutions.

Toutefois, cette intervention de l'Etat reste confinée à certains domaines (Baron, 2008) et ne doit avoir lieu que lorsque le marché connaît des dysfonctionnements. Il n'est donc là que dans le but de soutenir l'action du marché.

II.2. Le consensus au niveau du langage dans l'élaboration et la mise en œuvre des DSRP/CSLP

Le défi pour les DSRP consiste à passer d'une série d'interventions sectorielles à un cadre d'ensemble centré sur la réduction de la pauvreté. Pour atteindre cet objectif, la Banque mondiale a abandonné l'approche purement sectorielle au profit d'une approche plus transversale qui a pour ambition :

- d'augmenter les opportunités économiques pour les pauvres et d'améliorer l'accès ou la fourniture des services essentiels ;
- d'accroître la prise de responsabilité et la participation, en améliorant la gouvernance d'ensemble et en promouvant des programmes d'éducation pour les filles et de lutte contre la discrimination ;
- de garantir la sécurité en réduisant la vulnérabilité des plus pauvres.

Pour élaborer leur DSRP les gouvernements peuvent s'appuyer sur les experts extérieurs. En effet, les partenaires au développement dont les IBW et les autres institutions bilatérales et multilatérales peuvent aider les gouvernements en leur donnant un avis, sans pour autant dénaturer le principe d'appropriation. Toutefois, une fois le document élaboré, les pays doivent satisfaire à une contrainte qui est de communiquer leur stratégie finalisée au conseil d'administration de la Banque mondiale et du FMI pour examen. Si les conclusions de ces dernières sur les actions prioritaires diffèrent de celles du DSRP, elles sont transmises aux autorités nationales afin d'être prises en compte lors de révisions ultérieures et intégrées au contenu des programmes de prêt.

L'appropriation des DSRP par les PED eux-mêmes, s'effectue par le recours à une élaboration et un suivi de nature participative, qui permet de donner la voix aux plus pauvres (cf. point II.2.1.). Ce, dans un cadre bien plus souple que celui des PAS (cf. point II.2.2.).

II.2.1.Le processus participatif

Le principe selon lequel les DSRP doivent être élaborés par les pays eux-mêmes, afin de donner la priorité aux pauvres, est devenu l'un des éléments clés de ces nouvelles stratégies. Pour les IBW, le développement durable et la réduction de la pauvreté doivent être inspirée par les pays et passer par une transformation de la société soutenue par les pauvres, en consultation avec la société civile et le secteur privé. La concertation du gouvernement avec les représentants des populations pauvres doit permettre de répondre aux préoccupations de ces derniers. La participation de la société civile, de toutes les parties prenantes du pays et des élus contribue à renforcer le débat démocratique, ainsi que la légitimité et l'efficacité des politiques définies.

Pour que ces principes aient tout leur sens, les IBW préconisent que la société civile continue de jouer un rôle après l'élaboration des stratégies dans le suivi de leur mise en œuvre.

Ainsi, le processus participatif doit-il permettre une plus forte adhésion des populations pauvres à ces stratégies, en accroissant les chances de succès et de pérennité. Pour y arriver, les IBW et les autres donateurs bilatéraux et multilatéraux peuvent offrir leur aide dans la réalisation de ce processus participatif, en faisant en sorte que ce dialogue interne prenne en considération leurs politiques de prêts. Dans les faits, les gouvernements des PED sont effectivement mandatés par les IBW pour faire accepter leurs politiques économiques à leurs populations.

Le schéma suivant permet de bien visualiser tout le processus de mise en œuvre des DSRP.

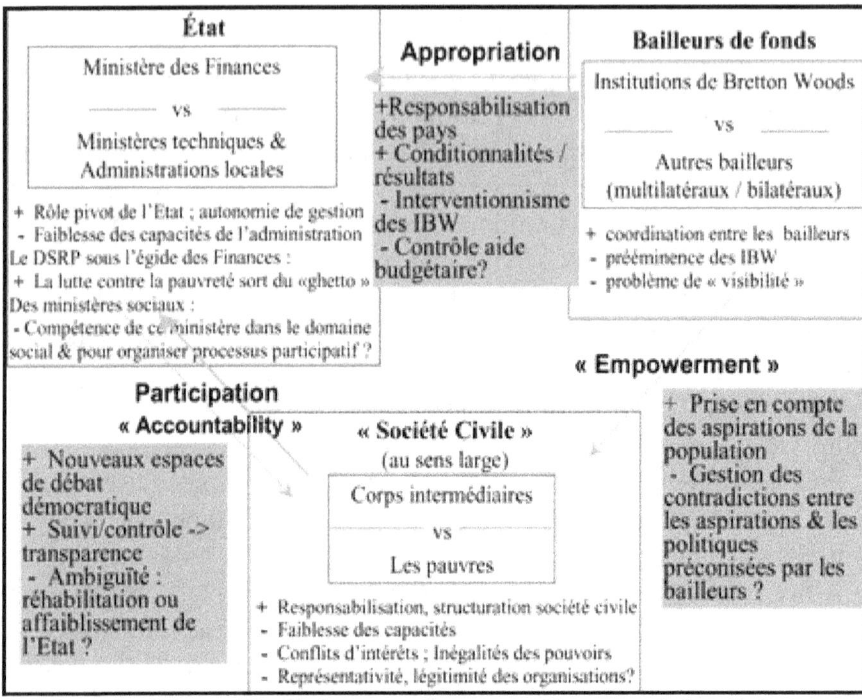

Schéma 3 : Une grille de lecture des nouvelles stratégies de lutte contre la pauvreté

Source : Cling et al., 2012.

L'analyse de ce schéma montre que les DSRP apportent un certain nombre d'innovations par rapport aux PAS, grâce à une approche plus dynamique en ce qui concerne la lutte contre la pauvreté et l'octroi de l'aide au développement aux PED. Ils offrent aussi un cadre plus souple et moins rigide que les anciennes politiques d'austérité préconisées par les PAS.

II.2.2. La flexibilité des règles qui fondent les DSRP

Il ressort de cette nouvelle démarche que les DSRP ne doivent pas être considérés comme un cadre d'intervention rigide. Il n'y a pas, de fait, de DSRP modèle. Bien au contraire, la nature et le contenu de ces cadres sont appelés à varier d'un pays à un autre. Le but est de tenir compte de la diversité des réalités et des systèmes politiques des pays, même s'ils doivent se fonder sur des stratégies de lutte contre la pauvreté déjà opérationnelles. L'adaptation en fonction des valeurs culturelles et de la situation spécifique de chaque pays est aussi un facteur déterminant dans la réussite de cette nouvelle stratégie.

Les DSRP ont un caractère évolutif, en ce sens que les premières expériences sont évaluées chaque année, afin de corriger et d'affiner à tout moment le processus d'application de la stratégie d'ensemble. Au-delà de cette révision annuelle, l'ensemble de cette stratégie doit être remis à jour tous les trois ans.

Concrètement, les DSRP apportent trois innovations majeures. En premier lieu, les IBW considèrent la lutte contre la pauvreté, et non plus l'ajustement structurel, comme leur principal objectif. Ensuite, l'adoption d'un processus participatif pour la définition et le suivi des DSRP est un facteur de renforcement de la démocratie, potentiel pour des pays où la population dispose généralement de peu de moyens d'expression. Enfin, du fait de l'alignement de l'ensemble des bailleurs de fonds sur cette nouvelle approche, on obtient une amélioration sensible de la cohérence de l'aide internationale au développement.

Toutes ces innovations sont mises en exergue dans le tableau suivant qui effectue une comparaison entre les principes de bases qui régissent les PAS et les DSRP de façon générale.

Tableau 6 : Les innovations apportées par les DSRP

Objectif principal	**Ajustement structurel**		**Lutte contre la pauvreté**
Intitulé des instruments	- Document Cadre de Politique Economique (DCPE) - Crédit d'Ajustement Structurel (Banque mondiale) - Facilité d'Ajustement Structurel Renforcée (FMI)	➤	- Document Stratégique de Réduction de la Pauvreté (DSRP) - Crédit de Soutien à la Réduction de la Pauvreté (Banque mondiale) - Facilité pour la Réduction de la Pauvreté et la Croissance (FMI)
Traitement de la dette	Indirect (Club de Paris)	➤	Allègement de la dette (PPTE)

Elaboration	- Politique imposée de l'extérieur - Décidée d'« en haut » - Secret	➤	- Politique élaborée par le pays - Approche « par le bas » - Transparence
Prise en compte des spécificités du pays	Faible	➤	Forte
Financement	Priorité aide-projet	➤	Priorité aide budgétaire
Indicateurs de suivi / conditionnalité	Indicateurs de moyens	➤	Indicateurs de résultats

Source : Cling et al., 2012.

Dans ce tableau comparatif entre PAS et DSRP, on peut observer que les nouvelles politiques des IBW semblent être plus « humaines » dans leur approche sur le développement des PED.

Conclusion du chapitre II

L'évolution dans la conception des politiques économiques de développement, et des courants de pensée théoriques qui les accompagnent, peut être représentée à travers le schéma suivant :

Schéma 4 : Evolution des théories économiques appliquées aux pays en développement de 1945 à nos jours

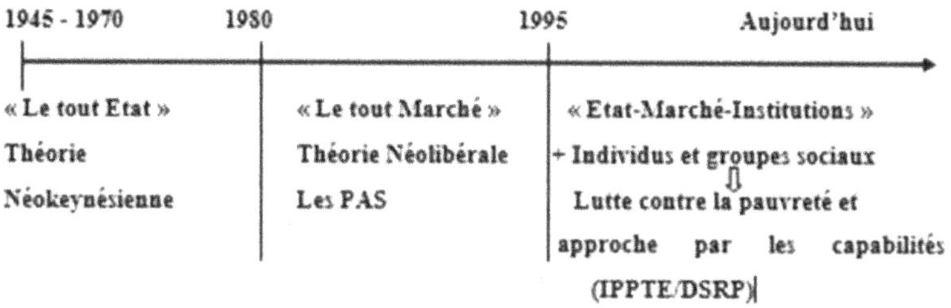

Source : auteur.

Ce schéma montre que l'évolution de la pensée du développement et la conception de son financement se sont bien faites en parallèle.

Comme on peut le constater, de 1945 à 1980, l'acteur central du développement est l'Etat, avec une forte influence de l'approche keynésienne et de ses modèles de planification. Le développement était alors assimilé à la croissance. C'est le choix effectué par la Côte d'Ivoire dans les premières années de son histoire économique et qui a conduit au « miracle ».

À partir de 1980, il y a eu rupture avec l'avènement des PAS et la référence à la pensée du tout marché. Le développement suppose alors une gestion saine de la politique budgétaire et monétaire, avec l'insertion des pays pauvres dans l'économie mondiale. Les mots qui apparaissent alors sur le marché du développement sont : « stabilisation », « ajustement structurel », « conjoncture », etc.

Mais en 1987, avec le constat d'échec des PAS, on assiste à une crise du discours en matière de politiques économiques du développement. Le concept qui émerge dès lors est celui de la lutte contre la pauvreté.

Par conséquent pour conserver leur pouvoir effectif, comme symbolique sur le marché du développement, les IBW effectuant en 1995, un changement de paradigmes dans leurs interventions en s'appuyant sur les travaux de l'UNICEF, d'A. Sen et de J. Stiglitz. Les individus qui peuvent contribuer en tant qu'acteurs à la lutte contre la pauvreté, sont alors mis au centre des stratégies de développement.

Au vu de ces différentes évolutions, nous sommes en droit de nous demander s'il existe une politique économique efficace qui soit capable d'apporter en même temps la croissance et le développement à un pays. Devons-nous compter uniquement sur l'Etat ou sur le marché pour réguler l'économie ? N'y a-t-il pas d'autres facteurs plus complexes qui entrent en ligne de compte ? Cela ne dépend-il pas de la structure de l'économie de chaque pays ? Qu'en est-il du rôle des acteurs sociaux ?

Même si, nous ne sommes pas en mesure de donner une réponse catégorique à toutes ces questions, une chose ressort de l'analyse que nous venons d'effectuer sur l'histoire économique de la Côte d'Ivoire, c'est qu'il nous paraît évident que les politiques économiques de développement ne peuvent être efficaces que si elles sont appliquées dans une conjoncture internationale favorable. Cela est vrai pour la Côte d'Ivoire dont le développement économique a été et demeure essentiellement dépendant de l'extérieur. Dans ce contexte, toute politique de développement devrait se concevoir en tenant compte de ces facteurs externes pour être plus efficace.

En ce qui concerne les nouvelles politiques de lutte contre la pauvreté, bien qu'elles semblent être plus « humaines » que les PAS, il nous paraît important d'effectuer un premier bilan critique de leur application dans les pays en développement.

En effet, après quelques années de pratique et compte tenu de l'ampleur des efforts consacrés à la mise en place de ces programmes, mais aussi de l'importance prépondérante qu'ils ont pris pour les pays concernés et la forte mobilisation de la communauté internationale, on peut se demander où l'on en est réellement aujourd'hui. Le contenu des politiques économiques de développement a-t-il vraiment changé ou s'agit-il seulement d'un habillage différent ? Sont-elles susceptibles d'atteindre les objectifs fixés, surtout en matière de réduction de la pauvreté ? Le processus participatif permet-il une véritable appropriation de ces politiques par les pays et améliore-t-elles la responsabilité démocratique de leurs gouvernants ? De quels moyens dispose les PPTE pour assurer le suivi et l'évaluation de ces politiques ? N'est-il pas seulement question de rapport de force et d'imposition d'un « pouvoir symbolique » engendré sur le marché du développement grâce à l'endettement des PED ? Le discours des experts n'est-il pas devenu trop prolifique en matière de nouveaux mots, au point de perdre de vue le vrai problème qui est la pauvreté ?

Toutes ces questions correspondant à certaines critiques venant des Organisations Non Gouvernementales (ONG), participant à l'élaboration des DSRP.

Nous essayerons donc d'apporter quelques éléments de réponse à ces questions en étudiant dans la seconde partie de notre travail, le

DSRP ivoirien et notamment, les tentatives manquées des différents gouvernements ivoiriens qui se sont succédés en examinant comment il serait possible de reconquérir ce « pouvoir symbolique » du discours propre au développement sur le marché interne, comme sur le marché externe du développement.

DEUXIÈME PARTIE :

De la crise économique à la crise militaro-politique : quelles perspectives d'avenir pour la Côte d'Ivoire ?

> « Il suffit de penser à l'action du système scolaire en matière de langage pour voir que la volonté politique peut défaire ce que l'histoire a fait »
> P. BOURDIEU, *Ce que parler veut dire : L'économie des échanges linguistiques, 1982, p. 139.*

Après dix-huit années d'Ajustement structurel, puis de Facilité pour la réduction de la pauvreté et pour la croissance (FRPC), la Côte d'Ivoire aborde l'année 1999 avec un bilan économique très mitigé et le « pouvoir symbolique » de l'Etat est sérieusement ébranlé au niveau interne.

En effet, malgré les efforts du gouvernement faisant suite à la dévaluation du FCFA en 1994, et le retour de la croissance durant les années qui ont suivi avec un PIB croissant autour de 6% par an sur la période partant de 1995 à 1998, selon P. K. Koffi (2008), l'économie ivoirienne est encore en berne à la fin 1998. On constate que la vulnérabilité structurelle qui la caractérise reprend le dessus et que la croissance du PIB baisse au début de 1999 en repassant sous la barre des 2% à la fin de l'année (1,3% selon P. K. Koffi [2008]). Ceci a pour conséquence de replonger la Côte d'Ivoire dans la spirale de la dette et, surtout, dans l'impossibilité de maintenir ses équilibres macroéconomiques.

Aussi, bien qu'on observe une légère baisse du taux de pauvreté qui passe de 36,8% en 1995 à 33,6% en 1998, grâce aux effets bénéfiques de la dévaluation et de la montée éphémère du cours des matières premières entre 1996 et 1997 (INS - Ministère du Plan et du Développement, 2008), la Côte d'Ivoire est-elle jugée incapable de rembourser sa dette et déclarée éligible à l'Initiative PPTE à la fin du premier trimestre de 1999.

Grâce à cette opportunité offerte par les Institutions de Bretton Woods, le gouvernement nourrit alors l'espoir de pouvoir sortir la Côte d'Ivoire de la spirale de l'endettement et du sous-développement.

Mais cet espoir fut de courte durée, car il n'aura malheureusement pas le temps de se lancer dans la procédure ouvrant droit à l'allègement de la dette au titre de l'IPPTE, pour plusieurs raisons :

- d'une part, les relations entre les IBW et la Côte d'Ivoire se sont beaucoup détériorées au début de l'année 1999, avec un blocage des négociations entre le FMI et le gouvernement ivoirien au mois de février. Cet arrêt des négociations a eu pour conséquence immédiate, la suspension des appuis budgétaires internationaux à la Côte d'Ivoire. Ceci va dans le sens des rapports de force pour le contrôle du « pouvoir symbolique » sur le marché international ou externe, comme nous l'avons qualifié. Le crédit étant le prix de ce marché.
- d'autre part, au niveau du marché interne, le climat est tout aussi tendu sur le plan politique et social, car on assiste à un bras de fer entre le parti au pouvoir et les dirigeants du RDR (parti d'opposition), qui va aboutir à l'arrestation de certains membres importants de ce parti, au courant de l'été 1999.

Dans la même période, les conflits fonciers se multiplient suite au vote de la loi foncière qui met en place un nouveau code foncier en 1998.

Ainsi, comme on peut le constater, le « pouvoir symbolique » du gouvernement est-il mis à mal à la fois au niveau du marché interne qu'externe.

Aussi, bien que les discussions reprennent entre le FMI et la Côte d'Ivoire du 8 au 17 novembre 1999 (Journal Fraternité Matin, 22 novembre 1999), cela n'empêchera malheureusement pas la survenance d'un coup d'Etat le 24 décembre 1999. Ce dernier étant surtout le résultat de l'accroissement des tensions sociopolitiques internes.

La Côte d'Ivoire sombre, dès lors, dans une succession de crises militaro-politiques qui durera pendant toute une décennie. Cette situation ne prendra fin qu'à la suite des élections présidentielles du 31 octobre 2010, avec cependant un durcissement de la crise sur fond de lutte pour le pouvoir. En réalité, c'est seulement le 11 avril 2011 que prend fin la crise postélectorale, avec l'arrestation du président Laurent Gbagbo.

Depuis cette date et l'arrivée au pouvoir du président Alassane Ouattara, la Côte d'Ivoire semble avoir retrouvé le chemin d'une certaine stabilité politique, mais aussi celui de la croissance économique. Elle connaît, depuis 2012, des taux de croissance annuels avoisinant les 9%. En effet, selon la Banque mondiale, le PIB en volume a progressé de 9 %

entre 2012 et 2013. S'il a légèrement baissé à 7,9 %, en 2014, ce taux de croissance réel du PIB a été évalué à 8,6% par le FMI pour 2015, avec toutefois une inflation de 2,3% (FMI, 2016). Fort de ces résultats économiques très encourageants, la Côte d'Ivoire aspire aujourd'hui à devenir un pays émergent, à l'instar de certains pays d'Amérique latine et d'Asie comme la Chine.

Mais, il y a une ombre au tableau, c'est que la croissance a du mal à avoir un effet positif sur la réduction de la pauvreté. Aussi, sommes-nous en droit de nous demander si la Côte d'Ivoire ne devrait-elle pas repenser son modèle de développement, afin de permettre à certaines catégories de sa population de sortir de la pauvreté. Elle doit surtout trouver un sentier de développement qui soit pérenne.

C'est dans ce contexte que nous comptons apporter dans le dernier chapitre de notre travail des éléments de réflexion sur le devenir de la Côte d'Ivoire (chapitre IV). Mais, auparavant, nous allons examiner au début de cette seconde partie les dix années d'instabilité politique sur fond de crise militaro-politique qu'elle a connue à la suite du coup d'Etat de 1999 (chapitre III).

Chapitre III : De 1999 à 2011 : coup d'État, « refondation » et durcissement du conflit

> « La question naïve du pouvoir des mots est logiquement impliquée dans celle des conditions sociales d'utilisation des mots ».
> P. BOURDIEU, *Ce que parler veut dire : L'économie des échanges linguistiques, 1982, p. 103.*

Après quatre décennies de stabilité politique, le destin de la Côte d'Ivoire bascule le 24 décembre 1999, suite à un coup d'État militaire. Cet évènement inattendu marque le début d'une longue période de crises et de turbulences socio-économiques, avec un accroissement vertigineux du taux de pauvreté. Celui-ci double quasiment en l'espace de 10 ans. Ceci s'explique surtout par le fait que les dix années de crise seront marquées par plusieurs évènements traumatisants, qui vont s'inscrire dans l'esprit des ivoiriens. Parmi ces évènements, et hormis le coup d'État lui-même, nous pouvons citer principalement, la période électorale de l'année 2000, la seconde tentative de coup de d'État de 2002, l'affrontement en 2004 entre les jeunes « patriotes » et les français vivant en Côte d'Ivoire, et enfin, la crise postélectorale de 2011.

Comme on peut l'imaginer, l'économie ivoirienne ne cessera de se détériorer pendant toute cette période, avec un taux de croissance du PIB qui sera bien souvent en dessous de zéro.

En effet, comme le montre le tableau n°7 ci-dessus, le taux de croissance du PIB a commencé à être négatif à partir de 2000, même si l'Union Economique et Monétaire Ouest Africaine (UEMOA) le situe à 0,1% pour 2001.

Tableau 7 : Croissance en volume du PIB en Côte d'Ivoire (1998-2002)

Sources	1998	1999	2000	2001	2002
UEMOA	5.4	1.6	-2.3	0.1	-1.2
Jumbo (AFD)	5.7	1.6	-2.5	-0.7	-0.5

Au regard de cette situation, les autorités de la Côte d'Ivoire décident, malgré la situation d'instabilité politique, de poursuivre le processus IPPTE/DSRP, en élaborant après l'élection présidentielle de 2000 un document intérimaire de réduction de la pauvreté (DSRP-I). Ce document accepté par le FMI et la Banque mondiale, met l'accent sur les déséquilibres régionaux entre zones urbaines et rurales, ainsi qu'entre le Nord et les zones forestières du Sud (PNUD/INS, 2000). Mais avec la seconde tentative de coup d'Etat de 2002, le processus d'élaboration du DSRP s'interromp, et la rupture sociale amorcée en fin 1999 est alors définitivement entérinée. La Côte d'Ivoire entre alors dans une longue période de crise militaro-politique (cf. section 1). En mars 2007, suite à un accord de paix conclu à Ouagadougou, le gouvernement ivoirien espère pouvoir utiliser le DSRP comme la base d'un nouveau contrat social, afin de renforcer la cohésion sociale, seule solution pouvant conduire le pays vers une paix durable et un retour de la croissance. Ce second DSRP finalisé en janvier 2009 est finalement rebaptisé Programme National de Développement (PND), après l'arrivée au pouvoir de Monsieur Alassane Dramane Ouattara en 2011. Le PND devient, dès lors, l'ultime instrument visant à reconquérir ce « pouvoir symbolique » perdu dans les échanges linguistiques tant sur le marché interne, que sur le marché externe du développement (cf. section 2).

SECTION 1 :
Fragilisation du pouvoir politique et fracture de la cohésion sociale

La crise sociale ivoirienne était sous-jacente depuis les années 1990, avec l'apparition de manifestations provoquées par les effets négatifs de la mise en œuvre des PAS. Le pire avait pu être évité à plusieurs reprises parce que à l'époque, il n'y avait pas vraiment de lutte ouverte pour le pouvoir présidentiel. La majorité des ivoiriens se prévalait encore du parti unique (le PDCI), fondateur de la Côte d'Ivoire.

L'existence de ce parti unique permettait au gouvernement de l'époque d'imposer son discours comme la seule norme linguistique garante de l'ordre social. Ce discours renvoyait à des mots comme la « paix », l'« unité nationale », l' « hospitalité », etc.

Toutefois, à la fin de 1999, la situation s'avère fort différente, car la création dix ans plus tôt du multipartisme, ainsi que la mise en œuvre d'une démocratie mal gérée, ont politiquement fragilisé la société ivoirienne. On assiste d'ailleurs à l'apparition d'une crise portant sur la reconnaissance et la légitimité de l'ordre social créé auparavant sous le parti unique.

Le retour à une expression plurielle, avec la libéralisation et la démocratisation des médias, aurait dû conduire à la création d'un Etat de droit permettant une plus grande participation de la population à la vie nationale. Pourtant, c'est tout le contraire qui s'est produit durant les dernières années de la décennie 1990 ; elles se caractériseront par une crise sociopolitique d'une ampleur jamais connue auparavant. Aussi, bien que la succession au président Houphouët-Boigny se soit passée dans le calme, et que le président Bédié ait remédié à la vacance du pouvoir jusqu'aux élections de 1995, où il a été réélu, la tension sociale et politique persistera. En effet, dès la disparition du président Houphouët-Boigny, son premier ministre Alassane Ouattara, alors membre du PDCI, a commencé à affirmer ses propres ambitions politiques et, surtout, sa volonté de briguer la magistrature suprême. Juste après les obsèques du président Houphouët-Boigny, s'est créé le parti du Rassemblement des républicains (RDR), qui est en réalité l'œuvre de dissidents du PDCI. Cette scission a contribué à fragiliser la cohésion interne de l'ancien parti unique. Le RDR est créé en 1994 par Djeni Kobina qui en sera le président jusqu'à sa mort en 1999, date à laquelle, Alassane Ouattara en devient le nouveau président. Tous les ingrédients sont désormais réunis pour ce que K. S. Kouassi a appelé « la guerre des héritiers » (Kouassi, 2014). C'est donc dans ce contexte de lutte pour le pouvoir, de fragilité économique et sociale (cf. point I.) due à priori aux effets négatifs des PAS, qu'intervient le coup d'État de décembre 1999 (cf. point II.).

I. Le contexte sociopolitique avant le coup d'État de 1999. La tentative de reconquête du « pouvoir symbolique » au niveau interne

A la veille du coup d'État du 24 décembre 1999, le contexte sociopolitique en Côte d'Ivoire était très fragile et surtout très tendu.

La notion « d'ivoirité » invoquée dans le discours du président Bédié lors du 10ième congrès du PDCI, s'est transformée en une arme utilisée par chaque parti dans sa lutte pour l'accession au pouvoir. L'examen des coupures de journaux de cette période montre, en effet, qu'il s'agit d'une notion qui a fait couler beaucoup d'encre. Les diverses interprétations dont ce concept va faire l'objet mettent de l'huile sur le feu et créent une véritable fracture sociale. À cela s'ajoutent d'autres évènements sociopolitiques tels que les conflits fonciers, qui atteignent un point critique avec les évènements de Tabou fin 1999 (cf. point I.1.). Enfin, le bras de fer qui s'est engagé entre le PDCI et le RDR, sur fond « d'ivoirité » (cf. point I.2.), aboutit dans la même période à l'arrestation de certains membres du RDR et au lancement d'un mandat d'arrêt international contre Alassane Ouattara. Ce qui marque le point de rupture entre le PDCI et le RDR, mettant ainsi fin à la cohésion sociale qui régnait depuis près de trois décennies.

I.1. Le durcissement des conflits fonciers à la fin des années 1990

On peut se demander si les conflits fonciers en Côte d'Ivoire ne sont pas le résultat d'un mode de développement qui s'est avéré être non durable car portant en lui-même les germes de sa déchéance. Nous avons souligné cela dans le chapitre I.

Le fait est que les conflits autour du foncier ont été récurrents en Côte d'Ivoire depuis l'indépendance. A la fin des années 1990, ils atteignent un point critique menaçant la cohésion nationale et la paix sociale, déjà ébranlées par les différentes revendications socio-économiques.

Pour remédier à cet épineux problème qu'est l'accès à la terre, le parlement ivoirien vote en 1998, une loi mettant en place un code foncier, dans le but de réglementer au mieux la gestion du patrimoine foncier.

La mise en place d'un tel code était devenue absolument nécessaire, car pendant les trente années de mandat du président Houphouët-Boigny, il y avait eu un vide juridique sur la question, le principe de référence étant que la « terre appartient à celui qui la met en valeur ».

À l'époque, un tel principe avait, en quelque sorte, force de loi. Il ne posait aucun problème, tout le monde y trouvant son compte, que l'on soit étranger, allogène (immigrés ivoiriens dans d'autres régions de la Côte d'Ivoire plus fertiles) ou autochtone (les résidents ivoiriens propriétaires des terres). Toute question additionnelle pouvait être réglée par le droit coutumier, qui occupe toujours aujourd'hui, une place très importante. Ce slogan était conforme au discours diffusé par le président Houphouët-Boigny qui avait fait de l'hospitalité l'élément clé de son mandat, afin d'édifier une société de paix. Mais cette époque était révolue dans les années 1990.

Le fait est qu'au début des années 1960, le problème de l'accessibilité à la terre en Côte d'Ivoire ne se posait guère, car le pays disposait d'un fort potentiel en ce domaine. La forêt tropicale ivoirienne au lendemain de l'indépendance ne couvrait pas moins de 12 à 15 millions d'hectares cultivables[1], d'où la volonté du gouvernement de l'époque d'axer le développement du pays sur la mise en valeur de ce potentiel agricole en défrichant les terres. La politique était alors de faciliter l'accès de la terre à ceux qui voulaient la mettre en valeur, y compris les migrants venus des pays limitrophes, dont la main d'œuvre devenait ainsi, une manne pour le pays. Le développement de la Côte d'Ivoire s'est donc opéré grâce à l'agriculture, en promouvant la culture du café et du cacao sur ces nouvelles terres.

Mais, l'accès à cette ressource qu'est la terre va rapidement poser problème. Avec la limitation des surfaces cultivables, s'est alors posé la question de la répartition des terres, comme facteur essentiel de production. Une question qui est devenue préoccupante en l'espace de trente ans, car le foncier ivoirien a subi des dégâts considérables, au point de ne plus couvrir qu'un peu plus de 2 millions d'ha aujourd'hui (Ministère du Plan et du Développement, 2012). Cette réduction vertigineuse du patrimoine forestier ivoirien s'explique par plusieurs facteurs, notamment :

- l'exploitation forestière datant d'avant l'indépendance du pays ; elle a constitué pendant longtemps la troisième source de richesse pour la Côte d'Ivoire. Cela s'est fait au prix de la destruction d'essences nobles telles que le bois bété, le sipo, l'avodiré, le niangon, etc., qui sont

[1] Le chiffre diffère selon la source d'information. 15 millions d'hectares pour Fraternité matin (article du 29 août 1990 p.13) ou 12 millions d'hectares selon l'Institut de recherche pour le développement (IRD) (Cogneau & Mesple-Somps, 2002).

difficilement remplaçables. De plus, pour abattre un arbre, les exploitants forestiers ont détruit toute la végétation environnante. Si bien que la Société pour le développement des plantations forestières (SODEFOR) créée en 1966 pour procéder à la réalisation d'un programme de reboisement, ne pourra guère modifier les données du problème.

- les feux de brousse et l'agriculture extensive. Les feux de brousse ont largement contribué à aggraver les effets des défrichements au cours des années de sécheresse, particulièrement en 1981[2].
- la pression démographique due à l'immigration massive des populations de pays limitrophes en quête de terres cultivables, ce qui manquait chez eux. C'est surtout ce dernier facteur qui est devenu problématique, parce que la Côte d'Ivoire se trouvera vite débordée par cet afflux massif d'immigrants.

Ce problème du foncier naît donc de la diminution des terres cultivables, due à une surexploitation de la forêt, et de la croissance démographique résultant de la forte migration des pays avoisinants, additionné à la forte natalité[3] locale.

C'est ce que montre le graphique suivant qui représente l'évolution de la population ivoirienne de 1961 à 2003.

[2] La sécheresse de 1981 est l'une des plus importantes qu'ait connues la Côte d'Ivoire.

[3] Selon la Banque mondiale, l'indice de fécondité était de 4,5 enfants/femme en 2006, avec un taux de natalité à 35.11%

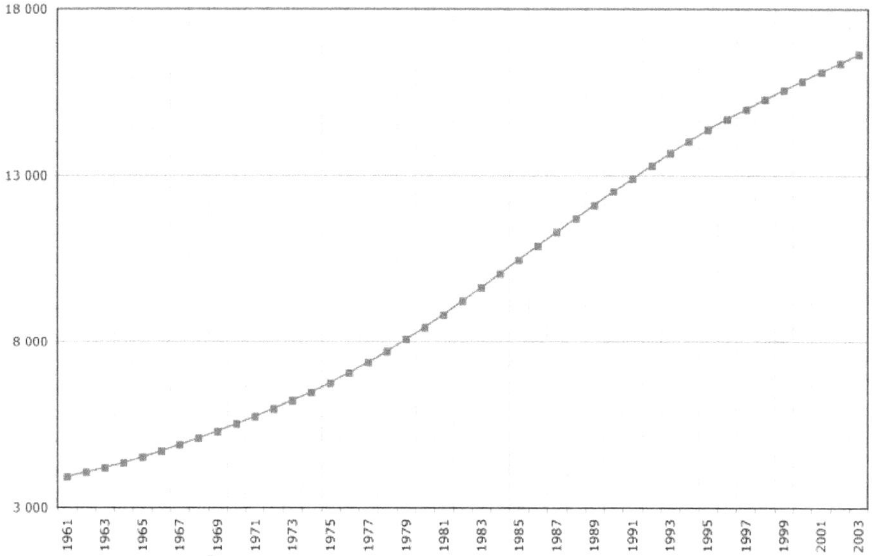

Graphique 1 : Évolution de la population de la Côte d'Ivoire entre 1961 et 2003, en milliers d'habitants

Source : FAO, 2005 In INS - Ministère du Plan et du Développement, 2008.

Par ailleurs, cette croissance démographique régulière est aussi le résultat des progrès sanitaires et de l'augmentation de l'espérance de vie qui a permis aux parents de conserver un peu plus longtemps leurs terres avant de les transmettre à leurs propres descendants (Dubois, 2006).

Enfin, il faut ajouter à cela, l'augmentation de la pauvreté au cours des années 1990, qui impose au gouvernement ivoirien de favoriser le retour à la terre pour les jeunes, afin d'éviter l'accroissement du chômage en milieu urbain.

Tous ces facteurs sont à l'origine des tensions entre les ivoiriens et les immigrés d'origine africaine installés depuis longtemps sur ces terres comme métayers ou pratiquant le faire valoir direct (PNUD, 2004).

L'histogramme ci-après, montre la progression des migrations de population, qu'elles soient ivoiriennes ou étrangères, vers les régions de culture du café et du cacao.

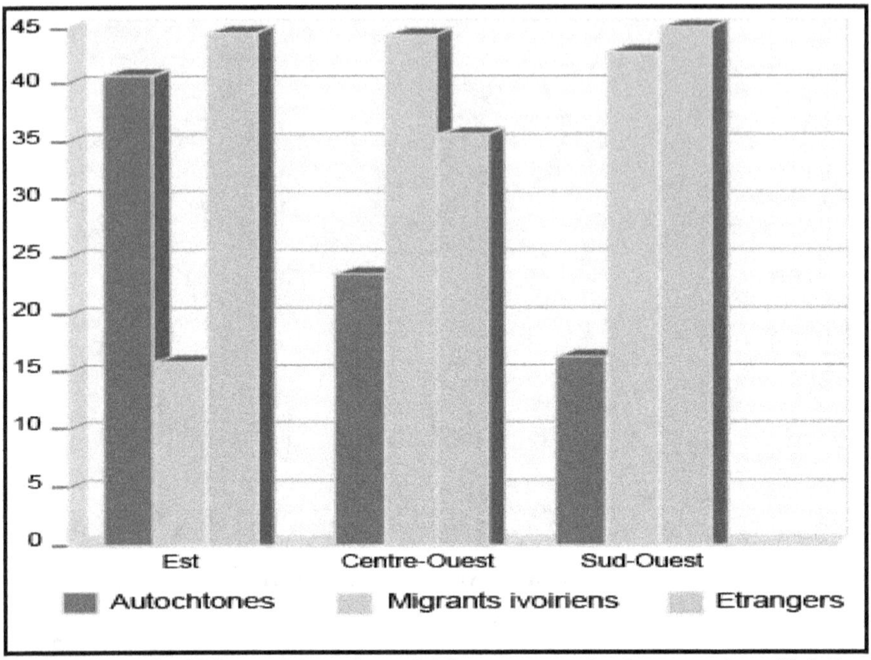

Graphique 2 : Répartition des résidents par ethnie et nationalité dans les principales zones de culture du café-cacao en 1998

Source : INS - Ministère d'Etat, Ministère du Plan et du Développement, 1998.

On constate sur cet histogramme que les populations migrantes ivoiriennes (allogènes) et étrangères sont plus nombreuses que les autochtones dans le Centre-ouest et le Sud-ouest. A l'Est, les migrants ivoiriens sont en nombre inférieur à l'ensemble des étrangers et autochtones.

Cette ruée vers les terres cultivables créée des tensions et, notamment, des conflits entre ces différents groupes. Selon le PNUD, ces conflits s'expliquent surtout par le fait que « la propriété individuelle n'est pas reconnue par la société traditionnelle, en raison du caractère inaliénable des terres » (PNUD, 2004).

La Côte d'Ivoire connaîtra plusieurs conflits fonciers qui opposeront différents groupes : Bétés contre Bétés, Bétés contre les Baoulés, Didas et Burkinabés, etc. Mais ceux de la fin des années 1990 qui opposent en 1998, Baoulés et Guérés à Fengolo dans le département de Duékoué et, plus particulièrement, Kroumens et Burkinabés à Tabou en 1999, seront fort préjudiciables à la cohésion sociale.

C'est pourquoi, le vote d'une loi foncière le 23 décembre 1998 (modifiée par la loi du 28 juillet 2004) s'avérait nécessaire et salutaire.

Cette loi était censée réglementer l'accès à la terre en Côte d'Ivoire, une bonne fois pour toutes.

Cependant, bien que la loi dans ses articles 1 et 26 affirmait le respect des droits acquis et le maintien de situations antérieures, les étrangers se sont finalement sentis exclus de la propriété foncière rurale pour des raisons politiques liées à la très forte immigration.

C'est, malheureusement, une mauvaise interprétation de cette loi par les autochtones, à qui les élus locaux n'avaient pas bien expliqué les tenants et aboutissants, qui dès sa mise en application conduira à des dérapages. Les autochtones s'en sont servis pour exclure de la propriété non seulement les immigrés étrangers, mais aussi les autres ivoiriens immigrés (allogènes) sur leurs terres. Pour les autochtones, les immigrés étrangers et ivoiriens allogènes sont tous considérés comme des étrangers sur leurs terres. En effet, étant donné que la loi excluait les étrangers de la propriété, la notion d'étrangers a été mal comprise et surtout mal interprétée dans certaines régions forestières où les paysans ont fait un amalgame entre ivoiriens allogènes et étrangers. Dans la réalité, nous pouvons déduire de ceci, qu'aucun groupe socio-ethnique n'a été particulièrement visé par les essais de régulations de ces conflits fonciers.

Cependant, dans un contexte sociopolitique très tendu, où tout étranger se reconnait en la personne du leader du RDR, Alassane Ouattara, à qui on oppose aussi son origine étrangère pour le mandat présidentiel, le fait que la loi n'accorde pas le droit de propriété rurale aux immigrés étrangers est très mal vécu par ces derniers. Ils se sentent, en effet, exclus et privés des bénéfices dans un pays qu'ils ont contribué à construire par leur travail dans les plantations de café-cacao. Si bien que l'éclatement d'un conflit foncier opposant burkinabés et kroumens dans la région de Tabou, en novembre 1999, qui s'est traduit par des pertes en vies humaines (Jolivet, 2003)[4] sera interprété par certains comme l'une des conséquences du concept « d'ivoirité », dorénavant considéré comme un concept d'exclusion des étrangers.

I.2. « L'ivoirité », un concept mal compris et trop souvent manipulé

Ce concept et l'utilisation qui en a été faite par les ivoiriens, montre comment un mot à priori anodin, peut influencer négativement la trajectoire économique et politique de tout un pays. Avec l'ivoirité, la théorie de P. Bourdieu (1982) sur le pouvoir des mots prend tout son sens.

---

[4] le bilan officiel fait état de six morts et d'une trentaine de disparus.

Ainsi, comme il le dit si bien, « *il n'y a pas de mots innocents* » (p. 19) et la « *question naïve du pouvoir des mots* » (p. 103) est comme il le souligne, « *logiquement impliquée dans celle des conditions sociales d'utilisation des mots* » (p. 103).

I.2.1. Genèse et évolution du concept d'ivoirité

L'ivoirité est certes un concept ambigu. Il est d'ailleurs considéré comme l'un des facteurs ayant contribué à l'amplification de la crise sociopolitique qu'a connue la Côte d'Ivoire à la fin des années 1990 (Dozon, 2012 ; Hofnung, 2011).

Faisant référence à ce concept, certains auteurs parleront même d'une « *éthique du mal* » (Jarret & Mahieu, 2002).

La question qui se pose est alors de savoir si on doit considérer l'ivoirité comme une expression relevant de l'« éthique du mal » ou bien s'il s'agit plus simplement d'un concept qui a été mal compris et, surtout, sciemment manipulé par les acteurs de la scène politique ivoirienne, dans un contexte de tensions sociales extrêmes?

Pour tenter de fournir des éléments de réponse à ce questionnement, il nous semble important de revenir sur la naissance même de ce mot, qui au demeurant, n'existe pas dans le dictionnaire.

Le terme de l'ivoirité est en effet un néologisme, c'est-à-dire un mot créé de toutes pièces par des étudiants ivoiriens vivant à Dakar afin de pouvoir se retrouver autour d'une culture commune et de valeurs partagées. Il apparait pour la première fois en 1945, à une époque où la seule grande école de l'Afrique de l'Ouest se trouvait à Dakar au Sénégal[5].

Le concept a ensuite été utilisé de façon officielle dans un article de D. N. Porquet, écrivain ivoirien[6], intitulé « *ivoirité et authenticité* » paru dans le journal Fraternité Matin de 1974 (Jolivet, 2003). Il ne sera suivi d'aucun effet et passera même inaperçu. Et cela, bien que la définition donnée par

[5] L'École normale William Ponty était l'école normale fédérale de l'AOF. Elle a formé la plupart des instituteurs, médecins et cadres d'Afrique de l'Ouest dont de nombreux ministres et chefs d'État ou de gouvernement, notamment Félix Houphouët-Boigny, avant l'accession à l'indépendance au début des années 1960, des pays membres de cette organisation.

[6] D. N. Porquet (1948-1995) est lauréat de plusieurs prix littéraires et autres distinctions. Il a entre autres reçu : le Prix du Concours de Poésie de Fraternité Matin (1970), le Prix de Poésie écrite et dite à la télévision (1972) et du Prix théâtral de Radio Belgrade (1983). Il a aussi été membre du jury international du concours radiophonique de Radio France Internationale (1983) et est Chevalier dans l'Ordre du Mérite culturel ivoirien (1991).

cet écrivain s'avère être semblable à celle qu'en donnera, quelques années plus tard, le président Bédié.

Pour D. N. Porquet, l'ivoirité est un concept visant à définir la nationalité ivoirienne dans un processus de démocratisation et d'unification nationale pour une société en manque d'imaginaire "globalement national". Il vise à promouvoir toutes les cultures et productions nationales en s'appuyant sur quelques fondements essentiels.

Il nous semble là utile de faire un parallèle avec l'idée d'ivoirisation des cadres, responsables et décideurs de l'économie ivoirienne qui a été vivement recommandée par la Banque mondiale (1977). Comme nous l'avons montré dans le chapitre I, le terme « d'ivoirisation » visait à mettre tous les secteurs de l'économie, sous la responsabilité de cadres ivoiriens.

C'est pour se conformer à ces recommandations de la Banque mondiale, que le président Houphouët-Boigny avait créé en 1978 un « Ministère du travail et de l'ivoirisation ». Ce ministère permettait que certains postes soient réservés de façon prioritaire aux ivoiriens. Cette « ivoirisation » des emplois s'est ensuite progressivement étendue de la fonction publique aux entreprises privées. Une structure publique appelée l'Office de la Main d'Œuvre de Côte d'Ivoire (OMOCI) a été créée pour faciliter l'accès des ivoiriens à ces emplois réservés. Grâce à l'OMOCI, un grand nombre de postes dans le public, comme dans le secteur privé ont alors été « ivoirisés ». Cette « ivoirisation » des cadres n'a connu aucune critique, ni interne, ni externe, car le contexte économique de l'époque était favorable à cette démarche qui convenait à tout le monde.

Il faut ainsi noter que l'ivoirité est, fondamentalement, une notion qui permet de mieux définir et préciser la nationalité ivoirienne à travers un processus de démocratisation et d'unification nationale, ce qu'affirmait déjà l'écrivain D. N. Porquet. Concrètement, elle permet de regrouper l'ensemble des valeurs culturelles, des us et coutumes, mais aussi des traits de caractéristiques communs aux ivoiriens. Le concept se fondant sur des dimensions culturelles, il permet de promouvoir rapidement des productions culturelles et nationales. Dès lors, l'ivoirité peut être utilisée comme un outil commercial à travers les médias (radio, panneaux d'affichage, journaux et nouvelles à la télévision), tout comme le slogan fort simple de « consommez ivoirien ». Un message qui est clair et simple, et qui fait l'éloge de la consommation alimentaire des différentes régions et de l'ensemble du pays, du Nord au Sud et d'Est en Ouest. Vu sous cet angle, l'ivoirité est loin d'être un concept xénophobe qui facilite l'exclusion. En ce sens, que devrons nous dire concernant le slogan gabonais affiché à l'aéroport de Libreville qui stipule clairement : « les Gabonais d'abord » ? En quoi ce slogan est-il différent de l'ivoirité ? N'est-il pas encore plus exclusif d'autres populations ? Au regard de ce slogan gabonais, l'ivoirité peut surtout s'interpréter comme étant bien plus inclusive.

Cependant, lorsque le président Bédié reprend à son compte le concept d'ivoirité, lors du 10e congrès du PDCI en aout 1995[7], le contexte socio-économique et politique du pays a beaucoup changé. Aussi, bien que le mot n'apparaisse qu'une seule fois dans ce discours programme de douze pages et presqu'à la fin, dans la rubrique « promouvoir la personnalité culturelle ivoirienne », c'est lui qui retiendra l'attention. Et ce, contrairement au slogan « oui, nous pouvons », répété tout au long du discours. Or, ce même slogan du chanteur noir américain Sammy Davis Junior[8] « *yes we can* », sera repris en 2008 par le président Obama, lors de sa campagne pour les élections présidentielles américaines. Il sera alors mondialement relayé. C'est tout de même paradoxal qu'en Côte d'Ivoire, il soit passé inaperçu treize ans plus tôt, alors qu'il aurait aussi pu être la locomotive du projet de développement ivoirien, et surtout, d'un projet pour une nouvelle société.

Si, le concept « d'ivoirité » prend autant d'importance, c'est bien parce que la Côte d'Ivoire traverse depuis une quinzaine d'années, une crise économique sans précédent et subi, depuis lors, les effets négatifs des ajustements structurels, avec leur lot de revendications sociales. Par ailleurs, au niveau politique, bien que la succession du président Houphouët-Boigny se soit faite dans le calme, des tensions sont nées au sein du PDCI. Des rivalités sont apparues qui ont conduit à la création du Rassemblement des Républicains (RDR), en septembre 1994 par une partie des membres du PDCI, avec à leur tête, Djéni Kobina, un proche

---

[7] « *A travers l'unité de la Nation et de ses conditions essentielles : l'impartialité de l'Etat, le rééquilibrage entre les régions, la régionalisation, la réalisation d'une société moins inégalitaire et plus solidaire, ce que nous poursuivons, c'est bien évidemment l'affirmation de notre responsabilité culturelle, l'épanouissement de l'homme ivoirien dans ce qui fait sa spécificité, ce que l'on peut appeler son ivoirité* », extrait du discours programme du président Bédié du 26 août 1995 (« Nous pouvons », 1995).

[8] A ce sujet le président Bédié disait, dans son discours programme de 1995 que : « *Ecrivant à la fin de sa vie ses souvenirs, le chanteur noir américain Sammy Davis Junior, qui avait eu à surmonter les atteintes de la poliomyélite et avait perdu un œil au cours d'un accident, leur donna pour titre ces simples mots : « yes I can ». Eh bien, à mon tour, je veux vous dire : « yes we can » ou plutôt puisque nous sommes francophones : oui, nous pouvons* » (« Nous pouvons », 1995).

d'Alassane Ouattara (Dozon, 2012). Dans la même période, en décembre 1994, un nouveau code électoral a été adopté par l'Assemblée nationale.

A ce niveau, il nous semble nécessaire de rappeler que jusqu'en 1972, il suffisait d'être né en Côte d'Ivoire pour acquérir la nationalité ivoirienne. La règle qui prévalait était *le jus solis*, c'est-à-dire le droit du sol. En 1972, une loi introduit le *jus sanguinis,* le droit du sang, en posant comme obligation pour être considéré comme ivoirien, d'être né de père et/ou de mère ivoirien. On peut comprendre ce changement de la règle de droit, en soulignant que ce texte de 1972 a fait suite à la première mission de la Banque mondiale en Côte d'Ivoire, qui s'est effectuée la même année. Cette mission, que nous avons déjà mentionnée dans la première partie de ce travail, était préparatoire au rapport de base de 1977. Elle mettait déjà l'accent sur « l'ivoirisation » et recommandait à la Côte d'Ivoire de prendre des mesures pour limiter la trop forte immigration, afin d'éviter que cela ne pose des problèmes dans le futur.

Ce texte supposait déjà, mais de façon implicite, que pour être président de la République ivoirienne, il fallait être né de père et/ou de mère ivoiriens.

Mais, contrairement au texte de 1972, le nouveau code électoral adopté le 23 novembre 1994, stipule en son article 49 que : « nul ne peut être élu président de la république, s'il n'est pas ivoirien de naissance, né de père et de mère eux-mêmes ivoiriens de naissance ». Cette nouvelle disposition, bien que plus restrictive, se limite aux seuls candidats à la magistrature suprême et non pas à l'ensemble de la population ivoirienne. Ce qui signifie que le fait d'avoir un parent ivoirien est suffisant pour acquérir la nationalité. Ce même code exige, par ailleurs, que toute personne dirigeant un parti politique soit d'origine ivoirienne.

Notons à ce titre que la Côte d'Ivoire n'est pas le seul pays à imposer des règles de droit pour la présidence. Aux Etats-Unis par exemple, le fait de ne pas être né sur le territoire américain est disqualifiant pour être candidat à la présidence. D'ailleurs, l'acteur américain Arnold Schwarzenegger en a subi les conséquences et n'a pas pu se présenter comme candidat républicain à la présidence des Etats-Unis, alors même qu'il avait été gouverneur de l'Etat de Californie pendant six ans.

Le code électoral de 1994 supprime aussi le droit de vote accordé à ceux qui étaient étrangers en 1990, c'est-à-dire juste avant les premières élections multipartites. Il a alors été considéré par le FPI et son leader, comme une manœuvre politique de la part du président Houphouët-Boigny pour recueillir leurs voix.

C'est conformément aux dispositions de ce code électoral, que lors des élections de 1995, la candidature d'Alassane Ouattara a été invalidée. A partir de ce moment, le RDR et le FPI de Laurent Gbagbo, regroupés au sein d'un Front républicain ont décidé de boycotter l'élection présidentielle. Henri Konan Bédié, alors à la tête du PDCI, a ainsi été élu avec près de 96% des voix[9].

Cependant, malgré ces évènements, le concept d'ivoirité n'a pas pour autant soulevé de passions.

Le dérapage ne commencera qu'un an plus tard, en 1996, lorsque le nouveau président Bédié demanda à un groupe d'intellectuels de réfléchir sur « la spécificité de l'homme ivoirien », sur ce qu'il avait auparavant appelé son ivoirité, une promesse qui avait été faite lors de son discours programme de 1995. C'est ainsi qu'a été créée, la Cellule universitaire de recherche et de diffusion des idées et actions politiques du président (CURDIPHE). Certains universitaires issus de cette cellule, tels que l'historien Pierre Kipré se lancent dès lors, dans des tentatives de définition du concept d'ivoirité. Ces initiatives ont contribué à enlever au concept, le sens premier que lui avait donné le président lors de son discours. Pierre Kipré invente, par exemple, la notion « d'ivoirien de souche multiséculaire » en se référant à l'ivoirité (Hofnung, 2011).

Ainsi, ce concept, a priori rassembleur, se transforme peu à peu en socle de division opérant ainsi une fracture au sein de la cohésion sociale ivoirienne.

De ce fait, certains politiciens nationalistes, des médias nationaux et internationaux ainsi que la classe politique dans son ensemble ont changé le sens premier de cette expression et entrainé une propagande négative autour d'elle.

En ce qui concerne les médias internationaux, nous pouvons citer pour la France, le *Canard enchainé* du 17 novembre 1999 qui dans un article intitulé « Une odeur de lepenisme chez notre ami de Côte d'Ivoire », ira même jusqu'à traiter la Côte d'Ivoire de racisme et de pays xénophobe (Journal Fraternité Matin, 20 novembre 1999). Ce, alors même qu'en matière d'accueil des étrangers, l'exemple ivoirien n'a pas d'équivalent en Afrique de l'Ouest, car ces derniers sont présents dans tous les secteurs d'activités et, en particulier, dans l'agriculture.

L'une des raisons de la mauvaise interprétation du concept d'ivoirité résulte de la confusion avec le code électoral intervenu dans la même période, alors que ce dernier ne relève que du domaine juridique. Une

[9] 96% pour Thomas Hofnung et 95% selon J.-P. Dozon (2012).

confusion qui n'avait pas lieu d'être, car l'ivoirité n'était, à l'origine, qu'un projet culturel ayant pour finalité de faire prendre conscience de l'émergence d'une personnalité culturelle ivoirienne nouvelle. Le code électoral, quant à lui, visait à définir la nationalité des candidats aux postes électifs. Il est donc clair que ces deux approches de l'ivoirité n'avaient pas le même but. Ce sont d'ailleurs, les dispositions de ce code électoral qui créeront un problème en 1999, à la veille de l'élection présidentielle de 2000 (Journal Fraternité Matin, 26 novembre 1999).

En effet, considéré par beaucoup comme taillé sur mesure pour exclure la candidature d'Alassane Ouattara de l'élection présidentielle, le code électoral sera systématiquement rattaché au concept d'ivoirité, et donnera naissance à ce que certains appelleront « l'affaire Alassane Ouattara » ou « le cas ADO », comme le souligne T. Hofnung (2011).

I.2.2. L'extension du concept au « cas ADO» ou « l'affaire Alassane Ouattara »

En 1993, après sa démission de son poste de premier ministre, Alassane Ouattara part occuper un poste au FMI en qualité de directeur général adjoint (poste important qui n'a jamais été occupé par un africain dans cette institution). Son mandat prendra fin au cours de l'année 1999.

Dans la même période, Djéni Kobina fondateur et président du RDR décède. Le 1er août 1999, lors du premier congrès du RDR, Alassane Ouattara est alors élu comme président du RDR.

Dès lors, il se voit opposer les dispositions du code électoral sur les conditions requises pour être président d'un parti politique en Côte d'Ivoire. Les documents produits par Alassane Ouattara pour justifier de sa légitimité à occuper un tel poste sont rejetés par les autorités compétentes. C'est le début de « l'affaire Ouattara », qui sera marquée par une longue période de bras de fer entre le RDR et le PDCI alors au pouvoir, et ce jusqu'au coup d'Etat de décembre 1999. Mais les hostilités vont se poursuivre même après le changement de régime en 2000.

Ce qui est singulier dans cette affaire, c'est le fait que la communauté internationale dans son ensemble va s'en mêler, pays africains comme occidentaux, à tel point que les autorités ivoiriennes iront jusqu'à parler d'ingérence extérieure dans les affaires internes à la Côte d'Ivoire et dénonceront à plusieurs reprises cette ingérence[10]. Car le principe de non-

[10] Plusieurs articles du journal *Fraternité matin* traitent de cette ingérence extérieure au quatrième trimestre de 1999, particulièrement au mois de novembre. Nous pouvons par exemple, citer le numéro du 27-28 novembre, qui retranscrit dans son intégralité

ingérence va de pair avec la souveraineté d'un Etat. En effet, n'est-ce pas porter atteinte à la souveraineté de l'État ivoirien que de vouloir lui imposer une volonté extérieure ? Que pouvons-nous dire de la prise de position pour un camp ou l'autre dans une affaire relevant strictement du droit interne d'un État ? Le respect des textes de loi en vigueur ne s'impose-t-il pas à tout citoyen qui réside sur le territoire ivoirien ? Certes, ce territoire a été déterminé de façon arbitraire à l'époque de la colonisation, c'est-à-dire, sans tenir compte de l'implantation des populations qui y vivaient et qui pouvaient alors se trouver de part et d'autre des frontières. Mais, ce fait historique est-il suffisant pour exonérer certains citoyens de l'application des lois, étant donné que ces anciennes colonies sont devenues aujourd'hui des Etats à part entière ? Les mêmes exemples de populations vivant de part et d'autre d'une frontière se trouvent aussi en Europe où les territoires ont été formés à la suite de conquêtes. Ainsi, trouve-t-on des basques en France et en Espagne, etc. Ce qui n'empêche pas la France et l'Espagne d'être deux Etats distincts avec un peuple et un territoire bien délimité selon des normes et des principes de droit qui les régissent. Pourquoi cela devrait-il être différent pour la Côte d'Ivoire, alors même qu'elle a été reconnue comme Etat à part entière et donc jouissant de prérogatives qui lui permettent d'instaurer les normes et les lois indispensables à la constitution d'un Etat de droit ?

De plus, la Charte des Nations-unies proclame le principe du droit des peuples à disposer d'eux-mêmes (article 1 al.2 de la CNU). Il résulte de ceci que la non-ingérence est le principe de base et que l'ingérence demeure une exception qui requiert des conditions bien définies[11]. Alors qu'en est-il des cas d'ingérences médiatiques, peut-on aussi les considérer comme de l'ingérence ?

En effet, contrairement à une ingérence armée, qui elle est visible et matérialisée, le premier cas s'avère être beaucoup plus insidieux. Ce sont ces ingérences insidieuses qui, dans le cas de la Côte d'Ivoire, ont contribué à envenimer la situation et surtout les tensions communautaires préexistantes. Là encore, le rapport de force dans la confrontation linguistique, au sens de P. Bourdieu, a été défavorable à la Côte d'Ivoire.

---

un message du président Bédié intitulé : « La déstabilisation ne passera pas » où il est question de cette ingérence extérieure.

[11] En effet, l'ingérence et donc la violation de la souveraineté d'un Etat ne peut être possible que s'il s'agit de la défense des libertés et droits de l'Homme.

Au niveau interne, la période préélectorale n'a pas non plus facilité l'apaisement, notamment, lorsque les plus nationalistes se sont servis de l'ivoirité comme argument pour justifier l'exclusion d'Alassane Ouattara de la course présidentielle. Ces derniers disposaient d'un élément légal, voté par une Assemblée Nationale élue par le peuple : le code électoral. La loi n°98-387 du 2 juillet 1998 portant modification du code électoral ivoirien stipulait en son article 9 que : « le candidat à l'élection présidentielle doit être âgé de 40 ans au moins et de 75 ans au plus. Il doit être ivoirien de père et de mère, eux-mêmes ivoiriens de naissance ». Le code de nationalité ivoirienne a été ainsi fondé, comme nous l'avons précédemment souligné, sur le droit du sang, sauf en cas de naturalisation.

C'est donc conformément aux dispositions de cette loi qu'une information judiciaire pour faux commis dans des documents administratifs, usage de faux et complicité a été ouverte contre Alassane Ouattara, le 23 septembre 1999. Ce mandat faisait suite à une enquête diligentée par la police judiciaire aux fins de vérifier l'authenticité des documents administratifs produits par ce dernier (Journal Fraternité Matin, 16 novembre 1999).

Suite à l'application de ce texte, l'opposition a pris elle aussi le parti de jouer sur ce concept d'ivoirité, sans aucun complexe et en jouant sur le ressentiment des «nordistes» pour tenter de les rallier au parti du Rassemblement des républicains, RDR (Akindes, 2011).

De plus la dimension religieuse de l'ivoirité apparaît avec Alassane Ouattara lui-même, lorsqu'il justifie sa disqualification de la course à la présidence en disant à Paris dans une conférence de presse « que l'on ne veut pas d'un musulman du nord à la tête du pays » (Journal Fraternité Matin, 11 novembre 1999). Argument qui instaure dès lors, le fondement d'un clivage Nord-Sud. Ce, même si, en Côte d'Ivoire, il n'y a pas de "musulmans" dans le Nord, de "chrétiens et animistes" dans le Sud, car ethnies et religions ne sont pas si étroitement liées, contrairement à l'analyse de E. Jolivet (Jolivet, 2003). Certes, il y a une certaine opposition Nord/Sud sur le plan économique, mais cette opposition ne se manifeste pas dans les rapports sociaux entre populations. Même si quelques dérives ont pu être constatées concernant les contrôles des policiers, le problème se situe essentiellement au niveau politique.

Malgré cette cohabitation entre populations et religions, les dés étaient d'ores et déjà jetés pour engendrer une division Nord-Sud qui se trouvera effectivement matérialisée trois ans plus tard. On peut alors se demander comment la Côte d'Ivoire a-t-elle pu en arriver là et quelle est la part de responsabilité des leaders ivoiriens dans la naissance de cette crise ?

Au dernier trimestre 1999, les rapports linguistiques demeurent cristallisés sur le concept d'ivoirité et le gouvernement Bédié maintient sa position, en se référant à la loi. Aussi, afin de prendre le contrôle du « pouvoir symbolique », le RDR et ses dirigeants adoptent une autre tactique.

En octobre 1999, ils décident pour valider la candidature de leur candidat, d'entreprendre une série de manifestations, notamment des marches. A partir de ce moment, la lutte pour la reconquête du « pouvoir symbolique » ne se fait plus seulement au niveau des discours, elle est aussi transposée par des postures dans la rue.

Le 27 octobre, la situation s'aggrave lorsqu'à la suite d'une marche organisée par le RDR, plusieurs militants de ce parti, dont la secrétaire générale, Mme Henriette Diabaté sont arrêtés et condamnés à l'issue d'un procès de trois jours, à deux ans de prisons et 500 000 FCFA d'amendes, conformément à la loi anti-casse. Une loi qui fut votée le 30 juillet 1992 sous l'impulsion d'Alassane Ouattara, alors premier ministre de la Côte d'Ivoire. Cette même loi avait d'ailleurs été appliquée, à l'époque, pour Laurent Gbagbo et ses partisans, par suite d'une marche organisée en février 1992 et qui avait aussi occasionné des dommages. Les membres du FPI, dont Laurent Gbagbo lui-même, avait alors été condamnés à une peine de deux ans de prison.

La similitude entre les deux situations permet une comparaison, sauf qu'en février 1992, lors de l'application de cette loi anti-casse aux partisans du FPI, il s'agissait pour tous, de l'application pure et simple du droit ivoirien. Personne n'invoque alors d'arguments basés sur la discrimination.

L'application de la même loi au RDR en 1999, dans le contexte sociopolitique tendu que nous avons évoqué, sur fond d'ivoirité, va malheureusement mettre à mal la cohésion sociale et l'unité nationale du pays. En effet, le refus du président Bédié de libérer les prisonniers RDR, sera la justification majeure du coup d'Etat.

Au vu de tout ce qui précède, nous pouvons conclure que le concept d'ivoirité a contribué malgré lui, à accentuer exagérément une particularité, celle de l'identité ethnique, surtout dans un contexte multiculturel. Cette situation favorise de fait la violence. Ceci, conformément à la dynamique esquissée par A. Sen (2006) dans «Identité et violence».

En définitive, tout le monde semble convenir aujourd'hui, que le concept d'ivoirité doit être abandonné, car il a constitué le ciment sur lequel s'est construit le coup d'État de décembre 1999.

II. Le coup d'État de 1999 et la fin de la stabilité politique en Côte d'Ivoire

Le 24 décembre 1999, une mutinerie militaire se transforme en coup d'Etat. La crise économique se double ainsi d'une crise militaro-politique qui va durer toute une décennie.

Deux jours avant cette date, la population ivoirienne était loin de se douter de ce qui l'attendait, lorsque le président Bédié adresse son message et ses vœux de fin d'année à la Nation ivoirienne le 22 décembre 1999.

En effet, dès le lendemain matin, de jeunes militaires descendent dans les rues d'Abidjan avec des armes. Ce groupe de soldats issus du contingent ivoirien de la Mission des Nations-Unies pour la République centrafricaine (MIUNRCA) ayant participé à des opérations de maintien de la paix pour le compte de l'ONU venait de se retourner contre sa hiérarchie. Il réclame notamment le paiement d'arriérés de soldes et de primes alloués par les Nations unies (Koffi, 2008), au titre d'une mission pour laquelle ils avaient passé onze mois à Bangui (Kouassi, 2014). Comme on peut le constater il s'agissait au départ d'une simple revendication de primes, mais très vite cela se transforme en un coup d'Etat. On qualifie de coup d'Etat tout renversement de pouvoir politique par la force. Il est souvent dû à l'initiative d'une personne soutenue par l'armée ou d'un groupe d'officiers appelés putschistes, car non investis d'une autorité constitutionnelle ou légale. Le coup d'Etat se distingue en cela d'une révolution qui, elle, est populaire. C'est pour cette raison que nous pouvons qualifier ce qui s'est passé en Côte d'Ivoire comme tel.

En effet, le 24 décembre 1999, pour calmer les militaires, le président Bédié les reçoit à Daoukro (son village natal), afin d'écouter et de satisfaire leurs revendications. Toutefois, un désaccord se produit entre le président de la République et les jeunes militaires sur un seul point de revendication, à savoir la libération immédiate des prisonniers politiques du RDR. Pour justifier ce refus de libérer les prisonniers politiques, le président s'en remet au principe de la séparation des pouvoirs et à l'application de la loi et de la justice.

A partir de cet instant, les militaires mettent fin aux négociations et refusent de retourner dans leurs casernes. Dès lors, il n'y a plus d'échange verbal entre eux et le chef de l'Etat. Par conséquent, ils décident de s'approprier le « pouvoir symbolique » au niveau interne. Mais l'utilisation de la force et des armes pour conquérir le pouvoir, fait disparaitre tout le côté symbolique de ce pouvoir (Bourdieu, 2001). Il s'agit tout simplement d'une prise du pouvoir par la force, sans une reconnaissance préalable du peuple. En effet, pendant les heures qui suivent le désaccord intervenu entre le président Bédié et les militaires, ces derniers tirent des rafales en l'air (Hofnung, 2011) et les populations se terrent dans leurs maisons. Le coup d'Etat devient ainsi une réalité, mettant fin à l'exception ivoirienne dans le domaine, car la Côte d'Ivoire était l'un des rare pays à avoir connu 40 ans de stabilité politique depuis son indépendance en 1960.

Ce refus « d'obtempérer » des militaires face au chef de l'Etat peut être considéré comme une intrusion du militaire dans la vie politique, d'autant plus que le chef de l'Etat est censé être le chef suprême des armées. A ce titre, les militaires lui doivent loyauté. Par ailleurs, la pratique veut que conformément à son statut et à ses devoirs, le militaire soit neutre. L'armée étant en principe au service de l'Etat et constituant en ce sens, un outil en tant qu'institution étatique. Mais en étant l'instigateur d'un « putsch » basé sur le refus du chef de l'Etat de libérer des prisonniers politiques, l'armée ivoirienne n'a-t-elle pas outrepassé son rôle en s'ingérant dans le domaine politique ? C'est d'ailleurs ce qui fera dire à certains que le coup d'Etat était en réalité l'œuvre du RDR, bien que rien n'ait jamais été prouvé à ce sujet. Rappelons toutefois que comme le disent A. Augé et A. Gnanguênon (2015, p. 7), « la question de l'ingérence des militaires dans le champ politique » n'est pas nouvelle en science sociales et en sociologie politique. Aussi, comment peut-on interpréter cette ingérence militaire dans le cas de la Côte d'Ivoire ?

Si l'on prend en considération le premier volet des revendications des militaires ivoiriens qui concerne essentiellement leurs conditions de vie et le payement de leurs primes, on peut interpréter cette ingérence sous l'angle de l'approche « rationalité des gens d'armes » d'A. Augé et A. Gnanguênon (2015). En effet, cette approche fait référence à la désespérance sociale du militaire pour justifier son ingérence dans le domaine politique. Quant à la revendication qui est d'ordre politique et dans le contexte sociopolitique de l'époque, elle se rapporte plutôt à la théorie de l'armée en tant que facteur d'ordre social (Augé & Gnanguênon, 2015). Dans le cas d'espèce de la Côte d'Ivoire, il semble que ce soit un mélange de ces deux approches.

C'est ainsi qu'au matin du 24 décembre, les jeunes militaires prennent le contrôle de l'aéroport international d'Abidjan et la radiotélévision ivoirienne. Le Général Gueï, ancien chef d'état-major apparaît alors sur les écrans de télévision et se présente comme étant leur porte-parole. Ce dernier annonce aux ivoiriens que les mutins se sont emparés du pouvoir. Désormais, le pouvoir est aux mains des militaires. Dans la foulée, le général Robert Gueï dissout les institutions de la république et annonce la création d'un Comité national de salut public (CNSP) : c'est le début de ce qu'on va appeler la transition militaire. Mais, cette transition bien que de courte durée (dix mois), va s'avérer plus difficile que prévu (cf. II.1.), car des tensions naissent très vite au sein du groupe putschiste à cause des ambitions politiques du Général Gueï pour être candidat à la présidence. C'est donc dans ce climat de tension permanente que sont organisées les élections présidentielles de 2000, qui marquent la naissance de la seconde république de la Côte d'Ivoire (cf. II.2.).

II.1. La difficile période de transition militaire après le coup d'État

La transition politique peut s'entendre comme un processus mis en place après une révolution ou un coup d'État, comme ce fut le cas en Côte d'Ivoire. Elle couvre ainsi, la période allant de la chute du régime politique en place, à l'élection d'un nouveau dirigeant et elle est bien souvent assurée par un gouvernement de transition. En Côte d'Ivoire, un gouvernement de transition est nommé par le Comité national de salut public (CNSP), quelques jours seulement après le coup d'État, plus précisément, le 4 janvier 2000. Pour que cela soit possible, le Général Gueï dissout dès le 24 décembre le gouvernement existant, l'Assemblée Nationale, le conseil constitutionnel et surtout, il suspend la constitution. Toutefois, contrairement à ce qu'on aurait pu penser, il conserve les partis politiques auxquels il demande de l'aide pour la constitution d'un nouveau gouvernement qui sera aussi un gouvernement de coalition comportant des membres de chaque formation politique, du moins les plus importantes (PDCI, RDR, FPI et PIT).

Ainsi, en créant le 24 décembre 1999, le Comité national de salut public dont il prend la direction, le Général Guéï, ancien chef d'Etat-major devient le nouveau chef de l'Etat ivoirien. Ce qui marque comme le disent si bien F. R. Mahieu et M. F. Jarret, une période de rupture politique avec le régime précédent et devait en principe, permettre la mise en place de nouvelles institutions (Jarret & Mahieu, 2002).

Par conséquent, dès son arrivée au pouvoir, le Général Guéï affiche sa vision d'une Côte d'Ivoire nouvelle et dit selon ses propres termes, être venu pour « balayer la maison » (Journal Fraternité Matin, 27 décembre 1999).

Il libère donc les prisonniers politiques du RDR et annonce l'organisation d'élections pour l'année 2000, comme cela était prévu au départ.

Le 29 décembre 1999, la nouvelle autorité prononce un non-lieu dans l'affaire « des faux documents » ayant abouti au mandat d'arrêt en date du 29 novembre 1999 contre Alassane Ouattara. Le mandat d'arrêt ayant été levé, Alassane Ouattara revient à Abidjan le jour même.

Par cet acte, le CNSP affiche ainsi sa volonté d'assainir et surtout d'apaiser le climat social « pour le bien de tous ». C'est du moins le discours officiel.

En effet, des tensions apparaissent très rapidement au sein de la coalition gouvernementale mise en place par le CNSP. De plus, cette période de dix mois est émaillée de plusieurs tentatives de coups d'Etat dont celle de septembre 2000, dite du « cheval blanc », qui ont pour effet, de fragiliser le pouvoir et de conduire à l'exil au Burkina-Faso, certains soldats[12] (Akindes, 2011).

En définitive, la transition militaire n'atteindra pas ses objectifs initiaux et le climat politique se dégrade à nouveau sur fond de lutte pour le pouvoir. C'est dans ce contexte tendu qu'intervient l'élection présidentielle du 22 octobre 2000 qui sera caractérisée par une violence sans précédent.

II.1.1 Le Comité national de salut public et le gouvernement de transition

Le CNSP, mis en place dès le lendemain du coup d'Etat par le Général Gueï est composé uniquement de dignitaires appartenant aux corps habillés, neuf membres au total, y compris le Général Gueï lui-même. Ce Comité a pour mission de gérer les affaires courantes du pays pendant la période de transition. Toutes choses égales par ailleurs, ce Comité peut s'apparenter, du moins sur la forme, au Comité de salut public crée en France après la révolution de 1789. En effet le premier Comité de salut public fut créé en 1793 dans des circonstances très particulières d'après révolution où régnait en France un climat de désordre et de guerre, ce qui était loin d'être le cas de la Côte d'Ivoire, puisque finalement, tous les

[12] Il s'agit notamment de Tuo Fozié, Issiaka Ouattara dit Wattao, Chérif Ousman et Ibrahime Coulibaly dit IB. Ce sont ces mêmes soldats qui seront à l'origine de la tentative de coup d'Etat de 2002.

acteurs politiques et même la presse ont souligné le calme dans lequel s'est déroulé le coup d'Etat, c'est-à-dire sans effusion de sang. Aussi, peut-on se demander si la création d'un tel Comité était nécessaire.

En effet, le Comité de salut public français était, à l'origine, un corps exécutif mis en place par la Convention nationale du 6 avril 1793, pour faire face à la situation d'urgence créée par la guerre et la contre-révolution. Constitué de neuf, puis de douze membres civils choisis au sein de la Convention nationale, le Comité de salut public a été conçu comme un organe administratif de surveillance de l'exécutif. Mais, il s'est progressivement arrogé de vastes prérogatives politiques qui lui ont permis d'établir une véritable dictature révolutionnaire[13] et sera pendant toute l'année de son activité, à l'origine de lois d'exception votées par la Convention[14]. Ce, au nom du salut de la Nation française.

En Côte d'Ivoire, le CNSP a aussi été mis en place pour gérer l'urgence de la situation, c'est-à-dire un pays sans dirigeants et dont les institutions étatiques avaient toutes été dissoutes. Par ailleurs, son règne sera aussi entaché par des arrestations arbitraires comme celle de l'ancien Ministre de l'Intérieur (E. Bombet). La ligue ivoirienne des droits de l'homme (LIDHO) jugera d'ailleurs que les conditions de son incarcération étaient non conformes au droit commun (Contamin & Losch, 2000). Mais, la comparaison s'arrête là.

N'ayant pas dissout les partis politiques, le CNSP demande leur aide pour la constitution d'un nouveau gouvernement en lui proposant des noms. Toutefois, les militaires se réservent quatre ministères, à savoir : la défense, les affaires étrangères, la sécurité et l'intérieur.

Le 4 janvier 2000, le CNSP nomme un nouveau gouvernement de transition composé de 23 ministres. Pour respecter et poursuivre une dynamique de conciliation, ce gouvernement est aussi un gouvernement de coalition avec des membres de toutes les forces politiques en présence, surtout le RDR et le FPI. Mais très vite, le FPI à travers son leader Laurent Gbagbo, conteste la prédominance des représentants du RDR au sein de ce gouvernement.

---

[13] En concurrence directe avec le Comité de sûreté générale, second comité crée par la convention.

[14] Assemblée Nationale aux mains de laquelle étaient concentrés tous les trois pouvoirs (exécutif, judiciaire et législatif), étant donné que la Constitution avait été suspendue dès octobre 1793.

Malgré la constitution du gouvernement, le CNSP est maintenu comme organe exécutif et continuera à jouer un rôle très important sur la scène politique ivoirienne.

L'objectif de départ du CNSP était, selon son président le Général Gueï, de mettre en place un nouveau contrat social. Pour cela, il annonce que le CNSP aura pour mission :

— d'assurer la sécurité des biens et des personnes ;

— de restaurer l'autorité de l'Etat, ébranlée par les manifestations sociales et estudiantines et perdue depuis le coup d'Etat ;

— de créer les conditions nécessaires d'une « vraie démocratie » en vue de l'organisation d'élections justes et transparentes ;

— d'engager de « larges consultations pour présenter un gouvernement ».

Aussi, dès la constitution du gouvernement, le CNSP crée la Commission consultative constitutionnelle et électorale (CCCE) dont la mission est de doter la Côte d'Ivoire d'une nouvelle constitution qui soit plus consensuelle. Composée de 27 membres issus des partis politiques et de la société civile, la commission réussit à faire le consensus autour de quelques grandes propositions, à savoir :

— La création d'une commission électorale indépendante ;

— Le vote des jeunes à partir de 18 ans ;

— Le bulletin unique ;

— Les urnes transparentes.

Mais pour la question sur les conditions d'éligibilité du président, le consensus est moins évident. Or c'est sur cette question qu'il y a eu rupture dans l'échange linguistique au niveau interne, conduisant ainsi à un rapport de force qui s'est finalement avéré préjudiciable au gouvernement précédent. Aussi, en raison de l'approche des élections présidentielles prévues pour octobre 2000, les questions sur la nationalité et sur l'immigration en Côte d'Ivoire influencent-t-elles de nouveau le débat politique et soulève des passions de janvier à mai 2000.

Quant au climat politique, il ne s'est pas apaisé, bien au contraire. C'est d'ailleurs cette situation qui développe au mois de mai une crise entre le CNSP et le Rassemblement des républicains dont les ministres sont alors exclus du gouvernement de transition. On assiste à nouveau, à une rupture dans l'échange linguistique au niveau interne.

Par conséquent, la rédaction de la nouvelle constitution ne permet pas de calmer les tensions sociales. Celle-ci est toutefois adoptée par référendum le 23 juillet 2000. Et contre toute attente, avec le soutien de tous les partis politiques, sans aucune exception. En effet, aussi surprenant que cela puisse paraître, la nouvelle constitution reprend en son article 35, les mêmes conditions d'éligibilité que l'ancien article 49. Ainsi, pour être éligible à la présidence de Côte d'Ivoire, « le candidat doit être âgé de 40 ans au moins et de 70 ans au plus, il doit être ivoirien d'origine de père et de mère, eux-mêmes ivoiriens d'origine et ne s'être jamais prévalu d'une autre nationalité ». On reprend quasiment les mêmes termes de l'ancien article 49, bien qu'il y ait eu auparavant un grand débat sur le choix entre le « et » et le « ou ». Finalement, c'est le « et » qui l'emporte avec près de 86% des voix, tous les partis, y compris le RDR, ayant appelé à voter pour cette disposition. C'est un résultat paradoxal par rapport à la situation, étant donné que beaucoup d'auteurs ont justifié le coup d'Etat du 24 décembre 1999 par l'existence de cet article 49, voté par l'Assemblée Nationale sous le gouvernement Bédié. Ce qui nous amène à nous demander si le coup d'Etat avait lieu d'être, surtout que la nouvelle constitution a été adoptée par référendum et donc par le peuple ivoirien dans son ensemble (du Nord au Sud et de l'Est à l'Ouest). Et quoi de plus démocratique qu'un référendum, où la parole est directement donnée au peuple ?

C'est donc avec cette nouvelle constitution que la Côte d'Ivoire organise l'élection présidentielle d'octobre 2000.

Mais, l'exclusion de 14 candidats sur les 19 qui s'étaient présentés, dont Alassane Ouattara du RDR et Henri Konan Bédié du PDCI, va rendre ces élections désastreuses. C'est ainsi que Laurent Gbagbo lui-même les qualifiera de « calamiteuses » après sa victoire. En effet, le 24 octobre 2000, l'élection présidentielle est enfin organisée et oppose principalement Laurent Gbagbo et le Général Gueï, malgré la présence de trois autres partis, dont le PIT de Francis Wodié. A l'issue du scrutin, le Général Gueï décide de rester au pouvoir et ne reconnait pas tout de suite la victoire de Laurent Gbagbo. Il s'autoproclame alors président et Laurent Gbagbo appelle ses militants à descendre dans la rue pour faire reconnaitre sa victoire, ce qui conduit aux premières violences postélectorales. La revendication de Laurent Gbagbo s'avère efficace, car l'armée s'est entre temps, désolidarisée du Général Gueï. Deux jours après le scrutin, c'est-à-dire, le 26 octobre 2000, le président du conseil constitutionnel, Tia Koné déclare officiellement Laurent Gbagbo vainqueur des élections présidentielles. Selon la commission nationale électorale (CNE), Laurent Gbagbo l'avait emporté avec 59,36% des suffrages au premier tour contre 32,72% pour le Général Gueï, sur un taux de participation de seulement 37,42% des inscrits. Mais, dès la proclamation de ces résultats, les partisans d'Alassane Ouattara descendent à leur tour dans la rue suite à l'appel de leur chef pour réclamer la tenue de nouvelles élections. Désormais, le « pouvoir symbolique » est pris en otage par la rue, soit par les partisans d'Alassane Ouattara, soit par ceux de Laurent Gbagbo. Mais ce dernier proclamé président, se range alors derrière la légalité du scrutin. C'est ainsi que va s'en suivre deux jours de violences d'une gravité sans précédent en Côte d'Ivoire (Banegas & Losch, 2002). Chaque groupe voulant prendre le contrôle du pouvoir par la force. Cet affrontement se soldera malheureusement par la découverte d'un charnier de 57 personnes dans la forêt du Banco[15]. C'est le début d'un nouveau bras de fer pour la conquête du pouvoir, qui oppose cette fois-ci les deux alliés d'hier à savoir, le FPI au pouvoir et le RDR. Ces rapports de force basés sur la violence ont finalement relayé au second plan les problèmes économiques et sociaux de la Côte d'Ivoire.

Au final, la période de transition militaire a été marquée par de nombreux évènements sociopolitiques malheureux. Mais, quelles ont été les conséquences de ces troubles sur l'économie ivoirienne pendant toute cette période ?

II.1.2. L'économie ivoirienne pendant la transition militaire

Dès son arrivée à la tête du pays, le Général Gueï promet également de garantir le maintien de toutes les relations économiques et politiques avec les gouvernements occidentaux ainsi que le remboursement de toutes les dettes. « Nous maintiendrons les accords internationaux qui seront scrupuleusement respectés », avait-il affirmé.

Rappelons qu'à la veille du coup d'Etat, la Côte d'Ivoire venait juste de renouer le dialogue avec les institutions financières internationales. En effet, une mission technique conjointe FMI-Banque mondiale s'était rendue à Abidjan le 7 novembre 1999, afin d'évaluer le programme économique de la Côte d'Ivoire. Cette mission reconnaissait que le pays traversait une situation financière difficile (Journal Fraternité Matin, 18 et 22 novembre 1999). En fait, l'économie était encore dans une mauvaise phase avec la baisse des cours des matières premières à partir de 1998. Ce, après avoir enregistré une croissance du PIB de 6 à 7% entre 1995 et 1997, accompagnée d'une maîtrise de l'inflation autour de 2% (Contamin & Losch, 2000).

Reconnue éligible à l'initiative PPTE en mars 1998, la Côte d'Ivoire venait juste de s'engager dans un processus de gestion de sa dette privée

[15] La forêt du Banco est située en pleine ville d'Abidjan.

et publique en signant des accords avec le Club de Paris et le Club de Londres.

Quant à la réforme de la filière du café-cacao, elle aboutit au démantèlement de la Caisse de stabilisation en août 1998 (McGovern, 2011). Mais cette libéralisation de la filière ne produit pas les effets attendus et le marché s'effondre.

Enfin, avec la dégradation des finances publiques, le taux de croissance pour l'année 1999, n'est que de 3,8% (Contamin & Losch, 2000).

C'est dans ce contexte économique qu'intervient le coup d'Etat de 1999, qui sera suivi de la période de transition militaire. Toutefois, le coup d'Etat fait perdre définitivement au gouvernement ivoirien son « pouvoir symbolique », non seulement au niveau interne, vis-à-vis du peuple, mais aussi au niveau international.

Par ailleurs, dès l'instauration du régime militaire, un climat d'incertitude économique, politique et sociale s'installe avec des conséquences préjudiciables pour l'économie toute entière.

En effet, suite au coup d'Etat, tous les projets d'infrastructures programmés ou même déjà concédés dans le cadre des « douze travaux de l'éléphant d'Afrique » dont le troisième pont, l'extension du port d'Abidjan et le prolongement de l'autoroute du Nord etc., sont suspendus. Ce qui a pour conséquence de réduire le flux de capitaux privés liés à leur réalisation. Le niveau d'investissement passe alors de 14,5% du PIB en 1999 à 11% en 2000 (Koffi, 2008).

Toutefois, malgré ces difficultés économiques, le gouvernement de transition décide de poursuivre le processus de mise en œuvre du DSRP, dès son arrivée au pouvoir. Le point de départ de cette décision est une rencontre des chefs d'Etats à Libreville en janvier 2000. Il s'en suit d'autres rencontres entre ministres de l'économie et des finances en mars 2000 à Abidjan et surtout, l'organisation d'un atelier de travail à Yamoussoukro, afin de mettre en place un cadre institutionnel nécessaire à la préparation d'un DSRP intérimaire (Koffi, 2008). Le but de ces rencontres étant de reprendre l'échange linguistique sur le marché du développement avec les institutions de Bretton Woods.

En ce qui concerne la réforme de la filière du café-cacao, suite à la suppression de la Caisse de stabilisation, le prix au producteur estimé à un niveau indicatif de 570 FCFA/kg durant la dernière campagne de la Caisse de stabilisation passe finalement à 220-260 FCFA/kg. Ce qui constitue un énorme manque à gagner, quand on sait que le revenu des producteurs de café-cacao fait vivre l'équivalent du tiers de la population ivoirienne.

Mais, c'est seulement en octobre 2000, avant l'élection présidentielle que le Général Gueï met en place via le gouvernement de transition, une nouvelle Autorité de régulation du café et du cacao (ARCC), seule autorité gouvernementale chargée de ce secteur (McGovern, 2011).

Enfin, au niveau budgétaire, P. K. Koffi (2008), souligne une absence de discipline dans sa gestion par les militaires. Ces derniers décident en effet d'augmenter leur propre salaire, alors même que le pays traverse une phase économique très difficile et qu'il ne bénéficie plus de l'appui budgétaire extérieur depuis février 1999.

C'est ainsi qu'à la fin de l'année 2000, la Côte d'Ivoire enregistre un taux de croissance très bas de -2,3%.

La seconde république débute donc dans un contexte de grande faiblesse économique et politique pour la Côte d'Ivoire.

II.2. La deuxième république et le régime de la « refondation » de Laurent Gbagbo

L'élection de Laurent Gbagbo à la tête de la Côte d'Ivoire en même temps que le passage à l'année 2001 marque la fin de la transition militaire et le début de la Seconde République. En effet, malgré des violences sans précédents qui ont couronné l'annonce des résultats de l'élection présidentielle, les ivoiriens abordent la nouvelle république avec beaucoup d'espoir pour un retour à la stabilité politique, condition sine qua non pour la reprise d'un développement économique et social durable.

Afin d'atteindre cet objectif, le président Gbagbo entreprend dès son arrivée au pouvoir la mise en œuvre d'un programme de campagne qu'il dénomma « La refondation ». Ce programme marque l'émergence d'un nouveau discours sur le développement de la Côte d'Ivoire. Cependant, cette volonté novatrice sera très vite stoppée, dès 2002, par une nouvelle tentative de coup d'Etat qui va conduire à la partition de la Côte d'Ivoire en deux blocs et ce pour une durée de 5 ans. Toutefois, avant d'analyser cette tentative de coup d'Etat, nous allons d'abord voir en quoi consiste ce nouveau discours de la « refondation » prôné par le gouvernement Gbagbo.

II.2.1. Mise en œuvre des principes de la « refondation »

Le mot « refondation » bien que n'existant pas dans les dictionnaires classiques tire son préfixe du mot « refonder » qui lui est défini comme le fait de « reconstruire sur des bases, et des valeurs nouvelles, notamment dans le domaine politique ».

La « Refondation » fait ainsi référence à une reconstruction de la Nation ivoirienne sur de nouvelles bases. C'est en quelque sorte faire « table rase du passé », comme le peuple français l'avait fait avec la révolution de 1789, afin de repartir sur des fondations renouvelées et avec la mise en place de nouvelles institutions. Dès le mois de janvier 2001, sur la base d'une nouvelle constitution adoptée en juillet 2000, cette refondation est mise en œuvre avec le soutien de tous les partis politiques.

La refondation était au départ, un projet de société inspiré des idées du professeur H. Memel-Fotê (1998), présentées dans un ouvrage intitulé *Fonder une Nation africaine démocratique et socialiste en Côte d'Ivoire*. Il s'agit donc d'un projet qui se voulait d'inspiration socialiste, comme le fondement idéologique du FPI. Ce dernier entendait ainsi changer la façon d'exercer le pouvoir en Côte d'Ivoire. Pour cela, il prévoit selon P. K. Koffi (2008), appliquer un « programme de refondation » avec quatre points :

- la dimension politique et institutionnelle ;
- la refondation au niveau sécuritaire et de la défense ;
- l'économie ;
- le social et le culturel.

Dans les faits, ce programme va surtout se matérialiser à travers trois grands chantiers de réformes, à savoir : la décentralisation, la gratuité de l'école et l'assurance maladie universelle. Mais, comme le soulignent M. F. Jarret et F. R. Mahieu (2002), un tel programme social est financièrement difficile à réaliser, car il intervient dans un contexte de précarité économique.

Aussi, afin de pouvoir mettre en place ce programme ambitieux, le premier gouvernement de la « refondation », avec à sa tête le Premier Ministre Affi N'Guessan entreprend dès son installation de renouer des relations avec les Institutions financières internationales, notamment les IBW. C'est ainsi qu'en juin 2001, le gouvernement signe un Staff monitored program (SMP) avec le FMI. Dans le même temps, les arriérés auprès de la BM sont réglés. Ces deux actes marquent le début de la reprise des relations entre la Côte d'Ivoire et les IBW qui avaient été suspendues depuis le mois de février 1999. Ce recours aux Institutions de Bretton Woods montre bien que sur le marché du développement externe, la Côte d'Ivoire était toujours dépendante de ces institutions et n'avait toujours pas pu reconquérir la part « symbolique » de son pouvoir qui s'exprime à travers les discours dans l'échange linguistique.

Les résultats sont apparus dès décembre 2001. L'activité économique de la Côte d'Ivoire est alors stabilisée avec un taux de croissance du PIB de 0,9%, redevenu positif.

Sur le plan politique et social, afin de réussir sa mission de refondation de la société ivoirienne, le FPI a entrepris d'y intégrer tous les partis politiques, initiant alors un grand processus de réconciliation national à travers un forum qui s'est tenu d'octobre à décembre 2001. Cette démarche du gouvernement Gbagbo avait cette fois pour objectif de reconquérir tout le « pouvoir symbolique » au niveau interne.

Ce forum de réconciliation devait, en effet, poser les bases d'un retour à la stabilité politique et sociale (BAfCD/OCDE, 2003). Aussi, lorsque se tiennent les premières élections départementales, en juillet 2002, avec la participation effective des principaux partis politiques (FPI, PDCI et RDR), les ivoiriens pensent avoir tourné la page des années troubles. Un sentiment qui s'avère renforcé par la reprise des discussions avec les IBW.

En effet, afin de permettre la poursuite du processus IPPTE/DRSP, un accord triennal pour la Facilité de réduction de la pauvreté et la croissance (FRPC) est conclu avec les IBW en mars 2002 (Koffi, 2008). Sur la base de cet accord, un DSRP intérimaire est rapidement adopté avec un point décision prévu pour octobre 2002. Mais, la rébellion du 19 septembre 2002 interrompt ce processus.

II.2.2. Le coup d'État manqué de 2002 et ses conséquences sociales et économiques

Le 19 septembre 2002, une rébellion armée venue du nord de la Côte d'Ivoire tente de prendre le pouvoir par la force, en affrontant les forces gouvernementales. L'armée française s'interpose entre elles pour empêcher l'avancée des rebelles, ce qui occasionne la division du pays en deux parties. Dès lors, l'armée française va assurer une zone de neutralité appelée zone de confiance.

Cette crise provoque une grave dégradation des conditions de vie des populations en Côte d'Ivoire, au Nord comme au Sud, remettant ainsi en cause la relative stabilité et la cohésion sociale. Les conséquences sur le plan social sont catastrophiques, se caractérisant par de nombreuses migrations internes de populations, entre 750 000 et 1 000 000 de personnes déplacées à l'intérieur du pays et près de 80% d'entre elles sont accueillies dans des familles hôtes vivant dans les zones sous le contrôle des "loyalistes".

Il est toutefois important de souligner que ces conséquences ont été plus importantes au Nord qu'au Sud.

En effet, au Nord, le conflit s'est traduit par une rupture brutale dans l'accessibilité des biens et services sociaux de base. Du fait de la guerre, du jour au lendemain, les administrations publiques (préfectures, mairies, postes, impôts, écoles etc.) ont cessé de fonctionner. Les entreprises sont obligées de fermer pour cause de pillages et de dégradations, rendant ainsi une capabilité d'accessibilité de la population déjà limitée avant la crise, quasi-inexistante. Ainsi, dans le domaine de la santé et de l'éducation, bien souvent, il n'y a même plus de personnel, ni de financement pour faire fonctionner les services de base, et surtout sanitaires, les plus élémentaires. Cette situation va malheureusement durer pendant les cinq années de conflit, aggravant ainsi la situation des plus pauvres. Or, conformément à la théorie des capabilités de Sen (1999), le peuple ne peut user de sa capabilité d'être et de faire que s'il jouit de toutes ses potentialités matérielles et physiques. Par ailleurs, si nous raisonnons toujours selon cette théorie de Sen, la déstructuration des régions du Nord était aussi susceptible d'annihiler la capacité d'action des acteurs sociaux qui auraient pu aider les pauvres à maintenir un minimum de fonctionnement. Par conséquent, dans un tel contexte, la situation de pauvreté et de vulnérabilité des populations du Nord ne pouvait que s'aggraver.

On a aussi d'autres conséquences telles que :

- la militarisation de la population dont les enfants soldats;
- des exactions et des violations flagrantes des droits de l'Homme;
- une insécurité quasi permanente;
- une détérioration de la condition d'éducation des enfants dont plus de 500,000 ne bénéficient plus des services scolaires (propos de JL. Stalon retranscrit par l'ONUCI, 2006).

C'est donc tout naturellement que les populations se sont déplacées dans les zones du Sud où il y avait encore un système étatique qui fonctionnait et surtout à Abidjan qui semblait être en apparence éloignée des tourments des zones occupées par les rebelles.

Carte 5 : La Côte d'Ivoire en crise de 2002 à 2007

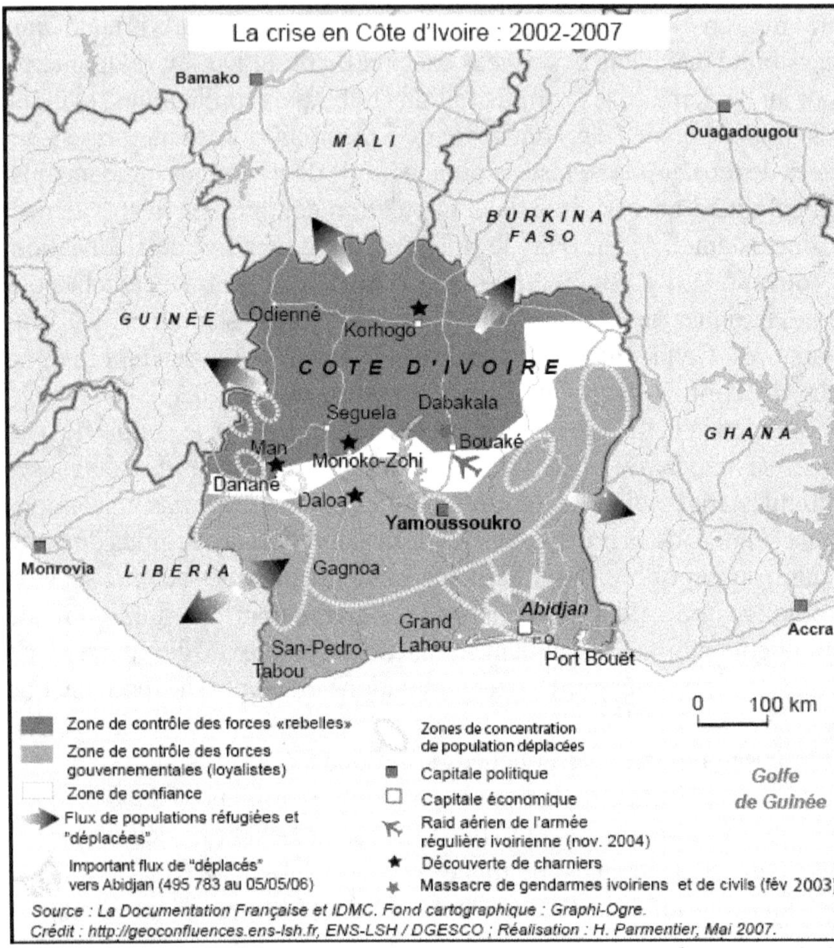

Source : Parmentier H., In Bouquet, La crise ivoirienne par les cartes, 2007.

Dans le sud du pays, même s'il n'y a pas eu de rupture brutale dans l'accès aux biens et services sociaux de base, la situation est tout aussi inquiétante, surtout pour les immigrés pauvres vivant dans les quartiers précaires d'Abidjan et qui ont vu leurs habitations détruites par les forces gouvernementales. Par ailleurs, les déplacés de guerre en provenance des zones rebelles sont venus grossir les effectifs des familles vivant dans le Sud, mais aussi à l'Ouest et au Centre ouest.

Le tableau ci-dessous, montre que les principales zones d'accueil sont le Centre ouest, l'Ouest et la ville d'Abidjan, qui ont accueilli à elles seules 71,4% de la population déplacée.

Tableau 8 : Proportion de la population totale déplacée dans les grandes régions du fait de la guerre

Région	Chef-lieu	Accueil	Départ
Centre Nord	Bouaké	7,6	22,7
Centre ouest	Daloa	21	17,4
Nord est	Bondoukou	0,6	0,6
Nord	Korhogo	1,3	3,5
Ouest	Man	34	44,3
Sud	Abidjan	5,3	0,9
Sud-ouest	San Pedro	3	0,9
centre	Yamoussoukro	7,6	1,8
Centre est	Abengourou	0,5	0,5
Nord-ouest	Odienné	2,7	5,3
Abidjan	Abidjan	16,4	1,9
Ensemble		100	100

Source : INS - Ministère du Plan et du Développement, 2008.

Les chiffres en rouge sur le tableau désignent les régions où il y a eu le plus de départs, vers d'autres zones. Ce qui laisse supposer que ces régions sont celles qui ont été les plus été touchées par la rébellion. Quant aux chiffres en bleu, ils représentent les villes ou les régions qui ont accueilli le plus grand nombre de déplacés. Mais, comme on peut le noter, il y a un paradoxe dans ce tableau. Il apparaît clairement que ce sont les régions Ouest et Centre Ouest où il y a eu les plus forts taux de départ enregistrés, qu'il y a aussi les plus forts taux d'accueil.

Les deux graphiques suivants permettent de mieux visualiser ce phénomène.

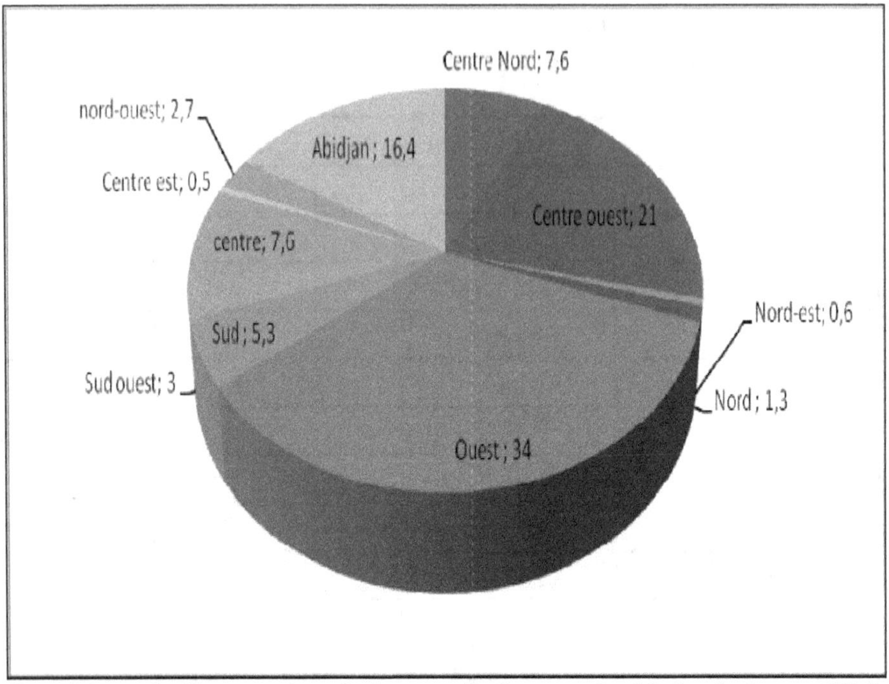

Graphique 3 : **Proportion de la population totale déplacée (accueillie) dans les grandes régions du fait de la guerre**

Source : INS - Ministère du Plan et du Développement, 2008.

Ce premier graphique représentatif du tableau montre que la région qui a accueilli le plus de populations déplacées de guerre est l'Ouest avec 34% des personnes déplacées, suivie du Centre Ouest qui en a accueilli 21% et ensuite Abidjan avec 16,4%. Les autres régions ont eu un taux d'accueil inférieur à 8%.

Quant au second graphique ci-après, il représente le nombre de départs dans les régions.

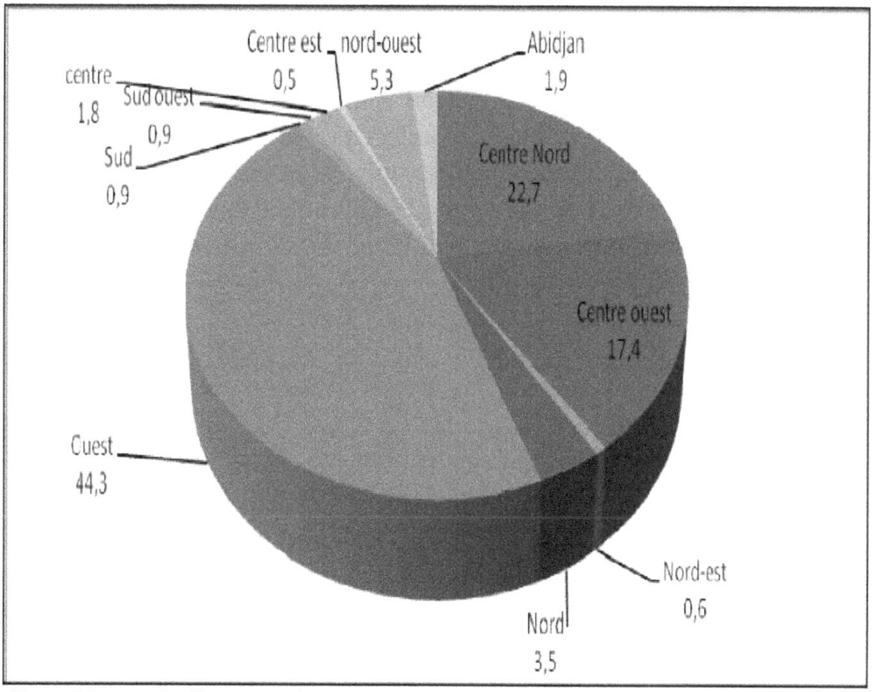

Graphique 4 : Proportion de la population totale partie (départ) des grandes régions du fait de la guerre
Source : INS - Ministère du Plan et du Développement, 2008.

Ce second graphique nous révèle, en effet, que les départs ont été plus forts dans les régions de l'Ouest, du Centre Nord et du Centre Ouest, avec respectivement 44,3%, 22,7% et 17,4%. Ces graphiques montrent clairement que les régions qui ont enregistré le plus d'accueils sont paradoxalement, aussi celles qui ont accueilli le plus de déplacés. Alors, comment peut-on expliquer ce phénomène ? Peut-être cela est-il dû aux appartenances ethniques des personnes concernées ? Ceci est toutefois difficile à affirmer, puisque nous n'avons pas de données concernant l'ethnie à laquelle appartenaient les déplacés, ni celle des accueillis.

Sur le plan économique, dans les zones de fortes affluences des populations déplacées, l'emploi salarial du chef de famille n'est plus suffisant pour garantir le bien-être de toutes les personnes qui vivent sous un même toit, alors qu'auparavant, il assurait un certain niveau de vie qui pouvait être plus ou moins correct, selon le montant du salaire. De plus, la solidarité africaine fait que la conception de la « famille nucléaire » n'existe pas vraiment, et la Côte d'Ivoire ne fait pas exception à la règle.

De ce fait, la capabilité d'affiliation et d'appartenance (Nussbaum, 2000) prend donc toute son importance ici.

D'une manière générale, on constate que la classe moyenne a vu son revenu diminuer et nombre de ses avantages réduits depuis le début de la crise, avec un creusement du fossé qui préexistait entre les plus riches et les classes moyennes urbaines. Ce qui conduit à une extension de la pauvreté et à l'accroissement des inégalités. Ainsi, la capacité des populations du Sud est elle aussi mise à mal, en raison de la suspension des facteurs de renforcement de ses capacités.

Il faut enfin souligner qu'en Côte d'Ivoire, l'essentiel des politiques de lutte contre la pauvreté se situe surtout au niveau des infrastructures, de l'éducation et de la santé. Ainsi, les mesures adoptées jusque-là, tout comme celles contenues dans le DSRP, prévoient une réorientation des dépenses publiques vers les services de base. Ce qui passe nécessairement par l'assainissement des eaux, l'électrification des petites villes et des villages, l'éducation, l'alphabétisation, l'amélioration des services sanitaires en zone rurale… Or, dans une situation de crise, où le pays est divisé en deux par un conflit, une partie de la population, et en l'occurrence celle du Nord du pays, se retrouve forcement exclue de l'accessibilité aux biens et services pouvant procurer le bien-être.

De cette situation, il résulte une inégalité dans la capacité d'accessibilité (Dubois & Mahieu, 2002) à ces biens et services, entre les populations du Nord et celles du Sud.

Toujours sur le plan économique, la crise attachée au conflit a un impact sectoriel et géographique différencié. En effet, les secteurs primaire et tertiaire ont été les plus touchés. Selon l'UEMOA, l'activité du secteur primaire s'est inscrite en baisse de 4% en 2002. La production de coton, dont la culture se situe au Nord du pays, aurait été réduite de moitié. La baisse de la production s'est conjuguée, notamment pour le cacao, par une forte valorisation des cours mondiaux. Principalement en raison de la partition du pays, la valeur ajoutée du secteur tertiaire a régressé de 0,2%. Le secteur des transports a beaucoup souffert avec la fermeture de la voie ferrée Abidjan-Ouagadougou et la forte réduction, de l'ordre de 50%, du trafic du port autonome d'Abidjan.

En 2003, l'impact de la crise sur le secteur agricole primaire s'est avéré plus important, à cause du retour de nombreux immigrés dans leur pays d'origine, occasionnant ainsi une pénurie de main d'œuvre tant pour l'entretien des plantations que pour la récolte.

La population et l'économie ivoiriennes souffrent alors de plus en plus de la partition. Afin de résoudre le conflit et réunifier les deux parties du pays, la France convie les différentes parties à se retrouver à Paris en vue de trouver un accord. C'est ainsi que le 24 janvier 2003, est signé en région parisienne l'accord Linas-Marcoussis. Il prévoit un partage du pouvoir entre le gouvernement Gbagbo et les représentants de la rébellion rebaptisés pour l'occasion « Forces nouvelles », la constitution d'un nouveau gouvernement de coalition, la modification de l'article 35 de la Constitution, portant sur les conditions d'éligibilité à la présidence de la république, afin de substituer le « ou » au « et », par la voie législative, sans passer cette fois-ci par le référendum. Le texte prévoit enfin, l'organisation de nouvelles élections en 2005.

De plus, le partage des postes au sein du gouvernement de coalition attribue le ministère de la défense et celui de la sécurité intérieure aux Forces nouvelles. Mais, l'annonce de ce volet de l'accord est très mal perçu par les jeunes patriotes, qui avec à leur tête Charles Blé Goudé, descendent dans les rues d'Abidjan et détruisent le centre culturel français, certaines écoles et font la chasse aux français en scandant : « à chacun son français » (Hofnung, 2011; McGovern, 2011). Quant au président Gbagbo, il dénonce lui-même assez rapidement les termes de l'accord. A partir de cet instant, malgré l'interposition sur le terrain des forces françaises à travers l'opération Licorne[16], renforcée par la présence des casques bleus de l'ONU sous la dénomination d'ONUCI déployée en février 2004, le pays continuera de sombrer dans la guerre.

En juillet 2004, de nouveaux accords connus sous le nom d'accords d'Accra, sont signés entre les protagonistes. Mais, ils n'auront pas plus de succès.

Trois mois après ce nouvel échec et surtout pour en finir avec cette situation de « ni guerre, ni paix », le Président Gbagbo décide au matin du 4 novembre 2004, d'en découdre avec les rebelles en lançant une opération nommée « Dignité ». Elle consiste dans un premier temps en une offensive sur les villes de Vavoua et Séguéla qui sont alors bombardées par les avions Sukhoï de l'armée ivoirienne (les loyalistes), violant ainsi l'accord de « cessez-le-feu ». Deux jours après le début de l'opération « Dignité », les bombardements se poursuivent. Cette fois-ci, ce sont les localités de Bouaké, Bongora et Brobo qui sont visées. Mais le 6 novembre 2004, l'opération dérape, lorsqu'une base de l'armée

[16] Nom donné à la participation de l'armée française au maintien de la paix en Côte d'Ivoire. L'opération Licorne est donc effectuée sous commandement français et est complémentaire de l'ONUCI. La Force Licorne est remplacée par les Forces française en Côte d'Ivoire le 21 janvier 2015.

française est bombardée par les forces aériennes ivoiriennes, tuant neuf soldats de la force Licorne et un américain (Hofnung, 2011; McGovern, 2011b). C'est la rupture de l'échange linguistique entre les deux pays.

Dans l'heure qui suit le bombardement de la position de la force Licorne, la France réagit et détruit tous les avions de combat de l'armée ivoirienne, bien qu'étant au sol. La volonté du président Gbagbo de reconquérir le pouvoir par la violence a échouée. Dès lors sur un appel à la révolution de Charles Blé Goudé, diffusé sur les ondes de la radiotélévision ivoirienne, les jeunes patriotes descendent encore une fois dans les rues et font la chasse aux occidentaux, notamment les français. Il va s'en suivre alors trois jours d'émeutes qui vont conduire à un face à face entre les manifestants et l'armée française (force Licorne), le 9 novembre devant l'Hôtel Ivoire[17] de Cocody. L'armée française tire alors sur la foule de manifestants faisant 64 morts selon le gouvernement ivoirien (McGovern, 2011). Par ces représailles, la France, ancien pays colonisateur prend le dessus dans les rapports de force avec le gouvernement ivoirien.

Ces événements de la fin 2004 contribuent à l'aggravation de la situation économique de la Côte d'Ivoire. En effet, selon la Direction des relations extérieures (DREE) du ministère français des Finances, 144 filiales de sociétés ont été pillées et détruites, 120 PME ont disparu, 106 entreprises ont été fermées ou n'ont pas pu reprendre leur activité à cause de la détérioration de leur outil de production.

Les entreprises françaises ne sont toutefois pas les seules touchées. De nombreux ivoiriens ont aussi vu leurs installations détruites. Une situation très difficile aussi pour tous ceux qui étaient parfaitement intégrés et avaient la double nationalité.

Suite à ces évènements tragiques, de nombreux français et ressortissants étrangers sont rapatriés de Côte d'Ivoire et la France n'est plus la « bienvenue » pour les négociations de paix.

Sur le plan social, le rapport de la DREE estime que 200 000 emplois ont été perdus du fait des pillages, du départ des expatriés et de la délocalisation de plusieurs institutions et entreprises.

Mandaté par l'Union africaine, le président Sud-africain Thabo Mbeki, entre alors en scène en tant que médiateur entre les parties. Son

---

[17] Construit à partir de 1963 (sa construction ne sera achevée qu'en 1969), ce complexe hôtelier de luxe (5 étoiles), situé sur les bords de la lagune Ebrié à Abidjan-Cocody, est le symbole du miracle ivoirien. Mais, il sera aussi le théâtre d'évènements malheureux lors de la crise ivoirienne.

intervention aboutit à l'accord de Pretoria en avril 2005. Ce nouveau texte reprend l'essentiel des accords précédents. La grande avancée, c'est que Thabo Mbeki obtient du Président Gbabgo la modification de l'article 35 de la constitution par décret en usant des pouvoirs exceptionnels que lui confère l'article 48 de ladite Constitution. Ce qui permet à Alassane Ouattara d'être désormais éligible à la magistrature suprême. Il faut noter que par cette procédure, on permet à un seul homme, à savoir le Président Gbagbo de modifier de façon unilatérale un article de la Constitution qui a été adopté démocratiquement par référendum.

La question reste alors de savoir quand aura lieu la nouvelle élection présidentielle. Mais, la médiation Mbeki connait à son tour un échec et la tension demeure. Les forces nouvelles refusent de se désarmer et les milices pro-Gbagbo sont toujours prêtes à en découdre avec eux. Dans ces conditions, la communauté internationale est obligée de reconnaitre l'impossibilité d'organiser une élection présidentielle pourtant prévue au plus tard pour la fin du mois d'octobre 2005. Le scrutin est alors reporté pour un an par les Nations unies grâce à la résolution 1633 du Conseil de sécurité (Hofnung, 2011). Cette résolution met toutefois fin au mandat de l'Assemblée nationale pour le 15 décembre 2005. Mais la Cour constitutionnelle, qui est la plus haute juridiction de Côte d'Ivoire, décide de prolonger le mandat des parlementaires. On assiste une nouvelle fois à des rapports de force dans l'échange linguistique entre la Côte d'Ivoire et les Organisations internationales, en l'occurrence les Nations Unies.

En 2006, suite à une réunion des différentes parties en conflit, un autre accord portant sur l'identification des populations et sur leur inscription dans les listes électorales est signé. Le processus d'indentification connu sous le nom « d'audience foraine » débute assez vite, mais prend du retard à cause de la complexité du travail et de plusieurs incidents. Si bien qu'en novembre 2006, l'ONU doit encore se résoudre à prolonger le mandat de Laurent Gbagbo d'une année supplémentaire. Toutefois, la situation sur le terrain reste toujours bloquée avec la division du pays. Le Président Gbagbo se résout alors à entamer un dialogue direct avec les Forces nouvelles (ou ex-rebelles). Contre toute attente, c'est le Burkina-Fasso, que le gouvernement Gbagbo a toujours soupçonné d'être la base arrière de la rébellion, qui sert de lieu pour le dialogue direct, avec le soutien du président Blaise Compaoré. Le 4 mars 2007, est signé l'accord de Ouagadougou.

Le texte de ce nouveau plan de paix reprend à nouveau, les points développés par les accords précédents, et introduit un nouvel élément : la suppression progressive de la « zone de confiance ». Cet accord constitue un nouveau tournant dans le dénouement de la crise, car après sa signature, Laurent Gbagbo nomme Soro Guillaume (chef des ex-rebelles) premier ministre, le 28 mars 2007. Ce qui laisse entrevoir pour la première fois, une fin possible à la crise.

Mais cette avancée majeure ne permet pourtant pas une organisation rapide de l'élection présidentielle qui sera encore reportée, d'année en année, jusqu'en octobre 2010.

Le 31 octobre 2010, les élections attendues depuis dix ans ont enfin lieu. Elles vont cependant marquer « l'apogée » de la crise ivoirienne et le fait que tous les leaders des principaux partis (PDCI, RDR et FPI) y soient candidats ne changera rien.

En effet, dès le premier tour, l'ancien Président Henri Konan Bédié est éliminé de la course. Il ne reste donc en lice que Laurent Gbagbo et Alassane Ouattara pour le second. Celui-ci a lieu le 28 novembre, mais les résultats ne sont proclamés que trois jours plus tard par la Commission électorale indépendante (CEI).

Le 1er décembre 2010, Alassane Ouattara est déclaré vainqueur du second tour de l'élection présidentielle avec 54,1% des voix contre 45,9% pour Laurent Gbagbo (Hofnung, 2011). Mais, le président sortant fait un recours devant le Conseil constitutionnel ivoirien qui invalide le vote de 600 000 électeurs dans le Nord et déclare par conséquent Laurent Gbagbo vainqueur avec 51% des voix. Ce, malgré le fait que l'ONUCI ait confirmé les résultats de la CEI. Sur la base de ce second résultat, Laurent Gbagbo prête serment le lendemain pour un nouveau mandat.

Le 3 décembre, Alassane Ouattara retranché à l'hôtel du Golf, prête à son tour serment en tant que le nouveau président de la République de Côte d'Ivoire. Le pouvoir étatique se retrouve alors entre les mains de deux présidents se prétendant chacun comme légitime.

Ainsi, après avoir été coupée en deux pendant des années, la Côte d'Ivoire se retrouve maintenant dirigée par deux présidents. La question est alors de savoir qui, de la CEI ou du Conseil constitutionnel ivoirien, détient la légitimité et la compétence légale pour proclamer les résultats définitifs.

Face à cette situation d'impasse, la communauté internationale et la France à travers l'ONUCI, se fient aux résultats détenus par la CEI. Quant au camp Gbagbo, il se conforme aux résultats donnés par le Conseil constitutionnel, en tant que la plus haute juridiction du pays. Cette question de droit ne sera jamais vraiment tranchée en droit dans le cas d'espèce, et les deux présidents vont respectivement constituer un gouvernement. Laurent Gbagbo s'accroche au pouvoir et Alassane

Ouattara utilise différents moyens de pression pour l'isoler sur le plan économique[18]. La Côte d'Ivoire est alors au bord de l'asphyxie économique, mais Laurent Gbagbo refuse toujours d'abandonner le pouvoir.

Finalement, c'est par la voie de la force, et avec l'aide de la France et de l'ONUCI que la crise prendra fin, non sans faire de nombreuses victimes dans les deux camps et au niveau de la population. En effet, le 17 mars 2011, le « président élu »[19] Alassane Ouattara crée par ordonnance, les Forces républicaines de Côte d'Ivoire (FRCI)[20], afin de se doter d'une armée régulière. Dès lors, l'affrontement entre les protagonistes peut commencer.

Le 24 mars, plusieurs attaques des FRCI ont lieu de façon simultanée à l'intérieur du pays. Retranché dans sa résidence présidentielle de Cocody, Laurent Gbagbo résiste. Après quelques jours de combat, les FRCI, n'arrivent pas à prendre d'assaut la présidence, afin de forcer Laurent Gbagbo à se rendre. C'est alors que la France décide d'intervenir pour mettre fin au conflit et surtout éviter une crise humanitaire. Les combats s'intensifient le 4 avril 2011, lorsqu'en vertu de la résolution 1975 de l'ONU, les hélicoptères de la force Licorne entrent en scène, avec le soutien de l'ONUCI. Mais, du 4 au 9 avril, malgré les bombardements de la force Licorne, le clan Gbagbo reste toujours enfermé dans la résidence présidentielle. La force Licorne intensifie alors ses bombardements et le 11 avril 2011, elle réussit à ouvrir une brèche dans les murs de la résidence. La voie est désormais libre pour les FRCI qui pénètrent à l'intérieur de la résidence et arrêtent Laurent Gbagbo et sa famille. Ce qui marque officiellement la fin de crise militaro-politique ivoirienne.

Le 21 mai 2011 se tient à Yamoussokro[21], la cérémonie d'investiture du président Alassane Ouattara, en présence de dirigeants africains, de Nicolas Sarkozy et du Secrétaire général des Nations Unies, Ban Ki-moon (Hofnung, 2011).

---

[18] Le 22 janvier 2011, les comptes de l'Etat ivoirien sont bloqués, ce qui conduit à la fermeture des principales banques dans les semaines qui suivent. Le 24 janvier, Alassane Ouattara ordonne l'arrêt des exportations du cacao.

[19] Dénomination que lui ont donné la communauté internationale par opposition au statut de Gbagbo, considéré non officiellement élu pour un second mandat et ayant néanmoins prêté serment pour un nouveau mandat.

[20] Les FRCI sont composés des forces nouvelles (ou ex-rebelles) et de toutes les troupes gouvernementales (issues des Forces de la défense et de sécurité).

[21] Capital politique de la Côte d'Ivoire.

Conclusion partielle

Le constat que nous pouvons faire à la suite de cette analyse, c'est que ces longues années de crise sont surtout la conséquence d'une mauvaise gestion des questions économiques, mais aussi démographiques. Comme nous l'avons souligné précédemment, l'immigration et surtout la forte immigration africaine en Côte d'Ivoire a très vite été soulignée par la Banque mondiale dans son rapport de 1977. Mais, le gouvernement de l'époque n'a pas su convenablement gérer le problème et avait pris le parti d'ignorer les mises en garde de la Banque sur les conséquences à long terme d'une telle politique. En effet, tant qu'il y avait des richesses pour tous, tout allait pour le mieux. Mais les conflits ont commencé à surgir avec la diminution des richesses et surtout de la richesse « terre ». Lorsqu'on ajoute à cela les ambitions politiques personnelles de chacun des leaders, on en arrive une situation de conflit comme celle qu'a connu la Côte d'Ivoire.

Toutefois, après dix ans de crise militaro-politique, la Côte d'Ivoire voulait toujours croire en l'avenir, alors même que le pays était économiquement à genoux. Les années qui se sont écoulées ont été dures sur le plan économique, et l'indicateur macroéconomique PIB a eu du mal à passer au-dessus de la barre de zéro et à s'y maintenir, comme le montre le graphique suivant.

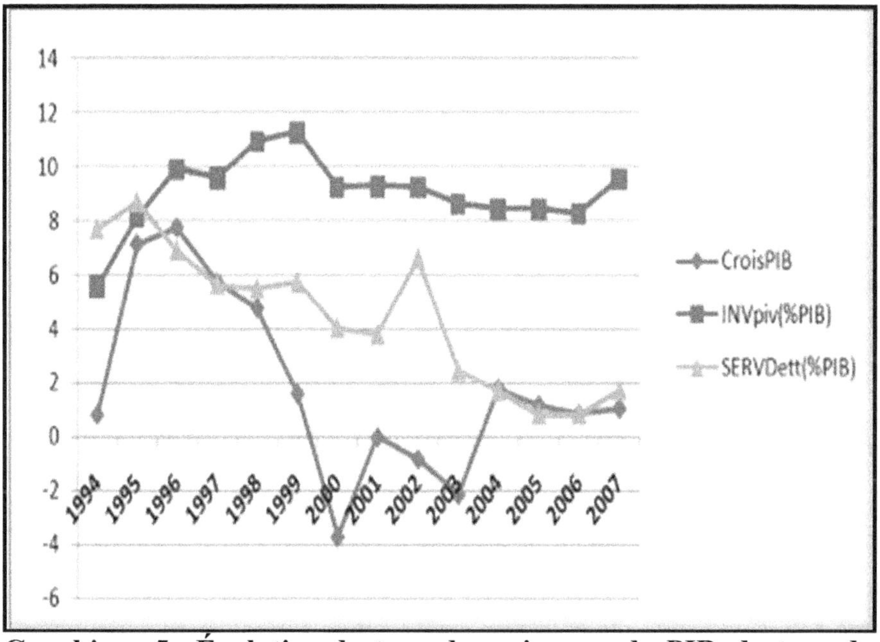

Graphique 5 : Évolution du taux de croissance du PIB, du taux des services payés de la dette extérieure et du taux d'investissement privé de 1994 à 2007

Source : DGP et DCPE Côte d'Ivoire cités dans Diarra, 2010.

Ce graphique montre en effet que le taux de croissance du PIB qui chute vertigineusement de 1996 à 1999, puis devient négatif après le coup d'Etat et ne redevient positif qu'à partir de 2004, où il atteint les 2%, pour ensuite redescendre aux environs de 1% jusqu'en 2007.

Quant au service de la dette, il connait un pic en 2002 avec un taux de plus 6,5% du PIB. Il redescend ensuite en 2003 pour se maintenir presqu'au même niveau que le taux de croissance du PIB.

Enfin, le taux d'investissement privé accuse une chute surtout en 2000 et reste à peu près stable jusqu'à la tentative de coup d'Etat de 2002 où il baisse légèrement pour ensuite se stabiliser jusqu'en 2007 où il enregistre une légère hausse suite à l'accord de Ouagadougou.

On constate ainsi que, depuis décembre 1999, la récurrence des troubles socio-économiques, mais aussi militaro-politiques engendre de la part des opérateurs étrangers, une crainte en ce qui concerne le risque pour les investissements. Ce ralentissement des investissements a contribué à une hausse du chômage, et donc de la pauvreté, même s'il semble que le travail ne soit plus un facteur suffisant pour protéger à lui seul de la pauvreté. Par conséquent, la pauvreté monétaire reste très élevée dans certains milieux urbains et dans certaines zones telles que dans le nord de la Côte d'Ivoire où la terre est assez aride et où il y a très peu d'emplois administratifs et privés. En 2008, 3 pauvres sur 4 vivaient en milieu rural. Par ailleurs, près de 4 pauvres sur 5 vivaient au Nord (Ministère du Plan et du Développement, 2012). Toujours selon le PND 2012, l'analyse des profils de revenus indique une détérioration des conditions de vie des ménages depuis les années 90 avec un taux de pauvreté atteignant les 48,9% au niveau national, en 2008 et une forte prédominance de la pauvreté rurale. De 1998 à 2008 on a une aggravation de la pauvreté dont le taux est passé de 33,6% en 1998 à 38,4% en 2002, puis à 48,9% en 2008. Or, la pauvreté monétaire conduit inévitablement à la pauvreté des conditions de vie et à une plus grande vulnérabilité.

Aussi, afin d'essayer de retrouver les grands équilibres macroéconomiques, le gouvernement décide de reprendre à partir de 2007, le processus DRSP initié en 2000 dans le cadre de l'Initiative PPTE. Cette reprise a été rendue possible grâce à l'accord de Ouagadougou qui a créé un climat d'apaisement politique avec la formation d'un gouvernement de réconciliation. Les travaux pour l'élaboration du DSRP reprennent les 3-4 et 5 décembre 2007 à Yamoussoukro. Le draft du DSRP intérimaire de 2002 est repris pour être modifié et adapté à la situation économique du moment, afin d'aboutir à un document définitif devant être soumis à l'approbation des IBW.

Le challenge de ce DSRP est maintenant de veiller à une redistribution équitable des richesses vers les zones et catégories de personnes les moins favorisées comme dans le Nord du pays et vis-à-vis du secteur informel urbain.

Au bout de quinze années de processus ayant abouti à un DSRP final en 2009, transformé en PND en 2012, on peut néanmoins se poser la question de savoir ce que l'IPPTE/DSRP a réellement apporté à la Côte d'Ivoire. Et donc où l'on en est en matière de réduction de la pauvreté. Ces nouvelles stratégies politiques sont-elles réellement différentes de celles du passé en ce qui concerne la pratique ? Nous essayerons de répondre à ces questions dans la seconde section de ce chapitre. Nous procéderons pour cela à une analyse de ces nouvelles politiques économiques, non seulement textuelle, en nous appuyant sur le discours officiel, mais aussi en examinant sur le fond, les différences par rapport aux stratégies passées basées sur les PAS.

SECTION 2 :
Le DSRP comme instrument de reconquête du « pouvoir symbolique »

Reconnue comme un pays pauvre et très endetté en mars 1998, la Côte d'Ivoire va finalement mettre près d'une dizaine d'année pour élaborer son DSRP définitif en raison de la crise sociopolitique des années 2002-2006. En effet, suite au coup d'Etat du 24 décembre 1999, ce n'est qu'en 2002 qu'elle arrive à rédiger un DSRP intérimaire, qui pourtant n'arrivera pas à atteindre le point de décision prévu pour la fin de la même année en raison de la rébellion armée qui survient au mois de septembre 2002.

Le processus n'est finalement, reconduit qu'après l'accord de Ouagadougou de 2007, permettant ainsi d'aboutir à la production d'un DSRP final en janvier 2009. Ce second texte officiel de stratégie politique permet à la Côte d'Ivoire de franchir le pallier du point de décision. Quant au point d'achèvement, dernière étape du processus il sera retardé par la crise postélectorale de 2010-2011 et ne pourra être franchie qu'en 2012, le DSRP étant alors rebaptisé Plan national de développement (PND) et adopté le 26 mars de la même année. Ce PND couvre la période 2012-2015. Il contient les éléments de la stratégie de relance du développement économique en Côte d'Ivoire. Il constitue, dès lors, le cadre de référence pour toutes les actions majeures du gouvernement relative à la coordination des politiques économiques, sociales et culturelles, au bénéfice des populations pour une période de trois ans. Le but affiché est de faire de la Côte d'Ivoire un pays émergent à l'horizon 2020. Ce qui est un objectif fort ambitieux.

Rappelons qu'à travers ce nouveau paradigme que constitue l'initiative PPTE/DSRP, les IBW avaient pour volonté de promouvoir une appropriation locale des stratégies de développement au service des plus pauvres et vulnérables. L'objectif réel est de permettre aux pays lourdement endettés comme la Côte d'Ivoire, de rembourser leur dette tout en investissant dans des actions sociales qui visent à réduire la pauvreté.

Cependant, il nous faut constater que ce passage des politiques macroéconomiques contenues dans les PAS à une approche plus microéconomique s'accompagne d'un changement majeur dans le vocabulaire employé.

En effet, depuis le début de la décennie 1980, le changement dans les politiques économiques de développement se caractérise par une évolution très nette des idées qui se traduit par l'abandon (du moins en théorie), des idéologies et doctrines du passé (planification économique et keynésianisme, théorie de la dépendance et socialisme africain, etc...). Ainsi par exemple, certaines expressions telles que « l'échange inégal » disparaissent-elles et font place à d'autres relatives à « l'ajustement structurel ».

Mais, dans ce contexte de métamorphose des politiques et des idées liées au développement économique, la décennie 1990, va être celle qui sera la plus productive dans la création de nouveaux concepts et des termes techniques associés. On assiste ainsi à une prédominance de problématiques nouvelles telles que la « bonne gouvernance » et la « réduction de la pauvreté » qui se substituent progressivement aux thématiques traditionnelles qui ont été « l'ajustement structurel » et la « délégitimation » de l'Etat.

Ceci montre bien qu'on ne peut parler de politiques économiques de développement, sans aborder la question des mots qui accompagnent ou forgent ces politiques. Les mots sont en effet des moyens de propagande auprès des populations en tant que gage d'un changement dans le mode opératoire. On passe ainsi de l'ajustement structurel à la lutte contre la pauvreté pour marquer l'esprit des individus en ce qui concerne ce changement idéologique.

Il résulte de ceci que conformément à ce que soulignent Jean Cartier-Bresson et al. (2009), « il existe deux histoires du développement : celle des faits, et celle des mots ». Aussi, après avoir examiné les faits du développement économique qui ont marqué la Côte d'Ivoire dans la première partie de notre travail, nous allons nous atteler à faire ressortir dans cette seconde partie, les mots qui surgissent dans les différents textes officiels de politique économique depuis les PAS de 1981 jusqu'au PND de 2012 et 2016. Nous utiliserons pour cela, la méthode lexico-métrique qui permettra de faire ressortir les mots clés de ces différents textes. L'objectif est de montrer d'une part s'il y a une réelle évolution dans les théories qui sous-tendent ces politiques (cf. point I.) et, surtout, d'analyser les actions que ces politiques proposent pour réduire la pauvreté en Côte d'Ivoire (cf. point II.).

I. Le contenu du DSRP : réel changement théorique ou la continuité des PAS ?

L'abandon du terme d'ajustement structurel pour celui de réduction de la pauvreté montre bien, comme le souligne J. Cartier-Bresson et al. (2009) que le changement dans les mots indique parallèlement un changement dans la manière de voir les choses et surtout dans la manière de définir et de poser les questions liées au développement et par conséquent les politiques à mettre en œuvre que sont les DSRP aujourd'hui. Ces mots suivent donc à priori les théories en vigueur à l'époque de leur création et dictent ainsi les politiques économiques à mettre en œuvre. Dès lors, ces politiques ne sont considérées comme valables que si elles les mentionnent expressément, du moins en ce qui concerne certains mots qu'on peut qualifier de mots clés. On rentre ici dans des rapports de domination selon Bourdieu (1982), dans le sens où les IBW jouent un rôle déterminant dans la fabrication de la « communauté de conscience » qui devient le ciment des politiques de développement.

C'est pourquoi, nous nous proposons de faire une analyse textuelle du vocabulaire contenu dans le DSRP/PND ivoirien, en le comparant à celui des PAS, afin de voir s'il constitue une réelle avancée par rapport aux PAS (cf. point I.1.), ou si comme le disent J. P. Cling et al. (2002) : le « DSRP : tout changer pour que tout reste pareil ?» (cf. point I.2).

I.1. Étude croisée du DSRP et des PAS à travers l'analyse textuelle

Comme nous l'avons mentionné dans l'introduction générale, les deux méthodes d'analyse textuelle que nous avons retenues sont Alceste et Lexico pour leur complémentarité.

ALCESTE (Analyse des Lexèmes Co-occurrents dans un Ensemble de Segments de Textes) est une méthode d'analyse des données textuelles développée au sein du CRNS par le chercheur M. Reinert dans les années 60, en application des travaux de J.-P. Benzécri (1973) sur l'analyse des correspondances. Quant au logiciel Lexico, il a été développé par L. Lebart et A. Salem (1988) et concerne une approche formelle des structures textuelles. Il permet principalement de comparer les distributions de mots entre différents textes.

Toutefois, la majeure partie des résultats que nous présentons dans ce travail proviennent d'Alceste.

Les méthodes d'analyse de données textuelles, visent à découvrir l'information contenue dans un texte, grâce à la structure de ce texte, et sa compréhension est possible grâce à la répétition et à la succession de ses mots. Selon M. Reinert (1993) : « l'étude des répétitions dans un discours ouvre à la possibilité de se représenter les courants idéologiques, les zones de conflits, de ruptures, à partir de recouvrements, d'enveloppement ou d'opposition entre ce que nous appelons des mondes lexicaux ». Toutefois, il ajoute que la répétition des mots ne suffit pas à déduire le sens d'un texte, l'organisation y contribue nécessairement (Reinert, 1993).

Les textes qui sont soumis à l'analyse textuelle sont qualifiés de corpus. Les corpus que nous avons sélectionnés sont les PAS, les DSRP/PND et l'enquête interviews auprès des acteurs sociaux. Utiliser Alceste, c'est surtout accepter le postulat que les structures sémantiques sont liées à la distribution des formes.

En procédant à l'analyse statistique d'un corpus, Alceste présente l'avantage d'offrir des pistes interprétatives. Il ouvre la voie à un certain type d'analyse et éclaire sur des faits statistiques du corpus. C'est une aide que nous utilisons comme un guide pour une description d'usage des formes linguistiques contenues dans le corpus. Alceste classe de façon statistique des phrases du corpus en fonction de la distribution du vocabulaire à l'intérieur de ces phrases. Le logiciel repère des formes réduites dans les différentes unités de contexte du texte et les met en relation. Il calcule ensuite les liens entre ces unités de contextes (u.c.), c'est-à-dire qu'il relie les contextes qui ont des mots communs. Il croise les unités de contexte et la présence/absence de ces formes dans les u.c., en d'autres termes, il forme des classes à partir des phrases qui contiennent les mêmes mots.

Une fois l'analyse terminée, Alceste propose une large palette de fichiers résultats. On y trouve différentes classes retenues, leur dépendance mutuelle que révèle l'analyse factorielle des correspondances, le vocabulaire dominant tel que les présences et absences significatives des formes dans les classes, ainsi que la catégorisation des mots. Les classes sont représentées graphiquement à partir d'une analyse des correspondances. Enfin, Alceste associe à chaque classe des mots et des énoncés spécifiques, édite des listes de mots et des statistiques descriptives. Le travail du chercheur consiste à nommer les classes du discours, de découvrir ce qui les caractérise et de les décrire, notamment en ce qui concerne les graphiques. Notons toutefois que l'analyste joue un rôle essentiel en matière d'interprétation des résultats.

Mais, pour plus d'objectivité, il faut considérer que les résultats fournis par le logiciel ne sont que des pistes qui demandent un retour à la linéarité des textes, et surtout, que ces résultats doivent être croisés avec d'autres types de faits.

C'est ce à quoi nous allons nous atteler en interprétant les différents résultats que nous avons retenus.

La Côte d'Ivoire a élaboré à ce jour, trois documents de politique économique au titre de l'initiative PPTE. Ces textes sont le DSRP-I de 2002, le DSRP final de 2009, et le PND 2012-2015. Il faut toutefois souligner qu'un nouveau PND pour une période allant de 2016-2020, est en cours de préparation.

L'objectif visé par l'analyse textuelle est de faire ressortir à travers l'examen de ces différents textes, une évolution dans l'apparition et l'utilisation des mots relatifs au développement, notamment les vocables les plus prisés, afin de mettre en exergue les tendances théoriques qui les sous-tendent.

En effet, une analyse textuelle ou lexico-métrique, est une analyse plutôt de type qualitatif qui est fréquemment utilisée dans le cadre d'entretien auprès des ménages concernant leurs conditions de vie afin de faire ressortir ce qui explique le comportement des individus. Ce genre d'analyse est aussi utilisé pour analyser les discours tenus par des décideurs de politiques. C'est pourquoi, nous avons choisi de l'appliquer dans ce cadre précis, aux politiques économiques de développement. L'intérêt d'une telle démarche est de révéler la structure théorique interne qui sous-tend ces politiques et qui s'exprime à travers le vocabulaire employé. Ainsi, le contexte d'apparition d'un mot, et son évolution, nous informent sur l'histoire de la pensée économique qui fonde des politiques économiques particulières, comme le sont les PAS et le DSRP/PND.

On s'aperçoit ainsi que le changement dans l'emploi des mots pour exprimer des politiques économiques suit l'évolution des idées et des théories sous-jacentes. Ainsi la création de nouveaux mots au sein des institutions de développement[22] et le consensus qui s'opère autour d'eux peuvent être perçus et analysés comme une réponse aux critiques adressées lors des politiques du passé.

L'utilisation de nouveaux lexiques peut être considérée comme une stratégie de diffusion des idées des IBW. Et l'on se retrouve alors face à

[22] Parmi ces institutions nous pouvons par exemple citer : les IBW, les autres organisations internationales, les ONG et les corps professionnels (Cartier-Bresson, Destremau, & Lautier, 2009).

un diktat de nouvelles expressions incontournables telles que « développement durable », « bonne gouvernance », réduction des « inégalités », etc.

Afin d'analyser le pouvoir de ces mots et leur mise en application au travers des textes actuels de la politique économique de développement, nous centrerons notre étude sur le lexique normatif qui peut être révélé par les PAS et les DSRP/PND.

I.1.1. Un vocabulaire a priori conforme aux théories qui fondent ces politiques

Pour illustrer notre propos, nous avons retenu quelques figures marquantes présentant certains des résultats de cette analyse textuelle[23]. Les graphiques que nous avons obtenus se présentent sous différentes formes. L'écran de synthèse de l'analyse du corpus constitué par les textes des trois premiers PAS Côte d'Ivoire, réunis ensemble nous montre un exemple de résultat obtenu via Alceste.

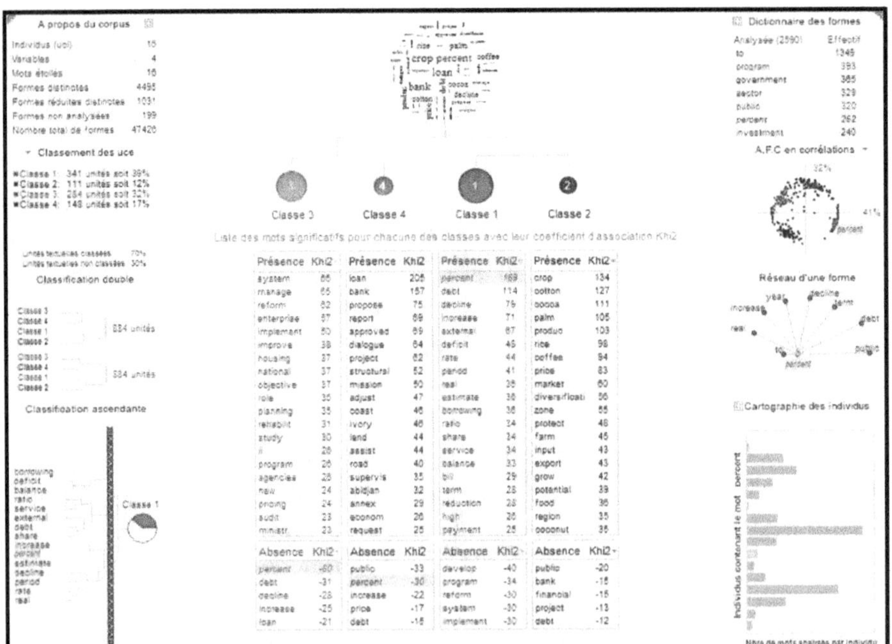

Figure 4 : Ecran de synthèse de l'analyse du corpus unique des trois premiers PAS de la Côte d'Ivoire

Source : auteur.

---

[23] D'autres figures de résultats se trouvent en annexe.

Comme on peut le constater, l'écran de synthèse est constitué de trois parties : une partie centrale schématique appelé l'arbre de classification représentant les classes obtenues après l'analyse, ainsi qu'un extrait des profils de présences et absences pour chaque classe dans l'ordre du Khi2 décroissant. Les parties gauche et droite sont formées d'encadrés qui résument les principaux résultats. On peut ainsi y trouver, par exemple, des graphiques tels que l'arbre de classification descendante hiérarchique (CDH) ou encore l'analyse factorielle en coordonnées que nous avons choisi d'analyser ci-après.

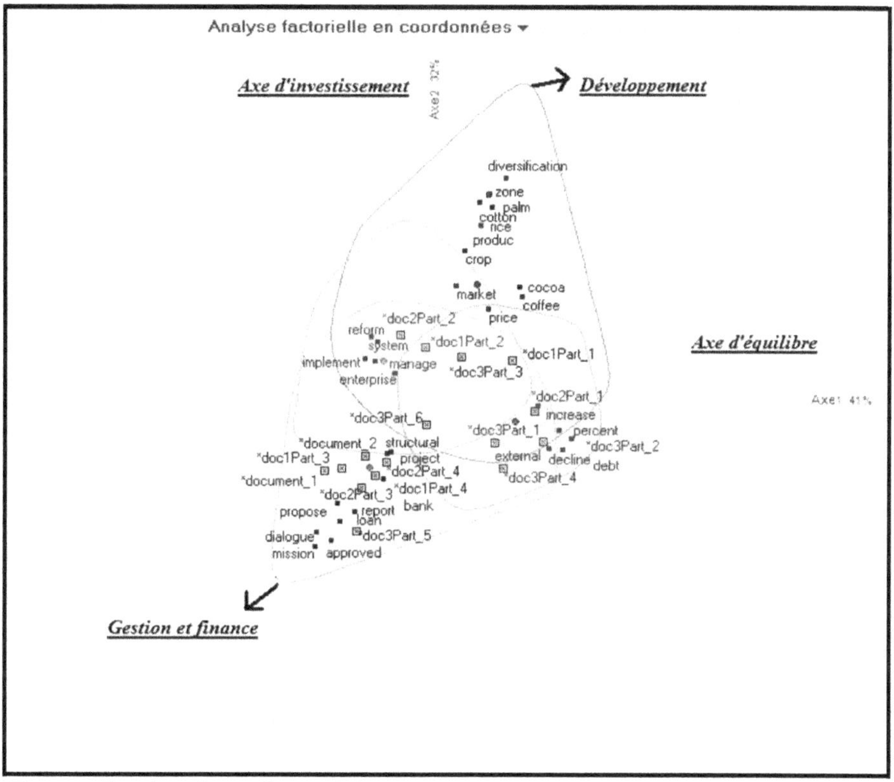

Figure 5 : Analyse factorielle du corpus unique des trois premiers PAS de la Côte d'Ivoire

Source : auteur.

Ce graphique représente l'analyse factorielle des correspondances (AFC), avec les pourcentages d'inertie correspondant aux axes 1 et 2.

On y remarque, sous quatre couleurs différentes, les principaux mots de chacun des PAS. La figure s'étire vers le haut, à droite de l'axe d'investissement et vers le bas, mais cette fois-ci à gauche du même axe.

Ainsi, la partie haute représente le secteur « développement agricole » qui a permis le développement effectif de la Côte d'Ivoire. On y trouve donc un vocabulaire adapté comportant les termes : produit, marché, café-cacao, riz, coton et diversification. Cette partie peut être opposée à la partie « gestion et finance » située en bas et qui fait le lien avec les prêts d'ajustement, ayant pour support des mots comme : projet, banque, prêt, mission et structurel. Quant au centre qui est assez homogène, et renvoie à la « gestion de la dette » en comportant des mots tels que : dette, augmentation, réforme, entreprise, système et déclin.

Cette figure exprime bien la situation dans laquelle sont intervenus les PAS. On y retrouve un aspect très macroéconomique propre aux politiques néolibérales des années 1980. C'est d'ailleurs ce que confirme bien la figure ci-dessous qui représente le nuage de mots issu du même corpus.

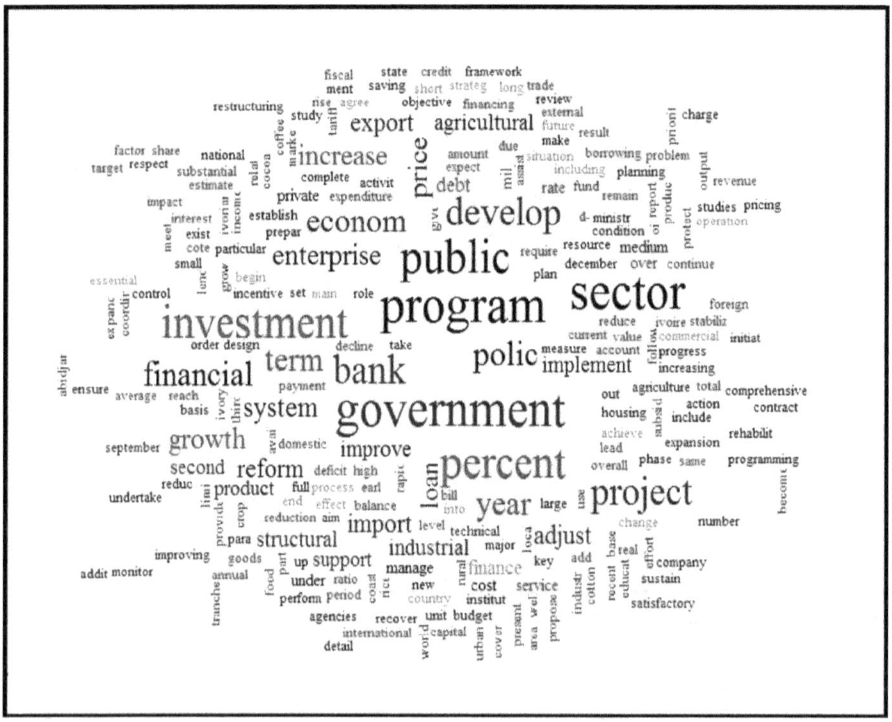

Figure 6 : Nuage de fréquence des mots du corpus unique des trois premiers PAS de Côte d'Ivoire
Source : auteur.

Sur cette figure représentant le nuage de l'ensemble des mots, avec en plus gros caractères ceux qui sont les plus fréquents, on observe que les plus importants sont : programme, gouvernement, investissement, public, secteur, etc. On remarque, ensuite, d'autres mots comme : projet, croissance, banque, développer, économie et finance qui arrivent au second plan. Ils sont cependant tous aussi importants pour décrire cette vision macroéconomique qui caractérise la conception des PAS.

La figure suivante fait ressortir, quant à elle, l'opposition qu'il y avait à l'époque entre l'investissement pour le développement et la gestion stricte de la dette.

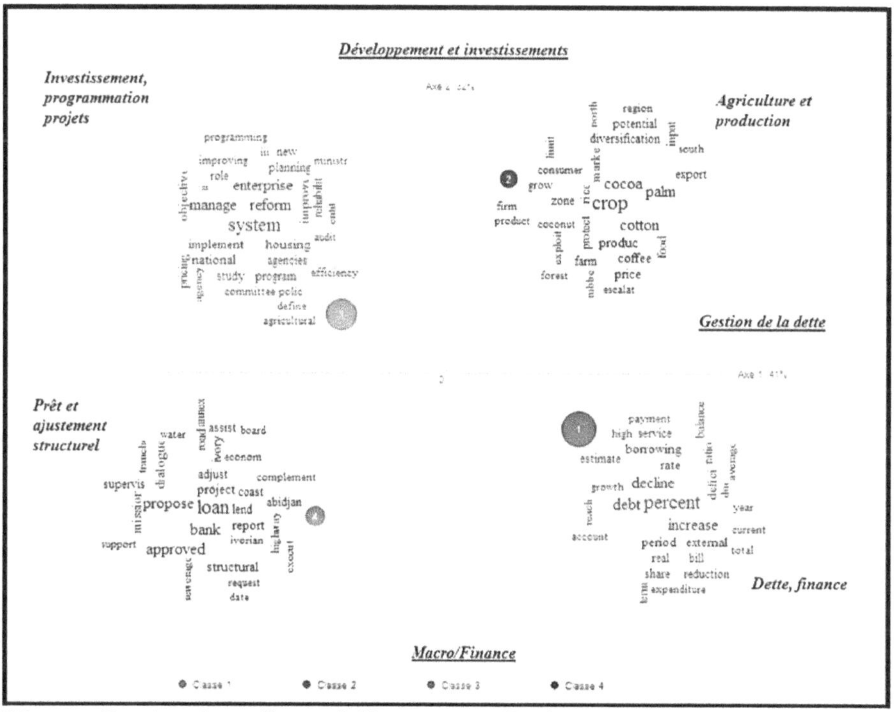

Figure 7 : Analyse factorielle en corrélation des classes du corpus unique des trois premiers PAS ivoiriens

Source : auteur.

La figure 7 ci-dessus montre la représentation en corrélation sur les axes 1et 2 de l'AFC. Il permet de visualiser les représentations en coordonnées et les contributions. On y voit une répartition entre les quatre objectifs clés : gestion de la dette, production agricole, ajustement structurel et investissement pour le développement. Ces objectifs se distribuant sur deux axes. On remarque aussi une nette opposition entre les différentes classes. La classe 1 qui traite de la dette et des finances apparaît avec des mots comme : pourcentage, augmentation, emprunts, etc., et s'oppose à la classe 3 sur les l'investissement, dont le vocabulaire associé comprenant des mots tels que : réforme, entreprise, programme, etc. Quant à la classe 2, elle concerne la production agricole et met évidence des mots en lien avec l'agriculture. On peut ainsi citer : café, cacao, coton, diversification, potentiel, exportation, etc. Cette classe s'oppose à la classe 4 sur l'ajustement structurel où il est question de : prêt, projet, coût, etc. Enfin, on constate que les deux classes de la partie supérieure de l'axe 1, c'est-à-dire les classes 2 et 3, s'opposent aux classes 1 et 4 qui sont en dessous de ce même axe, car les premières portent sur l'investissement et le développement de la Côte d'Ivoire, alors que les secondes traitent uniquement de questions financières.

Cependant, à partir de 2002, avec l'élaboration du DSRP-I, on remarque un réel changement dans le discours sous-jacent de ces politiques, puisque de nouveaux mots, tels que : « société civile », font leur apparition. Ce concept fait en réalité son apparition sur le marché du développement dans les années 1990, sans qu'il y ait une définition claire de ce qui pouvait être regroupé sous ce vocable. D'ailleurs, qu'entend-t-on réellement par « société civile » et qui en sont les représentants ?

Dans le dictionnaire Larousse, le terme « société civile » est défini comme le corps social, par opposition à la classe politique. Par conséquent, elle représenterait tout ce qui est en dehors du politique strictement dit.

En juillet 2001, la Commission européenne publie son "Livre blanc sur la gouvernance européenne" (Commission de l'Union Européenne, 2001), en donne une définition un peu plus complète. En effet, pour elle, « la société civile » regroupe notamment les organisations syndicales et patronales (les "partenaires sociaux"), les ONG, les associations professionnelles, les organisations caritatives, les organisations de base, les organisations qui impliquent les citoyens dans la vie locale et municipale, avec une contribution spécifique des Églises et communautés religieuses".

L'émergence sur le marché du développement de la « société civile » ainsi définie va dans le sens d'une plus grande participation des populations à l'élaboration des DSRP voulue par les IBW. C'est ce qu'illustre la figure 5 ci-après.

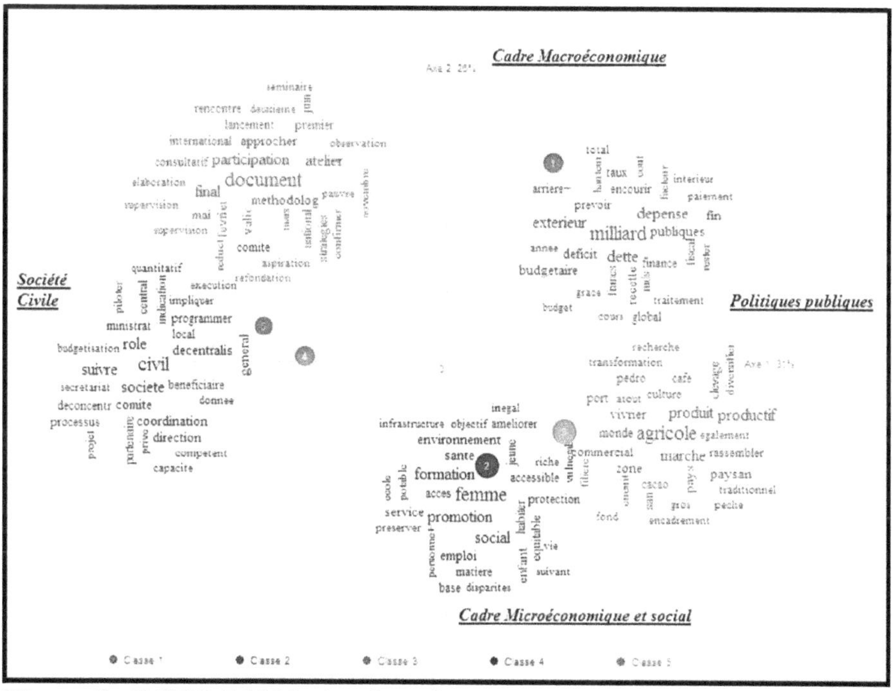

Figure 8 : DSRP-I 2002, Analyse factorielle en corrélation des classes
Source : auteur.

Alceste a ainsi divisé le texte du DSRP-I en 5 classes pour l'analyse, et ceci donne comme résultat le graphique ci-dessus.

Avec le DRSP-I de 2002, le mot porteur « ajustement structurel » disparait mais « la gestion de la dette » demeure et se trouve représentée par la classe 1 en rouge. Cette classe présente un discours spécifique et s'oppose aux quatre autres classes. En effet, les classes 4 et 5 renvoient à la participation de la « société civile » à l'élaboration des documents stratégiques. Mais étant donné qu'elles sont au-dessus de l'axe horizontal, on peut en déduire que la société civile doit participer à l'élaboration du DSRP, tout en tenant compte des politiques publiques et, aussi, de la gestion de la dette. En ce qui concerne les classes 2 et 3, on remarque qu'elles sont en dessous de l'axe horizontal et s'opposent aux deux autres classes, car le discours devient alors plus micro, avec un accent mis, d'une part, sur la femme, le social, la formation, la santé, l'emploi, l'infrastructure, mais aussi l'environnement qui apparait pour la première fois dans le discours. Cependant, on conserve « la production agricole » qui est censée créer les richesses qui permettent de financer le social.

Bien que les mots « pauvreté » et « développement » n'apparaissent pas clairement sur cette figure, ils sont toutefois bel et bien présents dans le texte même du DSRP-I. C'est ce que l'on constate en analysant la figure n°6 qui représente le nuage global des mots du corpus.

Figure 9 : DSRP-I 2002, nuage de fréquences des mots du corpus

Source : auteur.

En s'appuyant sur les mots qui ressortent de cette figure, on peut noter la présence d'un « programme » de « développement économique » au « service » des « populations pauvres ». De même, l'action du gouvernement porte sur les « secteurs stratégiques » avec la « participation » de différents groupes d'acteurs. On trouve ainsi exprimé en quelques mots clés toute la philosophie de l'IPPTE. Cependant, comme le montre la figure n°10 suivante, l'aspect macroéconomique demeure très présent, parce qu'on retrouve toujours les mots : programme, croissance et dette.

La figure ci-dessous (figure 10) fait d'ailleurs ressortir l'opposition entre les actions publiques de la société civile et les mesures de politiques publiques (axe horizontal), d'une part, et l'opposition entre les dimensions macroéconomiques et microéconomiques, d'autre part.

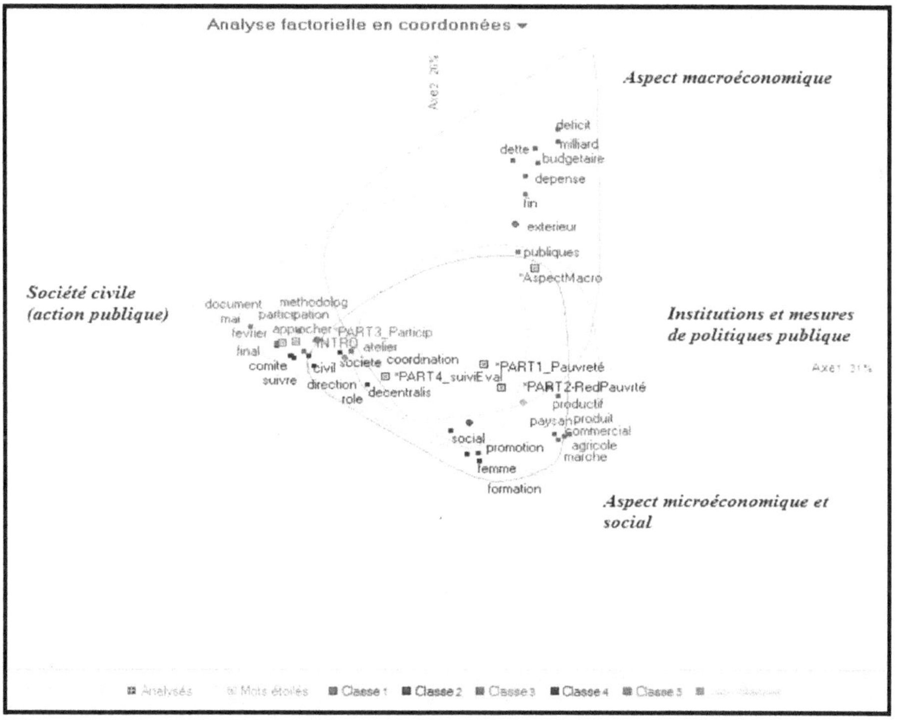

Figure 10 : DSRP-I 2002, Analyse factorielle en coordonnées des classes
Source : auteur.

Or, ce premier DSRP n'a pas été appliqué pour les raisons politiques que nous avons précédemment évoquées, si bien qu'un deuxième texte sera adopté en 2009. Ce texte, qualifié de DSRP final, met encore plus l'accent sur la lutte contre la pauvreté et surtout sur la promotion des capabilités, conformément aux idées d'A. Sen (2013).

Nous allons donc analyser le vocabulaire contenu dans ce DSRP final grâce aux deux figures 11 et 12 ci-dessous.

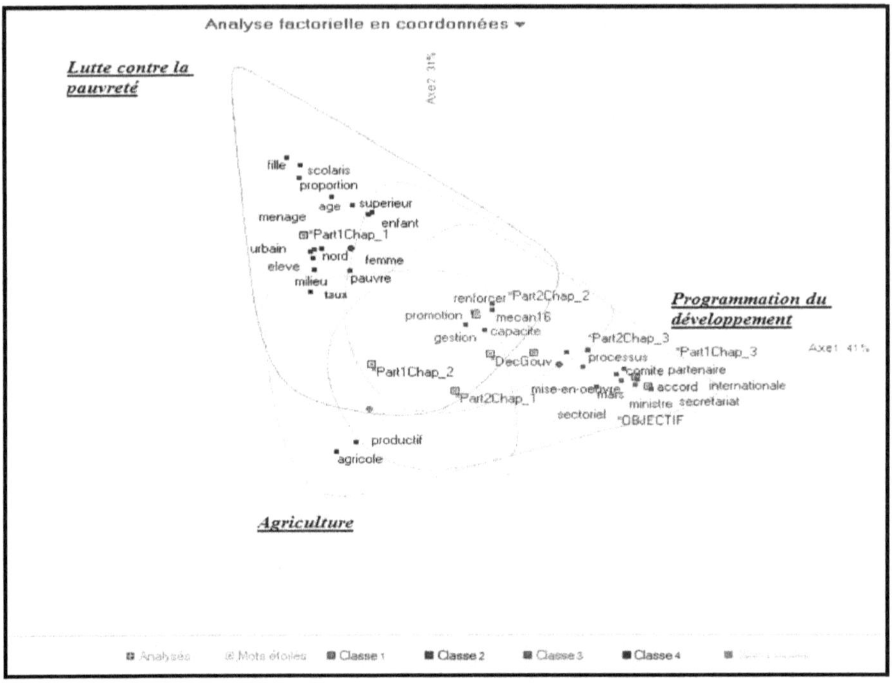

Figure 11 : DSRP final de 2009, Analyse factorielle en coordonnées
Source : auteur.

La figure 11 fait apparaitre 4 classes représentées par 4 couleurs (bleu, rouge, vert et marron), et montre la distribution des mots selon les deux axes factoriels vertical et horizontal, ce qui permet de distinguer les trois orientations fondamentales qui sont la lutte contre la pauvreté, la promotion de l'agriculture, et le développement économique dans son ensemble.

Les résultats de la figure 11 peuvent être complétés par ceux de la figure 12 ci-après.

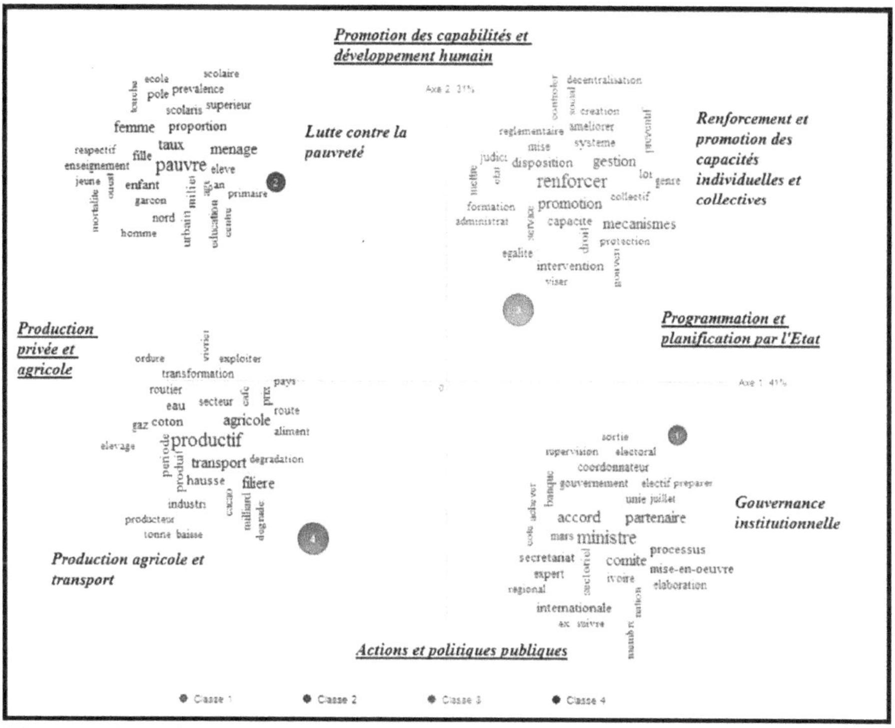

Figure 12 : DSRP final de 2009, Analyse factorielle en corrélation des classes

Source : auteur.

Elle met en valeur, en complément de l'analyse précédente, 4 classes de vocabulaire opposant le secteur privé et agricole au rôle de l'Etat (axe horizontal), ainsi que la dimension sociale (capabilités) aux politiques dans leur ensemble (axe vertical).

Lorsqu'on observe les deux figures 11 et 12 ci-dessus, on remarque que même s'il est toujours question de programmation du développement, la dimension macroéconomique passe au second plan ; elle laisse plus de place à la lutte contre la pauvreté, notamment à travers sa dimension multiple de capabilités. La figure n°11 est d'ailleurs différente de la figure n°10 qui représentait l'analyse factorielle en coordonnées du DSRP-I de 2002 et qui était beaucoup plus influencé par les idées macroéconomiques des IBW.

Cette évolution dans le texte du DSRP de 2009 peut aussi s'expliquer par le fait qu'il intervient après une période de six années de crises ayant occasionné une forte augmentation de la pauvreté, dont le taux est passé de 38,4% en 2002 à 48,9% en 2008. Ce qui signifie que pratiquement un ivoirien sur deux est devenu pauvre sur cette période. Pourtant, le gouvernement de la « refondation » se réclamait du socialisme, et donc d'une ligne de pensée que l'on pourrait qualifier de pro-poor. Le DSRP 2009 prend ainsi un peu plus de distance avec la doctrine purement néolibérale des IBW. Toutefois, même s'il est bien question d'un renforcement des capacités/capabilités dans le texte, le terme de « société civile » disparait, alors qu'il était très présent dans le DSRP-I de 2002 (voir figure 8 et 10). On peut donc se demander si sa présence dans ledit texte ne traduit pas la volonté du gouvernement de l'époque de se conformer au discours des IBW et donc de suivre une sorte d'effet de mode, puisque c'est à cette période que le terme de « société civile » commençait à être propulsé sur la scène internationale (Pirotte, 2010).

A la lecture du texte de 2009, on note que le mot « émergence » est aussi employé, même s'il n'apparait pas dans les résultats de l'analyse textuelle. Ici, « l'émergence » est envisagée à travers une gouvernance institutionnelle axée sur la promotion de l'agriculture qui demeure le noyau central du développement de la Côte d'Ivoire (cf. figure 11).

Mais ce second DSRP ne sera, en fait, appliqué que deux ans, puisque dès son élection en 2011, le président Ouattara et son nouveau gouvernement entreprendront d'élaborer un nouveau document de prospective qualifié de PND 2012, et qui va intégrer le programme présidentiel. Cela nous amène à nous interroger sur l'esprit de ce troisième DSRP : est-il toujours influencé par les théories microéconomiques de Sen, ou intègre-t-il déjà d'autres théories ?

C'est à cette question que nous allons essayer de répondre en effectuant l'analyse textuelle de ce nouveau corpus documentaire. Les figures 13 et 14 ci-après représentent les résultats de l'analyse factorielle en coordonnées et en corrélation des classes du PND 2012.

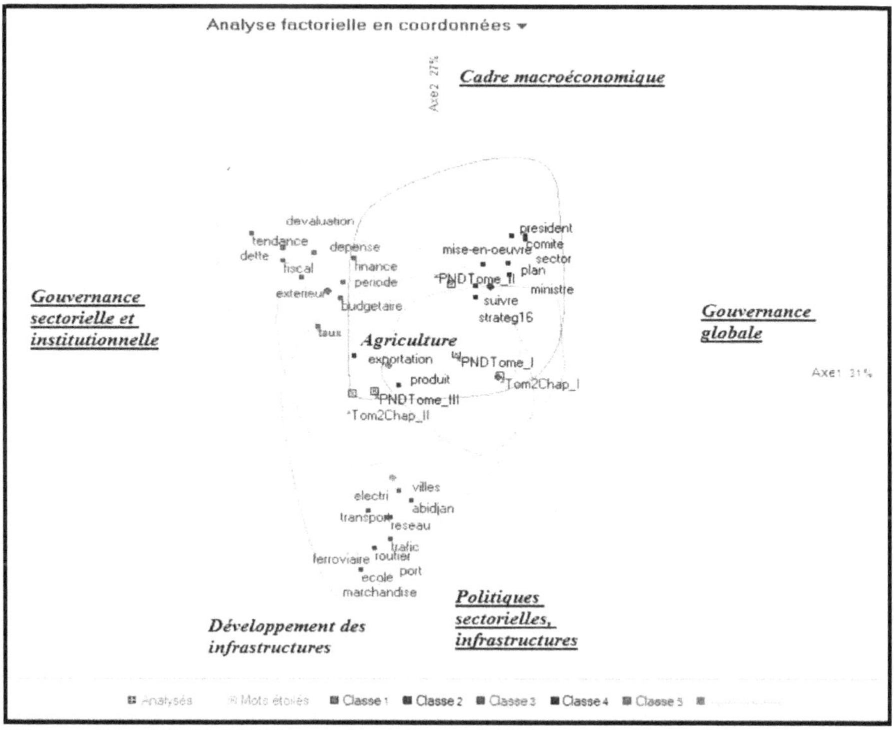

Figure 13 : PND 2012, analyse factorielle en coordonnées
Source : auteur.

Tout comme pour le DSRP-I de 2002, on obtient une analyse en 5 classes, mais cette fois-ci, on constate sur la figure 13 qui représente l'analyse factorielle en coordonnées, une certaine homogénéité en ce qui concerne le contenu du discours. Ainsi, les classes 4 et 1 (couleurs rouge et marron) se situent quasiment sur l'axe 1 (gouvernance) du graphique. Quant aux classes 2 et 5 (couleurs rose et bleu), elles sont au-dessus de l'axe horizontal (axe 1), mais pas très éloignées non plus du centre qui représente plutôt la dimension macroéconomique du PND.

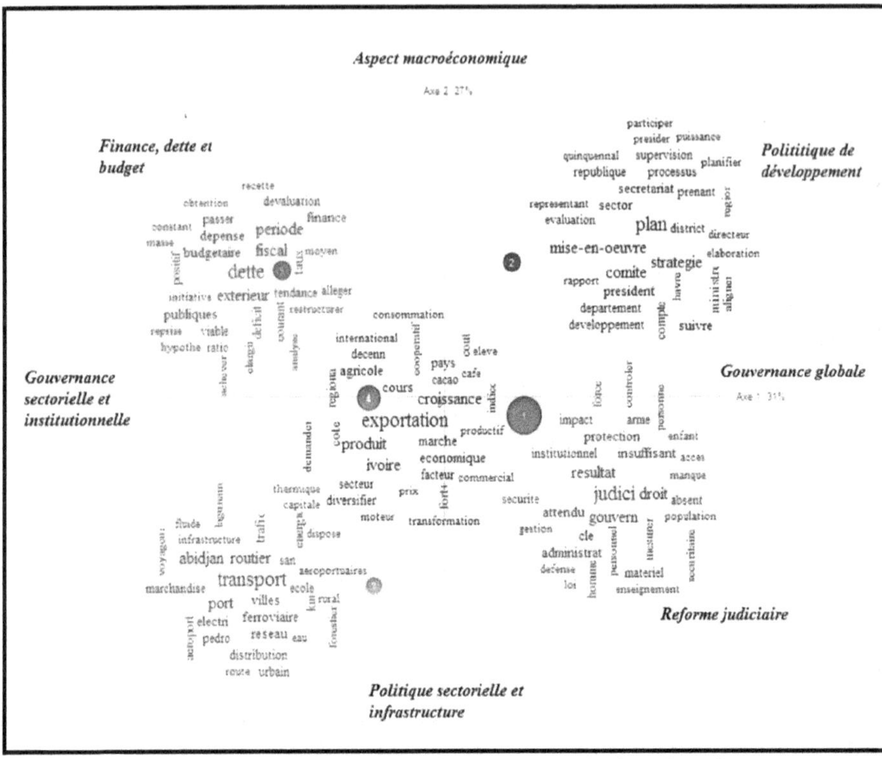

Figure 14 : PND 2012, analyse factorielle en corrélation des classes
Source : auteur.

Lorsqu'on considère les figures 13 et 14 du PND de 2012, on note un changement radical dans le discours du gouvernement ivoirien, et ceci marque bien le changement de régime politique effectué par la Côte d'Ivoire. Non seulement, la lutte contre la pauvreté n'est plus au centre de la stratégie de développement mais, de plus, la « société civile » ne réapparait pas non plus dans les résultats. Le texte est très technique et revient sur des notions macroéconomiques telles que la dette.

Au centre de la figure 14, on a la croissance comme moteur d'un développement toujours basé sur la promotion de l'agriculture et l'exportation agricole. C'est ce qui explique que les quatre points qui représentent les classes 1, 2, 4 et 5 sont autour du centre du graphique. La seule nouvelle tendance que l'on peut observer concerne la classe 3 qui traite du transport et des infrastructures routières et qui a pris une place importante dans la figure 13.

En définitive, on revient avec le PND 2012, aux premières orientations des IBW avec notamment, un accent mis sur la gestion de la dette. Les questions de microéconomie sont mises de côté et on mise sur la reprise d'une croissance autoentretenue pour permettre l'émergence du pays. Ce revirement peut s'expliquer par l'histoire actuelle du pays, à savoir une volonté de sortir de la crise, dans un pays traumatisé mais en convalescence, et qui a besoin de se reconstruire. Quant à la « société civile », elle est fortement divisée entre le Nord et le Sud, et de l'Est à l'Ouest. Ce qu'il faut donc rechercher en priorité c'est plutôt la réconciliation et le retour de la cohésion sociale. On peut aussi remarquer qu'il n'y a pas non plus de prise en compte des inégalités, ce qui pose d'ailleurs la question de la redistribution des fruits de la croissance entre les différentes catégories de populations. Une question qui s'avère pourtant décisive, d'autant plus que la pauvreté demeure forte, malgré l'émergence actuelle d'une certaine classe moyenne.

Une autre explication peut toutefois être envisagée concernant ce changement de cap dans les orientations du PND. Comme nous l'avons souligné plus haut, le DSRP 2009 a été élaboré lors de la « Refondation » et a donc été marqué par l'influence des idées socialistes. Par contre, pour le PND, la rédaction a été influencée par le programme du président Alassane Ouattara, dont la carrière a été plus marquée par le FMI et donc s'avérant plus favorable à l'application des références propres au système des IBW.

Enfin, le dernier point qui peut être souligné, c'est qu'avec le PND, la croissance est tirée principalement par le secteur privé comme le montre la dernière figure ci-dessous (figure 15), qui représente l'ensemble des relations tissées, sous forme de réseau autour du mot « secteur », l'un des mots clés issus de l'analyse textuelle du PND.

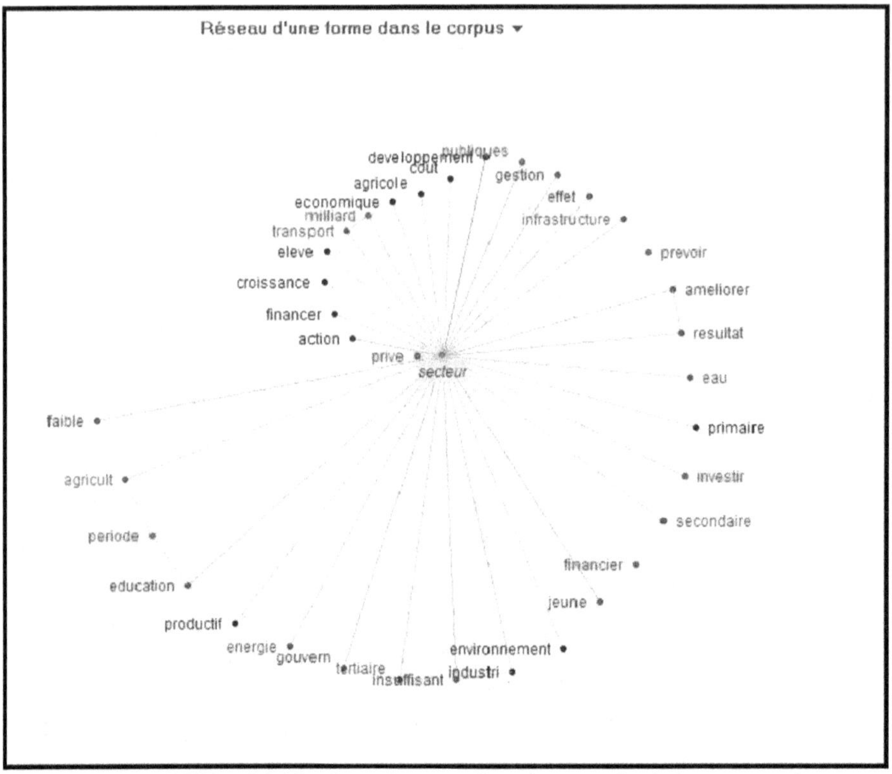

Figure 15 : PND 2012, le réseau des interrelations avec le mot « secteur »
Source : auteur.

Sur ce graphique, on constate que le mot « secteur » est celui qui ressort de l'analyse générale du corpus du PND, c'est ce qui explique que tous les mots toutes les classes (cf. les différentes couleurs), qui se rapportent à ce mot « secteur » y soient représentées. Comme le montre le graphique, le mot le plus proche du mot « secteur » est le mot « privé » de la classe 5 en relation avec la gestion de la dette (figure 14). Ensuite, viennent d'autres mots qui sont : action (classe 2), financier et croissance (classe 4 au centre de la figure 14). Il résulte de ces divers résultats que c'est l'action du secteur privé qui doit être l'élément clé de la croissance, même si l'agriculture demeure toujours présente dans l'économie.

En définitive, à l'issue de cet examen comparatif des PAS et des trois textes élaborés au titre du DSRP, nous remarquons une constante, à savoir l'importance de l'agriculture comme moteur de développement pour l'économie ivoirienne, puisqu'elle est présente dans les documents officiels. C'est d'ailleurs le seul élément autour duquel il y a consensus.

En ce qui concerne les politiques macroéconomiques et microéconomiques, l'accent est mis tantôt sur l'une et tantôt sur l'autre en fonction du contexte économique du pays et, surtout, semble-t-il de la couleur politique des gouvernements.

Certes, la lutte contre la pauvreté reste en fond de toile pour les nouvelles orientations politiques que préconisent les DSRP, mais, dans les faits, il n'y a pas vraiment de changement effectif en ce qui concerne les politiques de développement. En fait, la lutte contre la pauvreté s'est mise à cohabiter avec des mesures macroéconomiques néolibérales, encore très prépondérantes. La question qui se pose au vu de ces résultats, est de savoir si des politiques économiques de développement peuvent être effectivement menées sans une orientation d'équilibre macroéconomique, qui vise à atteindre des objectifs tels que la croissance et le plein emploi.

Notre analyse textuelle des différents documents stratégiques : PAS, DSRP et PND, montre que tout changement de « paradigme » dans les politiques économiques de développement s'accompagne en parallèle d'une prolifération de mots nouveaux utilisés sur le marché du développement et cela amène à s'interroger sur les raisons et finalités de cette surenchère, comme le préconise P. Bourdieu (1982, 2001).

I.1.2. Une « surenchère » des mots du développement

P. Bourdieu (1982) parle même de « surenchère expressionniste ». Cependant, au-delà de cette surenchère, tous ces mots qui sont propres au développement fournissent des informations permettant de caractériser non seulement les acteurs, mais aussi les politiques économiques auxquelles ils participent et le développement lui-même. En effet, les politiques économiques de développement se veulent désormais plus compréhensibles par tous. Il ne s'agit plus de termes macroéconomiques purement techniques réservés à une certaine élite. Ainsi, lorsqu'on emploie les mots de pauvreté ou d'inégalité, cela parle plus aux individus que lorsqu'il est question d'inflation, de déséquilibre budgétaire ou d'ajustement structurel, même si ce dernier terme s'est largement vulgarisé.

Ce changement lexical correspond à un changement d'époque dans les « réalités socioéconomiques ». Le vocabulaire découle directement de l'évolution des théories et des idées qui accompagnent chaque époque. L'objectif est de susciter le consensus autour de ces nouveaux mots qui, en entrant dans le langage commun, sont alors érigés en normes universelles.

Tout se passe comme si les problèmes de développement pouvaient se réduire à une question de mots. En réalité, certains de ces mots contribuent d'ailleurs, à mettre en exergue, les maux même du développement.

Le problème, c'est surtout, celui la multiplication de mots dont la définition demeure complexe, voire impossible. Bien souvent, il s'agit de mots qui viennent de l'anglais, ce qui pose la question de leur traduction en français. Ainsi, par exemple, le mot « *capability* » utilisé par A. Sen, dont la traduction en français par « capacité » ne traduit pas bien le sens du terme originel.

Cette surenchère de mots sur le développement peut être retracée à travers le tableau 9 ci-dessous qui compare les PAS au DSRP de 2009. Notre choix s'est porté sur le DSRP de 2009 parce que c'est le seul qui a été qualifié de DSRP final et c'est celui qui a permis à la Côte d'Ivoire d'atteindre le point de décision dans le processus de l'initiative PPTE.

Tableau 9 : Une étude comparative de l'univers textuel des PAS et du DSRP (tableau construit à partir du logiciel Lexico)

Mots du PAS	MOTS COMMUNS	Mots du DSRP
Développement = 119 (programme, agences et stratégies) Projet = 85 Durable = 11 (croissance) Programme = 321 Stabilisation = 2 Croissance = 145 Ajustement = 98 Dette = 104 Structurel = 105 Macroéconomie = 17 Budget = 22 Productivité = 46 Crédit = 79 (effectivité du crédit et pour le financement de projets) Déficit = 31 Rente = 6 (réduction de la rente) Marché = 46 (mondial et domestique) Population = 14 (mais au sens de croissance démographique) Education = 27	Développement Programme Projet Stabilisation Croissance Dette Productivité Macroéconomie Marché Structurel Budget Education Déficit Rente Crédit Population Responsabilité	Développement = 275 Programme = 53 (santé et enseignement) Projet = 21 Stabilisation = 3 Croissance = 87 (économique et démographique) Dette = 57 Productivité = 18 Macroéconomie = 17 Structurel = 5 Budget = 37 Déficit = 19 Crédit = 20 (accès au crédit) Rente = 5 (culture de rente) Marché = 45 Population = 213 (participation et pauvre) Education = 15 (de base et accès) Responsabilité = 9 (sens part de responsabilité) Développement durable = 11 Informel = 14 (secteur)

Responsabilité = 10 (mais pas dans le sens des acteurs) Informel = 2 Agent = 1 Social = 20 (secteur, investissements et objectifs)		Agent = 27 (économiques et de l'Etat) Pauvreté = 235 Pauvres = 86 Equité = 1 (principe d'équité) Santé = 118 Démocratie = 5 Corruption = 11 (lutte contre la corruption) Capital humain = 10 (mais pas de capital social) Gouvernance = 52 (bonne gouvernance et gouvernance économique) Participation = 44 (population, femmes et société civile) Société civile = 21 (participation et organisation) Genre = 46 (égalité de genre) Solidarité = 11 (familiale, communautaire et nationale) Bien être = 16 (surtout des populations) Vulnérabilité = 10 Vulnérables = 28 (groupes, pauvres et populations) Morale = 9 (au sens de valeurs morales)

		Ethique = 3 (bonne conduite et éthique de la fonction publique) Humain = 20 Cohésion sociale = 29 Droits = 25 Suivi-Evaluation = 35 (des stratégies de réduction de la pauvreté) Inégalités = 15 (sociales, de genre et de revenus) Micro finance = 5 **Mots Français** Multidimensionnel = 0 Aide = 0 Microéconomie = 0 **Les Mots Anglais** Accountability = 0 Capability = 4 (institutionnelle) Empowerment = 0 Capacity building =0

Source : auteur.

Ce tableau qui se divise en trois colonnes a été construit à partir du logiciel Lexico qui permet de comparer deux textes et de faire ressortir la fréquence des mots dans chaque corpus. Cette fréquence d'apparition est représentée par le chiffre associé à chaque mot. La première colonne représente les mots issus des corpus unifiés des trois PAS. La troisième colonne comporte les mots du DSRP final de 2009 et enfin la deuxième colonne regroupe les mots communs aux deux corpus (PAS et DSRP).

Nous avons, par ailleurs, recherché dans les deux corpus certains mots utilisés dans le langage courant du développement depuis le changement de paradigme au milieu des années 1990. Ces nouveaux mots sont en couleur verte pour les mots en français et en bleu pour les mots en anglais.

On peut ainsi noter que certains de ces mots couramment employés sur le marché du développement sont absents du texte de DSRP 2009. Nous pouvons par exemple, citer les mots tels que : « multidimensionnel », « *empowerment* », « *accountability* », « aide » et même « microéconomie ». Quant au mot anglais « *capability* », il n'apparaît que 4 fois.

Le tableau nous montre, enfin que le nombre de mots présents dans la colonne du DSRP est deux fois supérieur à celui utilisé dans les PAS. On remarque aussi que le nombre de mots dans la colonne du milieu est très restreint, ce qui confirme qu'il y a effectivement une véritable surenchère des mots comme le souligne P. Bourdieu (1982) depuis l'avènement des DRSP.

Cette inflation des mots à laquelle on assiste en matière de développement, résulte de l'entrée dans l'économie du développement, de mots venant du vocabulaire d'autres disciplines, notamment du secteur social et des sciences humaines. Par conséquent, ils ne sont pas d'ordre macroéconomique. C'est, par exemple, le cas du mot « vulnérabilité » qui vient du marché du travail ou de la « gouvernance » (sciences politiques…). Toutefois, ils rejoignent le raisonnement macroéconomique, contribuant ainsi à articuler macro et microéconomie.

On peut cependant, se demander si ce discours en matière de politique de développement économique ne désigne pas pour le moment, comme le suggère Bourdieu, des réalités savantes qui n'existent en fait que sur le papier ?

I.2. Des avancées sur la forme, mais encore des lacunes sur le fond

On voit donc qu'il y a eu bien une réelle évolution au niveau du vocabulaire employé en matière de politiques de développement. Cependant, malgré cette avancée dans la forme explicative de ces politiques, des doutes demeurent quant à une réelle différence substantielle entre les DSRP et les PAS. Il ne faut d'ailleurs pas oublier que les IBW reconnaissent eux-mêmes que cette évolution dans le contenu et la mise en œuvre des politiques économiques ne constitue pas une remise en cause totale des PAS. Aussi, malgré les avancées que proposent les DSRP, des améliorations s'avèrent-elles nécessaires si on veut qu'une plus grande efficacité ait lieu dans l'atteinte de leur objectif premier, à savoir la réduction de la pauvreté. Ces améliorations nécessaires concernent essentiellement la vision macroéconomique qui demeure prédominante, ainsi que la faiblesse du processus participatif face au rôle prépondérant des Institutions de Bretton Woods, Banque mondiale et Fonds monétaire international. Ces dernières imposent, encore des conditionnalités qui ne sont pas toujours réalisables.

I.2.1. L'aspect macroéconomique des DSRP

En effet, l'Analyse des DSRP ivoiriens montre bien que le but premier à atteindre, demeure pour les IBW, celui d'une croissance rapide, comme le soulignent J.-P. Cling et al. (J. P. Cling, Razafindrakoto, & Roubaud, 2003). Celle-ci est considérée comme le principal moteur de réduction de la pauvreté et est supposée être la clé d'une répartition équitable des richesses. Plusieurs mesures mises en œuvre dans les pays en développement ont pour objectif d'arriver à cette croissance forte et rapide. Elles concernent essentiellement :

- la dévaluation de la devise nationale pour que celles-ci rende moins chères les exportations en améliorant leur compétitivité ;
- la promotion des exportations, notamment en supprimant les taxes aux frontières ;
- la libéralisation du commerce et la privatisation des entreprises de l'Etat. En fait, il s'agit de mesures économiques rigoureuses imposées par de lourdes « conditionnalités »[24] auxquelles les pays candidats doivent se

[24] Nous nous efforcerons de définir ce terme lorsque que nous aborderons le point I.2.4. de ce chapitre III.

soumettre pour obtenir des financements correspondants de la Banque mondiale et du FMI.

Cependant, toutes ces mesures ont contribué à aggraver la situation de pays déjà très touchés par la pauvreté, avec une augmentation du chômage et une détérioration des services publics, particulièrement dans le domaine de la santé et de l'éducation. Pourtant au départ, ces DSRP constituaient pour la Banque mondiale et le FMI une bonne réponse aux critiques qui avaient visé leurs politiques d'ajustements : insuffisance du processus participatif, manque de transparence, effets aggravant sur les pauvres, prise en compte insuffisantes des réalités politiques, sociales et culturelles de ces pays. Si bien que, ces critiques risquent de demeurer inchangées, même après de multiples programmes d'intervention de la part des IBW. Du moins, tant que les pays concernés ne prendront pas véritablement en main leur destinée à travers des projets sociétaux propres à eux ; et qu'ils continueront de penser que la solution à leurs problèmes se trouve ailleurs. Autrement dit, on peut se demander si la réalité n'est pas tout autre et qu'au fond, la finalité des IBW n'a pas changé : il demeure celle d'une croissance, si possible rapide. C'est notamment le cas de la Côte d'Ivoire depuis 2012.

En effet, l'orientation très macroéconomique des nouvelles politiques économiques de développement exprimée par le PND 2012 de Côte d'Ivoire est mise en exergue par l'analyse textuelle. C'est ce qui ressort clairement de la figure n°13 ci-après qui met en valeur la fréquence des mots correspondants, issus de l'analyse du corpus PND 2012.

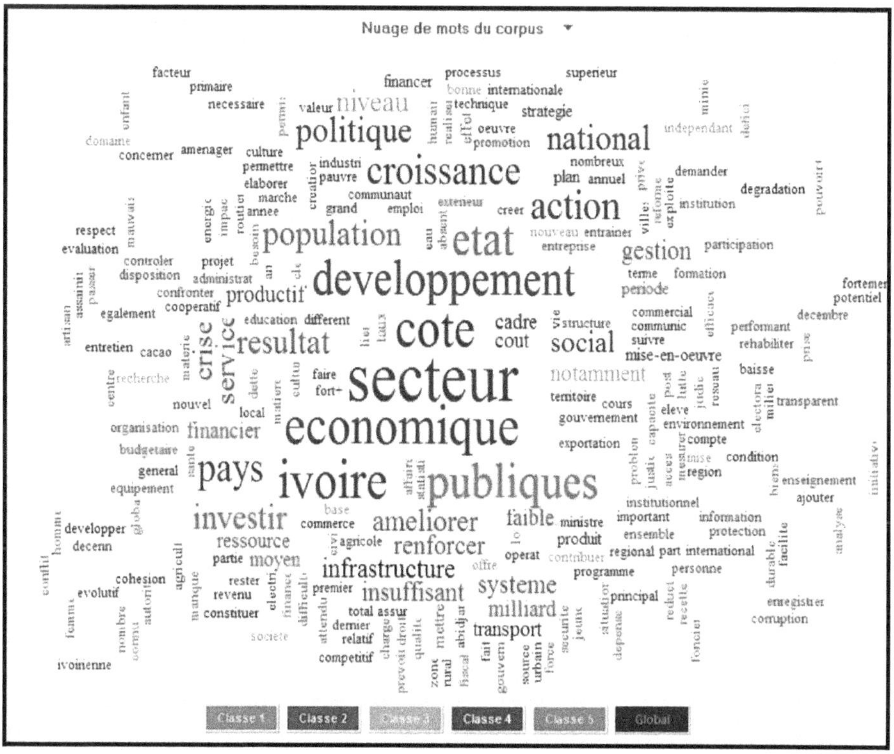

Figure 16 : Nuage de mots issus de l'analyse textuelle du PND 2012
Source : auteur.

On constate, de prime abord que le mot pauvreté a complètement disparu du nuage de mots, alors qu'il apparaissait au premier plan dans l'analyse du DSRP-I 2002 et du DSRP final 2009.

La figure révèle que ce sont des mots comme « secteur », « développement économique », « Etat », Côte d'Ivoire et « publiques » qui apparaissent au premier plan. Puis viennent : « croissance », « pays », « action » et « politique » au second plan. Ce n'est qu'ensuite qu'on trouve les mots « social », « renforcer », « populations », « améliorer », « infrastructures », « gestion », « crise », « services » et « investir ».

Or, malgré ce renforcement flagrant du cadre macroéconomique, l'objectif ambitieux d'une croissance à deux chiffres[25], n'a pu être atteint. Et ce, malgré des résultats fort encourageants comme l'obtention d'un taux de croissance du PIB autour de 9% sur trois années successives. L'objectif affiché de parvenir à une réduction de la pauvreté grâce à l'émergence d'une forte croissance, n'a donc été que partiellement réalisé.

[25] C'est-à-dire passer d'un taux en-dessous de 10 à un taux de 10% et plus du PIB.

En dépit d'un certain nombre de réalisations, les DSRP ne reflètent pourtant aucun lien entre la croissance et la réduction de la pauvreté, alors que c'était leur objectif premier.

On peut considérer que, dans une certaine mesure, les PAS ont été indirectement maintenus si bien que les DSRP ne constituent, finalement, qu'un accompagnement social des anciennes politiques (Cling et al., 2002). Sans doute parce que des résistances demeurent au sein des IBW face à la nécessité d'un changement de politique.

Par ailleurs, le processus participatif, qui constituait l'avancée majeure de ces nouvelles politiques, s'avère être lui aussi, très insuffisant dans la pratique. C'est ce que nous allons voir maintenant.

1.2.2. Les faiblesses du processus participatif

Le but affiché des DSRP était de créer un processus de concertation avec les représentants des catégories pauvres et vulnérables. Mais, un certain nombre d'interrogations demeurent quant à la participation et à la consultation effectives des groupes sociaux correspondants. Elles portent surtout sur la prise en compte effective des consultations lorsque celles-ci sont menées correctement.

Si le processus d'élaboration du DSRP a favorisé la participation, et le débat public, dans un certain nombre de pays, il a aussi été fréquemment mal préparé, afin de satisfaire, au plus vite, les exigences des bailleurs de fonds. La question qui se pose souvent, est de savoir comment assurer une réelle participation de ceux qui s'opposent au pouvoir en place, notamment des groupes marginalisés comme les populations rurales pauvres ou des populations économiquement moins puissantes. Et donc comment arriver à limiter la participation de ceux qui constituent les élites urbaines pour obtenir une représentation adéquate, c'est-à-dire, plus équilibré, de toutes les composantes de la « société civile » ?

La décentralisation de l'administration a souvent été présentée dans les DSRP comme la garantie d'une meilleure participation. Mais, dans de nombreux pays, le cadre institutionnel nécessaire à cette participation au niveau local fait amplement défaut car il y a peu de liens directs entre l'administration et les collectivités locales. En conséquence, il est difficile, voire impossible, de dégager une approche commune du développement à partir des visions hétérogènes, contradictoires et même antagonistes des différentes collectivités décentralisées. Autrement dit, la combinaison des visions des diverses collectivités au sein d'une même nation ne peut pas systématiquement donner une vision unifiée du développement.

Pourtant, en règle générale, la société civile constitue habituellement un environnement favorable pour que la participation soit un facteur déterminant dans ce sens. Mais, il est difficile de garantir sa participation effective et régulière à l'élaboration des DSRP, surtout dans les pays où les autorités considèrent que les organisations non gouvernementales sont plutôt opposées au gouvernement en place. Ce sont, bien souvent, les gouvernements eux-mêmes qui choisissent les organisations de la « société civile » devant participer aux débats. Il arrive aussi que les mouvements de base ne se retrouvent pas dans certaines des dites organisations de la « société civile » censées les représenter, car ces dernières ont leur siège dans les zones urbaines, bien loin des réalités rurales.

Ainsi, la participation de la « société civile » à la prise des décisions économiques s'avère-t-elle dans les faits, très limitée et sert parfois, plus à entériner les politiques préconisées par les IBW. Et cela donne l'impression que les ONG les soutiennent (voir figure 5 et 7 de l'analyse textuelle du DSRP-I de 2002).

Dans ce contexte et conformément aux idées de Bourdieu, ne pourrions-nous pas dire que les experts des IBW, et même les gouvernements, des pays en développement, cherchent à façonner les expressions linguistiques des populations pauvres, en produisant un vocabulaire conforme aux exigences d'un marché linguistique du développement dominé par les IBW ?

Il faut, par ailleurs, souligner que la question du genre se pose aussi au sein de ce processus participatif, la femme étant très peu représentée dans les sphères de prise de décision en Afrique.

Enfin, l'absence d'informations dans les langues locales et les trop brefs délais d'annonce des réunions envisagées empêchent souvent les participants de se préparer de manière adéquate.

Il en résulte de réels problèmes de transparence, d'information (Campbell & Losch, 2002), en langue locale notamment, et d'accès aux documents pertinents. Pourtant, il demeure primordial que les choix publics soient expliqués aux personnes concernées pour qu'elles puissent éventuellement s'y opposer et ainsi faire pression sur les responsables politiques afin de mieux les responsabiliser.

On peut néanmoins se demander si, à défaut d'une bonne représentation de la « société civile », on ne pourrait pas considérer que le Parlement national est l'acteur le mieux placé pour défendre cette forme d'autonomie, car il ne dépend en rien des institutions de Bretton Woods. Pourtant, notre analyse du processus d'élaboration du DSRP en Côte d'Ivoire, tend plutôt à montrer que cela n'est pas forcement la bonne solution car, dans les faits, le parlement ivoirien n'a guère saisi l'occasion de débattre du sujet et donc n'a été finalement consulté qu'au moment de la ratification des documents finalisés. Ce qui paraît paradoxal lorsqu'on sait que dans toute démocratie, le parlement existe pour parler et agir au nom des populations.

L'influence du processus participatif reste donc très limitée lors de l'élaboration du DSRP. Que ce soit en Côte d'Ivoire, ou dans les pays avoisinants, les documents officiels décrivent bien le processus mis en œuvre, le dialogue avec la « société civile », les enquêtes menées pour demander l'avis des plus pauvres, ainsi que les consultations régionales organisées pour discuter du contenu des DSRP. Cependant la population « cible », à savoir les pauvres, n'est pas réellement consultée ou elle l'est de façon marginale et imparfaite. De plus, les ateliers sont souvent dominés par des autorités élues traditionnellement et par des personnes influentes. Sur ce point, les structures organisationnelles de la société ont une grande responsabilité. Aussi, par exemple, peut-on se demander si l'usage actuel du droit d'aînesse n'est pas abusif et s'il ne constitue pas un facteur paralysant. Est-ce que les plus âgés sont ceux qui connaissent le mieux les problèmes ? Sont-ils vraiment aptes à impulser le processus de développement ou bien vont-ils maintenir un *statu quo* ? On rejoint-là, une question fondamentale qui est celle de la gouvernance.

Finalement, une participation large et effective nécessite du temps. Or, dans la plupart des pays éligibles à l'initiative PPTE, on s'est trop rapidement précipité dans le processus correspondant, car le DSRP était l'une des conditions sine qua non pour accès aux crédits de cette initiative.

En conclusion, il n'est pas question de remettre en cause ce processus, mais il doit cependant être amélioré, afin que le dernier mot concernant la conception des stratégies de lutte contre la pauvreté revienne aux pauvres qui en sont les principaux intéressés, et non pas aux seules IBW.

I.2.3. Le rôle prépondérant de la Banque mondiale et du FMI

De manière officielle, à travers cette nouvelle orientation stratégique, les IBW désiraient promouvoir l'appropriation locale de politiques publiques basées sur un ciblage des pauvres. Mais, le fait qu'elles décident en dernier ressort de la mise en œuvre des DSRP, vient contredire leurs objectifs de départ et les principes de démocratie participative.

Il en résulte que la validation des DSRP par les autorités compétentes des pays ne suffit pas à elle seule, à avoir accès aux ressources permettant un traitement de la dette. En effet, comme nous l'avons souligné auparavant, les IBW ont imbriqué l'initiative PPTE et les DSRP de sorte que ces derniers deviennent plus une nouvelle forme de conditionnalité permettant d'obtenir l'aide financière de ces instances, qu'une stratégie de lutte contre la pauvreté. Ce qui a pour effet de fausser le jeu, dans la mesure où les Etats désireux d'obtenir des prêts dans les plus brefs délais, ayant pris conscience de cette imbrication, rédigent des documents répondant plus aux attentes et exigences des IBW qu'aux besoins réels des populations. En tant que dominés au sens de P. Bourdieu (1982), les Etats se montrent moins aptes à opérer la révolution symbolique qui est la condition de la réappropriation de leur identité sociale. Il résulte de ceci que les réunions de prise de décision sont surtout destinées à entériner des stratégies définies à l'avance. Dans certains cas, les PED vont même jusqu'à définir des objectifs qu'ils ne sont pas capables de réaliser. Ainsi, la Mauritanie se proposait-elle de réduire le taux d'incidence de la pauvreté de 50% en 1996 à 39% en 2004, puis à 27% en 2010, et à 17% en 2015, objectif jugé exagéré par la Banque mondiale elle-même. S'agissait-il d'un excès de zèle ou bien la Mauritanie cherchait-elle juste à bénéficier de l'initiative PPTE ?

Il arrive que la Banque mondiale et le FMI prennent toutes les décisions importantes concernant l'octroi de prêt pour un gouvernement avant même que son DSRP ne soit achevé. Le cas de la Tanzanie en est un exemple, puisque la version finale de son DSRP n'a été soumise à ces deux institutions qu'en novembre 2000, c'est à dire plusieurs mois après l'approbation du programme de prêts du pays.

Or le risque qu'encourent les pays qui adoptent une attitude de réelle autonomie, c'est de perdre leur accès aux crédits, à l'aide et au financement, ce qui les mettrait ainsi dans l'impossibilité de rembourser leurs dettes.

C'est ce qui explique le fait qu'en Tanzanie, le FMI ait lui-même critiqué l'ingérence de la Banque mondiale dans l'écriture du DSRP.

Mais les cas de la Côte d'Ivoire et de certains pays avoisinants, comme le Burkina-Faso permet de relativiser ces propos. Parmi les grandes orientations qui sous-tendent la stratégie de lutte contre la pauvreté de ces pays, nous pouvons citer, entre autres, la redéfinition du rôle de l'Etat, le maintien d'un juste milieu entre les besoins des populations et la gestion des ressources nationales, la prise en compte de la question du genre et de la réduction des disparités régionales. Ainsi, la Côte d'Ivoire se proposet-elle d'atteindre des objectifs réalistes et réalisables comme : accélérer la croissance en se fondant sur l'équité et en procédant à des réformes, notamment du système judiciaire ; garantir l'accès des pauvres aux services sociaux de base comme la santé et l'éducation ; augmenter les possibilités d'emploi et d'activités génératrices de revenus, etc. Cette nouvelle orientation permet au moins de cibler les bénéficiaires de l'aide et de mettre en place un accompagnement social.

Enfin, l'évaluation approfondie des DSRP, achevée en septembre 2005 par le conseil d'administration du FMI et de la Banque mondiale a permis d'effectuer une modification des DSRP afin de donner une plus grande marge de manœuvre aux pays dans l'application de leurs stratégies, et ainsi atténuer l'impression selon laquelle le processus est dicté par leurs exigences. Cependant, un autre problème demeure, c'est celui des conditionnalités.

I.2.4. Les problèmes que posent les conditionnalités

Le mot conditionnalités vient de « *conditionnalities* » en anglais, car il a été créé par les experts au sein des institutions de Bretton Woods. En effet, en contrepartie de leurs financements ou de l'annulation de dette en faveur du développement, ces derniers exigeaient des pays récipiendaires que sont les PED, qu'ils respectent un certain nombre de conditions politiques, techniques, démocratiques... Théoriquement, les conditionnalités devaient permettent aux créanciers (IBW) de s'assurer du remboursement des prêts, mais également de garantir que les fonds dégagés soient utilisés à bon escient. Ainsi, peuvent-elles concerner tous les champs de l'action gouvernementale : déficit public, fiscalité, privatisation d'une entreprise, plafonds budgétaires, maîtrise de l'inflation, politique commerciale etc.

Les conditionnalités ainsi définies, traduisent bien l'idée de rapport de force et de « pouvoir symbolique » au sens de P. Bourdieu (1982, 2001). En effets, le « pouvoir symbolique » dont disposent les IBW à l'égard des PED, depuis les années 1980, leur permet d'imposer ces conditionnalités, que ces derniers s'approprient localement en les intégrant dans leurs politiques de développement. Mais, à la suite des nombreuses critiques adressées au PAS, auxquels elles étaient attachées, on aurait pu penser qu'elles disparaîtraient avec ces derniers.

Or, encore aujourd'hui, lorsqu'un pays fait un emprunt au FMI ou à la Banque mondiale, son gouvernement doit toujours s'engager à l'égard des politiques économiques et financières qu'il préconise de mettre en œuvre.

C'est ainsi que les DSRP sont eux aussi soumis à ces dispositions particulières connues sous le nom de "conditionnalités". En fait, la conditionnalité permet aux IBW de vérifier que l'argent prêté est bien utilisé pour résoudre les problèmes économiques du pays emprunteur, de sorte qu'il soit en mesure de les rembourser rapidement. Cela pose donc un problème d'éthique, lié à la responsabilité et à la souveraineté nationale. Si les pays sont considérés comme des enfants que les parents (IBW) doivent suivre, qui est alors responsable des échecs, comme ceux qu'il y a eu au cours des décennies passées ?

Depuis les années 1950, des conditions sont ainsi attachées aux prêts du FMI. Elles étaient au départ, essentiellement axées sur des politiques macroéconomiques d'ordre monétaire et budgétaire (ex : la maîtrise des capitaux sans pour autant les freiner…), et ce jusqu'au début des années 1980. Elles ont par la suite pris une ampleur considérable, en raison de l'engagement croissant du FMI et de la Banque mondiale dans les pays à faible revenu et les pays en transition, comme la Côte d'Ivoire, où certains problèmes structurels particulièrement graves compromettaient la stabilité politique et la croissance économique.

La Banque mondiale, imposait des conditions d'accès à ses prêts plus axés sur des questions d'ordre structurelles avec des orientations microéconomiques plus marquées.

Cependant, au cours de ces vingt dernières années, l'accent mis sur la croissance et la réduction de la pauvreté a poussé le FMI à inclure dans ses conditions des mesures plus structurelles, liées à la libéralisation des prix, des échanges, la privatisation d'entreprises publiques et la gestion économique des programmes qu'il appuyait. Les conditionnalités sont alors devenues plus rigoureuses, recouvrant progressivement un plus grand nombre de domaines qui étaient non seulement du ressort d'autres organisations internationales, mais aussi des stratégies nationales de développement économique et social.

Plus récemment encore, les IBW ont ajouté aux conditionnalités, les questions de « gouvernance », et de politique économique, en insistant sur la gestion du budget et les mesures anti-corruption. Il se trouve qu'en voulant ainsi bien faire, elles ont surtout alourdi les programmes qu'elles appuient, imposant des conditions qui outrepassent leurs domaines de compétence.

Selon le rapport Meltzer (2000) : « des conditions pointilleuses (se comptant souvent par dizaines) ont alourdi les programmes du FMI ces dernières années et les ont rendu difficiles à manier, hautement controversés, laborieux à négocier et souvent inefficaces ». Or, les conditionnalités doivent tenir compte de la nécessité de promouvoir l'efficacité des programmes et leur appropriation par les pays. Par conséquent, elle doit en principe viser à renforcer les priorités établies dans le cadre des stratégies nationales et s'appliquer de façon plus mesurée, pour mieux cibler les questions prioritaires, au lieu de s'attacher aux détails. Ainsi, par exemple de 1995 à 2000, chaque prêt du FMI s'est-il accompagné en moyenne de 41 conditions[26]. Suite à ce constat, le FMI a engagé une action de recentrage et d'allègement de la conditionnalité. C'est pourquoi dans les pays à faible revenu, les prêts ne sont plus accordés que sur la base de DSRP, établis après consultation de la population ou des groupes sociaux concernés.

Ces dernières années, le processus DSRP semble avoir fourni un cadre opérationnel commun au FMI et à la Banque mondiale. En particulier, pour les programmes établis au titre de la Facilité pour la réduction de la pauvreté et pour la croissance (FRPC) qui essaient d'établir un ordre de priorité dans les conditions et de moins les détailler. Une autre préoccupation du FMI, dans son travail de recentrage des conditionnalités, c'est d'éviter d'établir des conditions en dehors de ses principaux domaines de compétence, comme ce fut le cas dans le passé, afin que la répartition des responsabilités entre lui et la Banque mondiale soit plus claire. Par exemple, à Madagascar, les programmes antérieurs à ce recentrage, contenaient des mesures préalables sur la privatisation d'une banque publique, d'une compagnie pétrolière publique, ainsi que des compagnies nationales d'aviation et de télécommunication. Or, ces conditions ne figuraient plus dans le nouveau programme conclu avec le FMI en mars 2001, et c'est la Banque mondiale qui s'occupe dorénavant de la privatisation des compagnies d'aviation et de télécommunication dans ce pays.

La réforme sur les conditionnalités est un processus en cours qui a pour objectif principal de concilier lesdites conditionnalités avec la prise en charge par les pays de leurs DSRP et de la participation nationale. Ceci afin de permettre aux pays d'effectuer leurs propres choix. Toutefois, il va falloir du temps pour parvenir à un juste milieu dans chaque pays. En effet, une analyse des DSRP montre qu'il faut une action plus résolue pour alléger les conditionnalités. Pour cela, il faudrait une volonté réelle des institutions financières internationales, ce qui est loin d'être le cas, lorsqu'on examine les nouvelles générations de DSRP, tel que le PND

---

[26] Bilan de l'aide 2002 - Contexte politique ; l'aide actuelle : conditionnalité et propriété.

ivoirien. En effet, ceux-ci entendent bien conserver grâce à ce genre de procédé, leur « pouvoir symbolique » dans les échanges linguistiques sur le marché du développement.

Toutefois, bien que la plupart des critiques à l'égard des DSRP et des positions des IBW soient pertinentes, il n'en demeure pas moins que cette nouvelle orientation constitue une avancée majeure. En effet, les problèmes de pauvreté, dont ont souffert la plupart des pays ayant appliqué les politiques d'ajustement, sont réellement mis en avant et pris en compte, avec la nécessité d'instaurer un volet social mettant l'accent sur la participation des pauvres à la croissance économique. Sont aussi mis en exergue, des notions telles que la transparence, l'information du public, et l'implication de tous les acteurs de la société civile dans le processus du développement.

Certes, les PAS demeurent indirectement maintenus mais le processus dans lequel se sont engagées les IBW n'en est qu'à ses débuts. Il esquisse néanmoins une réévaluation de ces politiques qui a commencé avec la prise en compte de la dimension sociale de l'ajustement.

Cela amène à s'interroger sur les mesures retenues par ces nouvelles politiques pour lutter contre la pauvreté. Nous allons essayer de répondre à cette question en examinant les axes stratégiques d'intervention du DSRP/PND ivoirien en matière de lutte contre la pauvreté.

II. Réflexion sur le DSRP ivoirien et la lutte contre la pauvreté en Côte d'Ivoire

L'objectif de tout DSRP est de présenter les caractéristiques d'une stratégie nationale de réduction la pauvreté. Chaque pays doit alors faire un état des formes et niveau de la pauvreté qui touche sa population. C'est pourquoi, l'élaboration d'un DSRP exige, en principe, la participation des pauvres, afin que ceux-ci puissent y présenter leurs attentes et aspirations, dans le but d'améliorer leur situation. Lorsqu'on considère le DSRP ivoirien, peut-on affirmer que les aspirations des populations pauvres ont été véritablement prises en compte par les décideurs ?

Les textes que nous analysons concernent le DSRP intérimaire de 2002, le DSRP final de 2009 et le PND de 2012. Ils ont permis à la Côte d'Ivoire d'atteindre le point de décision, puis le point d'achèvement, ouvrant le droit à l'allègement total de sa dette.

En règle générale, l'approche DSRP se caractérise par les réalisations suivantes :

- annulation de la dette ;
- augmentation du revenu des classes sociales modestes ;
- accroissement de l'emploi ;
- recherche d'une croissance équilibrée entre demande domestique et exportations ;
- effort de renforcement des services publics d'éducation et de santé ;
- effort d'investissement public en infrastructures d'appui économique ;
- mise en place d'un processus de développement concerté avec tous les acteurs sociaux ;
- renforcement des capacités de rentrées fiscales.

Il ressort de ces différents points que les DSRP doivent refléter les demandes prioritaires des plus pauvres, tout en s'inscrivant dans les Objectifs du millénaire pour le développement (OMD) devenus en 2015 les Objectifs du Développement Durable (ODD). Les stratégies qui en résultent sont basées sur un diagnostic de la pauvreté, comprenant :

- l'établissement d'un profil de la pauvreté ;
- l'analyse des déterminants de la pauvreté ;
- l'évaluation de l'impact des programmes gouvernementaux et dépenses correspondantes sur la pauvreté et la distribution des revenus.

Tous ces objectifs, fort louables, devraient ? s'ils sont correctement menés, conduire à une nette réduction du niveau de pauvreté. Pourtant, lorsqu'on prend comme référence les pays d'Afrique de l'Ouest, on remarque que dans la plupart des documents nationaux adoptés que les priorités sectorielles sont exprimées en termes très généraux. Ainsi, la distinction entre secteurs rural/urbain, formel/informel, primaire/secondaire/tertiaire, etc., s'avère-t-elle peu pertinente, et surtout ne permet guère de guider l'affectation des ressources et donc d'agir véritablement sur la pauvreté.

On peut donc s'interroger sur le cas du DSRP ivoirien, dans ces différentes versions, et particulièrement dans sa version finale de 2012. Pour cerner cette question, nous allons procéder, dans une première partie, à l'analyse du profil de la pauvreté en Côte d'Ivoire tel que présenté dans les textes du DSRP (cf. point II.1) pour effectuer, ensuite, une analyse des orientations stratégiques adoptées pour lutter effectivement contre la pauvreté (cf. point II.2).

II.1. Le profil de la pauvreté tel que défini dans le DSRP/PND

Pour la Banque mondiale (Berkley et al., 1993), le profil de la pauvreté est un « dispositif analytique qui résume l'information sur les sources de revenu, les modes de consommation, les activités économiques et les conditions de vie des pauvres ». Plus simplement, selon Ponty (1998), c'est l'analyse des différences socio-économiques entre pauvres et non pauvres que l'on appelle profil de la pauvreté.

Lorsqu'on observe l'évolution de la pauvreté en Côte d'Ivoire, on constate que sa progression est liée à la détérioration du contexte économique. Pour mesurer la pauvreté, on fait appel à des notions telles que le taux, le ratio ou l'incidence de pauvreté, trois termes qui désignent le rapport entre le nombre d'individus pauvres et la population totale d'un pays. Mais pour des raisons de cohérence dans notre discours, nous opterons pour l'expression « taux de pauvreté ».

Le taux de pauvreté, commence à augmenter en Côte d'Ivoire avec la fin de son « miracle économique ». C'est donc un phénomène qui est a priori lié à la baisse de la richesse produite et disponible dans le pays. Le problème est alors de savoir comment se manifeste cette pauvreté au niveau des populations étant donné le lien de causalité apparent entre la progression de la pauvreté et la richesse présente dans un pays. Nous pouvons déduire de cette situation qu'il s'agit d'une pauvreté matérielle qui est essentiellement due à l'incapacité de l'Etat ivoirien à créer suffisamment de richesses, mais surtout à en assurer une redistribution équitable qui améliorera le bien-être de la population. Il s'agit donc d'une forme de pauvreté dont la responsabilité incombe a priori à l'Etat qui n'a pas su imposer un certain nombre de règles de « bonne gouvernance » dans le domaine économique. C'est pourquoi, ce dernier doit utiliser le DSRP comme un outil, afin de créer à nouveau des richesses et surtout en assurer une meilleure redistribution, seul moyen de lutter efficacement contre la pauvreté. C'est aussi le chemin indiqué pour lui de reconquérir son « pouvoir symbolique », notamment, sur le marché interne.

Mais, avant de mettre en place de bonnes politiques de lutte contre la pauvreté, le gouvernement se doit d'établir un profil de la pauvreté qui reflète la réalité du terrain, d'autant plus qu'elle constitue un phénomène complexe aux multiples facettes.

Le DSRP ivoirien, dans ses trois versions successives, établit donc une définition globale de la pauvreté en Côte d'Ivoire et fait état de son caractère complexe et multidimensionnel, conformément aux idées d'A.

Sen. Ainsi, le PND 2012 retient particulièrement trois principaux aspects qui seraient caractéristiques de cette multi-dimension.

- Le premier aspect est monétaire et traduit le manque de ressources suffisantes pour satisfaire aux besoins essentiels. Cette définition de la pauvreté en termes monétaires est selon Jean-Luc Dubois, la conception plus ancienne et aussi plus fréquemment utilisée pour des questions pratiques, car renvoie au revenu. Conformément à cette définition monétaire, « est considéré comme pauvre, toute personne qui n'atteint pas le niveau de revenu, ou de consommation, jugé suffisant pour vivre correctement » (entretiens avec J.-L. Dubois, ...). Ce niveau de revenu ou de consommation est appelé « seuil de pauvreté » ou encore « *poverty line* » en anglais. Ce seuil a d'abord été exprimé comme un minimum calorique indispensable à la survie. Ce qui réduit la pauvreté à un minimum nutritionnel (Ponty, 1998). Mais, le caractère trop réducteur de cette approche nutritionnelle a été atténué par une définition élargie à « l'ensemble des besoins qui doivent être satisfaits pour mener une vie digne en société ».
- Le second aspect concerne l'accessibilité aux services et biens sociaux de base qui renvoie au manque d'accès, comme forme de pauvreté. Cet aspect renvoie plus à l'approche multidimensionnelle de la pauvreté. Approche notamment développée dans les travaux d'A. Sen (A. Sen, 1979, 1983, 1999b; A. K. Sen, 1988), qui introduisent le bien-être et les fonctionnements dans la définition de la pauvreté.
- Le troisième concerne la psycho-sociologie qui fait référence à la perception des populations, à leur état d'esprit ou au sentiment d'exclusion (ou d'inclusion).

Ces expressions de la pauvreté sont liées les unes aux autres et se combinent entre elles. Mais, l'aspect monétaire est le plus communément répandu avec la fixation d'un seuil de pauvreté qui peut être soit universel (Banque mondiale), soit propre à chaque pays. Ce seuil est cependant lié au niveau de vie qui n'est pas le même dans tous les pays.

Dans la pratique, le seuil critique communément utilisé est celui de un dollar par jour et par personne (Ravallion, 1995 ; Ribe et al., 1990). Ce seuil de un dollar concerne notamment « la pauvreté absolue », puisque la Banque mondiale retient un autre seuil pour « la pauvreté relative ». Celui-ci est de deux dollars par jour et par personne (cf. chapitre II section II, I.2.2). Selon N. Ponty (1998), le seuil de pauvreté permet d'appréhender l'étendue ou l'incidence de la pauvreté en mesurant le pourcentage de pauvres dans la population totale. Il propose donc par ailleurs, une mesure de l'intensité moyenne de la pauvreté, mais souligne que cette dernière dépend du revenu moyen des pauvres et du seuil de pauvreté. Or, comme il le souligne si bien, « à une même intensité moyenne de pauvreté, il peut correspondre différentes dispersions du revenu parmi les pauvres » (Ponty, 1998), ce qui signifie que l'inégalité de revenu doit être aussi considérée comme un autre indicateur de mesure de la pauvreté.

Selon le PND 2012 de Côte d'Ivoire, ce seuil de pauvreté était de 661 FCFA par jour en 2008, correspondant à 241 145 FCFA par an et par tête.

Il résulte de ceci qu'est considéré comme pauvre, tout ivoirien dont la dépense de consommation est inférieure à 241 145 FCFA par an, soit 661 FCFA par jour.

Pour dresser ce profil de la pauvreté en Côte d'Ivoire, le gouvernement réalise depuis 1985, des enquêtes qui permettant de suivre son évolution dans le temps, évolution qui est représentée par le graphique n°6 ci-dessous :

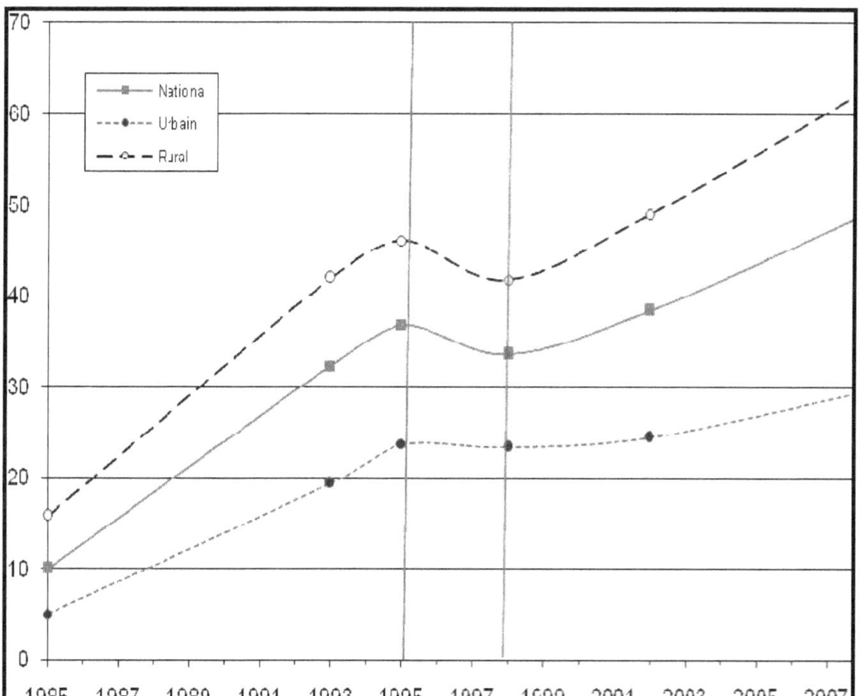

Graphique 6 : Evolution du taux d'incidence de la pauvreté P0 par milieu entre 1985 et 2008

Source : INS - Ministère du Plan et du Développement, 2008.

L'enquête de 1985 fixe à 10% l'incidence de la pauvreté en Côte d'Ivoire en retenant comme seuil national de pauvreté un montant de 75 000 F CFA par personne et par mois. Ce seuil est actualisé chaque année pour obtenir le niveau de pauvreté réel. De 1985 à 2008, la pauvreté a ainsi fortement augmenté, passant de 10% à 48,9%, malgré le léger repli, sur la période 1995 à 1998, qui a suivi la dévaluation du franc CFA de 1994.

A la dernière Enquête sur le niveau de vie (ENV) réalisée en 2015 (INS - Ministère du Plan et du Développement, 2015), le taux de pauvreté en Côte d'Ivoire s'est avéré être de 46,3%. Ceci montre que sur la période la plus récente de 2008 à 2015, il y a eu à nouveau un léger repli de la pauvreté au niveau national. Toutefois, le taux reste encore très élevé car il signifie que presqu'un ivoirien sur deux, demeure toujours pauvre.

Par ailleurs, les enquêtes ENV révèlent que la pauvreté est inégalement répartie sur le territoire ivoirien, notamment en milieu rural et urbain. Cette inégalité est demeurée importante sur toute la période, avec un taux de pauvreté toujours supérieur en milieu rural comme le montre le graphique suivant.

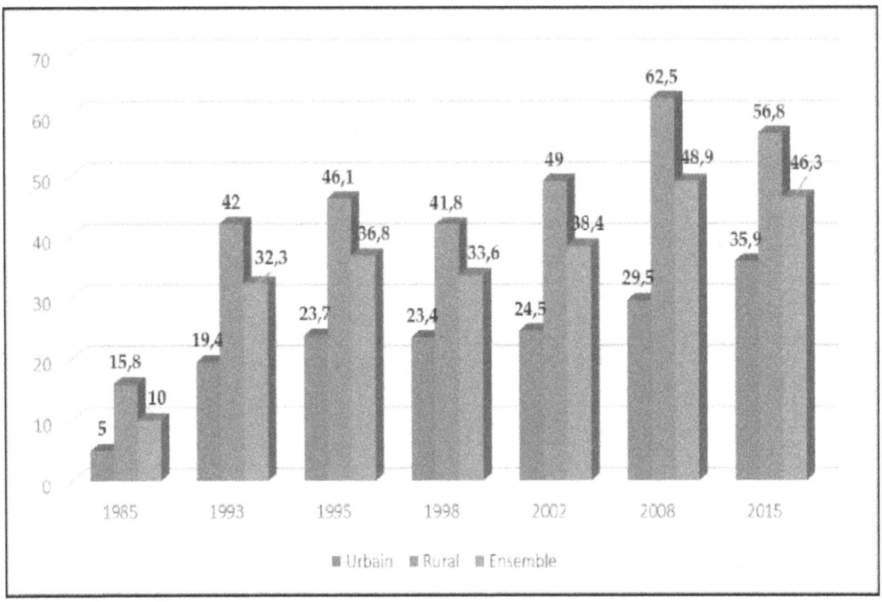

Graphique 7 : ***Evolution du taux de pauvreté entre 1985 et 2015***
Source : INS - Ministère du Plan et du Développement, 2015.

Sur ce graphique, nous pouvons constater qu'il y a eu une nette progression de la pauvreté en milieu urbain entre 1985 et 2015, avec aujourd'hui plus du tiers de la population urbaine qui est pauvre contre seulement 5% qui l'était en 1985. On remarque en effet que, la pauvreté urbaine passe de 24,5% à 35,9% entre 2002 et 2015. Toutefois, on observe un certain recul en milieu rural entre 2008 et 2015, car le taux passe alors de 62,5% en 2008 à 56,8% en 2015, signifiant une baisse de près de 6 points. On constate qu'il y a un phénomène de transfert de la pauvreté entre le milieu rural et le milieu urbain. Il est important de souligner que la contribution des populations rurales à la pauvreté s'exprime par un taux plus élevé, soit 61,2% contre 38,8% pour les populations urbaines (INS - Ministère du Plan et du Développement, 2015).

L'année 2002 marque un tournant décisif dans l'augmentation du nombre de pauvres en Côte d'Ivoire, en raison du déclenchement de la crise sociopolitique qui va s'intensifier jusqu'en 2011. En effet, au démarrage de la crise de 2002, la Côte d'Ivoire ne comptait que quatre régions sur onze dans lesquelles plus de la moitié de la population était considérée comme pauvre avec des taux plus accentués en milieu rural. Il s'agissait des régions de l'Ouest avec un taux de pauvreté de 64,4% dont 67,4% pour le milieu rural, du Nord-Est (resp. 56,6% et 61%), du Nord-Ouest (resp.51,5% et 61%) et du Centre-Ouest (resp. 50,3% et 51,5%).

Or en 2008, soit six ans après la partition du pays en deux, le nombre de régions pauvres est passé à 8 avec le basculement dans la pauvreté de régions telles que le Nord (77,3% de pauvres dont 85,1% de pauvres en milieu rural), Centre Nord (57% et 66,3%), le Centre (56% et 65,7%) et le Centre-Est (53,7% et 63,1%).

La fin de la crise en 2011 a permis une légère amélioration de la situation et le nombre de régions pauvres est redescendu à six à partir de 2015, comme en témoigne le tableau 3 suivant :

Tableau 9 : Évolution du taux de pauvreté entre 2002 et 2015 selon les anciennes régions administratives

Ancienne strate	FGT	2002			2008			2015		
		Urbain	Rural	Ensemble	Urbain	Rural	Ensemble	Urbain	Rural	Ensemble
Ville d'Abidjan	P0	14,9	-	14,9	21	-	21	22,7	-	22,7
	P1	3,6	-	3,6	5,6	-	5,6	5,7	-	5,7
	P2	1,3	-	1,3	2,3	-	2,3	2,1	-	2,1
Sud-ouest	P0	15,1	47,5	41,3	26,6	49,6	45,5	38,6	39,4	39,1
	P1	4	14	12,1	7,6	14,5	13,3	13,3	12,3	12,6
	P2	1,4	5,7	4,9	3,2	5,9	5,4	6,1	5,8	5,9
Sud	P0	21,8	36	30,3	25,1	50,9	44,6	38,1	56,7	49,3
	P1	6,3	11,9	9,7	7,4	17	14,7	13,8	21,3	18,4
	P2	2,5	5,8	4,5	3,3	7,9	6,8	6,9	10,9	9,3
Ouest	P0	52,7	67,4	64,4	48,1	67,8	63,2	38,9	56,1	49,9
	P1	21	30,2	28,4	17,1	27,6	25,1	12,4	22,1	18,6
	P2	11,4	16,9	15,8	7,8	14,3	12,7	5,3	11,6	9,3
Nord- ouest	P0	34,6	61	51,9	45,8	60,4	57,9	55,4	63,2	61,5
	P1	10	25,1	15,6	16,6	27,5	25,6	18,6	24,6	23,2
	P2	4,1	14,1	6,2	8,7	15,4	14,3	8,9	12,8	11,9
Nord est	P0	34,6	61	56,6	25,9	59,2	54,7	50,2	56,1	54,3
	P1	10	25,1	22,5	9,2	22,7	20,9	16,4	20,1	19
	P2	4,1	14,1	12,4	4,8	11,4	10,5	7,4	9,2	8,7
Nord	P0	36,6	42,4	40,3	53,5	85,1	77,3	49,2	69,1	60,8
	P1	11,7	12,6	12,3	18,6	41,8	36,1	17,3	30,7	25,1
	P2	5	5,2	5,1	8,7	24,5	20,6	8,3	17,6	13,8
Centre ouest	P0	45,4	51,5	50,3	40	70,7	62,9	47,1	58,5	54,1
	P1	15,2	15,9	15,8	12,4	28,3	24,3	15,4	23,6	20,4
	P2	7,1	7,1	7,1	5,5	14,8	12,4	7,3	12,7	10,6
Centre nord	P0	27,9	37,2	32	47,4	66,3	57	50,7	61,8	55,3
	P1	8,1	12,8	10,2	18,2	30	24,2	15,1	23,1	18,4
	P2	3,2	5,7	4,3	9,4	17	13,3	6,7	12	8,9
	P0	25,3	51,4	44,9	29,8	63,1	53,7	31,6	60	48,7

Centre est	P1	5,4	20	16,3	9,4	24,8	20,4	10	22,9	17,8
	P2	1,9	10	7,9	4,2	12,7	10,3	3,9	11,2	8,3
	P0	34,9	44	41,4	35,6	65,7	56	45,5	60,4	54,4
Centre	P1	9,8	14,5	13,2	10	25,1	0,2	14,8	18,9	17,2
	P2	3,9	6,7	5,9	4,2	12,3	9,7	6,5	7,9	7,4
	P0	**24,5**	**49**	**38,4**	**29,5**	**62,5**	**48,9**	**35,9**	**56,8**	**46,3**
Ensemble	**P1**	**7,3**	**17,1**	**12,9**	**9**	**24,5**	**18,2**	**11,2**	**21,5**	**16,3**
	P2	**3,1**	**8,3**	**6**	**4,1**	**12,6**	**9,1**	**5**	**11**	**8**

Source :INS - Ministère du Plan et du Développement, 2015.

Ce tableau présente l'évolution du taux de pauvreté sur la période 2002-2015 au niveau régional, tant en milieu rural qu'en milieu urbain. On peut y observer le phénomène de transfert de la pauvreté entre le milieu urbain et le milieu rural qui s'exerce dans la plupart des régions, à l'exception des régions Ouest et Nord où la pauvreté a reculé simultanément dans les milieux urbains et ruraux entre 2008 et 2015. La situation demeure toutefois préoccupante dans les régions Sud et Nord-Ouest qui connaissent une aggravation de la pauvreté aussi bien dans le milieu urbain que dans le milieu rural.

La carte ci-dessous permet de mieux visualiser la distribution spatiale de cette pauvreté, actuellement en Côte d'Ivoire.

Carte 6 : Distribution spatiale de la pauvreté en 2015

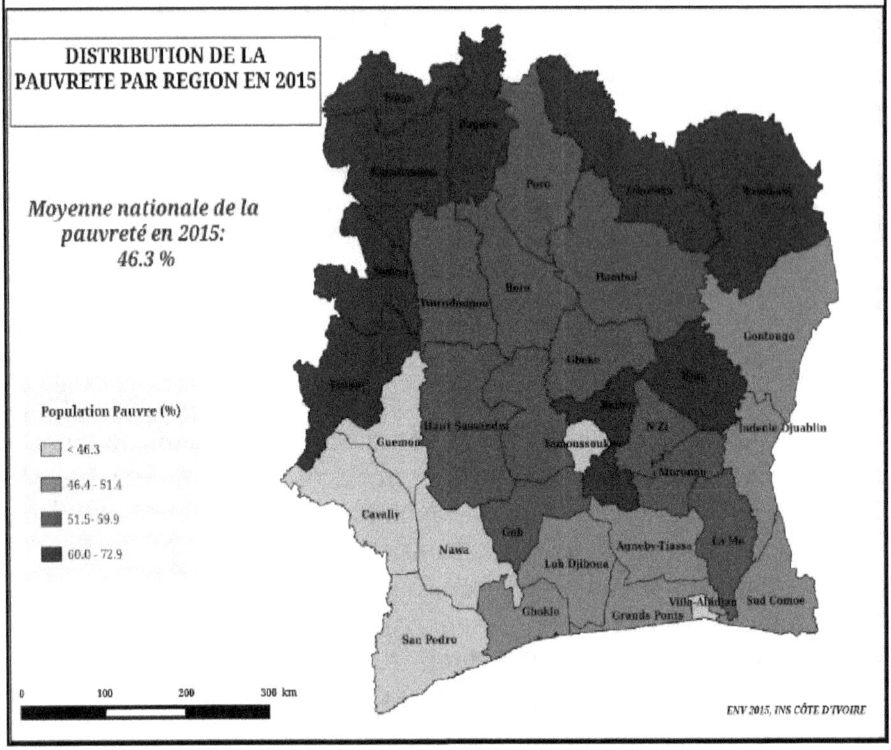

Source : INS - Ministère du Plan et du Développement, 2015.

La représentation cartographique régionale de la pauvreté montre que le taux de pauvreté est plus fort dans les régions frontalières du Nord-Ouest et du Nord-est (allant du Tonkpi au Bounkani), et plus faible dans les régions frontalières de l'Est au Sud-ouest (allant du Gontougo au Cavally). Quant aux régions intérieures, elles ont un niveau de pauvreté qui se situe entre ces deux extrêmes. Sur la carte, on remarque que les régions en bleu sont celles où le taux de pauvreté est inférieur au taux national. Parmi ces régions les moins pauvres, il y a Abidjan, Yamoussoukro et San-Pedro. Celles qui sont de couleur bordeaux ont un taux de pauvreté compris entre 60 et 72,9% et sont les régions les plus pauvres. On compte parmi elles, le Folon avec 70,1%, le Bafing qui affiche 69,2%, la Bagoué 68,5% et le Tchologo avec un taux de 65,6%. Aussi, peut-on noter que plus de la moitié de la population est pauvre dans 22 régions sur les 33 présentées. Enfin, même si Abidjan fait partie des régions les moins pauvres, elle constitue paradoxalement, la région contribuant le plus à la pauvreté d'ensemble en représentant 9,3% des pauvres de Côte d'Ivoire. Viennent ensuite, le Haut Sassandra (7,5% des pauvres), le Gbeke (5,3%) et le Tonpki (5,7%). Ainsi, apparait-il clairement sur cette carte que la pauvreté est très inégalement répartie entre les différentes régions de Côte d'Ivoire. Nous pouvons déduire de cette progression de la pauvreté un échec des politiques de développement, autrement dit, que les gouvernements ivoiriens successifs n'ont pas su faire coïncider une offre de développement à la demande de développement existant sur le marché interne.

Le profil de la pauvreté ainsi établi, la question est maintenant de savoir quelles sont les actions précisément mises en œuvre dans le DSRP, qui contribuent à lutter effectivement contre une pauvreté dont le taux demeure toujours élevé.

II.2. Les orientations stratégiques du DSRP ivoirien dans sa lutte contre la pauvreté

Pour relever ces orientations stratégiques, il s'avère indispensable d'opérer une étude comparative des trois textes élaborés par la Côte d'Ivoire au titre du DSRP. Il y a cependant une spécificité du DSRP ivoirien, c'est qu'il a été à, chaque fois, rédigé dans un contexte de crise sociale et économique grave.

Ainsi, l'élaboration du DSRP intérimaire, ou DSRP-I, s'est-elle faite dans un climat de dysfonctionnements politico-économiques, car le processus de sa mise en œuvre a été engagé juste après le coup d'Etat de 1999. Toute la décennie qui suivra sera marquée par cette crise sociopolitique. Si bien que le DSRP final de 2009 et le PND de 2012 seront, eux aussi, élaborés dans de contextes difficiles. On pourrait donc a priori penser que ces trois textes prennent en compte toutes les dimensions de la pauvreté en Côte d'Ivoire, afin d'obtenir un impact plus efficace sur sa réduction.

Or, lorsque qu'on les examine, on constate qu'il y a principalement six orientations stratégiques communes et quelques petites divergences dues aux contextes spécifiques de leur élaboration (le coup d'Etat de 1999, la rébellion de 2002 et la crise postélectorale de 2011).

Ces orientations sont toutes issues du DSRP-I, les deux autres textes ne faisant que les reprendre. Nous présentons, tour à tour, ces six orientations.

II.2.1. L'assainissement du cadre macroéconomique

Cette orientation fait référence au maintien de la dimension macroéconomique dans la politique de réduction de la pauvreté en Côte d'Ivoire. En effet, l'objectif de toute politique de développement économique est principalement d'assurer la création de richesses. Le DSRP ivoirien ne déroge pas à cette règle : il prévoit de lutter contre la pauvreté à travers une croissance économique forte, basée sur une stabilité macroéconomique et des réformes structurelles. On retrouve donc cette même orientation dans les trois textes de DSRP avec, cependant, une insistance plus marquée dans le PND de 2012.

Le DSRP-I de 2002 propose, par exemple, un programme de 3 ans (2002-2004), ayant pour ambition d'obtenir une relance économique avec un taux de croissance réel du PIB de 3% en 2002, 4,5% en 2003 et plus de 5% en 2004. Cette ambition ne sera malheureusement pas atteinte en raison du déclenchement du conflit de la fin de l'année 2002.

Quant au DSRP final de 2009, il prévoyait une meilleure performance économique sur la période 2009-2013 dans les trois secteurs clés de l'économie (à savoir : le primaire, le secondaire et le tertiaire), avec des taux de croissance annuels moyens respectifs de 4,8%, 8,9% et 5% (Ministère du Plan et du Développement, 2009)

Enfin, le PND 2012-2015 tablait sur un investissement public et privé massif de l'ordre de 11075,992 milliards de FCFA, afin d'obtenir une croissance économique de 9,2% en 2012 pour passer ensuite à une croissance à deux chiffres, autour de 10,1% en 2013, puis de 10,3% en 2014, afin d'atteindre 10,7% en 2015.

Mais, aucun de ces textes ne met en avant les mesures qui devraient être prises pour renforcer les capabilités des plus pauvres et leur permettre de bénéficier des fruits de cette croissance, comme le préconise A. Sen (1999).

Le second élément sur lequel se rejoignent les textes du DSRP concerne la décentralisation.

II.2.2. La décentralisation

Elle constitue l'une des orientations sur lesquelles insiste le DSRP ivoirien. Dès 2002, le Comité de supervision du DSRP mentionne le fait que la décentralisation constitue une des innovations majeures de la stratégie de réduction de la pauvreté en Côte d'Ivoire. Il s'agit donc d'un point central de la politique de développement menée par le gouvernement dans sa lutte contre la pauvreté. En conséquence, la décentralisation est reprise dans tous les textes des DSRP[27].

Par son principe, la décentralisation implique un transfert de compétences, avec les moyens y afférant, à une collectivité territoriale (région, département, commune). Cela permet le déploiement sur le territoire d'un pays des acteurs du développement local autre que l'Etat central, afin que leurs actions permettent de se rapprocher des besoins des populations. Ceci, dans le cadre de la mise en œuvre d'un programme participatif.

Il faut toutefois noter qu'en Côte d'Ivoire l'administration territoriale est déjà déconcentrée, c'est à dire qu'il y a eu au sein d'une administration d'Etat, un transfert de compétences des services centraux vers les services déconcentrés correspondants. Mais, cette déconcentration ne remet pas en cause la tutelle administrative. Avec la décentralisation, au contraire, les collectivités disposent de la personnalité morale et donc jouissent d'une certaine autonomie, ce qui correspond mieux à l'esprit de démocratie et d'appropriation du pouvoir par le peuple.

Ainsi, selon les termes de l'article 1 de l'ordonnance n° 2011-262 du 28 septembre 2011 relative à l'organisation générale de l'administration territoriale de l'État, cette dernière s'avère être structurée autour des principes de déconcentration et de décentralisation. Elle est organisée en vue d'assurer un encadrement des populations, de pourvoir à leurs besoins, de favoriser le développement économique, social et culturel, et, ainsi, de réaliser l'unité et la cohésion nationale.

Quant à l'article 2 de la même ordonnance, il stipule que : « L'administration territoriale déconcentrée est assurée dans le cadre des circonscriptions administratives hiérarchisées que sont les Districts, les Régions, les Départements, les Sous-préfectures et les villages ». En 2012, la région de Moronou fut rajoutée aux 30 régions existantes en tant que 31e région.

La Côte d'Ivoire compte donc aujourd'hui 31 régions, 14 districts dont deux autonomes pour les régions d'Abidjan et de Yamoussoukro, 108

[27] Il existe deux textes législatifs majeurs de la nouvelle politique de décentralisation. Nous avons d'une part, l'ordonnance n° 2011-262 du 28 septembre 2011 portant orientation de l'organisation générale de l'Administration de l'Etat qui, en matière de décentralisation, définit les nouveaux axes ainsi que le cadre légal et institutionnel de l'administration déconcentrée. D'autre part, il y a la loi n° 2012-1128 portant organisation des collectivités territoriales et qui régit désormais, toutes les collectivités territoriales et étend aux Régions le contrôle a priori appliqué auparavant, aux seules Communes.

départements, 197 communes et 510 sous-préfectures, avec à la base, les villages.

Ces différentes collectivités territoriales ont été créées en fonction des critères suivants :

1- leur poids démographique ;

2- le niveau d'infrastructures et d'équipement ;

3- l'existence effective d'une cohésion sociale ;

4- le potentiel économique et financier ;

5- l'étendue et le nombre de localités qui composent l'entité décentralisée en cours de création.

Tout ceci montre, du moins en apparence, que le gouvernement ivoirien, à travers ses DSRP, œuvre dans le sens d'un renforcement des capabilités individuelles et collectives des populations en ce qui concerne leur participation à la vie locale.

Toutefois, cet aspect doit être nuancé en raison de la quasi-inexistence en Côte d'Ivoire, d'une vie locale très animée. Ce qui relativise l'autonomie des collectivités locales. Le problème majeur se situe au niveau du manque de ressources financières de ces collectivités. Elles sont finalement assujetties aux subventions étatiques qui les maintiennent sous le contrôle du pouvoir central. Pour que la décentralisation soit efficace dans un contexte de renforcement des capabilités, il faudrait que les collectivités locales puissent elles-mêmes mobiliser leurs propres ressources, par la création d'un système d'imposition ou de taxation au niveau local.

Enfin, un programme de sensibilisation et de formation devrait être instauré, afin de renforcer l'esprit d'initiative et la capacité des populations à définir, réaliser et gérer le développement d'entités territoriales.

Parallèlement au processus de décentralisation, les trois textes officiels mettent aussi l'accent sur le secteur privé.

II.2.3. La promotion du secteur privé et le soutien au développement rural

La promotion du secteur privé tient une place importante dans la stratégie de lutte contre la pauvreté en Côte d'Ivoire (Ministère de la Planification du développement, 2002, 2009 ; Ministère du Plan et du Développement, 2012). Il constitue en effet, l'un des plus gros pourvoyeurs d'emplois et de création de richesses. S'il est bien organisé et structuré, il devient capable d'assurer la relève de l'Etat dans ces domaines.

Bien que les DSRP insistent sur ce secteur, nous déplorons le fait qu'ils ne traitent pas du secteur privé informel qui est pourtant très développé en Côte d'Ivoire, comme dans la plupart des pays en développement, en raison de la facilité d'y entrer. Ce secteur regroupe en réalité, un bon nombre de pauvres urbains en raison de l'insuffisance de l'Etat en tant qu'employeur. En considérant le secteur privé informel, le DSRP ivoirien aurait pu insister sur le renforcement des capabilités des pauvres en milieu urbain, en leur conférant plus de droits en matière de salaire et de protection sociale. Pour cela, l'accès au crédit aurait peut-être pu offrir une voie de sortie.

Toutefois, même si l'accès au crédit ne figure pas parmi les préoccupations des DSRP, les textes traitent par contre, de l'accès aux services sociaux de base.

II.2.4. L'accès et la qualité des services sociaux de base

Cet axe constitue l'un des soucis majeurs des pauvres. Aussi, est-il normal que les DSRP traitent de cette dimension très importante dans la lutte contre la pauvreté. Ils prévoient notamment, d'assurer l'éducation pour tous et la gratuité de l'école primaire, ainsi que l'accès des populations aux soins de santé et à l'assurance maladie universelle. Sur ce dernier point, depuis le mois de septembre 2015, une couverture maladie universelle (CMU), a été instituée par une Loi n° 2014-131 du 24 mars 2014. Elle couvre de manière obligatoire l'ensemble des populations résidant en Côte d'Ivoire, du moins dans les textes. En fait, son application effective peine à se mettre en place.

Cette CMU comprend 2 régimes :

➢ un régime contributif, dénommé Régime général de base (RGB) qui est financé par les cotisations des assurés eux-mêmes,

➢ un régime non contributif, appelé Régime d'assistance médicale (RAM), qui vise les personnes économiquement faibles ou démunies. Dans ce second régime, c'est l'Etat qui se substitue aux assurés pour le paiement des cotisations et du ticket modérateur.

Enfin, le gouvernement prévoit également, à travers les DSRP, de moderniser les infrastructures de base et de réduire l'incidence du VIH/SIDA (Virus de l'Immunodéficience Humaine / Syndrome d'immunodéficience acquise) …

Toutes ces mesures concernent essentiellement l'amélioration et une accessibilité équitable des pauvres aux services sociaux de base. Mais, les DSRP de 2002 et de 2009 ne traitent pas de l'accès à certains biens comme le logement, une question chère aux ivoiriens, pour qui accéder à la propriété représente un accomplissement de soi et un élément essentiel dans l'atteinte du bien-être social. Si bien que, dans les années 2010, le déficit cumulé en logements sociaux était estimé à 400 000 logements en Côte d'Ivoire[28].

C'est pourquoi, le PND 2012 fait de la construction de logements sociaux l'un de ses axes d'action, conformément au programme présidentiel d'Alassane Ouattara. Ce programme prévoyait la construction de 60 000 logements sociaux dont 50 000 sur la ville d'Abidjan, mais seulement 10 000 à l'intérieur du pays. Aujourd'hui, force est de constater qu'aucun logement social n'a encore été livré aux bénéficiaires. Ce qui nous renvoie à la question de la « bonne gouvernance ».

II.2.5. La promotion de la bonne gouvernance et le renforcement des capacités

La bonne gouvernance constitue un facteur déterminant pour mettre en œuvre de manière efficace toute stratégie de réduction de la pauvreté. Elle permet de favoriser la contribution de tous à la création de la richesse nationale et à en assurer la redistribution équitable. Elle a surtout pour fonction principale de rétablir la confiance entre les dirigeants, les institutions et les populations.

Le DSRP ivoirien considère la bonne gouvernance comme un facteur essentiel du progrès social en Côte d'Ivoire. Pour le gouvernement ivoirien, elle constitue un moyen de consolidation du cadre institutionnel et un outil d'efficacité économique devant permettre aux pauvres d'accéder à des services de qualité. Afin de permettre la promotion de la bonne gouvernance et du renforcement de la lutte contre la corruption, il a été créé le 20 septembre 2013[29], une Haute autorité pour la bonne

---

[28] Source : déclaration télévisée de Guillaume Koffi, président du Conseil national de l'ordre des architectes, le 26 novembre 2014

[29] Ordonnance n° 2013-661 du 20 septembre 2013 portant création de la Haute autorité pour la bonne gouvernance seule autorité désormais en charge des questions de bonne gouvernance, anciennement dévolues au Secrétariat national à la bonne gouvernance et au renforcement des capacités (SGRC). Ce dernier est devenu le Secrétariat national au renforcement des capacités (SNRC) depuis le 3 septembre 2014.

gouvernance (HABG). Sa mission principale est de normaliser la vie publique en prônant des valeurs qui permettent d'instaurer des règles d'éthique dans la gestion des ressources humaines, financières, matérielles et écologiques ; notamment, des valeurs comme la transparence, la responsabilité, la participation collective, la communication, et l'indépendance de la justice.

Toutefois, on constate avec regret que le DSRP ne s'appuie pas sur une gouvernance qui soit réellement participative, et pourtant seule l'instauration d'une gouvernance participative permettrait le renforcement du capital humain et social. D'autant plus que, selon l'enquête ENV de 2015 il s'agit de l'un des points sur lesquels la population enquêtée a le plus insisté (INS - Ministère du Plan et du Développement, 2015).

Enfin, la sixième et dernière orientation du DSRP porte sur la sécurité, élément primordial pour assurer que tout développement économique et social puisse devenir durable.

II.2.6. Le renforcement de la sécurité des personnes et des biens

L'une des conséquences de l'accroissement de la pauvreté est l'augmentation de l'insécurité. En fait, en Côte d'Ivoire tout a commencé avec la guerre au Libéria et en Sierra Léone. Ces guerres, particulièrement celle du Libéria, vont occasionner de fortes migrations en direction de la Côte d'Ivoire au début des années 1990, alors que le pays subissait déjà des difficultés économiques. Les évènements douloureux qui ont suivi ont contribué à accroître la situation d'insécurité en favorisant prolifération des armes et l'apparition d'anciens combattants désœuvrés.

Il est donc naturel que le DSRP aborde la question de l'insécurité dans ses trois versions successives. Mais, c'est surtout le PND 2012-2015 qui consacre le plus grand volet aux programmes de désarmement et de réinsertion des anciens combattants.

Cependant, comme le soulignait déjà K. A. Kouadio en 2002, aucun de ces textes ne donne de plan d'action sécuritaire (Kouadio & Nations Unies. Commission Economique pour l'Afrique, 2002). Or, les individus ne peuvent valoriser leurs capabilités de fonctionnement que dans un environnement sécurisé. Ce qui est, par ailleurs, primordial pour assurer la promotion du secteur privé, du tourisme et de l'investissement direct en Côte d'Ivoire, tous indispensables à la croissance, au développement et à la réduction de la pauvreté.

Ces cinq dernières années, un nouveau phénomène a fait son apparition avec la persistance de la pauvreté. C'est celui des « microbes ». Désignés ainsi à cause de leur jeune âge, il s'agit majoritairement de mineurs délinquants de moins de 15 ans (leur âge variant entre 10 et 25 ans selon les autorités ivoiriennes). Ce phénomène est né à Abidjan, dans le quartier d'Abobo, après la crise postélectorale de 2011. Ces jeunes agissant en groupe commettent des crimes et des agressions sur la population. Jusqu'à présent, le gouvernement ivoirien n'a toujours pas réussi à trouver de solution à ce problème. En juin 2016, le gouvernement a annoncé une possibilité de resocialisation grâce à des programmes de formation et d'insertion spécifiques. La question reste de savoir s'il réussira à endiguer ce phénomène.

Conclusion du chapitre III

A l'issue de ce chapitre III, nous pouvons d'ores et déjà apporter une réponse à notre première hypothèse, à savoir si l'évolution du discours du développement constitue un gage d'efficacité des politiques économiques. L'analyse des discours effectuée nous montre que malgré la surenchère linguistique, pour parler comme P. Bourdieu (1982), les résultats des politiques économiques actuelles n'ont pas beaucoup évolués par rapport à ceux du passé. En Côte d'Ivoire, le taux de pauvreté est ainsi passé de 10% en 1985 à 46,3 % en 2015. Autrement dit, le taux a quintuplé en l'espace de 40 ans. Peut-on alors parler de politiques efficaces à travers la surenchère des mots actuels ? Certes, l'idée de Bourdieu sur l'importance du choix des mots, entre représentation et réalité, s'avère essentielle, mais dans le cas de la politique économique ivoirienne, elle n'a pas été gage de réussite si l'on considère l'évolution de l'incidence de la pauvreté. Un indicateur simple qui n'a cessé de se dégrader au cours des trois dernières décennies.

La démarche DSRP, bien qu'intéressante reste donc largement insuffisante et demande des améliorations dans un certain nombre de domaines si on veut qu'elle devienne plus efficace.

Ainsi, par exemple, s'agissant du suivi et de l'évaluation de ces politiques, il n'existe actuellement pas d'instrument qui permette d'en évaluer précisément l'impact sur les pauvres.

Les enquêtes ménages tout comme les évaluations aléatoires présentent toutes des limites.

Il y a donc urgence à mobiliser les moyens nécessaires à la production d'analyses plus fines et robustes pour que les autorités gouvernementales puissent prendre des décisions mieux connectées à la réalité. De manière générale, on constate un décalage en termes d'attentes et d'effets recherchés entre bénéficiaires potentiels et concepteurs du DSRP. C'est ce décalage dans la perception du programme par les principaux concernés qui nous incite à nous poser la question de la légitimité de cette politique.

En fait, nous ne pouvons que constater que le marché linguistique du développement (externe et interne) reste dominé par des discours que Bourdieu qualifierait d'issus d'une classe dominante, celle des IBW face aux PED et des gouvernements des PED envers leur population.

Enfin, il résulte de notre analyse que les préférences des IBW et/ou des autorités nationales l'emportent sur les aspirations des pauvres. Elles s'attèlent à édifier une conscience commune qui explique une certaine conformité dans l'élaboration des politiques économiques de développement telles que les DSRP. Ainsi, il apparait clairement que le modèle descendant prédomine encore au niveau de la conception du DSRP. En effet, la dimension intégration et participation des populations locales dans l'élaboration de leurs propres politiques de développement, fer de lance des DSRP, demeure difficile à atteindre.

C'est pourquoi, nous nous proposons, dans le chapitre suivant, de donner quelques pistes de réflexion pour un DSRP qui serait susceptible de lutter plus efficacement contre la pauvreté en Côte d'Ivoire, en nous inspirant des résultats de nos analyses de discours.

CHAPITRE IV :

Et maintenant ? 2017, une nouvelle vision des politiques à adopter pour relever le défi de « l'émergence »

« L'importance du choix des mots, (...)
entre représentation et réalité »
P. BOURDIEU, *Ce que parler veut dire : L'économie des échanges linguistiques,* 1982, p. 129-136.

Comme nous l'avons souligné dans la première partie de notre analyse, les politiques de développement appliquées aux Pays en développement par la Banque mondiale et le Fonds monétaire international au cours de ces trente-cinq dernières années, ont été fortement marquées par leurs orientations néolibérales. Celles-ci visaient à promouvoir la croissance par le respect des équilibres macroéconomiques et la promotion des secteurs productifs, en particulier l'agriculture.

Ces politiques néolibérales étaient accompagnées par de lourdes conditionnalités qui ont engendré toute une série de conséquences sociales négatives. Elles ont ainsi contribué à créer de la pauvreté sans pour autant permettre la reprise d'une croissance durable.

Les DSRP en mettant la lutte contre la pauvreté au centre des politiques de développement, ont toutefois constitué, du moins en principe, une évolution majeure. Ils ont permis de donner un visage plus humain à l'ajustement structurel et de réfléchir sur le développement à plus long terme. Ils ont surtout été créés pour répondre aux questionnements relatifs au débat sur la pauvreté et à l'efficacité de l'aide. En ce sens, ils ont a priori été conçus comme des instruments au service des populations et, particulièrement, des populations pauvres. Aussi, même si certaines contraintes macroéconomiques relatives à la croissance subsistent dans les DSRP, ces dernières cohabitent désormais avec des mesures sociales plus microéconomiques, tout au moins dans les textes officiels.

Cependant, comme nous l'avons souligné dans le chapitre III, cette évolution dans la conception des politiques de développement s'est aussi accompagnée d'une surenchère au niveau du vocabulaire propre au développement.

Cette surenchère linguistique a été rendue possible avec l'approche par les capacités d'A. Sen qui a permis de passer d'une conception macroéconomique du développement, à une vision plus micro, mettant l'accent sur l'Homme et son bien-être comme finalité. Ce qui marque le début d'une prise en compte de la dimension éthique du développement (Mahieu, 2001) qui aboutira à une reconnaissance unanime du caractère multidimensionnel de la pauvreté.

Nous pouvons déduire de ceci que, lorsqu'un mot devient dominant sur le marché du développement (car accepté et utilisé par tous), comme c'est actuellement le cas pour le mot « pauvreté », tous les autres mots se définissent en fonction de ce dernier. Il devient alors un instrument de pouvoir comme l'ont été avant lui d'autres concepts tels que « ajustement structurel ». Ainsi, au niveau des institutions, mais aussi des Etats, les mots et concepts changent en fonction des théories sous-jacentes du moment. Pour J.-L. Dubois et F. R. Mahieu (2008), cette instabilité dans les concepts renforce les inégalités de compréhension et induit une soumission de la part des moins développés ou dominés au sens de P. Bourdieu (1982). Cela instaure, dès lors, un dialogue de sourds entre les experts des institutions internationales et les populations réceptives des pays les moins avancés (PMA). Cet obstacle de compréhension entre l'offre et la demande sur le marché du développement crée un déséquilibre en faveur des institutions internationales, car ce sont elles qui peuvent imposer leurs mots et concepts au détriment de l'expression des pauvres. Toujours selon J.-L. Dubois et F. R. Mahieu (2008), ces concepts créés par les institutions internationales risquent d'être plaqués sur des sociétés qui ont leur propre contexte social, exprimé par une structure linguistique différente. D'où l'échec relatif des politiques économiques mises en œuvre depuis près de quarante ans, échec se mesurant par l'évolution des taux de pauvreté.

Ce décalage dans la perception linguistique des programmes par les principaux acteurs concernés, nous invite donc à nous poser la question de la légitimité de ces politiques et donc de la nécessité de politiques alternatives (cf. section 1), qui pourraient justifier les nouvelles approches théoriques du développement (cf. section 2).

SECTION 1 :
Prise en compte des aspirations des pauvres pour une vision alternative du DSRP/PND

De manière générale, on constate que le décalage est immense en termes d'attentes et d'effets recherchés entre les concepteurs des politiques économiques de développement et leurs bénéficiaires potentiels. Le DSRP tel que conçu actuellement ne déroge pas à la règle. L'analyse que nous avons effectuée du DSRP ivoirien dans le chapitre précédent nous a bien révélé que ces nouvelles politiques du développement comportaient encore des lacunes, car, elles font état d'objectifs très généraux concernant la réduction de la pauvreté sans prévoir pour autant de réels plans d'action. Le gouvernement ivoirien, comme beaucoup de gouvernements de pays en développement, est obligé d'adapter son langage à celui des institutions internationales pour être assuré d'obtenir des crédits (Dubois & Mahieu, 2008). Cependant, ces insuffisances doivent être corrigées si la Côte d'Ivoire veut effectivement devenir un « pays émergent » à l'horizon 2020. Par conséquent, le second PND, qui est actuellement en cours de rédaction, se doit de tirer les leçons de l'application des documents officiels précédents, afin d'anticiper les problèmes à venir. Il éviterait ainsi tout risque de nouvelle crise socio-politique qui risquerait d'annihiler tout rêve actuel de sortir le pays du sous-développement pour en faire un « pays émergent[1] ».

Ce nouveau document officiel doit surtout permettre de renforcer de manière équitable et durable les capabilités des différents groupes d'acteurs, ce qui serait un facteur de stabilité pour l'ensemble du pays. Pour cela, il doit plus se baser sur les aspirations et les attentes des catégories de populations pauvres et sur leurs propositions à l'attention des dirigeants concernant l'amélioration de leurs conditions de vie (INS - Ministère du Plan et du Développement, 2015) [cf. point I]. Il doit aussi

[1] En 1997, un article paru dans la revue Alternative économique n°151, intitulé : « *qu'est-ce qu'un pays émergent* » définissait ce concept. Selon cet article, être un « pays émergent », c'est avoir un accroissement significatif de son revenu par habitant. Mais, parallèlement, le pays doit s'intégrer rapidement dans l'économie mondiale sur le plan commercial (exportations) et financier (capital ouvert aux capitaux extérieurs). En somme, être émergent, c'est sortir du sous-développement pour rattraper le niveau de vie des pays riches. Le même article attribue la paternité de cette expression à Antoine Van Agtmael, un économiste néerlandais à la Société financière internationale, qui utilisa le terme de « marchés émergents » en 1981 pour parler « de pays en développement offrant des opportunités pour les investisseurs ».

tenir compte du point de vue des autres acteurs du développement (cf. point II).

I. La perception de la pauvreté par les pauvres eux-mêmes

En 1999, la Banque mondiale avait mené des recherches approfondies sur le terrain au sujet des attentes et espérances des pauvres dans 24 pays en développement (dont huit en Afrique) [Petesch, Shah, Chambers, & Narayan, 2000]. Ces travaux fournissaient des informations trèsinstructives sur ce que les pauvres attendaient des politiques de développement. Aussi, pour répondre à la question de savoir si les DSRP répondaient effectivement aux aspirations des pauvres, avons-nous comparé les implications concrètes des perceptions des pauvres avec les mesures de réduction de la pauvreté inscrites dans les DSRP. C'est cette comparaison que retrace le tableau ci-dessous. Il résume donc les aspirations des pauvres dans différents pays du monde et les compare avec les recommandations des DSRP dans différents domaines.

Tableau 10 : La voix des pauvres face aux DSRP

Secteur	**Aspirations des populations pauvres**	**Mesures d'intervention généralement prévues dans les DSRP**
Education	Diminuer tous les frais scolaires	Réduire ou supprimer les droits de scolarité dans le primaire ; Participation obligatoire aux frais de scolarité aux niveaux supérieurs
Santé	Gratuité des soins curatifs et prix abordable des médicaments	Gratuité des soins préventifs ; participation obligatoire aux frais pour les soins curatifs, sauf pour certaines maladies
Agriculture	Distribution des terres, réduction des	Développer les marchés fonciers, promouvoir les systèmes de

	loyers fonciers, subvention des intrants essentiels et octroie de crédits bonifiés; ne pas privatiser les terrains collectifs ; ne pas démanteler les coopératives d'Etat	microcrédit; et supprimer les offices de commercialisation, les subventions et les taxes sur l'agriculture
Marché du travail	Création d'emplois ; suppression des mesures qui accroissent le chômage	Réduire les rigidités sur le marché du travail
Politique macro-économique	Politique macro-économique d'expansion : "quand les rémunérations diminuent, le prix des récoltes baisse"	Prudence budgétaire et monétaire
Répartition des revenus	Forte sensibilité aux clivages sociaux	Eviter prudemment les arbitrages en matière de répartition des revenus
Secteur privé	Pas de privatisations massives contre les grosses entreprises pour les prêteurs locaux, crédits bon marché pour les pauvres	axé sur le secteur privé, microcrédit, privatisation, supprimer la répression financière pour encourager l'épargne
Corruption	Supprimer le népotisme et la	Doit être considérée dans le cadre du programme plus large

	corruption dans le secteur de la santé, l'emploi, la justice et les services de sécurité	relatif à la gouvernance, avec un accent particulier sur la corruption économique de haut niveau

Source : Petesch et al., 2000 et divers DSRP et DSRP intérimaires.

Cette comparaison des aspirations des pauvres et de certains objectifs fixés par les DSRP, fait ressortir de fortes différences. On constate effet que dans nombre de cas, leurs exigences vont plus loin que ce qui est proposé par les DSRP. Par exemple, les pauvres ont fait savoir à la Banque mondiale qu'ils souhaitaient une baisse ou une suppression des droits de scolarité. Or, les DSRP ne préconisent cela que pour le secteur de l'enseignement primaire et recommandent par contre le paiement de frais de scolarité dans les cycles supérieurs, alors que les études supérieures ont un coût bien plus élevé que celui de l'enseignement primaire. On remarque aussi que les pauvres s'opposent généralement aux privatisations massives, alors que les DSRP mettent l'accent sur un développement axé sur le secteur privé. Par ailleurs, les pauvres sont favorables à la redistribution des terres, la baisse du loyer foncier, et aux subventions aux intrants agricoles de base. Ils s'opposent aussi au démantèlement des coopératives gérées par l'Etat, alors que les DSRP préconisent un développement des marchés fonciers, et l'élimination des organismes de commercialisation et des subventions. On peut aussi noter qu'en matière de corruption, les pauvres sont plus concernés par la petite corruption touchant la police, les médecins ou les enseignants, que par la corruption de haut niveau visée par les DSRP. A tous ces constats, nous pouvons ajouter les opinions concernant le marché du travail, la répartition des revenus, et la santé, qui sont, dans une large mesure, incompatibles.

Mais 16 ans après cette étude, on se rend compte, en étudiant le DSRP ivoirien, que la situation n'a pas vraiment changé et que les demandes des pauvres ne sont toujours pas entièrement prises en compte par les politiques. Or dans le même temps, le taux de pauvreté demeure toujours élevé. En Côte d'Ivoire, il était encore de 46,3% en 2015.

La question qui se pose alors est la suivante : doit-on négliger ce qu'expriment les pauvres en matière de développement, sous prétexte que cela provient de populations de pays en développement ? Nous pensons naturellement que non, et qu'il est donc plus judicieux de chercher une solution à travers la vision que les pauvres ont d'eux-mêmes et de leur situation économique.

Concernant la Côte d'Ivoire, cela veut dire qu'il est préférable d'analyser ce que pensent les populations pauvres de leur situation, et de voir quelle est leur définition propre de la pauvreté. Leurs aspirations sont-elles si différentes de celles exprimées par les pauvres interrogés dans les 24 PED choisis par la Banque mondiale ? Nous allons tenter de répondre à ces questions, en partant de l'enquête qualitative réalisée par l'Institut national de statistique (INS) de Côte d'Ivoire en 2015. En effet, quoi de plus indiqué qu'une enquête pour étudier le langage propre aux populations pauvres, puisque, le langage de la demande de développement est, de fait, véhiculé par le système des enquêtes (Dubois & Mahieu, 2008).

Réalisé dans le cadre de l'Enquête sur le niveau de vie de 2015, ce volet qualitatif s'est appuyé sur la Méthode Accélérée de Réponses Participatives (MARP) conduisant à des entretiens directifs et semi-directifs sur un panel représentatif de population pour les localités des Districts autonomes d'Abidjan et de Yamoussoukro, et des 31 régions de l'échantillon de l'ENV 2015.

L'analyse quantitative de l'enquête ENV 2015, a permis de classer la population en deux catégories : « pauvres » et « non pauvres ». La pauvreté n'étant pas que monétaire, il était donc important que les populations puissent aussi s'exprimer sur leurs expériences et leurs attentes.

Le volet qualitatif a, quant à lui, porté sur les récits de vie des chefs de ménage, leurs profils historiques, et l'échange avec des focus group dans les localités visitées.

Même si l'enquête n'a pas porté sur la perception individuelle des membres des ménages, les réponses des focus groupes interviewés ont permis de recueillir une diversité d'opinion et, une vision des questions de pauvreté concernant l'ensemble des communautés (INS - Ministère du Plan et du Développement, 2015). Ainsi, les récits de vie de 41 chefs de ménages parmi les plus pauvres en milieu rural, urbain, et à Abidjan, ont été recueillis et analysés. Ce panel était composé de 28 hommes et 13 femmes. Toutefois, d'autres caractéristiques telles que l'âge et le niveau d'instruction ont aussi été considérées, comme le montre le tableau ci-dessous.

Tableau 11 : Caractéristiques des chefs de ménages interviewés

	MILIEU DE RESIDENCE		
	Abidjan	**Rural**	**Urbain**
Groupe d'âge			
18-34	12,5	4,5	
35-54	50	40,9	40
55 et plus	37,5	54,5	60
Statut d'occupation du logement			
Propriétaire	62,5	90,9	54,5
Locataire	25		27,3
Logé gratuitement	12,5	9,1	18,2
Niveau d'instruction			
Aucun	12,5	72,7	45,5
Primaire	37,5	18,2	18,2
Secondaire général	50	9,1	36,4

Source : INS - Ministère du Plan et du Développement, 2015.

L'intérêt de cette étude sur la perception que les populations ont de leur situation économique peut être résumé en une seule question à la fois simple et fondamentale : quelle image se font-ils d'un individu pauvre ?

I.1. La définition de la pauvreté selon les populations pauvres

L'analyse des résultats de l'enquête ENV 2015 montre que pour 67% des pauvres, le premier poste, lié à la consommation des ménages, qui permet de définir la situation de pauvreté est l'alimentation. Viennent ensuite la santé pour 27,9%, l'éducation pour 16,6% des interviewés, l'eau, l'électricité (avec les factures à payer), et pour 14,2% d'entre eux les dépenses sociales (mariage, funérailles, naissances…).

Ainsi, à travers la multiplicité des réponses possibles données par les pauvres, on perçoit bien l'aspect multidimensionnel de la pauvreté ; ce qui est conforme aux travaux d'A. Sen (1999).

On remarque toutefois, que même si pour les interviewés le manque alimentaire s'avère être le premier poste explicatif de leur situation de pauvreté, il ne constitue pas pour autant le premier poste sur lequel ils souhaiteraient que l'Etat intervienne en priorité. Ce paradoxe s'explique par le fait que les transferts intra-communautaires leur permettent de subvenir plus facilement à leurs besoins nutritionnels. Malheureusement, comme le soulignent J.-L. Dubois et F. R. Mahieu (2008), « les transferts communautaires n'apparaissent que très difficilement dans les enquêtes », qui contribuent à en biaiser les résultats.

Le tableau ci-dessous classe par ordre d'importance, les priorités des ménages pauvres interviewés, selon l'enquête ENV de 2015.

Tableau 12 : Les priorités des ménages pauvres (en%)

Selon vous, quel est le premier secteur prioritaire dans lequel l'Etat devrait concentrer ses efforts pour améliorer la situation de pauvreté ?	
Education	12,2
Emploi des Jeunes	19,5
Santé	22
Réduction des prix à la consommation	9,8
Accès au crédit	2,4
Augmentation du prix au producteur	2,4
Sécurité des personnes et des biens	2,4
Autosuffisance alimentaire	14,6
Infrastructures de transport (routes et autre)	4,9
Autre à préciser	9,8
Selon vous, quel est le deuxième secteur prioritaire dans lequel l'Etat devrait concentrer ses efforts pour améliorer la situation de pauvreté ?	
Education	26,8
Emploi des Jeunes	17,1

Sante	19,5
Réduction des prix a la consommation	12,2
Accès au crédit	2,4
Augmentation du prix au producteur	9,8
Autosuffisance alimentaire	7,3
Infrastructures de transport (routes et autres)	4,9
Selon vous, quel est le troisième secteur prioritaire dans lequel l'Etat devrait concentrer ses efforts pour améliorer la situation de pauvreté ?	
Education	12,2
Emploi des Jeunes	9,8
Sante	14,6
Réduction des prix à la consommation	12,2
Accès au crédit	17,1
Augmentation du prix au producteur	4,9
Sécurité des personnes et des biens	4,9
Autosuffisance alimentaire	7,3
Infrastructures de transport (routes et autre)	4,9
Autre à préciser	12,2

Source : INS - Ministère du Plan et du Développement, 2015.

Ce tableau montre que pour les chefs de ménage interviewés, l'Etat doit concentrer ses efforts en premier lieu au secteur de la santé (à 22%), ensuite à celui de l'éducation (à 26,8%), et enfin au renforcement de l'accès aux crédits (surtout au microcrédit) (à 17,1%). Or, la confiance des interviewés en l'Etat pour agir dans ce sens est très faible. En effet, 51,2% des chefs de ménage interviewés pensent que les pauvres ne constituent pas une priorité pour la politique publique de l'Etat et n'ont qu'une perception très mitigée du rôle des institutions en matière de lutte contre la pauvreté. C'est ce qui ressort du tableau suivant.

Tableau 13 : Perception des institutions (en % de ménages)

Pensez-vous que les pauvres constituent une priorité dans les politiques de l'Etat ?
Oui 43,9 Non 51,2 Ne sait pas 4,9 Total 100
Pensez-vous que les politiques et les programmes tiennent compte des préoccupations des pauvres ?
Suffisamment 29,3 Faiblement 31,7 Pas du tout 34,1 Ne sait pas 4,9 Total 100
Pensez-vous que les nouvelles autorités pourront réduire considérablement le niveau de pauvreté dans votre communauté ?
Oui 78 Non 12,2 Ne sait pas 9,8 Total 100
Selon vous, la corruption existe-t-elle dans notre pays ?
Oui 82,9 Non 7,3 Ne sait pas 9,8 Total 100
La corruption est-elle une source de pauvreté pour la population ?

Oui	88,2
Non	8,8
Ne sait pas	2,9
Total	100
Le fait de rompre avec la corruption et avec les détournements de deniers publics peut-il contribuer à réduire la pauvreté ?	
Oui	93,3
Non	6,7
Total	100

Source : INS - Ministère du Plan et du Développement, 2015.

Ce tableau montre la nécessité pour l'Etat ivoirien, d'assurer une bonne gouvernance : 82,9% des chefs de ménages pensent que la corruption existe et qu'elle contribue à accroitre la pauvreté. Si bien que 93% d'entre eux estiment que la lutte contre la corruption et les détournements de deniers publics pourrait contribuer à faire baisser le taux de pauvreté. Ils gardent, malgré tout, l'espoir que leur situation s'améliorera au cours des cinq prochaines années. Pour 85,4%, l'Etat aurait même les moyens d'appliquer les mesures préconisées par sa politique économique et sociale. C'est probablement ce qui explique que 78% des interviewés disent faire confiance aux nouvelles autorités pour réduire le niveau de pauvreté.

Mais, ce qui semble paradoxal dans les résultats de ce tableau, c'est que, contrairement à ce qu'on aurait pu penser, il n'y a que 43,9% des chefs de ménage pauvres qui aspirent à un mieux-être, alors qu'on aurait pu penser que cela devrait être le cas de toute personne en situation de pauvreté.

Nous pouvons trouver un début d'explication à ce pourcentage qui est en dessous de la moyenne en se rapportant aux raisons évoquées par les pauvres eux-mêmes pour expliquer leur situation.

En effet, les interviewés, évoquent plusieurs raisons explicatives de leur situation économique et elles sont résumées dans le tableau suivant :

Tableau 14 : Les raisons fournies par les ménages concernant leur situation de pauvre

Purement économique	**Liés à la société**	**Liés à l'individu**
Faible activité économique (baisse et manque des revenus)	*Chômage (perte d'emploi, pas d'industrie)*	*Fatalité (malédiction, Dieu)*
Mévente des produits agricoles, cherté des intrants agricoles	*Crise militaro politique (décès, perte de biens)*	*Invalidité (accident, maladie, vieillesse)*
Dépenses d'éducation	*Foncier rural (conflits sur l'exploitation)*	*Poids de la famille (augmentation des charges)*

Source : INS - Ministère du Plan et du Développement, 2015.

Il apparait sur ce tableau que, pour les interviewés, les causes de la pauvreté sont principalement de trois ordres : économique (manque de revenus etc.), sociétal (foncier rural, chômage, crise militaro-politique etc.), individuel (poids de la famille nombreuse, invalidité et fatalité).

Ce qui nous interpelle le plus dans ce tableau, c'est l'argument de la fatalité qui est évoqué par les interviewés pour expliquer leur situation. En effet, cela signifie que les pauvres ne se projettent pas dans l'avenir et se contentent de subir cette situation de pauvreté, car relevant de la volonté de Dieu. Mais cet état d'esprit n'est-il pas aussi explicatif du maintien dans la pauvreté ? Ce qui pose la question de savoir pourquoi, le pauvre n'arrive-t-il pas à se projeter dans l'avenir.

Nous pouvons peut-être trouver un début d'explication en nous référant à la notion de « capacité à aspirer » de A. Appadurai (2004), qui relie le manque de capacité à aspirer à la dimension culturelle.

En effet, l'être humain naît et grandi dans un environnement culturel donné. La question est alors de savoir quelle possibilité a-t-il de se dépasser dans cet environnement culturel, afin de le faire évoluer. Et ceci soulève le problème du rôle de l'éducation qui permet d'acquérir cette « liberté de choix » chère à A. Sen (2001). L'environnement culturel peut, en effet constituer un frein au développement, et ceci nous renvoie à l'idée que le développement ne se décrète pas. Il a trop souvent été assimilé à l'importation massive de biens matériels, technologiques et institutionnels issus de pays développés, sans qu'une réflexion préalable n'ait été faite sur la capacité effective à faire des PED. On a trop longtemps pensé que leur développement devait être en tout point conforme à celui qu'avait connu l'Occident. Si bien que le développement avait tendance à se situer en dehors de toute référence culturelle. Or, on voit bien que « culture » et « développement » sont deux notions qui doivent être incontestablement reliées, comme nous le montre si bien les mots que les pauvres mettent eux-mêmes sur leur situation.

I.2. L'importance de la culture pour un développement socialement durable

Le fait que les politiques de développement des PED ne prennent guère en compte leurs cultures transparait d'ailleurs dans l'analyse textuelle que nous avons effectuée des différents textes officiels de politique économique. Le mot culture n'apparait nulle part dans les différents graphiques de résultats. Aussi, peut-on se demander si leur échec n'est pas aussi dû à ce mépris des cultures locales. Et ce, même si, à partir de 1976, la conférence générale de l'UNESCO reconnaît la notion de « droits culturels », ce qui aboutira par la suite au lancement en 1988 de la « Décennie du développement culturel » par les Nations Unies. Sur ce sujet, Poncelet insistait déjà en 1994 sur la « *nécessité d'une prise en compte de la dimension culturelle du développement* ».

Et ceci nous renvoie à l'idée que le développement ne peut être pensé en dehors de la culture qui, de fait, porte les valeurs fondamentales de tout pays. Pour ce faire, il aurait fallu, dès le début, promouvoir les langues locales en les enseignants à l'école, ce qui aurait été un bon moyen de réduire les retards scolaires de l'apprentissage technique. Cela aurait, par ailleurs permis une meilleure compréhension et la diffusion d'un vocabulaire local propre au développement. Car, comme nous l'avons déjà souligné, l'incompréhension de certains termes constitue un des obstacles majeurs à la participation effective des populations, pour l'élaboration des politiques de développement, particulièrement dans le cas des DSRP qui prônent le principe de cette participation.

Le concept même de « développement socialement durable » n'est qu'une illusion s'il n'est pas accompagné d'une véritable prise en compte des valeurs culturelles aux différents niveaux locaux pour l'aborder autrement. Nous nous référons aux deux logiques du développement, que sont la « logique d'accumulation » et la « logique de subsistance » (Olivier de Sardan, 1995). Selon J.-P. Olivier de Sardan, les comportements économiques et les stratégies des agriculteurs sont largement influencés par la « logique de subsistance » qui est caractéristique des sociétés paysannes. Ceci en opposition à une « logique d'accumulation » qui concernerait plutôt les sociétés industrialisées. Or, nous savons que les sociétés industrialisées ont d'abord été, pour la plupart, des sociétés paysannes. La question qui s'impose est alors de savoir comment elles ont pu évoluer vers une « logique d'accumulation ».

En effet, lorsqu'on prend l'exemple d'un pays comme la France, dans les années 1840, il y avait peu de progrès technique dans le domaine agricole puisque tout y était rudimentaire avec l'emploi de bœufs dans les champs. Tout le monde, y compris les femmes et les enfants, était mobilisé lors des périodes de moisson. La vie était alors rythmée par les moissons comme cela demeure le cas aujourd'hui en Afrique et particulièrement en Côte d'Ivoire, qui reste un pays à dominante agricole.

Mais à la différence de la Côte d'Ivoire, les paysans français, dans une logique d'accumulation propre, fabriquaient tout eux-mêmes, devenant ainsi autosuffisants. La révolution de 1848 a amené la mécanisation de l'agriculture et le progrès technique. La production a ainsi doublé de volume, les rendements ayant augmenté grâce à l'utilisation des engrais. Ce qui a eu pour conséquence de permettre l'augmentation du revenu des paysans, les faisant alors sortir de la pauvreté. Ainsi, la logique d'accumulation a permis à France d'effectuer sa propre révolution industrielle et de passer à une production de masse.

Dans le contexte de cette accumulation, Il faut, par ailleurs, souligner la présence d'une culture écrite qui permet que l'information ne s'arrête pas à l'espérance de vie des individus, mais va au-delà, en étant transmise aux générations futures. Ce qui permet une transformation des mentalités selon F. Perroux (1961)[2]. Dans une telle configuration, les personnes voient leurs libertés de choix s'accroitre, conformément à A. Sen (2001).

A côté de cette logique d'accumulation, il y a la logique de subsistance, qui est encore celle des sociétés africaines. Dans ce second cas, la structure mentale demeure rattachée à des croyances divines et il n'y a pas, ou très peu, d'esprit d'entreprenariat. La production agricole se contente de la main d'œuvre humaine disponible. La mécanisation est loin d'être la norme car très peu de paysans possèdent, en fait, des machines.

[2] En effet pour F. Perroux, la transformation de l'économie dépend des mentalités.

A la différence de la logique d'accumulation, le recours à une culture de référence orale ne permet pas la transmission de l'information au-delà de l'espérance de vie des individus. La logique de subsistance incite à l'attentisme, le respect des règles et l'intérêt général n'étant pas des priorités, et ce qui importe, c'est la survie personnelle. Le pauvre, se contente du peu qu'il a, et cède très souvent à la fatalité. C'est ce qui amène à penser, avec A. Kabou (1991) que la réduction de la pauvreté, et plus généralement, le développement, dépendent des mentalités.

Certes, il existe bien un système du « débrouillardise », mais il permet tout juste aux pauvres de subsister et non d'accumuler des biens pour s'enrichir, comme le montre si bien le film documentaire de Lova Nantenaina (2014)[3]. Dans ce film, l'auteur montre l'importance de la débrouillardise pour le peuple malgache. Il y a, à Madagascar, ceux qui fabriquent des chaussures à partir de pneus, ceux qui fabriquent des lampes à partir de boîtes de lait concentré sucré, ceux qui transforment en médicaments et savons, les os de zébus, etc. En fait, toutes ces catégories de populations pauvres ont appris à survivre en transformant des objets fabriqués par les pays industrialisés. Le réalisateur met ainsi l'accent sur la capacité d'adaptation du peuple malgache, par rapport à ce qui se passe en Occident. Pour lui, si le système économique mondial actuel venait à lâcher dans le futur, « ceux qui tomberaient de haut », comme les pays occidentaux, « auraient peut-être du mal à se relever, alors que le peuple malgache, saurait quant à lui « s'adapter grâce à ce sens de la débrouille », qu'on appelle le « *Ady Gasy* » en malgache. Vu sous cet angle, la « débrouille » à l'africaine s'apparenterait à la capacité de résilience[4] de tout peuple (Châtaigner, 2014).

On peut ainsi faire un parallèle entre ces propos de Lova Nantenaina et la situation qu'a connu la Côte d'Ivoire après la crise postélectorale de 2010-2011. En effet, la capacité de résilience du peuple ivoirien n'a été possible que grâce à une certaine « débrouille ». Les activités de cette débrouille relevant bien souvent du secteur informel. C'est ce secteur qui a pris la relève lors du dysfonctionnement du secteur structuré, afin de permettre aux ivoiriens de survivre durant la crise. Ceci montre bien le rôle important que ce secteur joue dans les pays en développement, même

---

[3] « *Ady gasy* » ou « la débrouille à la malgache », documentaire long-métrage de Lova Nantenaina, 2014, sorti en salle en France le 08 avril 2015.

[4] La résilience pouvant se définir comme une capacité : celle de rebondir après un choc, quel que soit la nature de ce choc. On peut aussi la présenter comme un processus de résilience qui se met en œuvre par étapes (Châtaigner, 2014).

s'il est difficile de connaître le poids exact qu'il occupe dans l'économie ivoirienne. D'autant qu'il n'arrive que difficilement, faute de moyens financiers, à se structurer pour permettre la création d'emplois stables.

L'une des raisons du maintien des pauvres dans la pauvreté, selon l'enquête ENV de 2015, est le manque d'accès au crédit, faute de banques ou d'organismes d'Etat prêts à leur accorder des crédits pour investir. Les pauvres sont donc obligés de se contenter d'emprunts entre particuliers ou du système de « tontine », afin d'acquérir le montant requis pour entreprendre un commerce de subsistance tel que la vente d'aloco, de galette, de pagne, etc. Il ne peut donc pas y avoir un véritable développement de ces activités qui restent bien souvent des activités de survie.

L'autre problème que soulève le film de Lova Nantenaina concerne la capacité des malgaches de pouvoir fabriquer des objets, donc de créer et d'innover comme ont pu le faire certains pays d'Asie tels que la Chine. Ainsi, comme le dit si bien le film : « *les chinois fabriquent les objets et les malgaches les réparent* ». Or, ce qui est vrai pour Madagascar, l'est aussi pour d'autres pays de l'Afrique subsaharienne. Et, la Côte d'Ivoire ne fait malheureusement pas exception à la règle. L'ivoirien ne sait pas fabriquer une voiture, une télévision, un ordinateur, pour ne citer que ces exemples. Par contre, il est extrêmement doué pour leur redonner une seconde vie, même lorsque ces objets sont considérés comme bons pour la casse. D'où l'appellation de « France aurevoir », donnée à ces vieux objets dont l'Occident ne veut plus et qui sont pourtant vendus en Afrique.

Nous sommes donc en droit de nous demander pourquoi l'on n'arrive toujours pas à dépasser ce stade de la réparation pour accéder à celui de la fabrication qui pourrait conduire au développement. Le film nous montre par ailleurs que même lorsqu'on arrive à fabriquer de nouveaux objets en recyclant ceux qui sont fabriqués par les chinois ou les occidentaux, cette fabrication reste assez rudimentaire, sans réel apport d'innovation et sans utilisation des nouvelles technologies. Alors, peut-on trouver une explication à ce manque d'innovation dans l'environnement culturel des populations en Afrique ? Pour répondre à cette question, nous sommes tentés de dire, en prolongeant les idées d'A. Kabou, que l'on souffre en Afrique, et notamment en Côte d'Ivoire, d'un manque d'esprit d'entreprise et de capacité d'entreprendre. Ce qui constitue une entrave majeure au développement.

Enfin, le dernier point important qui ressort de l'enquête ENV de 2015, est la durée de maintien des interviewés dans leur état de pauvreté.

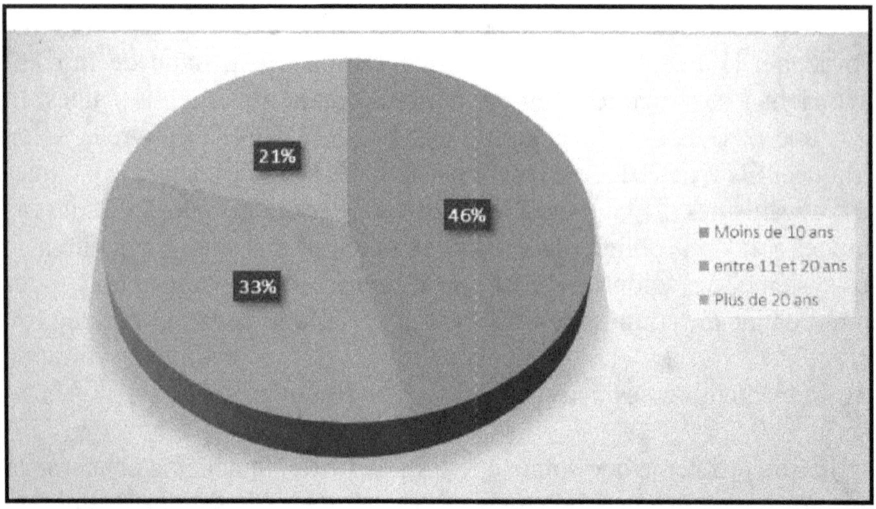

Graphique 8 : Durée dans la pauvreté selon les chefs de ménage interviewés

Source : INS - Ministère du Plan et du Développement, 2015.

Comme, le montre le graphique ci-dessus, il y a, en Côte d'Ivoire, des ménages qui sont pauvres depuis plus de 20 ans. Cette pauvreté chronique est toutefois minoritaire car elle ne concerne que 21% des ménages, alors que 46% sont pauvres depuis moins de 10 ans. Ceci permet d'expliquer pour partie la crise sociopolitique qui a, finalement, eu plus d'effets négatifs sur l'augmentation de la pauvreté que les politiques économiques menées précédemment.

Toujours selon les résultats de cette enquête, 69,9% des interviewés pensent que leur situation de pauvreté s'est aggravée au cours de ces cinq dernières années, alors même que la Côte d'Ivoire a retrouvé la stabilité sociopolitique et qu'elle affiche un taux de croissance du PIB d'environ 9% depuis 2012. Cette aggravation de la situation des pauvres, nous renvoie à la question du lien de causalité entre croissance et réduction de la pauvreté. Question à laquelle nous apportons des éléments de réponse grâce à l'analyse des entretiens semi structurés que nous avons effectués auprès d'un certain nombre d'acteurs sociaux et de décideurs du développement.

II. Le point de vue des décideurs et des acteurs sociaux

Les entretiens semi-directifs sur les politiques de développement que nous avons effectués, auprès de décideurs politiques, d'économistes, d'universitaires et de représentants de la société civile, ont eu pour objectif de collecter des informations donnant une vision éclairée de l'apport de ces politiques sur l'économie ivoirienne et sur les conditions de vie en Côte d'Ivoire. Le but final était de permettre une amélioration de la planification ainsi que l'évaluation des politiques économiques et sociales de Côte d'Ivoire.

Cette étude s'attache à montrer comment, les différentes politiques économiques de développement ont pu agir sur l'évolution de la croissance économique. Elle met l'accent sur l'impact de ces politiques en ce qui concerne les conditions de vie des ménages et, notamment, sur la baisse éventuelle du taux de pauvreté.

Dans ce travail, nous avons aussi cherché à mettre en exergue, les stratégies et moyens mis en œuvre par les acteurs du développement et, particulièrement les responsables politiques, pour faire face à la dégradation du niveau et des conditions de vie des ivoiriens et surtout à l'augmentation de la pauvreté.

Les résultats nous permettent de faire ressortir les réponses les plus pertinentes aux différentes questions posées concernant l'évolution des politiques de développement de ces 35 dernières années. Il nous fallait savoir ce que les acteurs pensent de la pauvreté en Côte d'Ivoire et quelle définition ils en donnent (cf. point II.1) et analyser le lien existant entre croissance économique, recherchée par les politiques de développement, et la dynamique de réduction de la pauvreté proposée par le DSRP/PND actuel. (cf. point II.2).

II.1. La pauvreté selon les décideurs et les acteurs sociaux

Il ressort des entretiens qualitatifs que les acteurs reconnaissent unanimement que pour des raisons de mesure et de calcul mathématique, il est mieux que la pauvreté soit définie en termes monétaires. Toutefois, ils reconnaissent parallèlement qu'une définition uniquement monétaire demeure très réductrice du phénomène de pauvreté car d'autres aspects doivent être pris en compte pour obtenir une vision globale. La plupart font référence au caractère multidimensionnel, conformément aux travaux de Sen. Cependant, une analyse de leurs discours montre que la définition donnée de ce caractère multidimensionnel diverge d'un groupe d'acteurs à l'autre. C'est pourquoi, nous avons choisi de classer les personnes interviewées en fonction de leur appartenance institutionnelle. Ceci nous a permis d'obtenir quatre groupes. Un premier groupe social représente les autorités gouvernementales et est composé de personnes ayant appartenu au gouvernement, ou travaillant dans des cabinets ministériels. Un second groupe représente les universitaires, un troisième relève de la société civile, et, enfin, un quatrième groupe comprend des personnes issues des institutions internationales. On retrouve ce classement sur le graphique ci-après. Il est le résultat d'une analyse factorielle en coordonnées portant sur la définition que les différents groupes d'acteurs donnent à la pauvreté.

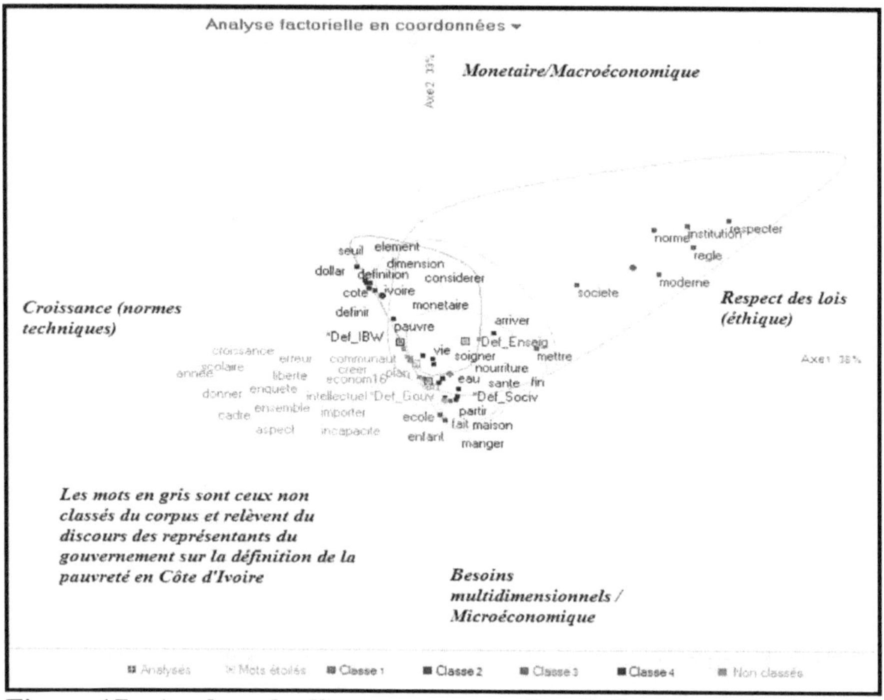

Figure 17 : Analyse de discours : perception de la pauvreté selon les acteurs sociaux
Source : auteur.

Nous pouvons voir sur cette figure que les réponses des personnes interrogées sont assez regroupées autour du centre. Ce qui signifie que la base de leur discours est assez homogène. En ce qui concerne le discours du groupe des autorités gouvernementales, la plupart des mots utilisés, qui sont en gris sur la figure, n'ont pas été classés par le logiciel Alceste, ce qui signifie que leur discours n'est pas assez spécifique. Toutefois, on remarque un étirement de la figure à droite de l'axe vertical, montrant que la classe 1, en rouge, se démarque le plus : on y trouve le discours le plus caractéristique. Cette classe regroupe le vocabulaire des représentants du corps enseignant. La classe 2 en bleu est représentative du discours des IBW. Quant aux deux autres classes 3 et 4, respectivement en vert et en marron, elles contiennent les éléments du discours des acteurs de la société civile.

Le deuxième graphique, ci-dessous, en comparant les différentes classes, permet de mieux comprendre le contenu du discours propre à chaque groupe.

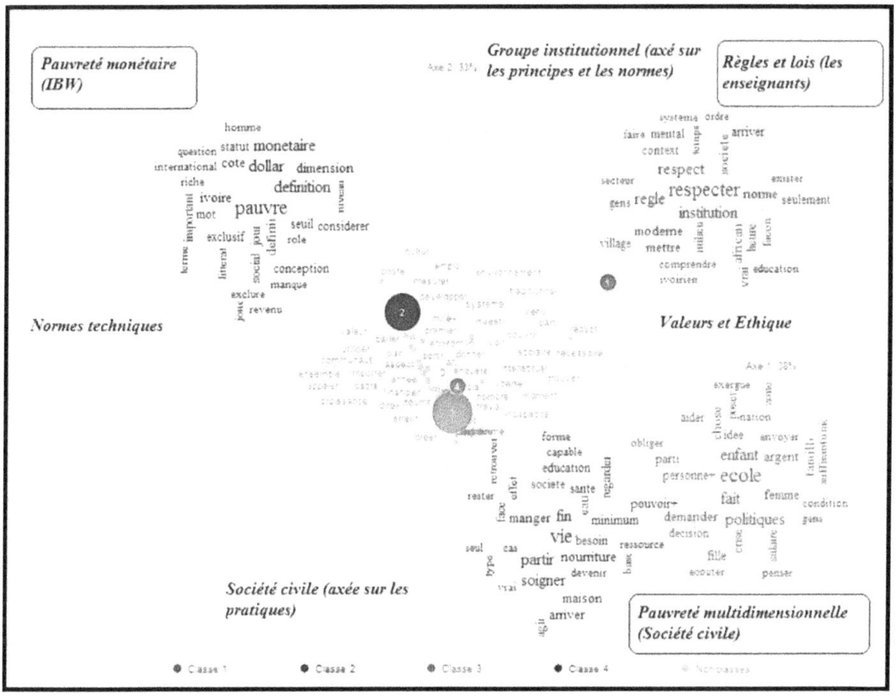

Figure 18 : Analyse de discours : la pauvreté selon les acteurs sociaux, comparaison entre les classes
Source : auteur.

Cette seconde figure permet de comparer les différentes classes. On remarque que la définition de la pauvreté par les acteurs sociaux, membres des IBW (classe 2) reste fidèle au paradigme macroéconomique qui règne au sein de ces institutions. On note en effet, la présence des mots tels que « monétaire », « seuil », « dollar », qui entourent le terme de « pauvreté » qui constitue en fait le mot clé de cette classe. Ceci est donc conforme aux approches théoriques qui sous-tendent les DSRP, avec une définition monétaire de la pauvreté.

En ce qui concerne les classes 3 et 4, on retrouve le discours propre à la société civile, très axé sur une approche microéconomique, avec des termes comme : « l'enfant », « l'école », « la vie », « la nourriture » etc., qui sont au centre du débat. On remarque aussi que le discours que tiennent ces deux groupes, à savoir les représentants des IBW et ceux de la société civile, est assez conforme à celui de leur appartenance institutionnelle. A l'opposé, nous avons le discours qui vient de la classe 1, qui comme nous l'avons souligné, représente le corps enseignant. Ce discours s'avère être assez spécifique, ne rentrant pas dans le schéma habituel de définition de la pauvreté, puisque celle-ci est essentiellement perçue dans le respect des règles et des institutions. Pour les acteurs issus du corps enseignant, la pauvreté en Côte d'Ivoire se définit surtout par un manque de respect des règles, des normes, et aussi des institutions. Ceci apparaît clairement sur la figure 3 ci-dessous représentant le réseau autour du mot « respecter » mis en exergue par la réponse à la question sur la définition de la pauvreté.

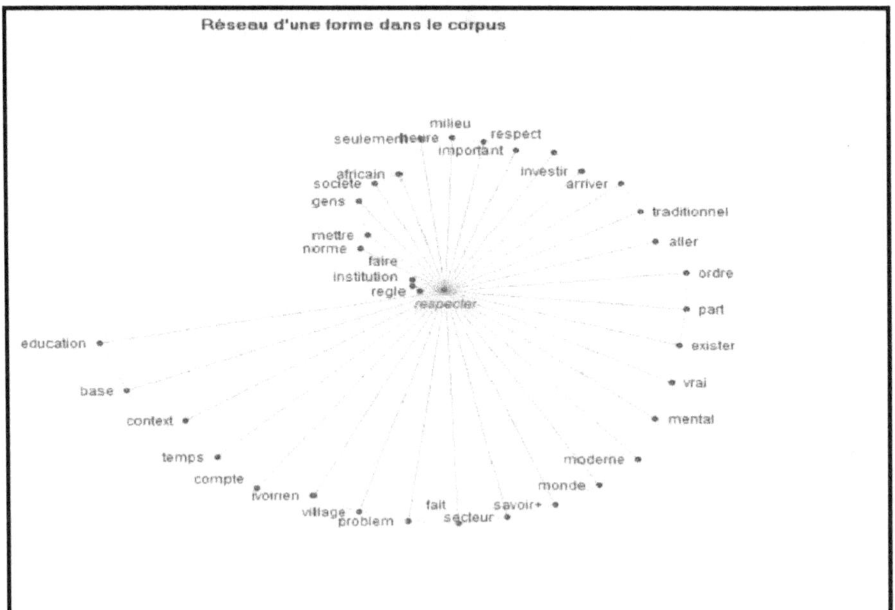

Figure 19 : Analyse de discours : la pauvreté selon les acteurs sociaux, réseau de forme du mot « respecter »

Source : auteur.

Mais, on peut alors se demander en quoi le manque de respect des normes peut-il être un facteur explicatif de la pauvreté ? En fait, une société où il y a des règles et des normes est une société de droit dans laquelle règne l'ordre. Elle s'oppose à une société dite primitive, ou anarchique, où règne la loi du plus fort. Or, pour accéder au développement, il faut qu'il y ait un Etat de droit capable d'assurer la stabilité sociale et politique. Ce qui implique que chacun respecte effectivement sa part du contrat social au sens de J.-J. Rousseau (1762). Ce contrat social exige que les individus acceptent de se soumettre aux lois, au nom de l'intérêt général. Aussi, si une personne refuse de se conformer à la volonté générale, elle peut être contrainte à s'y soumettre. En effet, le non-respect des lois, dans le cadre de ce contrat social auquel ont souscrit tous les Etats modernes, constitue une faute pouvant conduire à de lourdes sanctions civiles, voire pénales, en fonction de la gravité. Toutefois, dans certains cas, la possibilité d'une désobéissance reste envisageable. Ce, en dernier recours et lorsque toutes les voies juridiques ont été épuisées. Le respect de la norme reste donc la règle.

Mais, ce système ne fonctionne bien que si les institutions garantes de son bon fonctionnement sont elles-mêmes organisées autour d'un minimum d'intégrité. Or, pour certains des chefs de ménage interviewés lors de l'enquête ENV 2015, une corruption institutionnelle gangrène la société ivoirienne. Et les manquements à la loi correspondants sont rarement sanctionnés ou même verbalisés. Pourtant, il y a l'obligation pour tous les citoyens de respecter les lois, ce qui est la meilleure assurance que leur liberté, leurs droits, et la sécurité, soient garantis de manière effective. Comme le souligne Jean-Jacques Rousseau : « *il n'y a pas de liberté là où il n'y a pas de loi, ou là où quelqu'un est au-dessus des lois* » (Rousseau, 1762). Ceci rejoint l'idée d'une pauvreté liée à certains comportements des individus. Dans ce cas d'espèce, il est cependant difficile de relier ce comportement de non-respect des normes à la culture, car dans les cultures traditionnelles africaines et, notamment, ivoiriennes, le respect des règles a une très grande importance et le manquement aux normes est sévèrement puni. Cette punition pouvant aller jusqu'à l'exclusion et même au bannissement dans les sociétés ancestrales. Par conséquent, un comportement « anarchique » ou de non-respect des normes ne peut être a priori expliqué par la culture. Ce qui nous amène à nous demander s'il n'y a pas en cela, la manifestation « perverse » d'une société moderne et démocratique, dont l'organisation est venue de l'Occident, sans s'appuyer sur de solides fondations. En effet, de même que le développement ne se décrète pas, la démocratie ne peut être imposée sans un long processus d'apprentissage collectif, à l'exemple de ce qui s'est d'ailleurs passé en Occident[5]. Cette référence au manque de respect des normes peut aussi être due à une mauvaise compréhension du mot « démocratie », qui est souvent compris par les populations comme la liberté de faire tout ce que l'on veut. Il y a bien là, un exemple de l'obstacle de compréhension qui existe entre l'offre et la demande de développement et dont parlent J.-L. Dubois et F. R. Mahieu (2008), voire tout simplement un obstacle linguistique au sens de P. Bourdieu (1982).

Autrement dit, si, pour certains acteurs sociaux, la pauvreté trouve une part de ses origines dans le non-respect des normes, comment est perçu le lien avec la croissance qui a toujours été de manière explicite ou implicite, l'instrument premier, des IBW, pour réduire la pauvreté ?

II.2. Le lien entre la croissance, le développement et la réduction de la pauvreté

Nous avons posé cette question aux acteurs du développement que nous avons interrogés

. Il apparaît que la majorité d'entre eux reconnait bien la présence d'une relation de causalité entre ces trois éléments que sont la croissance, le développement et la pauvreté. Toutefois, ils émettent tous des réserves quant au caractère systématique d'une telle causalité. Certes, ils reconnaissent tous que la création de richesse est indispensable et donc qu'il faut de la croissance pour qu'il y ait du développement. Cependant, pour eux, croissance et développement n'impliquent pas automatiquement une réduction de la pauvreté. Ils expliquent cette situation de plusieurs manières. Nous avons choisi de les retracer à travers divers encadrés qui présentent des extraits de quelques-unes de leurs réponses.

Réponse n° 1
Ancien Directeur Général de Fraternité Matin

Oui, il y a bien sûr un lien entre ces trois notions car on ne saurait réduire la pauvreté en l'absence de toute création de richesse à partager. Seulement, le développement suppose que dès lors que cette richesse est créée, il y ait une répartition équilibrée de celle-ci entre les

[5] Chaque pays a connu sa révolution, dans tous les sens du terme, industrielle, politique, etc. avant la mise en place d'un contrat social conduisant à la démocratie. Le processus mettra encore du temps pour arriver à s'imposer définitivement.

différentes couches sociales, condition d'une harmonie sociale. En fait, là où il y a une **vraie croissance** qui génère du développement, il y a moins de pauvreté, parce que la pauvreté peut trouver sa cause dans moins de croissance et moins de développement. Mais, la pauvreté peut aussi trouver son origine dans une **mauvaise répartition des richesses**. Il y a donc nécessairement un lien de cause à effet. Soit parce que la croissance est insuffisante pour générer du développement et donc réduire la pauvreté, soit parce que la croissance est importante et génère du développement, mais, il y a une mauvaise répartition des fruits du développement. Dans ce cas, il y a toute une partie de la population qui est maintenue dans la pauvreté. Les trois facteurs sont donc bien liés.

Réponse n° 2
Président de la Commission des affaires financières et économiques du Conseil économique et social

Les croissances, on en a connu ici, même sous notre gouvernement, quand M. Bédié était président, on parlait de croissance à deux chiffres. Mais, après une bonne analyse de la situation, on s'est rendu compte que la croissance dont on parlait, c'était la croissance des investissements publics, qui n'impacte pas forcement sur la situation générale de l'économie. La **mauvaise croissance,** c'est celle qui est impulsée par les dépenses publiques. Si l'Etat crée un certain nombre de sous-préfectures et qu'il les équipe parfaitement, s'il améliore les conditions de vie de ses fonctionnaires et autres, cela n'impacte pas forcement sur la situation générale. Parce qu'il n'y a pas de création d'emplois nouveaux, ni de richesses nouvelles pour le pays. Moi, c'est comme cela que je peux expliquer cette histoire de mauvaise croissance, parce que nous l'avons connue. Non, le lien entre les trois éléments n'est pas mécanique.

Réponse n° 3
Représentant résident du PNUD en Côte d'Ivoire

Oui, je vous réponds même sans hésiter, oui. On a besoin de la croissance, mais comme on ne cesse de le répéter, il faut que ça soit une croissance pro-pauvres, c'est-à-dire une **croissance équitable**, parce que si on ne prête pas attention à cela, si on croit que la croissance aura nécessairement un effet de « *trickle-down* » c'est-à-dire de ruissellement au bénéfice des pauvres, cela ne s'avère pas vrai. Il faut, avoir explicitement, des **politiques équitables**. C'est dans ce sens que la croissance est liée au développement et à la réduction de la pauvreté.

Réponse n° 4
Economiste principal et de conseiller économique au bureau du PNUD

Oui, il y a nécessairement un lien. D'ailleurs, est-ce qu'on peut parler de développement sans croissance ? Je sais qu'en 1973, quelques économistes réunis à Rome ont parlé de la croissance zéro et donc qu'il pouvait y avoir un processus de développement sans croissance. Mais pour qu'il y ait développement, il faut nécessairement qu'il y ait de la croissance, mais une croissance qui ne soit pas un simple effet d'expansion parce que souvent, ce qu'on appelle croissance n'en est pas, en fait c'est juste une augmentation des dépenses qui permet d'avoir une activité plus importante (…). Maintenant, il est clair que si le **processus de croissance est vertueux**, c'est-à-dire qu'il permet d'améliorer le niveau de vie des populations, et qu'il fait en sorte que les revenus des classes sociales augmentent, et ce dans toutes les localités et les régions, il y aura nécessairement réduction de la pauvreté, puisqu'on sait que la pauvreté peut être réduite grâce à une **croissance forte**, mais aussi grâce à une **réduction des inégalités**. Il faudrait qu'il y ait des actions correctrices qui permettent de réduire ces inégalités, par des **politiques adaptées**. Par exemple, des politiques de transfert ou de soutien à des producteurs. Ou encore des activités où seraient employées plus de personnes défavorisées ou ayant des conditions de vie un peu plus précaires.

Réponse n° 5

Chargé principal des opérations (Banque mondiale)

(…). Vous pouvez faire de la croissance mais il arrive que les **fruits de cette croissance** soient captés par une infime minorité. Ou bien la croissance peut ne pas avoir de retentissement sur le développement, c'est à dire sur la qualité de vie des populations. Alors comment arriver à une croissance qui se traduise par une amélioration de la qualité de vie des populations ? Ça c'est le challenge auquel sont confrontés les dirigeants de nos pays, notamment à travers le **mécanisme de redistribution**. Et en Côte d'Ivoire, on se souvient encore de ces mécanismes de redistribution des années soixante-dix qui, quelque part avait, quelque chose de pervers parce qu'on demeurait dans une situation de redistribution de la rente. (…).

Réponse n° 6

Economiste pays sénior (Banque mondiale)

J'ai envie de dire oui (…). La croissance sur une longue période induit, quand elle est bien répartie (donc il y a des questions d'équité et de justice sociale), la hausse du développement qui doit induire à son tour une réduction de la pauvreté, si les **questions d'égalité, d'équité et de justice sociale** sont aussi prises en compte. (…). Il y a vraiment cette problématique qu'il faut prendre en compte : la croissance induit le développement quand elle est conduite avec des **transformations structurelles dans l'économie.** (…). La Côte d'Ivoire connaîtra cette année, en 2012, cinq à huit pour cent de croissance (du moins au niveau mathématique), est-ce que cela veut pour autant dire développement ?

On remarque, à travers les différentes réponses des personnes interviewées que pour les différents acteurs du développement, la croissance ne peut entraîner le développement et parallèlement la réduction de la pauvreté que si elle est équitable, c'est-à-dire si ses fruits sont redistribués de façon équitable par des politiques adaptées qui contribuent à réduire les inégalités. Or, les inégalités sociales en tant que cause de pauvreté et de dégradation de l'environnement ne sont pas suffisamment prises en compte dans le vocabulaire exprimant ce marché du développement et, notamment, lors de l'élaboration des politiques économiques.

Or, le rôle des inégalités lors de la conception des PAS et DSRP a sciemment été ignoré, en réaction aux idéologies d'inspiration communiste. On ne s'y intéressera finalement qu'après la chute du mur de Berlin en 1989, mais sans pour autant les intégrer aux politiques de lutte contre la pauvreté, en suggérant des politiques de redistribution appropriées. De nos jours, la plupart des pays fonctionnent selon un modèle économique et social qui est marqué par la pensée néolibérale pour laquelle les inégalités sont considérées comme susceptibles d'encourager l'initiative privée et le profit individuel, et donc à travers eux, la croissance.

Mais, si la croissance s'avère être nécessaire, elle n'est pas pour autant suffisante pour accroître le bien-être collectif. L'emprise de ce modèle économique où les plus riches continuent de s'enrichir sans que la pauvreté se réduise, créé des déséquilibres qui affectent de façon concrète la société dans sa globalité.

De ces réflexions, on peut conclure que la question des inégalités, particulièrement dans les pays en développement n'est pas suffisamment prise en compte dans les DSRP. Elle mérite d'être examinée mais en tenant compte du niveau de développement des pays considérés. En effet, dans les pays les plus pauvres, la croissance engendre un creusement des inégalités (Cling et al., 2003), alors qu'elles tendent à se réduire sur le long terme dans les pays à revenu plus élevé. Par ailleurs, dans les sociétés profondément inégalitaires, l'effet multiplicateur de la théorie keynésienne, qui passe aussi par le mécanisme du "*trickle-down effect*", c'est à dire de la diffusion, dans le temps des richesses du haut vers le bas, comme l'a mentionné l'une des personnes interrogées (cf. réponse n°3), ne peut plus fonctionner dans sa totalité. Une partie de la population en est ainsi exclue, car n'ayant pas accès, ou très peu, aux ressources et aux opportunités offertes par la production. C'est le cas de la Côte d'Ivoire et de beaucoup d'autres pays de l'Afrique subsaharienne. Ce constat remet ainsi en cause (du moins pour les pays à fortes inégalités), la courbe de S. Kuznets[6] qui établit un lien entre inégalités et croissance économique.

S. Kuznets (1955) considère en effet, l'accroissement des inégalités de revenu comme un phénomène temporaire dans le processus de développement, car ces inégalités doivent naturellement décroître dès lors qu'un certain niveau de développement est atteint.

---

[6] La courbe en " U inversé " de S. Kuznets, économiste et statisticien américain d'origine russe, lie la croissance et la réduction des inégalités de revenus.

Même si cette théorie a pu s'appliquer aux pays développés, où les inégalités ont plutôt contribué à la croissance, elle ne semble guère transposable aux PED, notamment à l'Afrique sub-saharienne, car le contexte économique et politique particulier de ces pays les rend extrêmement vulnérables aux chocs extérieurs issus notamment des fluctuations du cours des matières premières et des taux de change. Leur intégration au marché mondial et, notamment, au marché du développement, ne garantit nullement leur croissance et encore moins la réduction des inégalités internes.

Face à ce constat, la Banque mondiale avait commencé à mettre l'accent sur l'impact éventuel des inégalités dans la lutte contre la pauvreté en lui consacrant un premier rapport sur le développement de 2006 (Ozler et al., 2005). On espérait alors que cela réorienterait les politiques de réduction de la pauvreté préconisées par les DSRP, ce qui ne fut pas le cas. Le dernier rapport de la Banque mondiale sur le développement (The World Bank, 2016), remet à nouveau l'accent sur les inégalités. Dans ce rapport intitulé : « Pauvreté et prospérité partagée : agir contre les inégalités », la Banque fait le constat qu'il y a des avancées sur le front de l'extrême pauvreté et que cela s'explique surtout par les performances des pays d'Asie de l'Est-Pacifique, notamment la Chine, l'Indonésie et l'Inde. Toujours selon elle, la moitié des individus extrêmement pauvres vivent désormais en Afrique subsaharienne et un tiers en Asie du Sud. Elle affirme qu'au vu des prévisions de croissance, seule la réduction des trop fortes inégalités actuelles permettra de réaliser l'objectif d'éradication de l'extrême pauvreté dans le monde à l'horizon 2030. Ce qui remet à l'ordre du jour le mot « inégalité » sur le marché linguistique du développement (Bourdieu, 1982).

Ce nouveau rapport va-t-il pour autant faire bouger les choses et amener les acteurs du développement à faire des inégalités leur nouveau cheval de bataille ? Rien n'est moins sûr, puisque 10 ans après le premier rapport, des problèmes se posent toujours quant à la manière de prendre en compte et de combattre ces inégalités. Problèmes qui viennent essentiellement de la nécessité de définir et de pouvoir mesurer correctement les inégalités. De plus, face au caractère multidimensionnel de ces inégalités[7], il est difficile de déterminer quelles sont celles qui

[7] En général, l'on retient surtout l'inégalité monétaire (de revenu ou de consommation), les inégalités sociales et de capabilités ou même l'inégalité des chances qui s'avère être toutefois un concept très large.

agissent le plus sur l'accroissement de la pauvreté ou qui rendent sa réduction difficile.

Conclusion partielle

En définitive, si nous nous référons à la terminologie employée par les personnes interrogées lors de notre enquête qualitative, nous pouvons conclure que la croissance actuelle est une « mauvaise croissance » car essentiellement impulsée par l'investissement public et privé dans les infrastructures, ce qui expliquerait le fait qu'elle n'ait que peu d'impact sur la réduction de la pauvreté.

Pour que la forte croissance que connaît la Côte d'Ivoire depuis 4 ans puisse contribuer à la réduction de la pauvreté, il faudrait que le gouvernement mène des actions concrètes envers les populations pauvres, en considérant les solutions que préconisent les pauvres eux-mêmes.

D'ailleurs, pour pallier leur situation de pauvreté, les chefs de ménage interviewés par l'enquête ENV de 2015, préconisent un certain nombre de stratégies. Celles-ci concernent essentiellement la diversification des cultures en milieu rural et en milieu urbain (surtout dans la ville d'Abidjan), la création d'activités génératrices de revenus telles que le commerce de poissons, d'attiéké et de produits maraichers (INS - Ministère du Plan et du Développement, 2015).

La difficulté vient de ce que pour 34,1% des pauvres interviewés, les mesures mises en œuvre ne tiennent pas compte des préoccupations et des besoins des populations, si bien que les programmes de l'Etat ne font que renforcer les inégalités entre milieu rural et milieu urbain. Selon eux, ce sont les citadins qui bénéficient le plus de ces programmes qui, de plus, tendent à favoriser les plus riches. C'est ce que l'une des personnes interrogées lors de nos entretiens qualitatifs a appelé « l'effet Mathieu »[8].

[8] L'effet Matthieu (*Matthew Effect*) désigne, de manière très générale, les mécanismes par lesquels les plus favorisés tendent à accroître leur avantage sur les autres. Cette appellation fait référence à une phrase de l'évangile selon saint Matthieu : « *Car on donnera à celui qui a, et il sera dans l'abondance, mais à celui qui n'a pas, on ôtera même ce qu'il a* » (25 :29). Toutefois, l'utilisation de ce terme est due au sociologue américain Robert K. Merton. Celui-ci, dans un article publié en 1968, cherchait à montrer comment les scientifiques et les universités les plus reconnus tendaient à entretenir leur domination sur le monde de la recherche. D'autres chercheurs ont par la suite réutilisé cette formule « d'effet Matthieu » dans d'autres contextes, notamment dans des études montrant pourquoi, lors d'un processus d'apprentissage, les meilleurs tendent à accroître leur avance (Merton, 1968).

Réponse n° 7 (récit de l'interviewé)
Représentant résident du PNUD en Côte d'Ivoire

Une anecdote personnelle illustre très bien cela. J'étais professeur d'université. Ensuite, on me recrute à l'UNICEF. Je me rends pour la première fois à Dakar, pour un atelier en 1985 et j'arrive à l'hôtel TERANGA. Je suis en train d'attendre mon tour pour faire le check in, et le monsieur me dit quand il me voit, pardonnez-moi monsieur, vous êtes de l'UNICEF ? Je réponds oui, il me dit comme vous êtes des Nations Unies, vous avez une réduction de trente-cinq pour cent (35%) pour la chambre d'hôtel. J'ai sursauté parce qu'à l'époque j'avais des idées très à gauche. Je dis mais quand j'étais professeur d'université et que j'avais besoin qu'on me facilite les choses, parce que mon salaire ne me permettait de me payer une chambre, on ne m'a jamais facilité les choses. Maintenant que j'ai un salaire qui me permet de payer ma chambre, de plus, je n'ai même pas besoin de toucher à mon salaire parce que j'ai le per diem qui me permet de payer ma chambre et, en plus, vous me donnez une réduction. Où est la logique de tout cela ? En fait, c'est cela « l'effet Mathieu ». Le fait qu'on a tendance à renforcer les inégalités. Il faut donc faire attention aux politiques publiques qui renforcent les inégalités et ainsi l'iniquité.

Au vu de tout ce qui précède, nous pouvons conclure qu'en définitive, les chefs de ménages pauvres attendent de l'Etat plus de justice et d'équité sociales, mais aussi, plus de transparence et de participation des populations dans les décisions qui les concernent. Par ailleurs, ils souhaitent pouvoir accéder à des fonds sociaux pour financer leurs activités, bénéficier d'une baisse du prix des denrées alimentaires, et aussi d'aides financières et alimentaires pour pallier à la faiblesse de leurs revenus (INS - Ministère du Plan et du Développement, 2015).

SECTION 2 :
L'apport de nouvelles approches théoriques pour construire un développement humain socialement durable

Le développement n'est pas seulement une accumulation de richesse et de capital humain (éducation, santé), c'est aussi une intervention sur les risques clés qui font basculer certaines populations dans la pauvreté, et empêchent les plus vulnérables d'en sortir. A cet égard, les instruments de gestion des risques peuvent être informels et principalement fondés sur la famille, les réseaux sociaux ou encore le groupe social, sachant que le système formel orienté vers une protection sociale constituée principalement de mutuelles, ne couvre qu'une très faible partie de la population. Or, sans une protection sociale efficace et une réelle gestion des risques, les résultats de la croissance et de la réduction de la pauvreté que prônent les DSRP demeureront fragiles et réversibles, ne permettant pas la transmission intra et inter-générationnelle des bénéfices acquis.

Dans la plupart des PED, et ce malgré la mise en œuvre des DSRP, beaucoup reste à faire sur le plan social (Dubois & Mahieu, 2002), notamment pour l'amélioration des services de base. Par ailleurs, comme nous l'avons souligné dans le cas de la Côte d'Ivoire, la pauvreté reste localisée en grande partie dans les zones rurales, d'autant plus que l'accès aux terres devient de plus en plus difficile en raison de l'accroissement démographique et de sa répartition territoriale inégale. Or, moins les ménages peuvent acquérir des terres, plus ils vivent dans un risque de pauvreté, et le fait d'être pauvre accroît leur vulnérabilité en temps de crise, du fait du manque des revenus disponibles pour payer les services essentiels. Cette situation est aggravée par l'impossibilité de recourir à l'épargne (pas de culture de l'épargne et encore moins lorsqu'on est pauvre), à l'emprunt (difficile accès aux crédits, faute de banques de crédit pour les pauvres), ou aux réseaux de solidarité (s'amenuisent avec la pauvreté et la crise sociopolitique).

La vulnérabilité exprime cette probabilité que détient une personne pauvre, ou pas, de subir une perte significative de bien-être, à la suite d'un changement de situation ou d'un choc.

Les ménages en milieu rural, mais aussi en milieu urbain, sont souvent exposés à une variété de chocs, comme des licenciements, la sécheresse, les inondations, une hausse brutale du niveau des prix des produits de base, un décès etc., qui les empêchent d'accumuler les biens et le capital humain susceptibles de les aider à sortir de la pauvreté.

C'est en cela que nous pensons que l'approche par les capabilités préconisée par Sen peut donner les moyens de penser à une solution alternative qui pourrait aider les populations à être moins vulnérables et à devenir plus résilientes en cas de choc traumatisant ou de rupture.

Dans le cas de la Côte d'Ivoire, la question est alors de savoir comment il est possible de renforcer les capabilités individuelles et collectives des populations dans une situation de post-crise, afin de leur permettre d'accéder aux biens et services qu'elles désirent pour assurer leur bien-être. La lutte contre la pauvreté, dans ce cas, consisterait alors à mettre en place des politiques qui renforcent les capabilités dans une situation de post-conflit. Mais pour cela, il faut en premier lieu étudier la teneur du discours exprimé par le récent PND élaboré après l'arrivée au pouvoir du président Alassane Ouattara en 2011 (cf. point I), avant d'analyser la situation de la Côte d'Ivoire en termes de durabilité sociale et ensuite, voir s'il intègre effectivement la théorie de Sen portant sur les capabilités et le développement humain durable (cf. point II).

I. Le discours porté par le PND actuel

Il faut noter que l'approche par les « capabilités » de Sen n'est pas officiellement prise en compte dans l'élaboration des politiques économiques que préconisent actuellement les Institutions de Bretton Woods qui cultivent toujours un certain conservatisme. Or, elle a été à la base de l'évolution du vocabulaire et de la création des concepts qui ont été utilisés dans la définition des politiques économique de développement, au cours de ces vingt dernières années. En effet, tout comme J.-L. Dubois et F. R. Mahieu (2008), on constate que depuis les années 1995, « les mots du développement ont trait aux personnes, ne serait-ce que pour répondre à la question de savoir qui est pauvre ». Et, cette orientation des politiques économiques n'a été possible qu'avec l'application des idées de Sen.

C'est en se situant dans la continuité des idées de Sen, que J.-L. Dubois et F. R. Mahieu (2002) considèrent, par ailleurs, que l'individu dispose de caractéristiques sociales et personnelles qui lui permettent de transformer ses potentialités en capacités de réalisations effectives. Mais pour mettre en œuvre ces caractéristiques sociales et personnelles, il faut que certaines conditions soient réunies, à savoir : disposer de toutes ses facultés physiques, avoir des opportunités sociales et enfin les structures institutionnelles adéquates. Dans ce contexte, être pauvre signifie que l'on ne dispose pas de toutes ces caractéristiques ou encore que les conditions de leur mise en œuvre ne sont pas toutes réunies. Il est donc de la responsabilité des pouvoirs publics de mettre en place les politiques permettant aux individus de s'appuyer sur leurs caractéristiques personnelles et sociales pour ne pas tomber dans la pauvreté. On pourrait même dire que ces caractéristiques personnelles et sociales sont pour les individus, des droits fondamentaux qui doivent être à tout prix protégés. Vu sous cet angle, la pauvreté peut alors être considérée comme une violation des droits humains fondamentaux des populations qui la subissent. De fait, elle constitue une privation de certains droits fondamentaux économiques et sociaux, tels que le droit au logement, à l'éducation, à la santé, au travail, à un salaire décent, à l'eau etc. La privation de ces droits empêchant les pauvres de fonctionner normalement et de renforcer leurs capabilités.

En Côte d'Ivoire, le PND 2012-2015 qui a intégré le nouveau programme du président d'Alassane Ouattara, s'est focalisé sur la croissance pour créer un environnement favorable au développement (Ministère du Plan et du Développement, 2012). C'est ce qui ressort des résultats de l'analyse textuelle que nous avons effectuée sur ce texte (voir les figures 10, 12 et 13). On y remarque cependant que le mot « équité » qui apparait dans deux des axes stratégiques du PND se trouve être absent des résultats obtenus. Ceci nous fait penser qu'il n'a été utilisé que dans le but de rassurer à la fois les populations, ainsi que les Institutions de Bretton Woods, afin d'avoir un accès plus facile aux crédits résultant de l'accession au point d'achèvement[9] du processus PPTE/DSRP. Aussi, nous nous demandons si l'équité demeure toujours présente, ne serait-ce que de façon informelle dans le nouveau PND 2016-2020 (Ministère du Plan et du Développement, 2016).

I.1. La référence à « l'équité » dans le discours du PND

L'analyse textuelle du PND 2012, montre, en effet, qu'il est question d'équité pour deux des cinq axes stratégiques d'intervention décelés. Or qu'entend-t-on par « équité » ?

L'équité est communément définie comme un principe de justice naturelle qui est basée sur les droits de chacun et qui renvoie à des règles éthiques définissant ce qui est acceptable ou pas. De façon générale,

---

[9] C'est en effet grâce à son PND 2012 que la Côte d'Ivoire a réussi à atteindre le point d'achèvement.

l'équité est une manière d'atteindre l'égalité dont elle se distingue. En droit, le principe d'équité veut que la loi s'applique à tout le monde, sans aucune distinction, tout en s'adaptant aux cas particuliers. Aussi, dans un contexte d'inégalités par exemple entre hommes et femmes, l'équité permet-elle de corriger ces inégalités d'ordre social. Elle permet enfin de distinguer les inégalités acceptables, qui doivent être favorisées dans certains cas (exemple des places de parking réservées aux handicapés) de celles qui ne le sont pas et qui doivent au contraire être combattues (exemple des inégalités d'accès à la santé). Le principe de justice permettant de faire l'arbitrage entre ce qui est acceptable ou non.

En matière de développement durable, on parlera d'équité intergénérationnelle entre les jeunes et les plus âgés, ou envers les générations futures, pour renvoyer aux principes de l'éthique de la justice établis entre les générations.

Dans le domaine des politiques économiques, l'équité devient le principe qui conduit à décider quelles inégalités subies par des personnes ou des groupes défavorisés, doivent être corrigées. C'est le cas, par exemple, en matière du commerce équitable. Il a été conçu pour assurer une juste rémunération à de petits producteurs de pays pauvres, afin qu'ils puissent améliorer leur niveau de vie et développer leur activité sur le long terme. Ce qui contribue à assurer un développement durable.

En Côte d'Ivoire, le PND 2012 faisait surtout référence à l'équité pour ce qui est de la redistribution des fruits de la croissance et la garantie d'accès aux services sociaux.

Mais après trois ans de mise en œuvre du PND, que peut-on dire de cette démarche d'équité pour le nouveau PND ? Cela constitue-t-il toujours une des priorités du gouvernement actuel ? Afin de répondre à ces questions, nous avons jugé utile de comparer les axes stratégiques qui ressortent des deux PND successifs. D'autant plus que comme nous pouvons le constater dans le tableau de synthèse ci-après, le mot équité est absent dans la formulation des axes stratégiques du nouveau PND, celui de 2016.

Tableau 15 : Comparaison des axes stratégiques d'intervention des PND 2012 et PND 2016.

Axes stratégiques des PND	PND 2012-2015	PND 2016-2020
Axe 1	Les populations vivent en harmonie dans une société sécurisée dans laquelle la bonne gouvernance est assurée.	Renforcement de la qualité des institutions et de la gouvernance.
Axe 2	La création de richesses nationales est accrue, soutenue et ses fruits sont répartis dans **l'équité.**	Accélération du développement du capital humain et du bien-être social.
Axe 3	Les populations, en particulier les femmes, les enfants et autres groupes vulnérables ont accès aux services sociaux de qualité dans **l'équité.**	Accélération de la transformation structurelle de l'économie par l'industrialisation.
Axe 4	Les populations vivent dans un environnement sain et un cadre de vie adéquat.	Développement des infrastructures harmonieusement réparties sur le territoire national et préservation de l'environnement.
Axe 5	Le repositionnement de la Côte d'Ivoire sur la scène régionale et internationale est effectif.	Renforcement de l'intégration régionale et de la coopération internationale.

Source : auteur.

Cette absence du mot « équité » dans les axes stratégiques du PND 2016 nous conduit au questionnement suivant : l'utilisation de ce terme dans plusieurs des axes de l'ancien PND (Ministère du Plan et du Développement, 2012) ne serait-elle pas seulement liée au contexte de sortie de crise de l'époque et en conséquence aurait eu pour but de rassurer les populations, afin de progresser dans le sens de la réconciliation nationale. On remarque que, contrairement au PND 2016, les axes principaux du PND 2012 étaient surtout tournés vers le vécu des populations, puisque le mot « population » apparait dans trois des cinq axes.

Le texte du PND 2016 (Ministère du Plan et du Développement, 2016) mentionne néanmoins, concernant l'équité : « il convient de garantir l'égalité de droits et de responsabilités dans l'implication des différentes parties prenantes en tenant en compte les différences de genre, des inégalités sociales, ainsi que des spécificités régionales et locales dans le pilotage et l'exécution du PND ». Il en est de même pour les différents domaines d'activités de la politique nationale de développement. C'est à cela que renvoie l'axe 4, lorsqu'il mentionne « un développement des infrastructures harmonieusement reparties sur le territoire national… ». On remarque donc qu'il y a toujours implicitement une référence à l'équité pour contrebalancer le caractère macroéconomique fortement réaffirmé de ce second PND. Or, dans la phrase précédente, il est aussi question d'une « égalité de responsabilité » dans l'implication des parties prenantes. Peut-être est-ce un début de reconnaissance de l'existence d'une responsabilité partagée entre acteurs du développement ? Il est cependant un peu trop tôt pour l'affirmer. Une chose est certaine, c'est que la notion de responsabilité partagée en matière de développement économique doit aussi faire son chemin pour une conception de politiques plus adaptées aux populations pauvres.

Le tableau ci-dessus, montre aussi que le nouveau PND veut donner une image de dynamisme en utilisant des mots comme « renforcement » et « accélération », à côté de « croissance », « action », « améliorer », « investir », etc. dans ses axes stratégiques. L'emploi de tels mots montre bien le message que le gouvernement veut faire passer. Ce sont des mots qui suggèrent que le pays a déjà posé les bases d'un développement qu'il faut maintenant renforcer en procédant à l'accélération de la croissance pour atteindre l'objectif fixé de l'émergence à l'horizon 2020.

Par ailleurs, le résultat de l'analyse textuelle du document fait apparaître des mots comme « améliorer », « renforcer » et « capacité » qui nous renvoient à l'approche par les capabilités de Sen. En effet, dans la pensée de Sen et l'approche du développement humain durable du PNUD, il est question du renforcement des capacités individuelles et collectives des populations. Dans notre cas d'espèce, ce mot « renforcement », tel qu'il apparaît dans les axes stratégiques du PND 2016, renvoie plus précisément aux institutions et à la bonne gouvernance, plutôt qu'à un renforcement des capacités individuelles, au sens de Sen. En fait, comme nous le verrons plus loin, ce qu'il faut, c'est le renforcement simultané des capacités institutionnelles, parallèlement aux capacités individuelles et collectives.

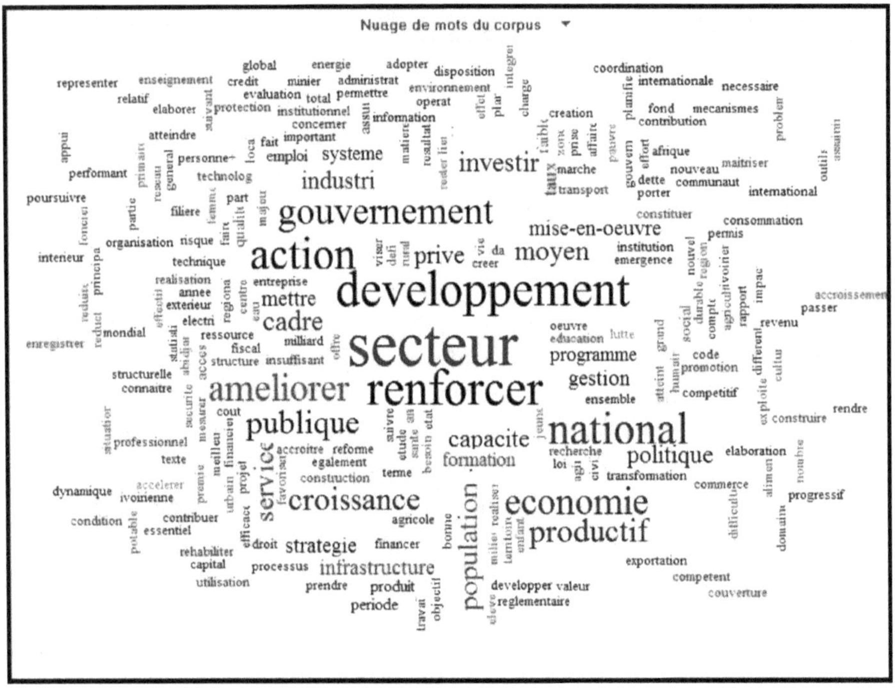

Figure 20 : Nuage de mots du PND 2016
Source : auteur.

Enfin, notre analyse serait incomplète si nous n'abordons pas un autre concept, celui du développement durable. Selon le PND 2016 (Ministère du Plan et du Développement, 2016) : « ce principe vise à l'amélioration continue du bien-être des populations par la mise en cohérence des aspects sociaux, environnementaux, économiques et culturels du développement, avec comme principe transversal la démocratie et la participation des acteurs, dans une perspective d'équité intra et intergénérationnelle. Dans cette optique, la mise en œuvre du PND tiendra compte de la nécessité de concilier le progrès social, l'équilibre écologique, l'efficacité économique, la viabilité environnementale, et l'équité sociale et culturelle ».

Le développement durable comporte donc plusieurs dimensions, notamment la question écologique de l'environnement naturel : une question au centre de la problématique du développement en quelques années. Il s'agit alors de savoir si les pays du Sud peuvent réellement rattraper leur retard de développement s'ils ne prennent pas en compte les questions environnementales. Aujourd'hui, on tend à s'accorder sur le fait que les PED ne peuvent adopter le même modèle de développement que les pays industrialisés, car ce serait ne pas tenir compte des conséquences sur l'environnement naturel. C'est pourquoi, la Côte d'Ivoire mentionne la préservation de l'environnement dans son axe stratégique numéro 4 pour les deux PND, 2012 et 2016. Le développement d'un pays ne peut plus se faire sans concilier la recherche de la croissance avec la protection de l'environnement. Autrement dit, les pays en développement se doivent d'intégrer la durabilité écologique dans la définition de leurs politiques économiques de développement.

I.2. Intégration de la durabilité écologique dans la définition des politiques économiques

C'est à partir des années 1970, que l'environnement écologique naturel est apparu comme un patrimoine essentiel qu'il convient de transmettre aux générations futures (CMED [1987], 1989). En 1972, le Club de Rome[10] publie le rapport "*Halte à la croissance*" ou "croissance zéro" montrant que la poursuite de la croissance économique pourrait entraîner une baisse brutale de population au cours du XXIe siècle, à cause de la pollution, de l'appauvrissement des sols cultivables et de la raréfaction des ressources énergétiques. Ce rapport a eu un grand succès sous le nom de rapport Meadows, du nom de certains de ses auteurs[11].

La théorie de la décroissance a été, par la suite, développée par N. Georcescu-Roegen qui a été le premier à intégrer l'écologie dans les sciences économiques, en affirmant "qu'il n'y avait pas de croissance illimitée possible dans un monde où les ressources naturelles sont limitées".

---

[10] Le Club de Rome a été créé en 1968 à Rome (d'où son nom), pour "réfléchir sur une nouvelle approche des vastes et complexes problèmes de notre temps".

[11] Le rapport du Club de Rome a été établi en 1972 par Dennis et Donella Meadows.

Depuis ce constat, la communauté internationale n'a cessé de prendre des mesures et des résolutions diverses afin de concilier développement et protection de l'environnement[12]. L'intérêt de ces politiques étant de permettre aux PED d'atteindre le niveau de développement des pays du Nord, sans aggraver la dégradation de la biosphère. Mais depuis 1972, et après plusieurs sommets internationaux (Rio en 1992, Johannesburg en 2002, Rio+20 en 2012 et tout récemment, la conférence de Paris sur le climat appelée COP21), accompagnés de divers protocoles comme celui de Kyoto en 1997, on se demande si de réels progrès ont été faits, et si les politiques de développement, à travers les DSRP prennent correctement en compte la défense de l'environnement naturel afin d'assurer un développement plus durable, ou si cela ne reste en définitive qu'un concept de plus sur le marché linguistique du développement.

I.1.1. La nécessité de concilier développement économique et protection de l'environnement

Il s'agit en fait ici, de voir comment les PED peuvent satisfaire leur droit légitime à un développement économique et social, sans pour autant s'engager dans la même impasse écologique que les pays du Nord.

En effet, le succès d'une réorientation du mode de développement de la planète dépend dorénavant plus du comportement des pays du Sud, compte tenu de leur poids démographique et du dynamisme économique de pays tels que la Chine et l'Inde. Ces deux pays, comme de nombreux autres pays d'Asie ont bien connu un boom économique ces vingt dernières années, ce qui a contribué à augmenter la pression sur la qualité de l'environnement naturel.

Mais, bien que la prise de conscience des pays du Sud sur les questions environnementales ait fortement progressé, les PED ne sont pas prêt à instaurer des contraintes environnementales fortes.

Par ailleurs, le fait que certains Etats, parmi les plus pollueurs et destructeurs de la planète, tels que les Etats Unis[13] refusent de payer les dégradations effectuées et ne tiennent pas parole face à leurs obligations en matière d'environnement, encourage les pays du Sud à repousser les leurs. Pourtant, cet engagement s'avère essentiel, étant donné que l'ensemble de leurs infrastructures restent à construire. D'où la nécessité

---

[12] La première conférence internationale sur l'environnement a lieu en 1972 et donna naissance au Programme des Nations Unis pour l'Environnement (PNUE).

[13] Ils ont refusé de signer le protocole de Kyoto de 1997 portant sur la réduction des émissions de gaz à effet de serre d'ici 2012 à 5,2% de leur niveau en 1990.

d'une collaboration étroite entre pays, au Nord comme du Sud, afin qu'un certain nombre de programmes sectoriels relatifs à la production d'électricité à faible émission de carbone, au développement des transports en commun, à la création de réseaux ferrés..., prennent mieux en compte l'aspect environnemental.

Même si le concept de développement durable est aussi promu par les organismes internationaux et les gouvernements des pays développés depuis près de 40 ans, l'inclusion effective et systématique des préoccupations environnementales dans les politiques de développement et d'échanges commerciaux reste encore difficile à réaliser. La détérioration de l'environnement ne cesse de se poursuivre et on observe un épuisement régulier des ressources naturelles à travers l'érosion des sols, la déforestation, la destruction de la biodiversité, etc. Il faut y ajouter les phénomènes de pollution, souvent provoqués par les pays du Nord qui constituent pour les pays du Sud, un danger de plus, concernant la qualité de l'eau, du sol et de l'air. On peut citer en exemple la pollution de la zone côtière de Côte d'Ivoire, en août 2006 par un navire pétrolier du nom de Probo Koala, qui a occasionné 17 morts officiellement, et l'intoxication de dizaines de milliers de personnes[14]. Ce, alors même que l'Afrique sub-saharienne semble plus particulièrement touchée par la détérioration de ses sols, l'appauvrissement de ses réserves halieutiques, et les problèmes liés à la disponibilité, l'assainissement et l'approvisionnement en eau.

Pour lutter contre cette situation, il convient d'établir un lien plus étroit entre la réduction de la pauvreté et la protection de l'environnement dans la coopération internationale pour le développement (Clerc, 2005).

En réalité, on observe dans la plupart des PED, et notamment dans les pays à économie fortement dépendante de l'agriculture comme la Côte d'Ivoire, que la pauvreté mène à la déforestation, du fait d'une utilisation peu judicieuse du bois et des ressources nécessaires à la cuisine, au chauffage, à la construction des maisons et à la fabrication d'objets. Or, cette déforestation contribue, à son tour, à priver les plus pauvres de ressources qui leur sont essentielles, ce qui accélère le processus de dégradation de l'environnement.

Il est toutefois, important de souligner que la disparition d'un massif forestier n'est pas seulement le fait de gens pauvres qui exploitent leur

[14] Le *Probo Koala*, un cargo pétrolier avait alors déchargé dans le port d'Abidjan plus de 500 tonnes de déchets hautement toxiques. Au total, 17 morts et plus de 43 000 victimes avaient officiellement été recensés suite à la catastrophe. L'armateur du paquebot, condamné, n'a toutefois jamais reconnu sa responsabilité.

environnement, ou même de bandes de bûcherons clandestins qui utilisent des moyens illégaux pour s'enrichir. Elle est aussi, et surtout, attribuable aux acteurs politiques qui agissent dans les plus hautes sphères du gouvernement, et aux élites qui ont des intérêts économiques directs dans la production forestière et dans le relâchement des procédures de surveillance. Ainsi, la coupe sans discernement du bois, caractérisée par le favoritisme et les pots-de-vin, se trouve justifiée par des recettes d'exportation élevées. D'où l'obligation à la fois difficile et délicate, pour les gouvernements d'apporter un certain nombre de changements, dans un contexte où le concept de développement durable, lié à l'environnement, se trouve être au centre des débats.

Or, les problèmes environnementaux apportent de plus en plus de nuisances au développement à long terme des PED, car la dégradation de l'environnement a des conséquences néfastes sur les collectivités défavorisées. Pour résoudre ce problème, il faut changer le comportement et le mode de vie des populations.

Mais force est de constater, particulièrement que la plupart des DSRP ne cherchent pas à accroître le contrôle des pauvres sur leurs ressources environnementales en développant la capacité de ces derniers à en assurer la gestion (Reed, 1999). En fait, de manière générale, ils n'abordent que très peu la question de la gestion améliorée ou de l'accès des pauvres aux ressources naturelles, car les enjeux environnementaux n'occupent, qu'un rang peu élevé dans les préoccupations et plans d'action des gouvernements et des donateurs internationaux.

De plus, on peut se poser des questions sur les capacités et les ressources des institutions gouvernementales consacrées à surveiller et à mettre en œuvre une réglementation environnementale adéquate dans les PED.

De nombreux DSRP énumèrent pourtant les priorités nationales pour la réduction de la pauvreté, mais celles-ci ne sont pas forcément classées par ordre d'importance. Si bien que les considérations environnementales sont souvent mises de côté car les gouvernements préfèrent se concentrer sur la modernisation économique, la recherche d'investissements, ou les préoccupations sociales et sanitaires urgentes.

En fait, les intérêts des pays reposent souvent davantage sur le développement des infrastructures, source de croissance forte, que sur les préoccupations relatives à l'environnement et à la pauvreté. Dès lors, les priorités environnementales établies dans les DSRP n'entraînent pas automatiquement la création de programmes relatifs aux enjeux environnementaux correspondants. L'approche DSRP ne favoriserait donc que les dimensions socio-économiques du développement durable, relayant au second plan les aspects environnementaux. On peut alors se demander ce qu'il en est du DSRP/PND ivoirien, et s'il prend mieux en compte les questions liées à la protection de l'environnement ?

I.2.2. Les difficultés de mise en œuvre de la durabilité écologique : le cas du DSRP/PND de la Côte d'Ivoire

Rappelons qu'après 55 ans d'indépendance, la Côte d'Ivoire qui a fondé son économie sur l'agriculture a perdu plus de 75% de son couvert forestier (Ministère du Plan et du Développement, 2012).

Dès les années 2004, un rapport du PNUD sur la cohésion sociale soulignait que la raréfaction des terres était l'un des éléments explicatifs des conflits en Côte d'Ivoire (PNUD, 2004).

Or la dégradation de la forêt se poursuit encore aujourd'hui et elle est due à plusieurs facteurs, notamment l'exploitation agricole extensive. A cela s'ajoute la production de bois d'œuvre, de bois de chauffe et de charbon de bois, ainsi que les déclassements de forêts, de parcs nationaux et de réserves, les feux de brousses, l'affaiblissement de la politique de reboisement et, enfin, la pression démographique. Par exemple, en matière de satisfaction des besoins énergétiques, l'enquête ENV de 2008 mentionnait que cette même année environ 77,50% des ménages ont eu recours au charbon de bois, ou au bois de chauffe, comme source d'énergie pour la cuisson (INS - Ministère du Plan et du Développement, 2008).

Autrement dit, si l'on veut que la reconstruction de la cohésion sociale puisse effectivement se faire, il convient que le développement durable et la protection de l'environnement ne figurent pas dans le discours des différents acteurs du développement comme de vains mots. Elle doit être au centre des préoccupations du gouvernement ivoirien. Ce qui veut dire que l'agriculture, considérée comme la colonne vertébrale de l'économie ivoirienne, doit être modernisée et diversifiée avec une meilleure répartition des terres, des ressources en eau et une protection adéquate de la biodiversité.

Consciente du problème, la Côte d'Ivoire, comme la plupart des pays africains, s'est engagée au niveau mondial en faveur de la préservation de l'environnement depuis l'avènement du Sommet Mondial de la Terre en 1992. Elle a ainsi ratifié plusieurs accords internationaux dont entre autres, celui de Rio de Janeiro (1992) sur la protection de l'environnement et le développement durable, l'accord de Kyoto de 1997 sur la lutte contre l'effet de serre et le protocole de Montréal (1987) sur la préservation de la biodiversité.

À cet effet, le Gouvernement ivoirien a mis en place en 1994, au niveau national, un plan d'action : le Plan National d'Action pour l'Environnement (PNAE). Ce qui s'est traduit, dans les faits, par le renforcement de sa politique de protection de l'environnement et de gestion des ressources naturelles, avec l'élaboration d'un code de l'environnement, adopté en 1996[15].

A cela s'ajoutent d'autres mesures comme la réforme de l'exploitation forestière en 1994, qui a consacré « la création de 384 Périmètres d'Exploitations Forestières (PEF), d'une superficie totale de 14 096 471 ha, la suppression de l'exportation des bois en grumes provenant des forêts naturelles, l'interdiction de l'exploitation forestière au-dessus du 8ème parallèle, et la professionnalisation de la filière bois » (Ministère du Plan et du Développement, 2012).

Ainsi, la Côte d'Ivoire avait-elle déjà commencé à donner un sens concret au concept de développement durable, en définissant de réelles politiques de protection de son environnement.

La crise sociopolitique de 2002 va mettre fin à ces efforts. Les différentes crises qui vont suivre ne feront qu'aggraver un peu plus la situation, en ayant un impact négatif sur la gestion durable des ressources (eaux et forêts) et la protection de l'environnement. En effet, les structures importantes en charge de la production, de la réglementation et de la surveillance tels que la Société de Développement des Forêts (SODEFOR), le Centre Ivoirien Anti-Pollution (CIAPOL), l'Agence Nationale de l'environnement (ANDE) et l'Office Ivoirien des Parcs et Réserves (OIPR) vont être dépossédées d'une partie très importante de leurs moyens matériels et techniques. Ce qui a eu pour conséquence de réduire considérablement leur opérationnalité.

Par ailleurs, la situation dans les aires protégées est devenue encore plus alarmante car l'administration chargée de la protection et de la surveillance de ces aires a quitté les zones anciennement occupées. Une situation qui a favorisé les activités illicites (défrichement agricole, surexploitation forestière, braconnage) dans ces aires qui étaient en principe protégées (Ministère du Plan et du Développement, 2012).

Lors de la crise postélectorale de décembre 2010, ce sont les réseaux d'observations hydrologiques qui ont été détruits, avec des conséquences très préjudiciables sur la qualité des données et, tout particulièrement, sur

[15] Loi n°96-766 du 3 octobre 1996.

le contrôle de l'étalonnage des stations hydrométriques (Ministère du Plan et du Développement, 2012)..

Enfin, toujours selon le PND 2012, l'environnement des zones urbaines s'est aussi considérablement dégradé du fait des rejets industriels et domestiques sans traitement préalable.

Ainsi, « à Abidjan, le dysfonctionnement du réseau de drainage des eaux usées (domestiques et industrielles) entraîne-il le dépôt de matières organiques dans les baies de la lagune. Par ailleurs, les caniveaux d'évacuation d'eau pluviale, recevant anormalement les déchets solides du fait du lessivage de la ville et des comportements inappropriés des populations, drainent ces déchets dans la lagune » (Ministère du Plan et du Développement, 2012)..

Par conséquent, la Côte d'Ivoire se doit de trouver les moyens de remédier simultanément aux problèmes de développement économique et de réduction de la pauvreté, sans épuiser ou dégrader davantage ses ressources terrestres (Ministère du Plan et du Développement, 2009). Pour atteindre cet équilibre, le gouvernement ivoirien a essayé à travers les différents textes de DSRP/PND, de se fixer des objectifs précis dont les axes principaux sont les suivants :

- ➢ Améliorer l'aménagement des ressources naturelles et arrêter la dégradation de l'environnement ;
- ➢ Assurer la vitalité économique du pays et la croissance du secteur agricole à long terme, en passant à des systèmes intensifs de productions plus performantes, et plus économes dans l'utilisation des ressources naturelles ;
- ➢ Adopter des lois qui favorisent la sécurisation foncière et les activités de production ;
- ➢ Associer les populations concernées, via la méthode participative prônée par les DSRP, à la conception et à la mise en place de programmes de développement agricole. Et tout ceci, dans le cadre de la décentralisation actuelle.

Ces dispositions ont été abordées dès la première rédaction du DSRP de 2002, puis reprises dans le DSRP de 2009 et dans les PND 2012 et 2016. Mais, on constate que la Côte d'Ivoire souffre toujours de l'absence d'une gestion performante de ses ressources naturelles et d'un suivi des problèmes liés à un environnement qui s'avère être insuffisamment protégé (Ministère du Plan et du Développement, 2009). Ceci se traduit non seulement par l'absence de gros ouvrages d'assainissement et d'évacuation des eaux usagées et de pluie, mais aussi, et surtout, par le manque d'éducation des populations en matière environnementale.

Le patrimoine environnemental ivoirien devient de plus en plus fragile et il est donc mis en danger, si bien que la question de l'environnement demeure toujours une préoccupation majeure pour le développement durable du pays. Ainsi, selon le PND 2012, la Côte d'Ivoire ne disposait pas en 2011 de mécanisme d'évaluation et de gestion des déchets industriels et dangereux tels que ceux déversés par le navire Probo Koala en 2006. Se pose par alors la question de la gestion et du traitement des déchets domestiques et industriels en zones urbaines et périurbaines, d'autant que le système ivoirien actuel de gestion des ordures ménagères ne permet pas une meilleure collecte et une élimination efficace des déchets, en raison de la désorganisation du système de gestion entamée au début des années 1990 avec le retrait de la Société Ivoirienne des Transports Africains (SITAF), à Abidjan. Ceci va être le point de départ d'une longue période d'instabilité du secteur. Mais en matière de salubrité, la situation va surtout s'aggraver pour la ville d'Abidjan avec la crise de 2002. En effet, les flux migratoires des populations des villes de l'intérieur vers la capitale économique vont faire doubler la population d'Abidjan, qui en l'espace de 10 ans va passer ainsi de 3 millions en 2002 à près de 6 millions d'habitants en 2011 (Ministère du Plan et du Développement, 2012). Cet accroissement rapide de la population a eu un impact sur la production quotidienne d'ordures ménagères qui est passée de 2 500 tonnes en 2002 à environ 3 500 tonnes en 2011. En réponse à cette situation, le gouvernement a entrepris plusieurs opérations connues sous le nom de « ville-propre », mais si celles-ci ont bien été réalisées, c'est sans grand succès.

La crise postélectorale de décembre 2010 a contribué à amplifier les difficultés du secteur du ramassage des ordures qui souffrait déjà d'une faible capacité technique et opérationnelle. La fermeture des établissements bancaires durant cette période a contraint les entreprises de ce secteur déjà fragilisées, à arrêter leurs activités, notamment en raison de l'inadaptation et la vétusté des équipements de collecte, de transport et de traitement des déchets. D'autant que l'absence de voies d'accès à certains quartiers et l'impraticabilité de la voirie existante, rendent difficile et quelques fois impossible, la collecte et l'enlèvement des ordures.

Ainsi, la ville d'Abidjan qui ne dispose que d'une seule décharge, dans le village d'Akouédo est-elle souvent confrontée à un problème de gestion de ses déchets ménagers durant des semaines.

Les déchets non enlevés s'entassent alors par endroits. Ils sont alors charriés par les eaux de ruissellement et déversés dans les cours d'eau et la lagune ou bien brûlés à l'aide de pneus par les habitants excédés par les odeurs. Les eaux de la lagune Ebrié sont ainsi devenues impropres à tout usage. Il faut, de plus souligner l'incivisme des populations qui occupent parfois illicitement, et anarchiquement, le domaine public à des fins commerciales ou d'habitation, ce qui rend difficile le ramassage des ordures.

Tous ces éléments contribuent à polluer les milieux récepteurs, ce qui affecte négativement l'environnement urbain et le cadre de vie des populations. Ils ont surtout contribué à la résurgence de plusieurs maladies infectieuses (Ministère du Plan et du Développement, 2012).

Face à ces préoccupations, l'Etat a remis en service plusieurs entreprises avec le truchement du Programme présidentiel d'urgence (PPU). Par ailleurs, depuis 2011, le Fonds de Financement des programmes de salubrité urbaine (FFPSU), qui dispose de ressources grâce à l'appui de la BAD, a pu doter les pré-collecteurs du District Autonome d'Abidjan en équipements de base à hauteur de 100 millions de FCFA (Ministère du Plan et du Développement, 2012).

Cela n'a cependant pas empêché la ville d'Abidjan de connaitre en 2015, une crise majeure en matière de collecte d'ordures. En effet, en juin 2015, les jeunes du village d'Akouédo décident de fermer par la force la décharge du même nom, pour cause de fin de contrat entre leur village et l'Etat ivoirien. Excédés par le débordement d'ordures, ils ne voulaient plus que leur village serve de dépotoir. A la suite de cet évènement, le gouvernement avait décidé d'en programmer la fermeture définitive, en promettant toutefois, d'ouvrir dans un avenir proche, trois autres décharges dans les villes de Port-Bouët, Bingerville et Anyama. Deux ans après cette promesse, le site d'Akouédo demeure toujours opérationnel, malgré toutes les difficultés que cela peut poser et les autres sites ne sont toujours pas créés.

Pour conclure sur ce sujet, nous pouvons dire que, d'une manière générale, la mise en œuvre de la politique forestière, visant à sauvegarder le couvert forestier ivoirien s'est heurtée à l'insuffisance de soutiens financiers appropriés. D'où l'impossibilité d'atteindre les résultats escomptés. Selon le PND 2012, le faible niveau d'investissement dans le secteur de l'environnement, et des eaux et forêts, ainsi que l'insuffisance de cadre institutionnel et règlementaire adéquats sont les raisons majeures de l'absence de résultats tangibles en matière de gestion durable des ressources naturelles et de protection de l'environnement en Côte d'Ivoire. La plupart des textes de lois doivent être actualisés car ils sont devenus obsolètes.

Sur le plan institutionnel, même si un Plan national de salubrité urbaine (PNSU) a été adopté en Juillet 2011, l'inexistence d'un cadre de concertation tant au niveau interministériel que des différents acteurs de la filière de salubrité, freine les actions dans ce secteur.

Enfin, il faut surtout procéder à une sensibilisation des populations à la salubrité, à l'hygiène publique, et au civisme, si l'on veut obtenir une meilleure protection de l'environnement. La question qui se pose est alors de savoir comment convaincre les populations rurales en matière de protection de l'environnement, lorsque leur seule source de richesse demeure la terre. En principe, les problèmes environnementaux devraient emporter l'adhésion de toutes les parties prenantes au développement.

Cependant, même sur ce point, la cohésion entre les trois niveaux de discours, à savoir : les IBW, les acteurs sociaux dont les gouvernements des PED, et les populations pauvres, semble improbable. C'est pourquoi, nous pensons que dans ce contexte, l'approche par les « capabilités » de Sen pourrait offrir une voie nouvelle de sortie de cette situation.

II. L'approche en termes de "capabilités" adaptée au cas de la Côte d'Ivoire

Le développement durable exprimé en termes sociaux implique que les politiques publiques n'engendrent pas de dysfonctionnements sociaux graves (Ballet, Dubois, & Mahieu, 2004) pouvant déboucher sur des conflits. En Côte d'Ivoire, cela amène à un doute sur l'efficacité des politiques du passé. C'est pourquoi les politiques économiques en matière de développement doivent plus se référer aux nouvelles approches comme celles de Sen qui portent sur les « capabilités » et le développement humain durable. Celles-ci intègrent principalement le principe d'équité dans la transmission intra et intergénérationnelle des capacités ou capabilités (cf. point II.1), mais aussi leur renforcement à la fois sur le plan collectif, individuel et institutionnel (cf. point II.2).

II.1. L'équité dans la transmission des capabilités et la durabilité sociale en Côte d'Ivoire

Le rapport du PNUD de 2004 sur la cohésion sociale en Côte d'Ivoire mentionnait qu'en 1998, les 10% des plus riches détenaient un revenu qui était de 12,4 fois supérieur à celui des 10% les plus pauvres. En 2002, ces mêmes 10% les plus riches de la population ivoirienne détenaient 36% du revenu national contre 20% pour les 50% plus pauvres ivoiriens (PNUD, 2004).

Dans la même période de 2002, une étude de l'unité de recherche de l'IRD, DIAL, soulignait que les inégalités en Côte d'Ivoire concernaient essentiellement l'accès aux services sociaux de base, à l'ensemble des droits, au pouvoir, et au processus de décision. Cette étude montre que le système de distribution des services sociaux de base est fait de telle sorte en Côte d'Ivoire que les classes aisées bénéficient de manière plus importante des services publics subventionnés que les classes les plus pauvres. On retrouve ici les conséquences de cet effet Mathieu que nous avons précédemment évoqué.

Quatorze ans après un tel constat, peut-on dire qu'il y a aujourd'hui une amélioration de la situation des plus pauvres, en raison de l'application des différents DSRP et PND ?

Ce que nous pouvons souligner, c'est que les déséquilibres régionaux en matière de pauvreté ont toujours existé en Côte d'Ivoire, qu'ils sont encore manifestes entre les villes et les campagnes, mais aussi entre le Nord du pays et les régions forestières du Sud. Ces déséquilibres régionaux concernent particulièrement l'accès aux terres cultivables, mais aussi aux biens et services de base.

Ainsi, en matière d'éducation, comme de santé, on constate une forte inégalité d'accès aux infrastructures correspondantes, en fonction du niveau de revenu, du sexe et des régions (Cling et al., 2002). Il existe aussi, une forte inégalité de genre, au détriment des filles, en matière de scolarisation, ce qui empêche à long terme, la transmission intergénérationnelle des bénéfices de l'éducation et du savoir, de même que le renforcement des capabilités de certaines catégories de population.

Sur ce sujet, le DSRP ivoirien, bien que prévoyant d'assurer l'éducation pour tous et la gratuité de l'école primaire, reste très limité dans la manière dont cela devrait être effectivement mis en œuvre, n'énonçant que des considérations très générales. La gratuité de l'école primaire aurait dû permettre à un plus grand nombre de pauvres de scolariser leurs enfants, et notamment les filles à l'école pour qu'ils acquièrent les bases éducatives leur permettant de développer leur capabilité d'accès aux informations libellées en français et à la prise de décision correspondantes. Ce qui montre que bien des efforts doivent encore être entrepris pour réduire les inégalités de scolarisation et accroître le niveau d'éducation.

Mais, au-delà de ces raisons, la résolution de la fracture sociale et l'amélioration de la cohésion sociale en Côte d'Ivoire, passe surtout par la résolution du problème foncier actuel. Car, comme nous l'avons souligné dans le chapitre III, ce sont les problèmes fonciers qui ont le plus contribué à la survenance de la crise sociopolitique.

Le problème de l'accessibilité à la terre, que connaît la Côte d'Ivoire depuis les années 1990, pourrait trouver une solution dans le renforcement équitable des capabilités des agriculteurs et planteurs en matière de protection et de restauration des sols à travers leurs activités agricoles. Une telle méthode aurait ainsi permis d'éviter une trop forte baisse de la fertilité des sols, particulièrement dans les régions de savane. Cela contribue, en effet, à aggraver la pauvreté dans ces zones et à pousser les populations à migrer vers d'autres régions encore fertiles comme celles présentées au graphique 2, chapitre III, exposant la répartition des résidents par ethnie et nationalité dans les principales zones de café-cacao. C'est pourquoi, Kouadio dans son analyse du DSRP ivoirien de 2002, avait estimé que la politique de développement rural qui y était préconisée devait être plus approfondie dans la version finale. Ceci, afin de s'assurer que toutes les populations rurales puissent subvenir à leurs besoins essentiels (Kouadio & Nations Unies. Commission Economique pour l'Afrique, 2002).

Aujourd'hui encore, on constate que la question du foncier demeure toujours d'une actualité cruciale en Côte d'Ivoire. Pourtant, l'analyse textuelle que nous avons effectuée sur les DSRP et PND montre que le problème foncier n'est pas mis en exergue dans ces documents, puisque le mot « foncier » n'y apparait pas. Or, il ressort de la partie qualitative de l'enquête ENV 2015 (tableau ci-dessous), comme l'une des préoccupations majeures des ménages pauvres interviewés et comme étant l'une des principales causes de la pauvreté.

Tableau 16 : Les principales causes de la pauvreté selon les ménages interviewés

Causes de la pauvreté liées à :			
L'individu	**La communauté**	**L'activité**	**L'État**
Oisiveté (paresse, pas d'initiative)	*Poids de la famille (sédentaires, inactifs, invalides)*	*Instabilité des prix des matières premières*	*Cherté de la vie (hausses des prix des produits de première nécessité)*
Chômage (inactif, perte d'emploi) Sans formation)	*Aucune entraide*	*Pas d'attractivité de la localité (pas de main d'œuvre)*	*Pas de suivi du respect des prix aux producteurs*
Lien familial (veuvage, orphelin, fatalité, malédiction)	*Problème de division sur le partage des biens en cas de succession.*	*Faible pluviométrie, aléa climatique*	*Absence des infrastructures (voirie, social, industrie)*
Invalidité (maladie, accident, vieillesse)	*Exclusion du parent pauvre, fatalité (Dieu)*	*Manque d'équipements cherté des intrants*	*Gouvernance (corruption, mauvaise gestion des ressources, inadéquation des politiques aux besoins des populations)*

***Aucun patrimoine (terres exploitables**, biens matériels ou financiers)*	***Foncier rural (vente des terres aux allogènes)***	*Pas d'accès aux crédits pour financer projets ou activité*	*Crise socio-économique (guerre, élections, **conflits fonciers,** délocalisation des usines)*

Source : INS - Ministère du Plan et du Développement, 2015.

On remarque dans ce tableau qu'à trois reprises, les problèmes d'accès à la terre sont cités par les personnes interviewées. Ce qui montre bien l'importance qu'on y attache, d'autant que la Côte d'Ivoire est, et demeure, un pays essentiellement agricole.

En ce qui concerne l'accès aux services sociaux de base, l'analyse du PND de 2012, de même que les résultats de l'enquête ENV 2015, révèlent que des progrès ont été accomplis à ce niveau. En effet, les populations pauvres interviewées trouvent que dans l'ensemble, l'accès aux services sociaux de base est plus facile et satisfaisant pour 40% des interviewés, surtout concernant l'accès à l'eau potable, la disponibilité des produits de première nécessité, l'accès aux écoles primaires, aux transports publics et aux centres de santé. Toutefois, ils s'accordent aussi pour dire que des efforts restent à faire concernant l'accès aux hôpitaux de type centre hospitalier universitaire / centre hospitalier régional (CHU/CHR), aux maternités, à l'école secondaire, et aux forces de sécurité. Ainsi, par exemple, 25% des chefs de ménage n'utilisent pas les services de police. Il en est de même pour l'enseignement secondaire, les maternités et l'hôpital. Enfin, pour ce qui est des transports publics, 41,5% d'entre eux les jugent insuffisants ou inadéquats.

Aussi, pour assurer un accès plus équitable aux biens, aux services, et aux moyens de production, les DRSP/PND devront-ils établir un diagnostic approfondi du manque de services sociaux et d'infrastructures de base dans les différentes régions du pays. En matière d'éducation, par exemple, la gratuité de l'école primaire, qui est prônée par le gouvernement, ne pourra être un avantage pour les plus pauvres que si les infrastructures adéquates sont présentes dans les villages. Or, souvent l'école la plus proche se trouve à une dizaine de kilomètres, si ce n'est au chef-lieu de la sous-préfecture, et ceci, sans le moindre moyen de transport disponible. Dans ces conditions, l'école a beau être gratuite, les enfants ne peuvent y aller pour apprendre à lire et à écrire. Ce qui les empêche de renforcer leurs capabilités intellectuelles, facteur essentiel pour l'accroissement de leurs libertés de choix, comme le montre le tableau ci-dessous.

Tableau 17 : Répartition de la population pauvre selon la distance à l'infrastructure la plus proche

En pourcentages de population	Moins de 5 km	De 5 à 10 km	Plus de 10 km	Total
Economie				
Source d'eau	99,1	0,8	0,1	100
Marché	76,6	13,9	9,4	100
Boutique	83,7	7,9	8,5	100
Gare routière	62,8	15,3	21,9	100
Santé				
Centre de santé	64	20	16	100
Hôpital général	26,8	17,8	55,4	100
Education				
Ecole maternelle	54,1	10,3	35,7	100
Ecole primaire	90,2	5,2	4,5	100
Ecole secondaire	34,8	17,5	47,6	100
Grande école	15,1	19	65,8	100
Poste et Télécommunication				
Internet	40,3	11,3	48,5	100
Téléphone	86	3,8	10,3	100
Poste	27,6	15,5	56,9	100
Administration				
Commissariat	31,5	16,5	51,9	100
Mairie	28,5	18,5	53,1	100

Préfecture	18,3	13,5	68,3	100
Sous-préfecture	27,1	20,9	51,9	100
Justice	14,2	13,9	71,8	100

Source : INS - Ministère du Plan et du Développement, 2008.

Ainsi, la justice, la préfecture, les grandes écoles/universités, la poste, l'hôpital général, la sous-préfecture et le commissariat sont les infrastructures de services de base les moins accessibles pour les pauvres, car toutes situées à plus de 10 km pour plus d'un pauvre sur deux.

Par conséquent, l'équité dans l'accessibilité est loin d'être assurée car tout le monde ne dispose pas des mêmes potentialités sur l'ensemble du territoire. La première mesure à réaliser est donc de permettre à toute la population d'avoir un accès équitable aux biens et services sociaux de base, sur l'ensemble du territoire. Après, tout dépendra du libre choix de chaque individu d'agir ou pas, afin de renforcer ses propres capabilités ou celles des autres.

Dans le cas de la Côte d'Ivoire, la présence de biens et services sociaux de base sur tout le territoire, à un même coût d'accès pour tous, permettrait de réduire à long terme la pauvreté, grâce à une meilleure accessibilité à et une capacité plus élevée de transmission intergénérationnelle (Dubois, 2006).

II.2. Le renforcement des capabilités individuelles et collectives pour la durabilité sociale

L'approche d'A. Sen fait référence à des notions particulières telles que les « fonctionnements réalisés » et la « liberté de choix » qui se déduisent de celle des « capabilités ». On définit la capabilité comme l'articulation d'une « capacité effective », qui exprime ce que l'on peut effectivement faire ou être (et donc qui est observable ou mesurable), sous la forme de fonctionnements réalisés, et d'une « capacité potentielle » qui n'est pas réalisée, mais qui pourrait l'être si les opportunités et les souhaits des personnes étaient présents : ce qui offre une liberté de choix à la personne. Ainsi, « fonctionnements » réalisables, ou réalisés, et « libertés de choix » face à diverses alternatives, composent-ils la capabilité d'une personne.

Cette approche fait, du moins dans sa version originale, surtout référence à la personne prise individuellement et ne traite pas ainsi de l'aspect collectif[16] du renforcement des capabilités.

Or, si le renforcement des capacités individuelles des personnes fait qu'elles fonctionnent chacune de leur côté sans une concertation, les unes avec les autres, les résultats de ces fonctionnements seront fortement dilués et auront moins d'impact que si elles mettent en commun leurs capacités pour mener une action collective permettant ainsi d'influencer les politiques publiques de réduction de la pauvreté. Vu sous cet angle, l'approche par les capabilités, demeurerait dans le cadre classique du concept de la "main invisible" (Smith [1759-1790], 1976), propre à l'analyse économique.

Mais, on peut compléter cette approche par la version de M. Nussbaum. Celle-ci propose une liste des capacités humaines centrales dans son ouvrage *Women and Human Development: The Capabilities Approach* (Nussbaum, 2000). On y trouve, notamment, les capacités d'affiliation et d'appartenance qui concernent le vivre avec et pour les autres, et renvoient au fait de porter de l'attention aux autres, de s'engager dans différentes formes d'interaction sociale, d'imaginer la situation d'autrui et d'avoir de la compassion ou de l'empathie. Par ailleurs, elle approfondit son analyse en affirmant que développer les capacités des personnes, impose aussi de protéger les institutions qui portent et nourrissent ces capacités d'appartenance, notamment la liberté d'association et le débat politique. Il y a donc dans les propos de M. Nussbaum, des éléments qui peuvent servir de fondement au renforcement des capacités des différentes catégories d'acteurs sociaux et d'institutions. Et ce, d'autant plus que le renforcement de ces capacités collectives permet de donner de nouvelles opportunités aux individus pour l'utilisation de leurs propres capabilités personnelles. Elles fixeraient ainsi un cadre plus approprié, dans lequel ils exerceront effectivement leurs capabilités, tout en développant leurs potentialités. Ce cadre plus approprié pouvant dès lors être les DSRP et PND.

Il ressort de ce qui précède que les acteurs sociaux et les institutions ne sont pas vraiment intégrés dans l'approche originelle de Sen sur les capabilités, alors que ces derniers ont un rôle essentiel à jouer dans l'élaboration des DSRP/PND.

---

[16] On trouve plutôt cela dans la notion « d'*empowerment* » qui renvoie au renforcement des capacités d'un groupe.

En effet, le renforcement des capabilités n'a d'intérêt que s'il permet à l'individu de mieux fonctionner, en toute liberté, pour atteindre le bien-être. C'est pourquoi, Sen préconise-t-il de renforcer ces capabilités, afin d'optimiser le fonctionnement des individus "à faire" et "à être". L'individu sera alors en mesure de décider, en toute liberté, de ce qu'il considère comme son bien-être présent et à venir, et ainsi d'atteindre le niveau de développement qu'il souhaite. Le développement ne doit donc plus être imposé par le haut, mais engendré par le bas. Ce qui renvoie à la notion de démocratie participative qui est bien présente dans les DSRP et dont la mise en pratique effective peine encore à se faire.

Dans cette perspective, le développement humain peut être défini comme l'amélioration, de manière équitable, des capacités individuelles, collectives et institutionnelles. Tout accroissement de la "capacité à faire et à être" (ou "*capability*" en anglais) permettant d'acquérir plus d'autonomie et de liberté de choix.

Mais, les résultats de l'étude que nous avons faite des DSRP montrent que ces nouvelles politiques de développement sont encore fondées sur les préceptes de l'ajustement structurel. Pourtant les PAS, surtout de première génération ont, en général, eu pour effet d'accroître la précarité des travailleurs (cf. "les déflatés" du secteur public), de concentrer les richesses dans les mains d'une poignée de personnes et de briser les protections sociales. Ils ont aussi contribué à brader le patrimoine collectif par des privatisations massives, à créer des sociétés dépendantes et à consacrer les ressources publiques à des dépenses inutiles, et parfois nuisibles pour les populations (achat d'armements de guerre…) et enfin à détruire l'environnement des populations les plus vulnérables.

On remarque donc une certaine contradiction dans la politique des IBW, concernant les effets de celle-ci sur la vie des personnes. En effet, ce n'est pas en combinant des dépenses publiques en faveur des pauvres avec des réformes structurelles et des politiques macroéconomiques du passé que l'on pourra atteindre les objectifs fixés, à savoir la réduction de la pauvreté et l'amélioration du bien-être humain.

Aussi, pour éviter tout risque de scénario qui accroît la pauvreté, il nous semble indiqué de préconiser un renforcement parallèle des capacités individuelles, institutionnelles et collectives, notamment celles des acteurs sociaux pour aller vers un développement plus cohérent et plus équitable pour tous. Une approche qui peut être représentée par le schéma suivant.

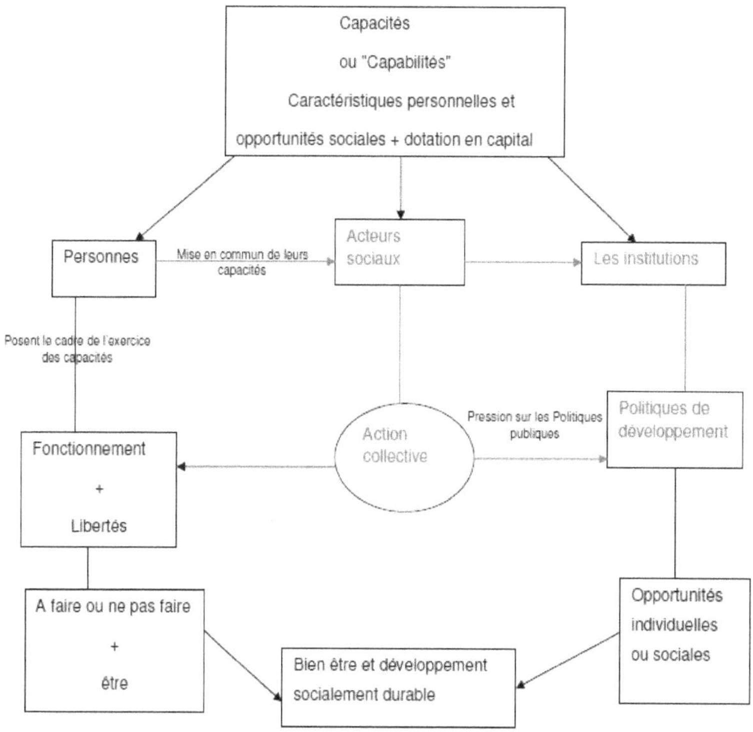

Schéma 5 : Le lien entre renforcement des capacités individuelles, collectives et institutionnelles
Source : auteur.

La partie en rouge de ce schéma met l'accent sur l'action collective, initiée par les acteurs sociaux. Elle permet de faire le lien entre le développement des capacités personnelles et la conception de politiques publiques qui soient mieux adaptées aux aspirations et besoins des populations.

Toutefois, le rôle des acteurs sociaux dans la définition de politiques publiques qui deviennent le fruit de l'articulation entre des capacités individuelles et des capacités collectives, demande encore à être approfondis tant en termes conceptuels que méthodologiques, pour acquérir un statut "d'opérationnalité". Encore aujourd'hui, on cherche à cerner quelles capacités collectives peuvent naître d'un renforcement des capacités des personnes. Or, pour que les politiques de développement soient plus efficaces en matière de réduction de la pauvreté, il convient de tenir compte de ces deux niveaux d'acteurs du développement.

Dans ces conditions, il est difficile d'affirmer que les DSRP ont pu agir tant sur les "capabilités" individuelles que collectives pour faciliter la lutte contre la pauvreté. Mais, étant donné qu'ils sont, par définition, révisables au bout de trois ans, on peut espérer que les nouveaux DSRP intégreront un peu mieux l'approche par les "capabilités", afin d'être plus efficace dans l'atteinte de l'objectif final de réduction de la pauvreté. Car, il est clair que le développement durable ne demeurerait qu'une illusion s'il n'y a pas une véritable prise en compte des valeurs sociales et culturelles locales, dans des politiques de renforcement des capacités, que celles-ci soient individuelles, collectives ou institutionnelles.

Conclusion du chapitre IV

La situation de conflit qu'a connu la Côte d'Ivoire a plus contribué à la destruction des capacités, notamment collectives, qu'à son renforcement, mais, on peut espérer que cela sera réversible à moyen et long terme, avec la mise en œuvre du nouveau PND.

Cependant, pour être efficaces, les nouvelles politiques économiques de développement doivent se baser sur des données minutieuses en matière de niveau de pauvreté et de caractéristiques des groupes pauvres et vulnérables. Car cet effort en matière de collecte d'information doit s'orienter vers une meilleure compréhension des liens entre les politiques publiques macroéconomiques ou sectorielles, et la réduction de la pauvreté. C'est ce que le PND 2016 a voulu faire en s'appuyant sur l'enquête ENV de 2015 (INS - Ministère du Plan et du Développement, 2015). Nous pouvons ainsi donner des éléments de réponse à notre deuxième hypothèse sur la prise en compte des réalités des populations pauvres par le discours actuel du développement.

En effet, bien que le PND 2016 s'appuie sur l'enquête ENV de 2015 qui comporte, comme nous l'avons vu, un volet sur les aspirations des pauvres, l'analyse textuelle de ce document montre que ce qui est mis en avant, ce ne sont pas les préoccupations immédiates des populations pauvres. Le PND met plutôt l'accent sur la recherche d'une croissance forte, alors que les ménages pauvres, interviewés dans l'enquête ENV de 2015, aspirent à disposer de ressources telles que le foncier et le crédit pour sortir de la pauvreté. Ce qui signifie qu'il faut qu'il y ait plus de dimensions microéconomiques dans les politiques actuelles défendues dans les DSRP/PND.

Conclusion générale

> « Nombre de débats d'idées sont moins irréalistes qu'il ne paraît si l'on sait le degré auquel on peut modifier la réalité sociale en modifiant la représentation que s'en font les agents »
>
> *P. BOURDIEU, Ce que parler veut dire : L'économie des échanges linguistiques, 1982, p. 150-151.*

Dans le cadre des pages précédentes, nous avons montré à travers le cas de la Côte d'Ivoire, l'évolution des grandes thématiques qui ont marqué les politiques économiques de développement de la période du « miracle ivoirien » à celle de la conjoncture (d'ajustement structurel) et aussi de la lutte contre la pauvreté au développement socialement durable. Nous avons aussi montré que cette évolution théorique a été accompagnée d'une évolution permanente dans le vocabulaire utilisé.

Pour répondre à la question clé qui fonde la thèse, à savoir quelle a été l'influence, et surtout, l'efficacité des mots et des concepts dans la définition de ces politiques économiques, nous avons confronté le discours des différents acteurs, parties prenantes au développement économique de la Côte d'Ivoire. Nous avons d'ailleurs exposé dans l'introduction et exprimé par le titre de la thèse, l'importance que joue le vocabulaire dans cette évolution. Nous sommes partis de l'histoire des faits économiques, pour procéder à une analyse du discours officiel exprimé dans les PAS et les DSRP/PND, et le confronter au vécu effectif des populations avec l'appui d'informations statistiques (INS - Ministère du Plan et du Développement, 2015) illustrant le discours de ces populations pauvres, ainsi qu'aux entretiens qualitatifs effectués sur le terrain auprès d'un certain nombre d'acteurs du développement. L'efficacité des discours ou la compétence linguistique est alors mesurée par ce que P. Bourdieu (1982) appelle « des indices lexicologiques » qui, dans notre cas, sont obtenus par l'utilisation de logiciels d'analyse textuelle.

Ainsi, au cours de la période d'application des PAS (de 1981 à 1999) que nous avons étudié dans la deuxième partie de notre travail, nous avons remarqué en analysant le contenu de ces textes que ce sont surtout des mots tels que « croissance », « dette » et « agriculture », et bien sûr « ajustement structurel » qui ressortaient le plus fréquemment. Ceci traduit bien l'esprit des théories qui les ont fondés. Ce langage créé par les experts des institutions internationales s'est imposé aux pays en voie de développement, comme la Côte d'Ivoire, à un moment où l'économie était dans un piteux état. Ces derniers, par leur soumission à ces politiques ont, de ce fait, implicitement, voire parfois explicitement, reconnu le poids des IBW, leur conférant ainsi, un capital symbolique, c'est-à-dire une reconnaissance institutionnalisée, au sens de Bourdieu.

Pour permettre à la population d'intégrer ces nouveaux concepts, certains présidents, comme Houphouët-Boigny, vont faire émerger des mots spécifiques comme par exemple « conjoncture », qui a permis au peuple ivoirien, grâce à la banalisation du terme, de savoir que le pays rencontrait des difficultés d'ordre économique.

De même, au cours de la période marquée par le DSRP, qui est toujours d'actualité, on a vu que le terme central était le mot « pauvreté », autour duquel vont émerger, tour à tour, plusieurs autres mots, et concepts associés. Les plus importants sont : « développement durable », « inégalités », « vulnérabilité », « société civile », « capacités », « gouvernance », « résilience » etc., pour ne citer que ceux-là. De ce fait, les experts, au sein des IBW et d'autres organisations orientées vers le développement ont pu s'attribuer une certaine compétence sociale, sur la base de l'objectif de « réduction de la pauvreté ». Cette compétence sociale se transforme dès lors en un type de pouvoir que nous pouvons, comme P. Bourdieu (1982), qualifier de « symbolique » dans le « rapport de force » qui les relient aux gouvernements des PED. En effet, ces derniers adoptent systématiquement ce vocabulaire, créé au sein des institutions de développement international, et ils acquièrent ainsi une forme de prétention à agir sur le monde social, à travers les mots, alors qu'ils sont plutôt censés parler au nom de leur population. Cependant, les analyses du discours des populations pauvres effectuées dans le cadre de l'enquête ENV de 2015, nous révèlent que le langage utilisé par le gouvernement ivoirien à travers ses DSRP/PND, n'est pas toujours conforme à celui exprimant la volonté populaire. Il résulte, par ailleurs, de ces analyses, que les acteurs sociaux impliqués dans le développement économique de la Côte d'Ivoire ont aussi un langage différent de celui du gouvernement et des IBW. Ainsi, ces trois groupes d'acteurs ne détiennent donc pas un capital symbolique identique, ce qui engendre de nouvelles contraintes (issues par exemple des conditionnalités), pour ceux qui sont considérés comme récepteurs de ce vocabulaire, à savoir les PED et leurs populations. Cependant, l'efficacité symbolique de ce langage propre à l'économie du développement se trouve menacée dès lors que, comme le souligne Bourdieu, « l'ensemble des mécanismes capables d'assurer la reproduction du rapport de reconnaissance qui fonde son autorité cessent de fonctionner » (Bourdieu, 1982).

Au niveau de l'Etat ivoirien, la période des DSRP a aussi été marquée par un changement de régime politique. Lorsque le président Bédié arrive au pouvoir en 1993, la « conjoncture » et les politiques d'austérité qui lui sont associées demeurent toujours d'actualité. Il donnera, dans ce contexte, une nouvelle impulsion à l'économie ivoirienne par le biais de la dévaluation du franc CFA de 1994. Les ivoiriens parleront alors de « dévaluation » sans connaître pour la plupart d'entre eux, le véritable sens du mot. Tout ce que la population ivoirienne semblait avoir compris, c'est que la valeur de la monnaie a baissé. Le gouvernement pour sa part, essaiera de rassurer en insistant sur la reprise économique et en utilisant des concepts spécifiques tels que « croissance à deux chiffres », ce qui était encore moins évident à comprendre. Mais, au vu du contexte politique difficile, un mot va marquer cette époque, ce sera celui de « l'ivoirité », que nous avons examiné en détail au chapitre III de ce travail. Le coup d'Etat de 1999 installera ensuite les militaires au pouvoir pour neuf mois jusqu'à l'instauration de la Seconde République avec le président Gbagbo dont le slogan sera, la « refondation ». Le choix de ce mot n'est pas anodin, car le nouveau président veut signaler à la population, la rupture avec les politiques menées par ses prédécesseurs. Il veut faire table rase du passé et repartir sur de nouvelles bases. Certes, d'autres concepts tels que la « cohésion sociale », la « réconciliation nationale », etc., émergeront par la suite, en liaison avec l'évolution du contexte sociopolitique. Mais, la population retiendra surtout le mot « refondation » qui deviendra synonyme pour elle, de mauvaise gestion du pouvoir et qui conduira à de multiples crises sociopolitiques, contribuant à l'élection d'Alassane Ouattara comme président en 2010.

Lorsqu'il arrive au pouvoir, le président Ouattara décide alors de changer le nom du DSRP ivoirien en y intégrant son propre programme présidentiel. Désormais, il n'est plus question de DSRP, mais de PND. Le fait d'atteindre le point d'achèvement du processus DSRP par le biais du PND, sera perçu par la population ivoirienne comme salvateur. Elle célébrera donc cette nouvelle en pensant que les IBW « feraient pleuvoir des liasses de billets » sur la Côte d'Ivoire. Tout ceci montre encore une fois l'écart dans la compréhension du langage qui existe entre les décideurs, d'une part et les catégories de population pauvres, d'autre part. Auréolé par l'atteinte du point d'achèvement et, surtout, par l'allègement de la dette ivoirienne, le président Ouattara peut alors entamer un grand chantier de reconstruction dans le but de réinstaurer la croissance. Il met l'accent sur le mot « émergence », aujourd'hui employé par les ivoiriens comme un signe de sortie de crise. Mais, cette émergence axée uniquement sur le développement des infrastructures passe dorénavant assez mal auprès des catégories de populations pauvres, car le taux de pauvreté global demeure élevé et que, pour beaucoup, le panier de la ménagère reste relativement vide à cause du prix élevé des denrées alimentaires. Ce que la population exprime par des expressions comme « les routes ne se mangent pas ». La mise en avant du mot « équité » dans le PND 2012, ne se traduit pas encore par des actions réelles sur le terrain et comme nous l'avons souligné au chapitre IV, le nouveau PND 2016 n'y fait plus qu'une référence sommaire.

Toutes ces observations, une fois croisées avec les résultats de nos entretiens, nous amènent à préconiser une approche plus complexe, et plus englobante qui prenne en compte les caractéristiques du contexte actuel pour repenser le DRSP. Nous préconisons donc, en nous appuyant sur les nouvelles approches économiques en vigueur, de prendre fortement en compte la dimension « équité » et même d'aller au-delà. En effet, renforcer l'équité en matière d'économie du développement renvoie à l'éthique, ce qui demande d'intégrer des notions comme celles de la responsabilité, du risque et de la reconnaissance des plus vulnérables, de la solidarité active, etc…

L'éthique du développement a été réintroduite dans l'analyse économique par A. Sen qui à travers sa critique de l'utilitarisme et du welfarisme, rappelle que l'économie est aussi une science morale. Mais concernant la responsabilité, Sen ne traite explicitement qu'une partie de ses dimensions : celle de la responsabilité « rétrospective », ou encore ex-post. C'est celle qui découle de la liberté d'agir et qui implique que la liberté préexiste à la responsabilité. Il existe toutefois, une autre dimension qui concerne l'aspect « prospectif », ou ex-ante de la responsabilité, qui s'apparente à la responsabilité parentale envers les enfants. Préalable à la décision d'agir, cette dimension prospective de la responsabilité justifie les interventions, notamment humanitaires et solidaires, à l'égard des populations pauvres et vulnérables. Or, ceci a pour effet de contraindre la liberté de choix de l'agent qui s'autorise volontairement à utiliser sa liberté d'agir, ou agenceité, pour satisfaire ce qu'il perçoit comme une obligation morale prioritaire. Cette vision des choses nécessite donc de repenser la liberté de choix de l'agent telle que définie par A. Sen en lui reconnaissant une capacité spéciale d'autocontrainte de sa propre liberté. Bien que A. Sen (2000) reconnaisse, par exemple que la responsabilité envers les générations futures puisse impliquer une réduction des capacités de la génération actuelle, il ne se réfère pas explicitement à ce concept de responsabilité ex-ante qui est développé chez certains auteurs (Ballet, Dubois, & Mahieu, 2007 ; Jonas & Greisch, 2013 ; Ricœur, 2004). Si bien qu'on pourrait affirmer en élargissant l'approche par les capabilités, qu'il existe une capacité d'autocontrainte qui devrait être ajoutée à l'ensemble des capacités et que les nouvelles approches économiques du développement portées par les DSRP, devraient promouvoir sur une base d'équité, dans le cadre du développement humain durable.

Nous référant à cette vision pour analyser la situation en Côte d'Ivoire, nous pouvons conclure que tout renforcement des capacités des personnes ne pourra être efficace que s'il parvient à inclure, par des processus appropriés, un partage des responsabilités entre les différents acteurs impliqués dans le développement. En effet, un certain nombre de conséquences négatives relatives aux stratégies d'ajustement et de développement peuvent être dues aux experts et aux institutions internationales qui n'avaient pas l'opportunité de s'imputer une responsabilité ex ante. Il y a donc beaucoup d'attentes non réalisées dans un contexte pourtant difficile et en constante détérioration. De plus, aucune évaluation des politiques de développement proposées n'a été faite avant leur mise en œuvre, alors qu'un principe de précaution sociale s'avérerait nécessaire. Un tel principe aurait, en effet, permis de simuler les impacts de ces politiques sur les PED et ainsi d'initier une discussion sur le partage des responsabilités connexes.

Dans ce cadre, les parties prenantes, en tant que réceptrices pourraient engager des poursuites contre les experts et les institutions de développement concernant la mise en œuvre et le résultat de telles politiques. En modifiant l'équilibre des pouvoirs, ceci aurait pour effet de changer la façon de considérer les plus pauvres. Le fait que l'on renforce la capacité des parties réceptrices à évaluer le niveau de responsabilité des institutions de développement ou des experts associés, aurait pour conséquence de donner une voix à ceux qui sont les plus pauvres et les plus vulnérables vis-à-vis d'un processus décisionnel qui leur échappe et sur lequel ils n'ont pas leur mot à dire.

Sur un plan opérationnel, cela veut dire que trois principes d'action doivent être pris en considération : un principe de responsabilité, un principe de prudence (ou de précaution) et un principe d'évaluation.

Le premier principe concerne la responsabilité des experts internationaux et des décideurs locaux. Comme l'a souligné F. R. Mahieu (2008), la responsabilité des experts internationaux est directement liée à leurs recommandations politiques et reçoit trop peu d'attention. En mettant l'accent sur le dogme de leur institution, souvent lié à la vision unique d'agrégats économiques et d'équilibres stabilisés, ils ne prennent pas en compte les conséquences que cela implique pour la population. Autrement dit, le bonheur, ou le malheur, de la population concernée, n'est jamais inclus dans leur cadre analytique. Dans certains cas, les conséquences sociales et politiques peuvent être dramatiques, comme cela s'est produit par exemple au Rwanda. C'est pourquoi G. F. DeMartino (2005) critique les politiques qui ont été mises en œuvre dans les pays en développement au cours des années 1990 et a demandé l'instauration d'un code d'éthique professionnelle pour les économistes. Un code qui sera basé sur la règle simple et prioritaire de «ne pas nuire », ce qui implique de donner un poids maximum à tout dommage potentiel qu'une politique pourrait générer.

Le deuxième principe concerne la prudence face aux conséquences sociales qu'une politique peut engendrer ; pour cette raison, il est intitulé «principe de précaution sociale» (Ballet & Mahieu, 2003). Ce second principe implique d'examiner a priori toutes les conséquences possibles (positives et négatives) de la mise en œuvre des politiques. Elle plaide, à première vue, pour le choix d'un critère de type maximin pour toutes les décisions économiques, particulièrement lorsqu'il existe une chance significative de conséquences négatives. Cette approche par le maximin signifie que, une fois que toutes les conséquences négatives sont établies pour des scénarios comparatifs, la décision retenue devra prendre l'option qui produira les conséquences les moins mauvaises. Dans certaines circonstances, un tel critère peut paraître excessif, par exemple dans le cas où il n'y a qu'une chance sur un milliard de conséquences négatives. Toutefois, lorsque ces conséquences incluent le décès probable de personnes, le critère apparaîtra d'autant plus raisonnable qu'aucune compensation ne peut être facilement appliquée. Le classement lexicographique des diverses situations, allant des pires conséquences aux meilleures opportunités, pourrait également être imaginé. Enfin, ce principe de précaution sociale implique de faire appel à l'éthique de la discussion (Habermas, 1991) afin que les parties prenantes puissent choisir parmi divers scénarii alternatifs et ainsi partager les responsabilités de ceux qui contribuent à la prise de décision politique.

Le troisième principe porte sur le jugement évaluatif. Il doit impliquer tous les acteurs concernés par la conception et la mise en œuvre des politiques. Un code d'éthique, décrivant les principales règles professionnelles et humaines devant être respectées, y compris les récompenses et les « sanctions », pourrait donner un plus grand sens des responsabilités partagées entre les experts internationaux et les décideurs locaux. Ce code pourrait prévoir un certain nombre de procédures pour définir quelles sont les conséquences positives et négatives qu'il convient de prendre en compte, et évaluer les récompenses et les « sanctions » qui correspondent au niveau de responsabilité des parties prenantes. Ces trois principes devraient encourager une plus grande prudence vis-à-vis des conséquences du processus décisionnel et parallèlement une meilleure évaluation des conséquences sur les plans politique et social.

Dans le cas de la Côte d'Ivoire, il est clair que les autorités politiques passées et les institutions internationales ont eu une grande responsabilité dans l'aggravation de la pauvreté et des inégalités au cours de ces dernières décennies. Il reste donc beaucoup à faire pour diminuer le taux de pauvreté, et offrir de meilleures conditions de vie aux différentes catégories de la population. Mais cela peut aussi impliquer un changement dans la répartition des responsabilités et des relations de pouvoir entre les différents acteurs du développement. C'est d'autant plus le moment de l'envisager puisque, la problématique du développement humain durable impose à la Côte d'Ivoire d'établir un nouveau contrat social, à travers son DSRP, afin de renouer définitivement avec la cohésion sociale, seul vecteur pouvant conduire à une paix durable. Un nouveau DSRP faisant plus appel à la responsabilité des acteurs institutionnels et sociaux pourrait d'ailleurs être conçu selon le schéma ci-dessous.

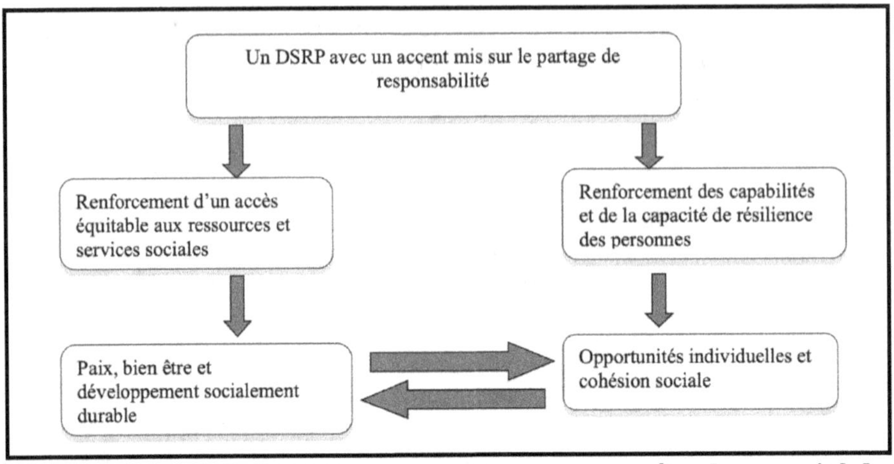

Schéma 6 : Un DRSP/PND responsable pour accroître la capacité de résilience de la population ivoirienne
Source : auteur.

Comme nous pouvons le constater sur ce schéma, la responsabilité partagée entre les acteurs institutionnels et sociaux et le renforcement des capacités ou des « capabilités » des populations reste l'un des éléments essentiels pour atteindre la cohésion sociale, le bien-être et la paix, facteurs indispensables pour un développement qui soit socialement durable.

Ce faisant, la démarche que nous avons suivie pour cette thèse se rapproche plus d'une réflexion d'ordre philosophique qui s'interroge sur le sens des mots et la pertinence de leur utilisation dans des rapports de conception des politiques économiques. Elle insiste sur la mise en valeur du niveau de conscience de la population à un moment donné, qui s'exprime par le vocabulaire et la composition des phrases qu'elle utilise. Cela étant aussi vrai dans le langage courant que dans le langage scientifique qui s'avère malgré tout évolutif et connoté.

Ainsi, par exemple, les aspects de vulnérabilité, d'équité dans la lutte contre les inégalités, de résilience et d'émergence, etc., sont autant d'éléments qui permettent de mieux saisir la réalité du vécu des populations.

On pourrait, dans une perspective de recherche, aller encore plus loin dans l'analyse économique en se servant des instruments d'analyse textuelle disponibles pour construire des indicateurs qui exprimeraient au mieux la situation réelle vécue par les personnes en tenant compte de certaines caractéristiques clés des mots utilisés. De tels indicateurs pourraient autant jouer un rôle explicatif dans un contexte donné, que de prévention à l'émergence de crises comme celles qu'a connues la Côte d'Ivoire au cours des dernières décennies. En effet, lorsqu'on fait une relecture des journaux de l'année 1999 que nous avons pu récolter auprès du quotidien Fraternité Matin, on remarque qu'il y a un certain nombre de mots annonciateurs du Coup d'Etat auxquels les responsables ivoiriens n'ont pas prêté attention, particulièrement la classe politique dirigeante. En premier lieu, bien sûr, le mot « ivoirité », mais aussi des mots comme la « déstabilisation » de la Côte d'Ivoire, « les étrangers », etc. Des mots qui sont plus source de division que de cohésion nationale. Et en ce sens, le cas du Rwanda avec sa radio des Mille Collines aurait pu servir d'avertissement pour d'autres pays africains, notamment la Côte d'Ivoire.

Aussi, notre objectif futur, sera-t-il dorénavant d'utiliser ces instruments lexico-métriques pour « surveiller » le vocabulaire utilisé dans les textes, notamment la fréquence d'un certain nombre de mots apparaissant dans la presse et dans le discours des hommes politiques, afin d'en dégager des indicateurs synthétiques permettant de prévenir des crises telles que celles qu'ont connu la Côte d'Ivoire ou le Rwanda. Mais, cela demande d'affiner la méthode liant l'articulation des faits économiques, des documents officiels, au vocabulaire employé pour comprendre et analyser la société, contribuant ainsi au changement social, dans une démarche analytique et prospective.

Bibliographie

Akindes, F. (2011). *Cote d'Ivoire: La réinvention de soi dans la violence.* African Books Collective.

Amin, S. (1967). Le développement du capitalisme en Afrique noire. *L'Homme et la société*, *6*(1), 107-119. https://doi.org/10.3406/homso.1967.1070

Appadurai, A. (2004). The Capacity to Aspire: Culture and the Terms of Recognition. In Vijayendra R. and Walton R., *Culture and Public Action.* Stanford University Press, p. 59-84.

Augé, A., & Gnanguênon, A. (2015). Les armées africaines et le pouvoir politique au sud du Sahara. *Les Champs de Mars - IRSEM*, (28).

Avenard, J.-M., Eldin, M., Girard, G., Sircoulon, J., Touchebeuf, P., Guillaumet, J.-L., & Adjanohoun, E. (1971). *Le milieu naturel de la Côte d'Ivoire.* Paris: ORSTOM.

BAfCD/OCDE. (2003). *Perspectives économiques en Afrique.*

Ballet, J., Dubois, J.-L., & Mahieu, F.-R. (2004). A la recherche du développement socialement durable: concepts fondamentaux et principes de base. *Développement durable et territoires*, (Dossier 3). https://doi.org/10.4000/developpementdurable.1165

Ballet, J., & Mahieu, F.-R. (2003). *Ethique économique*. Paris: Ellipses.

Banegas, R., & Losch, B. (2002). La Cote d'Ivoire au bord de l'implosion. *Politique Africaine*, (87), 139-161.

Baron, C. (2008). La gouvernance : débats autour d'un concept polysémique. *Droit et société*, (54), 329-349.

Baulin, J. (1982). *La politique intérieure d'Houphouët-Boigny*. Eurafor-Press.

Becker, G. S. (1964). *Human Capital: A Theoretical and Empirical Analysis, with Special Reference to Education* (SSRN Scholarly Paper No. ID 1496221). Rochester, NY: Social Science Research Network.

Benveniste, C. (1974). *La boucle du cacao : Côte d'Ivoire : étude régionale des circuits de transport*. Paris: ORSTOM.

Benzécri, J. P. (1973). *L'analyse des données: L'analyse des correspondances.* Dunod.

Berkley, S., Murray, C. J. L., Hecht, R., Saxenian, H., Musgrove, P., Tan, J.-P., … Jamison, D. T. (1993). *Rapport sur le developpement dans le monde 1993 : investir dans la sante* (No. 12183) (p. 1-347). The World Bank.

Berr, E. (2003). La dette des pays en développement : bilan et perspectives. *Revue Africaine de sciences économiques et de gestion, 5*(2), 3-32.

Berr, E., & Combarnous, F. (2004). *L'impact du consensus de Washington sur les pays en développement: une évaluation empirique* (Documents de travail). Groupe d'Economie du Développement de l'Université Montesquieu Bordeaux IV. C

Berthelemy, J. C., & Bourguignon, F. (1996). *Growth and crisis in Cote d'Ivoire* (No. 15651). The World Bank.

Bouquet, C. (2007). La crise ivoirienne par les cartes. Consulté à l'adresse http://geoconfluences.ens-lyon.fr/doc/etpays/Afsubsah/AfsubsahDoc5.htm

Bourdieu, P. (1982). *Ce que parler veut dire : L'économie des échanges linguistiques*. Paris: Fayard.

Bourdieu, P. (2001). *Langage et pouvoir symbolique*. Paris: Éditions du Seuil.

Bourgoin, H., & Guilhaume, P. (1979). *Cote d'Ivoire: économie et société*. Paris: Stock.

Brasseul, J. (2008). *Introduction à l'économie du développement* (3e édition). Paris: Armand Colin.

Campbell, B., & Losch, B. (2002). Les pauvres, bénéficiaires ou otages des stratégies de réduction de la pauvreté ?: « Tout changer pour aller plus loin ». *Politique africaine*, *87*(3), 175. https://doi.org/10.3917/polaf.087.0175

Cartier-Bresson, J., Destremau, B., & Lautier, B. (2009). Les mots du développement : trajectoires et pouvoirs. *Revue Tiers Monde*, (200), 725-734.

Châtaigner, J.-M. (2014). *Fragilités et résilience. Les nouvelles frontières de la mondialisation*. Paris: Karthala.

Clerc, D. (2005). Les mots du développement durable. *Alternatives Economiques, Hors série*(63).

Cling, J. P., Razafindrakoto, M., & Roubaud, F. (2002). La Banque Mondiale et la lutte contre la pauvreté : « tout changer pour que tout reste pareil ? » *Politique Africaine*, (87), 164-174.

Cling, J. P., Razafindrakoto, M., & Roubaud, F. (Éd.). (2003). *Les nouvelles stratégies internationales de lutte contre la pauvreté*. Paris: Economica.

Cling, J.-P., Razafindrakoto, M., & Roubaud, F. (2012). La Banque mondiale et la lutte contre la pauvreté : « tout changer pour que tout reste pareil ? ». *Politique africaine*, (87), 164-174.

CMED (1987). *Notre avenir à tous*. Montréal. 1989.

Cogneau, D., & Mesplé-Somps, S. (1999). *La Côte d'Ivoire peut-elle devenir un pays émergent ?* Programme d'étude « Afrique émergente » Centre de Développement, OCDE.
Cogneau, D., & Mesple-Somps, S. (2002). *L'économie ivoirienne, la fin du mirage* (Document de travail No. DT/2002/18). Paris: DIAL.
Commission de l'Union Européenne. (2001). *Gouvernance européenne - Un livre blanc* (Journal officiel No. 287).
Contamin, B., & Losch, B. (2000). Côte d'Ivoire : la voie étroite. *Politique africaine*, (77), 117-128.
Contamin, B., & Memel-Fotê, H. (Éd.). (1997). *Le modèle ivoirien en questions : crises, ajustements, recompositions*. Paris: Karthala.
Conte, B. (2003). *L'ajustement à « visage humain »*. Université de Bordeaux 4.
Cornia, G., Jolly, R., & Stewart, F. (1987). *Adjustment with a Human Face: Volume 1, Protecting the Vulnerable and Promoting Growth*. Oxford University Press. C
DeMartino, G. F. (2005). A Professional Ethics Code for Economists. *Challenge*, 88-104.
Dévérin, Y. (2011). Influence des deux blocs sur l'Afrique non-alignée de 1960 à 1970. geo-phile.
Diarra, O. (2010). *Lien entre le service payé de la dette extérieure, l'investissement privé et la croissance économique en Côte d'Ivoire* (DESS des hautes études en gestion de la politique économique). Abidjan: Université de Cocody.
Dozon, J.-P. (2012). *Les clefs de la crise ivoirienne* (Karthala). Paris.
Droz, B. (2008). *La décolonisation*. Paris: La Documentation française.
Dubois, J. L., & Mahieu, F. R. (2002). La dimension sociale du développement durable : réduction de la pauvreté ou durabilité sociale ? In J.-Y. Martin, G. Leroy, & Sommet de la Terre, Johannesburg (ZAF), 2002/02 (Éd.), *Développement durable ? : doctrines, pratiques, évaluations* (p. 73-94). Paris: IRD.
Dubois, J.-L. (1996). L'expérience du programme Dimensions sociales de l'ajustement : apports méthodologiques et réflexions d'ensemble. *Cahiers des Sciences Humaines*, *32*(2), 379-402.
Dubois, J.-L., & Mahieu, F.-R. (2009). Sen, liberté et pratiques du développement. *Revue Tiers Monde*, *198*(2), 245. https://doi.org/10.3917/rtm.198.0245
Dubois J.- L., & Mahieu, F.-R. (2008). Les deux niveaux du langage du développement : un obstacle anthropologique réciproque. Présenté à Les mots du développement : genèse, usage et trajectoire, Université de Paris IX Dauphine.
Dubois, J.-L., Mahieu, F.-R., & Ballet, J. (2005). *L'autre développement. Le développement socialement soutenable*. Paris: L'Harmattan.
Dumont, R. (1962). *L'Afrique noire est mal partie*. Paris: Seuil.

Duruflé, G. (1988). *L'ajustement structurel en Afrique: Sénégal, Côte d'Ivoire, Madagascar*. Paris: Karthala.

Etty, M. (2011). Raison d'Etat : quand les morts refusent de se taire [blog]. Consulté à l'adresse ivoirecritique.blog4ever

FMI. (2014). *Allégement de la dette au titre de l'initiative en faveur des pays pauvres très endettés (PPTE)*. Washington, D.C.

FMI. (2016). *Côte d'Ivoire : Documents de Développement Economique - Plan National de Développement, 2016-20* (No. 16/388).

GIDIS-CI, & ORSTOM. (1992). Crises et ajustements en Côte d'Ivoire. Les dimensions sociales et culturelles. In *Actes de la Table Ronde*. Côte d'Ivoire.

Grosh, M., del Ninno, C., Tesliuo, E., & Ouerghi, A. (2008). *On Protection and Promotion: The design and implementation of Safety Nets*. Washington D.C.: The World Bank.

Habermas, J. (1991). *De l'éthique de la discussion. Traduction Mark Hunyadi*. Paris: Éditions du Cerf.

Hiey, J. P. (1987). *Ivory Coast*. World Institute for Development Economics Research.

Hofnung, T. (2011). *La crise ivoirienne*. Paris: La Découverte.

INS - Ministère d'Etat, Ministère du Plan et du Développement. (1998). *COTE D'IVOIRE - Recensement Générale de la Population et de l'Habitat (1998)*.

INS - Ministère du Plan et du Développement. (2008). *Côte d'Ivoire - Enquête sur le Niveau de Vie des Ménages 2008*.

INS - Ministère du Plan et du Développement. (2015). *Enquête sur le niveau de vie des ménages en Côte d'Ivoire (ENV 2015)*.

Jarret, M.-F., & Mahieu, F.-R. (2002). *La Côte d'Ivoire: De la déstabilisation à la refondation*. Paris: L'Harmattan.

Jolivet, E. (2003). *L'ivoirité : de la conceptualisation à la manipulation de l'identité ivoirienne* (Mémoire de DEA). Institut d'études politiques, Université de Rennes.

Jonas, H., & Greisch, J. (2013). *Le principe de responsabilité : Une éthique pour la civilisation technologique*. Paris: Flammarion.

Journal Fraternité-Matin, 24 septembre 1990.

Journal Fraternité-Matin, 11 novembre 1999.

Journal Fraternité-Matin, 16 novembre 1999.

Journal Fraternité-Matin, 18 novembre 1999.

Journal Fraternité-Matin, 20 novembre 1999.

Journal Fraternité-Matin, 22 novembre 1999.

Journal Fraternité-Matin, 27 décembre 1999.

Kabou, A. (1991). *Et si l'Afrique refusait le développement?* Paris: Editions L'Harmattan.

Keynes, J. M. (1936). *The General Theory of Employment, Interest, and Money*. London: Macmillan.

Koffi, P. K. (2008). *Le défi du développement en Côte d'Ivoire*. Paris: L'Harmattan.

Komenan, B. G. A. E. (2009). *Politique environnementale et développement durable en Côte d'Ivoire*. Mémoire de Maîtrise, Université Catholique de l'Afrique de l'Ouest/Unité Universitaire d'Abidjan.

Konaté, Y. (2003). Les enfants de la balle. De la Fesci aux mouvements de patriotes, Ivoirian youth: from Fesci to the patriots. *Politique africaine*, (89), 49-70.

Kouadio, K. A., & Nations Unies. Commission Economique pour l'Afrique. (2002). *Processus du DSRP en Côte D'ivoire* (No. 2). Addis Ababa: NU. CEA Réunion du Groupe African de Réflexion sur le Document de Stratégie de Reduction de la Pauvreté (DSRP).

Kouassi, K. S. (2014). Regard rétro-prospectif sur les crises ivoiriennes de 1993 à la fin de la crise postélectrorale de 2010. In *La Côte d'Ivoire, d'une crise à l'autre*. Paris:L'Harmattan. Viti F.

Kuhn, T. S. (1962). *The structure of scientific revolutions*. Chicago: University of Chicago Press.

Kuznets, S. (1955). Economic Growth and Income Inequality. *American Economic Review*, *45*(1), 1-28.

Lebart, L., & Salem, A. (1988). *Analyse statistique des données textuelles: questions ouvertes et lexicométrie*. Dunod.

L'Occident en débat. (2010). *Questions internationales,* (41). Paris: La Documentation française.

Lova Nantenaina. (2014). *Ady Gasy* [DCP 5.1 / blu-ray]. Laterit productions, Autantic Films, Endemika Films.

Mahieu, F.-R. (2001). *Éthique économique : Fondements anthropologiques*. Paris: L'Harmattan.

Mahieu, F.-R. (2008). *Responsabilité et crimes économiques*. Paris: L'Harmattan.

Martin, P. (2011). 1944-1971 l'âge d'or de Bretton Woods. *Les Echos*.

Marx, K. (2009). *Le Capital. Livre I*. Paris: Presses Universitaires de France - PUF.

McGovern, M. (2011). *Making War in Côte d'Ivoire*. Chicago: University of Chicago Press.

Meltzer, A. H. (2000). *Report of the International Financial Institution Advisory Commission (« Rapport Meltzer »)*. Washington, D.C.: Congrès des États-Unis.

Memel-Fotê, H. (1998). Fonder une nation africaine démocratique et socialiste en Côte d'Ivoire. Présenté à Congrès extraordinaire du Front populaire ivoirien, Paris ; Montréal: L'Harmattan.

MEMPD. (2006). *Pré bilan Aménagement du Territoire*.

Merton, R. K. (1968). The Matthew Effect in Science. *Science*, *159*(3810), 56-63.
Ministère de la Planification du développement. (2002). *Document de Stratégie pour la Réduction de la Pauvreté - Intérimaire*.
Ministère de l'économie et des finances. (1987). *La Côte d'Ivoire en chiffres* (Dialogue production). Abidjan.
Ministère du Plan et du Développement. (2009). *Document de Stratégie de Réduction de la Pauvreté (DSRP) 2009–2013*.
Ministère du Plan et du Développement. (2012). *Plan National de Développement 2012-2015*.
Ministère du Plan et du Développement. (2016). *Plan National de Développement PND 2016-2020*.
Myrdal, G. (1964). *The political Element in the Development of Economic theory*. New York: Simon and Schuster.
North, D. C. (1990). *Institutions, Institutional Change and Economic Performance*. United Kingdom: Cambridge University Press.
Nous pouvons. (1995). *Journal Fraternité-Matin,* numéro spécial.
Nussbaum, M. C. (2000). *Women and Human Development: The Capabilities Approach*. Cambridge University Press.
Olivier de Sardan, J.-P. (1995). *Anthropologie et développement : essai en socio-anthropologie du changement social*. Marseille: APAD.
ONUCI. (2006). *Retranscription du point de presse hebdomadaire*.
Ozler, B., Atinc, T. M., Banerjee, A., Ferreira, F. H. G., Rao, V., Robinson, J., Lanjouw, P. (2005). *World development report 2006 : equity and development* (No. 32204) (p. 1-340). The World Bank.
Perroux, F. (1961). *L'Economie du XXe siècle : ouvrages et articles* (Presses Universitaires de Grenoble, Vol. 5 : Théorie générale : les concepts). Paris.
Petesch, P., Shah, M. K., Chambers, R., & Narayan, D. (2000). *Voices of the poor : crying out for change* (No. 21936) (p. 1-336). The World Bank.
Phillips, A. W. (1958). The Relation between Unemployment and the Rate of Change of Money Wage Rates in the United Kingdom, 1861-1957. *Economica*, *25*(100), 283-299.
Pirotte, G. (2010). La notion de société civile dans les politiques et pratiques du développement. *Revue de la régulation. Capitalisme, institutions, pouvoirs*, (7).
PNUD. (2004). *Rapport national sur le développement humain en Côte d'Ivoire 2004: cohésion sociale et reconstruction nationale*.
PNUD. (2015). *Rapport sur le développement humain 2015. Le travail au service du développement humain*. Washington DC.
PNUD/INS. (2000). *Profil et Déterminants de la Pauvreté en Côte d'Ivoire en 1998. Rapport de Base de la Table Ronde sur la Pauvreté* (Rapport Définitif). Abidjan.

Ponty, N. (1998). Mesurer la pauvreté dans un pays en développement. *Stateco*, (n. 90-91), 53-67.
Quesnay, F. (1694-1774). (1965). *Tableau économique*. Berlin : Akademie-Verlag.
Rand, A. (1957). *Atlas Shrugged*. Dutton.
Ravallion, M. (1995). Growth and poverty: evidence for developing countries in the 1980s. *Economic Letters*, *48*, 411-417.
Reed, D. (1999). *Ajustement structurel, environnement et développement durable*. Paris: L'Harmattan.
Reinert, M. (1993). Les « mondes lexicaux » et leur « logique à travers l'analyse statistique d'un corpus de récits de cauchemars ». *Langage et société*, *66*(1), 5-39. https://doi.org/10.3406/lsoc.1993.2632
Ribe, H., Ahmad, E., van der Gaag, J., Ayres, R. L., Fields, G., Squire, L., … van de Walle, D. (1990). *Rapport sur le developpement dans le monde 1990 : la pauvrete* (No. PUB8507) (p. 1-304). The World Bank.
Ricardo, D. (2012). *Des principes de l'économie politique et de l'impôt*. Ink book.
Roe, A., Schneider, H., Pyatt, G., Organisation for Economic Co-operation and Development, & Development Centre. (1992). *Ajustement et équité au Ghana*. Paris: Centre de développement de l'OCDE.
Rogoff, K. (2002). Le Grand Illusionniste. *FMI Bulletin*, *31*(13), 209-211.
Romer, P. M. (1986). Increasing Returns and Long-Run Growth. *Journal of Political Economy*, *94*(5), 1002-1037.
Rosenstein-Rodan, P. (1943). Problems of Industrialisation of Eastern and South-Eastern Europe. *The Economic Journal*, *53*(210/1), 202-11.
Rousseau, J.-J. (1762). *Du contrat social ou Principes du droit politique*. Amsterdam: Marc-Michel Rey.
Sen, A. (1976). Real National Income. *Review of Economic Studies*, *43*(1), 19-39.
Sen, A. (1979). *Equality of What?* (The Tanner Lecture on Human Values). Stanford University.
Sen, A. (1981). *Poverty and Famines: An Essay on Entitlement and Deprivation*. OUP Oxford.
Sen, A. (1983). Development: Which Way Now? *Economic Journal*, *93*(December).
Sen, A. (1999). *Commodities and Capabilities*. Oxford, New York: Oxford University Press.
Sen, A. (2001). *Development as Freedom* (New Ed edition). Oxford ; New York: OUP Oxford.
Sen, A. (2006). *Identité et violence* (Odile Jacob). Paris.
Sen, A. (2013). The Ends and Means of Sustainability. *Journal of Human Development and Capabilities*, *14*(1), 6-20. https://doi.org/10.1080/19452829.2012.747492

Sen, A. K. (1988). The Concept of Development. In *Handbook of Development Economics* (Elsevier Science Publishers, Vol. 1, p. 10-26). North Holland: Hollis Chenery and Thirukodikaval N. Srinivasan.

Smith [1759-1790], A. (1976). *The Theory of Moral Sentiments* (Oxford University Press). Oxford.

Solow, R. M. (1956). A Contribution to the Theory of Economic Growth. *The Quarterly Journal of Economics*, *70*(1), 65-94. https://doi.org/10.2307/1884513

Stiglitz, J. E. (2003). *La Grande Désillusion*. Paris: Le Livre de Poche.

The World Bank. (1972). *Ivory Coast - Current economic situation and prospects of the Ivory Coast* (No. AW38).

The World Bank. (1977). *Côte d'Ivoire – Rapport économique de base : Rapport principal* (No. 1147).

The World Bank. (2016). *Poverty and shared Prosperity: Taking on Inequality* (World Bank Publication). Washington, D.C.

UNICEF. (1987). *UNICEF rapport annuel*. New York.

Williamson, J. (1990). What Washington means by policy reform. In J. Williamson & Institute for International Economics (U.S.) (Éd.), *Latin American adjustment: how much has happened?* Washington, D.C.: Institute for International Economics.

Table des matières

DEUXIÈME PARTIE :
De la crise économique à la crise militaro-politique : quelles perspectives d'avenir pour la Côte d'Ivoire ?

Structures éditoriales du groupe L'Harmattan

L'Harmattan Italie
Via degli Artisti, 15
10124 Torino
harmattan.italia@gmail.com

L'Harmattan Hongrie
Kossuth l. u. 14-16.
1053 Budapest
harmattan@harmattan.hu

L'Harmattan Sénégal
10 VDN en face Mermoz
BP 45034 Dakar-Fann
senharmattan@gmail.com

L'Harmattan Cameroun
TSINGA/FECAFOOT
BP 11486 Yaoundé
inkoukam@gmail.com

L'Harmattan Burkina Faso
Achille Somé – tengnule@hotmail.fr

L'Harmattan Guinée
Almamya, rue KA 028 OKB Agency
BP 3470 Conakry
harmattanguinee@yahoo.fr

L'Harmattan RDC
185, avenue Nyangwe
Commune de Lingwala – Kinshasa
matangilamusadila@yahoo.fr

L'Harmattan Congo
67, boulevard Denis-Sassou-N'Guesso
BP 2874 Brazzaville
harmattan.congo@yahoo.fr

L'Harmattan Mali
ACI 2000 - Immeuble Mgr Jean Marie Cisse
Bureau 10
BP 145 Bamako-Mali
mali@harmattan.fr

L'Harmattan Togo
Djidjole – Lomé
Maison Amela
face EPP BATOME
ddamela@aol.com

L'Harmattan Côte d'Ivoire
Résidence Karl – Cité des Arts
Abidjan-Cocody
03 BP 1588 Abidjan
espace_harmattan.ci@hotmail.fr

Nos librairies en France

Librairie internationale
16, rue des Écoles
75005 Paris
librairie.internationale@harmattan.fr
01 40 46 79 11
www.librairieharmattan.com

Librairie des savoirs
21, rue des Écoles
75005 Paris
librairie.sh@harmattan.fr
01 46 34 13 71
www.librairieharmattansh.com

Librairie Le Lucernaire
53, rue Notre-Dame-des-Champs
75006 Paris
librairie@lucernaire.fr
01 42 22 67 13

www.ingramcontent.com/pod-product-compliance
Lightning Source LLC
LaVergne TN
LVHW011145061026
849535LV00003B/607